KB006800

교장의 일

학교 혁신을 위한 교장직무가이드라인

교장의 일
학교 혁신을 위한 교장직무가이드라인

ⓒ (사)징검다리교육공동체, 2024

2024년 8월 26일 처음 펴냄

기획 | (사)징검다리교육공동체
글쓴이 | 징검다리 교장직무가이드라인 TF, 김두림, 김지용, 류현진, 문지연, 박지희, 위유정, 유경수,
　　　　윤상혁, 이상대, 이시우, 이준범, 이희숙, 임수경, 전인숙, 최화섭, 홍제남
편집부장 | 이진주
편집 | 서경, 공현
출판자문위원 | 이상대, 박진환
디자인 | 이수정
제작 | 세종 PNP

펴낸이 | 김기언
펴낸곳 | 교육공동체 벗
사무국 | 최승훈, 이진주, 서경, 설원민, 공현
출판등록 | 제2011-000022호(2011년 1월 14일)
주소 | (03971) 서울시 마포구 성미산로1길 30 2층
전화 | 02-332-0712
전송 | 0505-115-0712
홈페이지 | communebut.com

ISBN 978-89-6880-187-7 03370

교장의 일

학교 혁신을 위한 교장직무가이드라인

(사)징검다리교육공동체

교육공동체벗

교장은 학교를 바꾸고 아이들을 변화시킬 키맨Key man이다. 새로운 교장론이 너무 늦게 나온 것일 수도 있지만, 이제라도 이 책이 도화선이 되어 한국 교육에 새로운 변화의 장이 열리길 바란다.

강민정(전 더불어민주당 국회의원)

쉽지 않은 변화를 일궈 내고, 그 과정을 덤덤하게 기록한 교장 선생님들의 힘이 보입니다. 이런 실천들과, 실천 속의 수많은 '동사'들이 쌓여 우리 교육이 한 발씩 나아가고 있다고 생각합니다. 이 책의 마지막 페이지는 열려 있겠지요. 더 많은 교장 선생님들의 실천기가 이어 적히기를 기대합니다.

고효선(서울 관악중 교장)

개인적으로 약 10여 년 전에 교장 제도의 혁명적 변화가 있어야 한다고 주장했었다. 그런데 정말 놀랍게도 그동안 큰 변화가 있었다. 그 결과 학생의 배움을 중심에 놓고 민주적인 학교공동체를 실현하는 학교장들이 다수 등장하였다. 이 책은 그 노력의 결실이자 변화의 기록이다. 많은 교장 선생님들이 이 직무 가이드라인을 책상에 놓고 참고하신다면 아이들의 성장에 큰 도움이 될 것이다.

성열관(경희대학교 교수)

학교 혁신에서 학교장의 역할은 무엇보다도 중요하다. 그래서 이 책의 발간이 무척 반갑다. 감당하고 해결해야 할 일이 산적한 학교 현장에서, 교육과정, 행정 업무, 학교 구성원 관계, 대외 업무에 관해 놀라운 지혜를 발휘한 학교장들의 사례를 접할 수 있을 뿐 아니라, 이를 학교장의 직무 원칙 및 실천 과제로 일반화하여 제시하고 있기 때문이다.

이혁규(청주교육대학교 교수, 전 총장)

모두의 권리 의식이 높아진 시대, 학교에서 개인의 행복과 공동체의 성장 간에 균형을 찾는 것에 대한 고민이 깊어진 시점에 매우 반가운 책이다. 부디 이 책에 소개된 선례들이 '저 학교니까' 하며, '소수의 사례' 정도로 가벼이 여겨지지 않고, 이 복잡한 시대에 가용할 수 있는 아주 소중한 경험 자원으로 선순환 되기를 바란다.

전은영(서울혁신교육학부모네트워크 공동대표)

학교를 '함께 성장하는 따뜻한 공동체'로 만들기 위해 애쓴 교장 선생님들의 진솔한 경험이 담긴 귀한 책입니다. 포괄적인 교장의 직무와 역할을 부단한 실천을 통해 구체화해 낸 교장 선생님들의 노고에 고마움과 찬사를 보냅니다. 좋은 리더십을 발휘하기 위해 애쓴 경험들을 따라가다 보면 학교에서 맞닥뜨리는 여러 가지 문제에 해법이 될 아이디어도 발견할 수 있으므로 학교 운영을 고민하는 분들께 일독을 권합니다. '학교가 어떤 곳이어야 하는가?'에 대한 끊임없는 질문과 숙고의 과정, 때론 좌충우돌한 경험담까지 가감 없이 나눠 준 용기와 열정을 거울삼아, 앞으로 더 많은 교장 선생님들의 실천 경험이 책으로 출판되길 기대합니다.

조희연(전 성공회대학교 교수)

초등학생 시절, 관리나 훈육의 대상이 아닌 인격체로 존중받았고, 주체적으로 학습할 권리와 쉬고 놀 권리를 보장받았으며, 학생 자치의 실질적 구현을 경험했다. 혁신학교였기에 가능했던 일이다. 혁신교육의 든든한 길잡이이자 동반자, 교장 선생님들을 응원한다.

차원(교육언론 창 기자, 혁신학교졸업생연대 '까지' 회원)

지금 왜 교장직무가이드라인인가?

내가 어렸을 때, 교장 선생님은 아득히 높은 하늘 같은 존재였다. 지금도 교장 선생님은 일반 선생님들과는 비교할 수 없는 권위를 누리고 존경을 받는다. 교장 선생님은 아이들과 교사들의 교장 선생님을 넘어, 학부모들과 지역 주민들의 교장 선생님이시다. 국회의원도, 도지사도, 시장도 교장 선생님에게는 깍듯하게 예의를 차린다. 최근 들어 학교폭력, 학부모 민원 등으로 인해 순위가 밀렸지만 몇 해 전까지만 해도 교장은 직업 만족도에서 매우 높은 순위를 기록했다. 내 생각에 교장 자리는 여전히 전직 대통령이 맡더라도 전혀 어색하지 않은 명예로운 자리 중 하나다.

2023년 말 기준 우리나라의 초·중·고 수는 총 11,819개다. 당연히 교장 선생님도 총 11,819명 있다. 전국의 초·중등학교에는 교육공무원(교원) 약 44만 2,000명, 교육행정직 약 5만 4,000명, 교육공무직 약 12만 9,000명 등 총 62만 5,000여 명이 535만 초·중·고 학생의 교육을 위해 근무 중이다. 이렇게 볼 때 교장 선생님 한 분 한 분은 교사와 행정직, 공무직 등 평균 50여 명을 지휘하는 교육 현장의 리더이다. 현행법상 학교 운영에 필요한 모든 의사 결정권은 교장이 단독으로 행사하고 단독으로 책임진다.

학교 내부에서 교장의 권한을 실질적으로 견제할 공식 기구가 없거나, 있다고 해도 크게 영향을 미치지 않는다는 점에서 교장의 지위와 권한은 막강하다. 교장의 권한 남용을 방지하기 위해 학교운영위원회, 교원인사위원회 등의 법정 기구를 설치했지만, 역할에 한계가 있고 교장의 의지대로 운영되는 경우가 많다. 더욱이 교장은 교직원의 보직과 승진을 결정짓는 인사고과권을 갖는다. 평교사가 교감으로 승진하거나 교감이 교장으로 승진하기 위해서는 교장의 절대적 신임과 최고점 평가를 받는 게 필수적이다. 학교 구성원들의 선택에 의해 평교사에서 교장으로 직행하는 내부형 교장 공모 제도가 있긴 하나 그 비율이 1~2%에 불과하다.

이 대목에서 볼멘소리가 들리는 것만 같다. 교장이 임기 도중 명예퇴직을 신청하는 경우도 낯설지 않을 만큼 힘은 없고 힘만 드는 자리인데, 권한이 막강하다거나 심지어 '제왕적 지위' 운운하는 것이 당치 않다는 말이다.

오해하지 마시라. 교장의 법적 권한과 지위는 과거나 지금이나 바뀐 게 없다. 다만 권리 의식이 높아진 이른바 'MZ 세대' 교사들과 학부모들, 학생들이 등장해서 과거처럼 교장의 권위가 통하지 않는다는 점이 달라졌을 뿐이다. 다시 말해서 누구나가 인정할 만한 교육 전문성과 의사소통 역량, 문제 해결 역량을 갖추지 못한 채 법적 권한만 내세우는 교장은 이제 더 이상 학교 구성원들한테 권위를 인정받지 못한다. 이 문제를 해소하기 위해서는 교장 양성 과정과 교장 연수 실무를 혁신해서 교장의 교육과정 전문성과 민주적 리더십을 강화하는 것이 필수적이다.

그렇다. 민주 사회의 건강한 발전과 지속가능한 미래를 위해서는 교육과정 전문성과 민주적 리더십을 갖춘 학교장부터 만들어 내야 한다. 무려 535만의 학생을 바꾸려면 45만 교사를 바꿔야 하고, 그러려면 1만 2천 교장부터 바뀌어야 한다. 교실은 선생님이 하기 나름이고 학교는 교장 선생님이 하기 나름이기 때문이다. 교장이 바뀌면 조만간 평교사와 행정직, 공무직의 일하는 자세가 바뀌고 시나브로 학교의 교육과 문화가 바뀐다. 한마디로 1만 2천 교장 선생님들의 철학과 역량, 자세가 달라지면 전국 어디서나 학교교육이 달라지고 아이들이 달라지며 우리 미래가 달라진다.

많은 교육 전문가들이 교장의 전문성과 리더십을 강화하기 위해서는 무엇보다도 시대착오적인 점수 따기 교장 승진 제도를 혁파해야 한다는 데 이견이 없다. 지금의 교장 승진 제도는 시스템과 상사를 무비판적으로 좇는 순응주의 교장을 만들어 낼 가능성이 높다. 교육부와 교육청의 정책 사업에 부응하며 교장의 행정 책임을 덜어 주는 교사만이 교장으로부터 높은 평가와 승진 가점을 받을 수 있기 때문이다. 이미 교장 승진 트랙에 진입한 교사들의 기득권을 존중하면서도 중장기적인 개혁과 이행 방안을 마련해야 한다. 아울러 법적으로 학교운영위원회를 자문 기구나 심의 기구를 넘어 결정 기구로 격상하고, 교육 주체들, 특히 교사의 자율 결정 영역을 확대해 나가야 한다.

교육을 바꾸기 위한 교장직무가이드라인

'지금 당장' 교육 리더들에게 도움이 되는 일을 찾고 싶었다. 그래서 생각해 낸 방안이 지난 10년 진보 교육감 시대 학교 혁신 운동의 문제의식과 성공 사례를 바탕 삼아 '교장직무가이드라인'을 만드는 것이었다. 「초·중등교육법」상 교장의 직무는 포괄적이다. 이를 위해 교육 관계법은 교장에게 교육과정과 인사 행정, 학교 재정에 관한 전권을 부여한다. 법적 권한을 잘 행사하고 책임을 다하기 위해서 교장에게는 탄탄한 전문성과 민주적 리더십이 필요하다. 교장의 전문성과 리더십은 다양한 직무 영역에서 목표와 기준을 어떻게 설정할 것이며 어떤 방법과 절차를 거쳐 직무를 수행할지로 드러난다. 그런데 누구도 이를 알려 주지 않는다.

놀랍게도 신규 임명된 교장이 참고할 만한 교육부나 전국시도교육감협의회 차원의 가이드라인이나 분야별 모범 사례집을 발견할 수 없었다. 민간 차원에서도 사정이 별로 다르지 않았다. 한번 마련하면 현직 교장들은 물론이고 매해 2,000~3,000명씩 나오는 신규 교장들에게도 중요한 나침반 역할을 할 텐데도 이런 작업이 시도되지 않았다는 사실이 믿기지 않았다. 특히 10년 넘게 고강도 학교 혁신 정책을 추진하며 교장 리더십의 중요성을 절감했을 진보 교육감들이 학교 혁신을 위한 교장직무가이드라인을 제정하고 그를 뒷받침할 혁신적인 교장 리더십 연수 과정이 뿌리내리게 하지 못한 사실에 나는 진한 아쉬움과 안타까움을 금할 수 없었다.

내가 보기에, 혁신학교를 내걸고 학교 혁신을 추동해 온 '1차 진보 교육감 시대'가 2022년 지방 선거를 계기로 수명이 다한 가장 큰 이유는 학교장의 위치와 역할을 민주적 리더십으로 바꾸는 데 실패했기 때문이다. 진보 교육감들이 힘을 합쳐 교장 승진 제도와 교장 양성 제도, 교장 연수 제도를 혁파해서 교육 전문성과 민주적 리더십을 키워야만 교장이 될 수 있도록 제도와 정책을 만들었어야 했다. '학교 혁신을 위한 교장직무가이드라인'을 만들어 교장들에게 바람직한 행동 지침을 제공하고 고강도 연수 프로그램으로 교장의 교육과정 전문성과 학생 지도 전문성, 그리고 민주적 리더십을 강화했어야 했다.

그러지 못한 결과, 진보 교육감이 다수였던 시대에도 내건 정책 및 구호와 무관하게 대다수 교장은 과거의 관행에 안주하며 구태의연한 모습을 보이는 경우가 많았다. 결과적으로 대부분의 학교 현장에서 체감되는 변화 지수는 낮았다. 진보 교육감 시대가 더 나아가지 못하고 좌초한 이유다.

이런 문제의식에 기반하여 교장직무가이드라인 작업을 시작했다. 이미 내 마음속에는 교장직무가이드라인에 반드시 들어가야 한다고 생각한 항목이 몇 있었다. 예를 들어, 서울시 교육감 시절 나는 교장 선생님들을 만날 때마다 이런 이야기를 했다.

"내가 교장이라면 학교에서 제일 가난한 집 아이 10명, 제일 말썽 부리는 아이 10명, 제일 공부가 뒤처진 아이 10명을 교장 책임으로 돌봐 줄 겁니다. 세 부류가 겹치는 비율이 높아서 20명을 넘지 않을 겁니다. 그 아이들 하나하나의 필요를 반영해 도와줄 수 있는 선생님들로 맞춤형 지원팀을 만들겠습니다. 몸이 약하면 체육 선생님을, 비만하면 영양 선생님을, 담배를 피우면 보건 선생님을 붙여 주는 방식이지요. 제일 말썽 부리는 아이들은 직접 만나서 대화하고 지도하겠습니다. 담임 선생님들의 부담은 덜어 드리고 효능감은 높여 드리고 싶습니다. 교장 선생님들께서도 그렇게 해 주시면 고맙겠습니다."

이런 이야기도 여러 번 했다.

"내가 교장이라면, 지금 대부분의 학교에서 그렇듯이 초등학교 5학년, 6학년 담임을 기간제 교사나 신규 교사에게 맡기지 않고 고경력 교사에게 맡길 겁니다. 그만큼 인센티브도 제공하고 위신도 세워 드려야 하겠지요. 제일 예민한 5, 6학년 학생들을 경험 없는 신규 교사나 기간제 교사에게 떠넘긴다는 사실이 외부에 알려지면 우리 교직을 바라보는 눈길이 얼마나 싸늘할지 생각해 보십시오. 마찬가지로 담임 교사가 상대하기 어려운 문제 학부모들도 담임 교사가 요구하면 바로 교장이 맡는 게 바람직합니다. 교장은 담임 교사에 비해 훨씬 큰 권위와 가용 자원을 갖고 있어서 누구도 함부로 대하지 못하기 때문입니다."

요컨대, 나는 교장직무가이드라인을 통해서 아이와 학부모에 대한 교장의 직무상 책임을 강화하고 싶었고, 교장이 되고 싶으면 무엇보다도 소통·상담 및 문제 해결 역량을 충분히 쌓으라는 메시지를 보내고 싶었다.

더 많은 변화로 이어지길 꿈꾸며

처음에 생각했던 것보다 산고가 훨씬 길었다. 가이드라인 자체는 3년 전에 완성돼 공개 발표회를 가졌으나, 2부에 들어갈 교장 선생님들의 사례를 담은 에세이들이 오랜 시간 뜸을 들이는 바람에 이제야 책이 나오게 됐다. 현직 교장 선생님들은 학교 일로 바쁘고 지쳐서 좀처럼 집필 시간을 내지 못했다. 본인의 혁신 사례를 너무 내세우는 것처럼 비칠까 걱정스러운 마음에 진도가 나가지 않더라고 고백한 분들도 계셨다.

가이드라인을 만들 때는 평교사형 내부 공모제 출신 교장 선생님들과 교육청 장학사 출신 교장 선생님들, 승진 점수제 출신 교장 선생님들을 고르게 모셔서 10회 넘게 공동 작업을 했다. 혁신부장 출신의 내부형 초등 교장으로 유명한 이희숙 징검다리교육공동체 상임이사가 이 교장 모임의 좌장을 맡아 시종일관 이끌었고, 책을 펴내는 전 과정에서 노고를 아끼지 않았다. 21대 국회의원으로 맹활약한 강민정 당시 상임이사는 전체 프로젝트 기획과 가이드라인 초안 정리를 책임지고 해냈다. 두 분에게 특별한 감사를 표한다.

이 책의 1부에서는 국내 최초로 만들어진 〈징검다리 교장직무가이드라인〉을 선보이고, 2부에서는 현직 교장들이 직접 집필한 글들을 통해 일종의 모범 실천 사례를 전한다. 가이드라인의 항목과 내용을 놓고 혹자는 학교장에게 너무 과중한 부담을 지우는 거 아니냐고 비판할지도 모르겠다. 예를 들어, 2023년 비극적인 서이초 사태의 여파로 교권 보호 입법이 이뤄졌으나 여전히 교장은 학부모 민원을 책임질 뿐 '직접 처리'하진 않아도 된다. 하지만 〈징검다리 교장직무가이드라인〉은 중대한 학부모 민원에 대해서는 교장의 '직접 처리 책임'을 권고한다. 이런 사례를 들어 이 가이드라인이 교장의 직무에 관한 사회적 합의를 담기보다는, 학교 혁신 운동을 해 온 진보 세력의 일방적 관점을 담은 것 아니냐고 따질 수도 있다. 하지만 분명히 해 두고 싶은 것은, 본래 가이드라인의 생명은 바람직한 행위가 무엇인지를 알려 주고 권고하는 규범적 역할에 있다는 점, 그리고 이 가이드라인이 다양한 경로로 교장이 된 현직 교장 10여 명이 여러 번 신중하게 검토하며 수위를 조절한 산물이라는 점이다.

물론 〈징검다리 교장직무가이드라인〉은 교육부나 교육청에서 정한 공식 지침이 아니기 때문에 현실의 교장 누구에게도 구속력이 없다. 그럼에도 가이드라인을 내놓는 이유는 현직 교장들과 매년 교장직에 진입하는 신규 교장들, 그리고 머지않아 교장이 될 교감들과 부장 교사들에게 무엇이 교장의 일이며 그 일을 어떻게 수행하면 좋을지를 차근차근 알려 주기 위해서다. 나아가 어떤 교장이 훌륭한 교장인지를 알고 싶은 모든 학부모와 지역 주민, 특히 학교운영위원들에게 좋은 참고 자료를 쥐어 주기 위해서다. 무엇보다도 교육부나 교육청에 본격적이고 공식적인 교장직무가이드라인의 제정을 촉구하기 위해서다. 이 과정에서 민주주의 사회에서 교장직이 갖는 독특한 중요성을 깨닫게 하고, 민주적이고 혁신적인 교장 리더십을 위한 교장 승진 제도 개혁에 대한 논의를 촉발하기 위해서다.

이 순간 나는 꿈을 꾼다. 머지않아 전국의 현직 교장들과 장학관들, 현장 교사들과 교육공무직들, 학부모들과 학생들이 이 책에 실린 〈징검다리 교장직무가이드라인〉과 사례들을 꼼꼼하게 읽어 보고 치열하게 토론하는 꿈이다. 학교별, 교육지원청별, 교육청별로 교육 3주체들이 집단 협의 과정을 거치면서 이 책에 실린 내용을 이론적·실천적으로 능가하는 교장직무가이드라인과 모범 사례집을 만들어 내는 꿈이다. 마지막으로 교장의 교육 전문성과 민주적 리더십이 전국의 학교에서 만개하여 교육과 아이들, 세상을 더 생명력이 넘치도록 바꾸는 꿈이다.

혼자 꾸는 꿈은 꿈으로 끝나지만 함께 꾸는 꿈은 현실이 되는 법이다. 징검다리교육공동체와 발칙한 꿈을 함께 꾸며 가이드라인 작업을 해 주신 교장 선생님들과 모범 사례를 집필해 주신 교장 선생님들께 감사와 존경의 말씀을 드린다. 덕분에 이 일을 마칠 수 있었다. 편집과 출판을 맡아서 정성을 다해 준 교육공동체 벗의 편집부에도 깊이 감사드린다. 우리들이 함께 꾸는 꿈이 수많은 동지들을 만나 현실이 되는 그날이 다가오고 있다.

2024년 8월

곽노현 (사)징검다리교육공동체 이사장

| 차례 |

1부

징검다리
교장직무가이드라인

징검다리 교장직무가이드라인 TF

학교장의
지위와 역할

학교장의 지위와 역할에 대한 법적 규정은 "교장은 교무를 총괄하고, 민원처리를 책임지며, 소속 교직원을 지도·감독하고, 학생을 교육한다"라는 「초·중등교육법」 제20조이다. 학교장은 개인이 아니라 단위 학교 교육을 전체적으로 포괄하는 기관이다. 법규가 규율하는 내용은 대단히 추상적이며 광범위하다.

학교장은 교육자이면서 학교라는 기관을 운영하고 관리하는 관리자다. 전자로부터 교육철학과 교육 전문성이 요구되며, 후자로부터 사람과 조직을 운영하고 관리할 줄 아는 리더의 역량이 요구된다.

교육자인 학교장은 인간의 변화와 성장에 대한 깊은 신뢰를 가져야한다. 변화와 성장에는 실수와 실패도 전제되어 있다는 점에서 학교가학생들의 실수와 실패를 허용하는 안전한 공간이 될 수 있도록 하는것이 중요하다. 이는 교육의 자주성과 전문성이 지켜질 때 가능하다. 학교장은 교육 외적 힘이 교육을 수단시하며 개입하려 할 때, 교육 본질에 대하여 끊임없이 성찰하는 자세로 학교교육에서 교육의 자주성과 전문성이 견지될 수 있도록 노력해야 한다. 특히 교육을 개인의 입신양명이나 인적 자원 확보 수단으로 여기는 사회적 분위기가 여전히 존재하는 현실에서 학교장의 이와 같은 역할이 더욱 중요해진다.

학교장은 스스로 교육 전문가이어야 하지만 무엇보다 교사의 전문성을 향상시키기 위해 노력하는 사람이어야 한다. 이때의 교육 전문성은 단지 교육 방법상의 기술을 말하는 것이 아니며 교육 행정 처리 능력을 뜻하는 것이 아님은 더 말할 필요도 없다. 오히려 교사들이 학생들의 학습과 생활교육에 집중할 수 있도록 가급적 교육 외적 성격의 업무들을 최소화하기 위해 힘써야 한다. 우리나라의 학교가 오랫동안 행정 업무 중심으로 운영되어 왔던 현실을 고려할 때 이러한 학교장의 노력은 더욱 중요해진다. 학교가 교육 전문 기관이 되려면 교육과정의 소비자나 단순 실행자가 아니라 교육과정의 생산자로서 역할을 다할 수 있어야 한다. 교육과정 자율성이 지극히 제한되어 있는 현실에서 여러 어려움이 있지만 학교장은 현재의 제한된 여건에서나마 교육과정 자율성 실현을 위해 노력해야 한다. 이를 위해 학교가 학교 구성원 모두의 학습이 일상화되는 '학습하는 조직'이 되도록 하는 것이 필요하다. 교장 역시 학습하는 교장이 될 필요가 있다. 교사의 교육 전문성 향상을 지원하는 학교장의 노력에 비례해 학생들의 교육적 성장의 성패가 좌우될 수 있다는 점을 직시해야 한다.

관리자인 학교장은 학교라는 조직의 리더이지만 일반적인 관료 행정 조직의 리더와는 다른 리더십을 요구받는다. 학교는 교육이라는 내용을 담는 그릇이기 때문이다. 학교는 국민 개개인의 인간적 성장과 그 총합으로서 우리 사회 전체의 발전을 담지하는 곳이다. 「교육 기본법」 제2조는 교육의 목적이 자주적 생활 능력과 민주시민으로서 필요한 자질을 길러 인간다운 삶을 영위하고 인류 공영에 이바지하게 하는 것에 있음을 밝히고 있다. 이는 학교를 총괄하는 학교장의 첫 번째 임무가 민주시민교육에 있음을 뜻한다. 교육과정상에서 민주시민교육이 이루어지도록 하는 것이 중요하지만 학교 안 인간관계와 조직이 민주적으로 운영되도록 하는 것 역시 관리자인 학교장의 중요한 역할이다. 이를 위해 학교장은 학생과 교사 및 학교 구성원들이 교육과정 운영은 물론 학교 운영의 자율 주체로 서도록 하며 학교 안에 민주적 소통 문화가 형성될 수 있도록 해야 한다. 특히 점차 학교 구성원들이 다양하고 복잡해지고 있는 상황에서 이질적인 구성원들이 오로지 학생의 교육적 성장이라는 공동의 목표하에 소통하고 협력하도록 하는 일은 학교장에게 부과되고 있는 새로운 임무가 되었다.

학교는 국민의 요구로 만들어진 공공재다. 공공재라 함은 사적 이익을 위한 봉사가 아니라 공동체의 이익과 공적 가치 실현에 기여하는 조직이어야 함을 말한다. 관리자로서 학교장은 국가와 사회의 공적 요구와 지향을 실현하기 위한 복무자다. 교육부-교육청-학교로 이어지는 교육 행정 체계의 일부로서 학교에 요구되는 역할이 잘 이루어지도록 하는 것도 학교장의 임무다. 때때로 학교 안팎의 요구가 충돌할 때 이를 잘 조정하고 합리적 타협 방안을 마련하는 역량이 학교장에게 요구된다.

학교교육을 위해서는 학교만의 노력으로는 충분하지 않다. 학교 구성원 외 다양한 이들과의 개방적 관계와 협력이 요구된다. 교사들이 주로 학생과의 직접적 관계에 집중한다면 학교장은 다양한 영역의 사람들과 관계를 풀어 나가는 역할을 해야 한다. 그중 가장 중요한 것이 학부모와의 관계다. 학교장은 학부모들이 단순 민원인이거나 교육 소비자가 아니라 학교교육의 주체이자 협력자가 될 수 있도록 특별히 노력을 기울여야 한다. 또한 학교를 대표하여 지역 내 인근 학교, 지역 주민과 지자체 및 지역 공공 기관과의 협력 관계 구축을 위해 노력해야 한다. 이들과의 협력이 주로 예산 확보라는 협소한 것에 집중되게 하기보다 학교교육에 대한 이해를 돕고 그들이 교육의 중요한 동반자가 될 수 있도록 관계의 성격을 전환시켜야 한다.

학교장은 학교 전체 업무를 추상적으로 총괄하는 것이 아니라 학교 구성원의 일부로서 고유한 자기 업무를 담당한다는 인식을 가져야 한다. 학교는 크지 않은 조직이며 학교장만이 할 수 있거나 해야 하는 일이 존재하기 때문이다. 민주적 리더십은 학교 운영 원리로서 민주주의를 관철하는 것만이 아니라 학교 운영에 필요한 업무를 나누어 맡는 등 학교 구성원들과 동료적 관계를 형성함으로써 발휘될 수 있다. 즉 학교장에게는 지휘자이면서 연주자라는 이중 정체성이 요구된다.

교육자이면서 유능한 조직 리더가 되는 일은 쉬운 일이 아니다. 기존의 권위주의적 학교장상과 새롭게 제기되는 민주적 리더로서의 학교장상이 충돌하는 과도기적 상황에서 학교장이 개인적으로 감당해야 할 혼란과 어려움은 결코 작지 않다. 학교 운영 과정에서 학교장은 다양한 딜레마 상황에 직면하게 된다. 권한과 책임 사이의 균형, 관리자와 촉진자 사이의 균형, 교육 행정 수행자와 학교 자율 운영 책임자 사이의 균형, 의사 결정자와 의사 결정 참여자 사이의 균형 등 학교장의 리더십이 바람직하게 발휘된다면 전국 약 1만 2천 개 학교의 교육이 1만 2천 명의 학교장에 의해 한 단계 더 성장하게 될 것이다.

학교장의 직무 원칙 및 실천 과제

1. 교육과정 운영 업무

|원칙|

- 학교장은 교육과정 전문가로서 교사들과 함께 학습해야 한다.
- 학교장은 교실의 사유화를 지양하고 나눔과 협력의 문화를 조성한다.
- 학교장은 모두의 질 높은 성취를 학교교육의 주요 과제로 한다.
- 학교장은 학생의 삶을 중심에 두는 교육과정을 운영한다.
- 학교장은 학교 교육활동이 민주시민 양성에 부합하도록 한다.
- 학교장은 교육과정 각 단위의 연계성과 통합성을 갖도록 한다.

|실천 과제|

- 전 교직원이 참여하는 교육과정 수립과 평가가 이루어지도록

한다.

- 맞춤형 교육과정을 수립하기 위해 교육활동에 직접 참여(수업 및 참관)한다.
- 교장도 교원학습공동체에 참여한다.
- 수업의 개방과 협력을 촉진하기 위한 여건 마련에 힘쓴다.
- 학습 격차 실태를 파악하고 격차 해소를 위한 종합적 지원 방안을 마련한다.
- 학생 주도형 맞춤형 교육과정 실행 방안을 마련한다.
- 교육과정 재구성을 통해 교과서 의존성을 낮추고 학생의 체험과 활동, 노작 중심 교육을 확대한다.
- 학교 교육과정에 생태, 인권, 평화의 가치가 구현되도록 힘쓴다.
- 학년 간, 교과 간, 학교 급 간 연계성을 위한 소통 구조를 만든다.

| 정책 제안 |

- 학교 교육과정과 별개로 법령과 정책으로 강제하는 각종 범교과 학습 주제를 대폭 축소하고 정비한다.
- '선행학습금지법'의 학교 교육과정 운영 시 적용 실태를 파악하고 문제점을 개선한다.

| 해설 및 사례 |

오랫동안 학교교육에서는 학생 개개인의 성장과 발달을 위한 교육 과정 운영에 집중하기보다는 보여 주기 식 전시성 행사, 분절적이고 파편적인 각종 프로그램 운영, 상부 기관의 지시와 통제에 의한 행정 처리가 우선시되어 왔다.

학교장은 행정 업무 중심의 학교 시스템을 교육과정 운영에 집중할 수 있는 시스템으로 과감히 바꾸고, 학교를 학습 조직화해서 모든 교사들이 학습공동체를 통해 함께 배우고 성장하면서 교육과정 전문가로서의 역량을 높일 수 있도록 여건 마련과 지원에 힘을 쏟아야 한다.

학교장 스스로도 행정가의 정체성에 갇히지 않기 위해서는 학교 내외의 교원학습공동체에 적극 참여하여 교육과정 전문가로서의 역량을 꾸준히 향상시켜 나가야 한다.

학교 교육과정, 학년 교육과정, 교사 교육과정이 각각 분리되어 설계되고 운영되는 학교 문화에서 탈피하여 모든 교사가 함께 모여 학교 운영 철학과 비전을 세우고 이를 구현할 수 있는 교육과정 설계-실행-평가의 선순환이 이루어지는 시스템을 구축해 나가야 한다.

학교장은 교육과정 운영의 실질적 주체인 교사들이 평소 학교 운영 및 교육활동에 대해 진지하게 토론하고 협의해 가면서 민주적 학교 문화 조성에 힘씀으로써 교사들의 자발성과 교원학습공동체의 참여도가 높아질 수 있도록 한다.

교육과정 함께 만들기

A초등학교는 매년 여름 방학과 학년 말 방학 동안 3~4일간 전체 교사가 함께하는 '새 학기 교육과정 함께 세우기' 워크숍을 통해 학교 및 학년 교육과정을 공동 설계하고 구체적 실행 계획을 수립한다. 전체 워크숍에서 학교 교육과정 운영 방향을 세우고, 학년별로 모여 학년 교육과정 운영 계획을

짠다. 충분한 시간과 노력을 기울여 각 교과의 내용을 분석하고 교과 내, 교과 간 재구성을 통해 주제 중심 교육과정, 프로젝트 수업을 구성함으로써 교과서에 의존한 지식 중심 교육에서 벗어난 내실 있는 교육과정 설계가 이루어진다.

교육과정 평가회

B초등학교는 학기별로 전체 교사가 함께하는 교육과정 평가회를 실시한다. 교육과정 평가회는 학년 교육과정 평가회와 학교 교육과정 평가회로 나누어 이루어진다. 학년 교육과정 평가회는 학년 전체 교사가 모여 한 학기 동안 학년 교육과정 운영 전반(교육과정 재구성, 수업 나눔, 생활교육, 학부모와의 소통, 문화예술교육, 체험학습, 동아리 활동 등)에 대해 평가하여, 다음 학기 학년 교육과정 운영에 반영해 나간다. 학교 교육과정 평가회는 2~3회에 걸쳐 학교 교육과정 운영 전반에 대해 부서별, 주제별 평가회를 분임으로 또는 전체가 모여서 하는 방식이다. 교육과정 평가회는 설문을 통한 평가의 한계를 넘어 전체 교사가 깊이 있게 교육과정 운영에 대한 다양한 생각을 함께 나눌 수 있어서 교육과정 운영의 내실화와 공감대 형성에 매우 의미 있는 과정이라고 할 수 있다.

수업 연구의 날 운영

C초등학교는 매주 수요일을 수업 연구의 날로 정해서 모든 교사가 학년별로 모여 학년 교육과정 운영 및 수업에 대해 함께 연구하는 시간으로 운영한다. 이날은 불가피한 경우를 제외하고는 학교의 공식적인 행사나 회의

를 배치하지 않고, 수업 연구에 집중할 수 있도록 한다. 수업 연구의 날은 다양한 역량과 경험을 가진 동료 교사가 일상적으로 함께 모여 교육과정과 수업에 대한 연구를 하는, 학교의 학습 조직화에 가장 부합하는 방식이라고 할 수 있다. 교사의 일상적 연구 활동 시간 확보는 교사들의 교육과정 문해력과 수업 전문성을 기르는 좋은 기회이다. 또한 주제별 교원학습공동체를 구성하여 교사들이 관심 있는 분야에 참여하여 교직을 수행하는 데 필요한 인문학적 소양, 학생에 대한 이해, 수업과 관련된 분야별 역량을 높여 나가고 있다.

수업 나눔

D중학교는 교사들이 매월 한 사람씩 돌아가며 제안 수업을 실시한다. 담당 교과와 관계없이 모든 교사가 수업 전 과정 참관을 통해 수업에서 학생들의 배움이 어떻게 이루어지는지 관찰하고, 참관 후에는 제안 수업을 한 교사와 참관한 교사들이 함께 제안 수업에 대한 사후 협의회를 한다. 정기적인 제안 수업과 참관, 사후 협의회 과정은, 교실주의에 매몰되어 수업 성찰의 기회를 갖기 어려운 교사에게 수업에 대한 관점과 역량을 향상시키는 매우 소중한 기회이다.

만들어 가는 학년 교육과정

E초등학교는 학년 초에 학년별로 교육과정 운영 계획을 수립하여 기본 내용을 작성한 후, 학년 말에 1년 동안 실제 실행한 내용을 학년 교육과정 틀에 맞게 체계적으로 정리하여 제본해서 책으로 만들거나 파일 자료로 누

적해 감으로써 '만들어 가는 교육과정'을 구현하고 있다. 학년 초에 작성된 학년 교육과정 운영 계획은 단지 기본 골격에 해당되기 때문에 실제 운영 내용을 학년 말에 상세하게 기록하고 담아낸 교육과정 내용 정리는, 매년 학년을 순환하며 담임을 맡는 초등학교의 특성상 새로 맡은 학년의 교육과정을 이해하고 재구성하는 데 매우 유익한 참고 자료가 된다.

교육과정위원회와 교육과정TF

F고등학교는 학생 선택 중심의 교육과정을 만들기 위해 사전에 교육과정 교사 연수를 실시하고 있으며 '교육과정위원회'와 '교육과정TF'를 동시에 운영하고 있다. 특히 교육과정위원회에서는 교과협의회를 통해 만들어지는 각 교과의 요구를 학교 교육과정에 융합시키는 방법을 협의하며, 교육과정 TF에서는 앞으로 학교가 나아가야 할 방향에 대해 논의하고 그 안을 교육과정위원회에 제출한다. 교육과정 연수, TF 활동을 통해 교사의 교육과정 문해력을 높이고, 학교 교육과정과 교과 교육과정이 함께 갈 수 있도록 돕고 있다.

2. 행정적 업무

가. 업무 조직 체계 및 인사

| 원칙 |
• 학교장은 학교가 교육활동 중심으로 운영되도록 학교 업무 체계

를 조직해야 한다.

- 학교장은 교사가 수업과 생활교육에 집중할 수 있도록 업무를 정비한다.
- 학교장은 업무 수행 과정의 효율화를 도모해야 한다.
- 학교장은 인사자문위원회의 협의 결과를 최대한 존중하여 민주적 인사 문화를 정착시킨다.

| 실천 과제 |

- 학교의 행정 업무를 총괄할 뿐 아니라 행정 실무 업무 역량을 갖춘다.
- 교육지원팀(초등), 학년부 체제(중등)의 업무 체계와 교육 지원 업무 부서와 교육활동 부서(중등)를 분리하는 업무 재구조화로 업무의 효율성을 높인다.
- 실적 위주 업무나 전시성 업무를 과감히 없애야 한다.
- 학교 업무 분석에 근거해 불필요한 문서나 업무를 폐기한다.
- 전결 규정, 결재 시기 조정 등 업무 효율화 방안을 강구한다.
- 행정실 직원 및 교육공무직이 교육활동을 적극 지원하도록 독려한다.
- 학교 업무 결정 시 행정 업무 부담에 대한 점검을 필수로 한다.
- 학교장의 초빙권, 전입 요청권, 유예권은 학교의 교육적 요구에 근거하여 행사한다.

| 정책 제안 |

- 교육청은 학교 자율 운영 및 학교 업무 정상화 추진단을 구성하

여 구체적인 정책을 수립하고 추진한다.

- 교육청은 학교 자율 운영이 가능하도록 조직을 슬림화하고 정책 사업을 최소화한다.
- 학교로 발송되는 공문을 대폭 축소한다.
- 생활기록부 기재 항목과 내용을 간소화한다.
- 전산·방송 등의 업무를 위한 전담 인력을 배치한다.
- 시간 강사, 대체 인력, 기간제 교사 채용, 교육공무직 급여 업무를 교육청으로 이관한다.
- 먹는 물, 모래질, 공기질 관리, 엘리베이터, 소방 점검 등 모든 학교가 동일하게 반복적으로 처리하는 업무를 교육청 교육시설관리본부로 이관한다.
- 학교가 담당하는 돌봄(방과후학교와 늘봄) 업무를 일원화하여 지자체로 이관한다.
- 정서 행동 검사, 인터넷 스마트폰 중독 검사, 학교폭력 실태 조사 등 업무 부담을 유발하는 각종 설문 검사 방식을 개선한다.
- 영어 전담 교사가 맡고 있는 원어민 관리(숙소 및 비품 수리 요청, 생활 지원 등) 업무를 교육지원청으로 이관한다.
- 학생 건강 검진, 구강 검진을 교육청이 일괄 계약하고 문진표, 만족도 조사 등은 온라인으로 실시한다.

| 해설 및 사례 |

교사는 교육 행정이 아니라 학생들을 교육하는 것이 본연의 임무이다. 학교교육의 정상화와 발전을 위해서는 학교에서 교사의 정체성이 회복되어야 한다. 교무 행정 업무를 우선적으로 중시하던 기존의

관행을 교육활동을 중시하는 방향으로 바꿔야 한다.

이를 위해 학교장은 교사들이 행정 업무가 아닌 교육의 본질적 활동인 교육 연구, 교육활동, 학생 지도에 전념할 수 있도록 시스템적으로 지원해야 한다. 더 이상 교사들이 행정 업무를 수행하느라 지쳐 교육활동이 후순위로 밀리거나 에너지가 소진되지 않도록, 학교장을 비롯하여 행정 업무를 담당하는 교직원들(교감, 행정실, 교무행정사 등)은 교사들이 본질적 교육활동에 전념할 수 있게 행정 실무를 지원해야 한다. 학교장부터 먼저 솔선수범하여 행정 업무를 꼼꼼히 파악하고 앞장서서 수행하는 '행정 실무형 역량'을 갖추고 교육지원팀을 총괄하는 역할을 담당해야 한다. 또한 학교 업무가 최대한 효율적으로 수행될 수 있도록 업무 정상화를 적극 추진해야 한다.

학교의 업무 정상화를 위한 업무 편제 및 인사 과정은 학교 구성원들의 의견을 적극 수렴하여 진행한다. 이를 통해 학교 운영의 전 과정에서 집단 지성이 발휘되고 구성원들 모두가 학교 운영의 주체가 될 수 있도록 한다.

학교 업무 재구조화

A중학교에서는 학교 업무 정상화를 위해 학교의 모든 업무를 펼쳐 놓고 전체적으로 재구조화하여 '불필요한 업무 없애기, 간소화하기, 교무행정사로 이관하기'의 관점에서 업무를 수행하기로 방향을 정했다. 업무 간소화를 위해 법정 장부 외의 모든 보조 장부를 없앴으며, 전결 규정 확대, 공문 기안 간소화, 관리자 수정 결재 등을 통해 결재 과정을 간소화하였다. 또한

학적, 수업계, 에듀파인, 나이스NEIS 업무 일부, 모든 공문의 기안과 편철을 교무행정사에게 이관하여 직접적인 교육활동 외의 교사 업무를 최소화하였다.

학년부-행정 부서의 업무 분리

B중학교에서는 담임 업무와 행정 업무를 분리하여 각 학년부에 소속된 교사는 담임 업무 이외의 다른 행정 업무를 겸하지 않도록 한다. 교무 행정 업무 부서의 교사는 행정 업무와 담임을 겸하지 않도록 하여 업무의 효율화를 제고함과 더불어 소수 교사에게 학교 업무가 과중되지 않도록 한다.

관리자의 행정 업무 수행

C 교장은 학교 운영의 모든 과정을 총괄할 뿐만 아니라 이와 관련된 실제적인 업무를 일부 담당한다. 교육 계획서 작성, 학부모회 논의, 각종 공모 사업 신청·계획서 작성, 학생 동아리 지도 등의 업무를 수행하여 교사들의 행정 업무 부담을 덜어 주는 학교장상을 만들어 가고 있다. 또한 교사 전출입, 부장 인선, 업무 편제 구성, 교원 평가 등 학교장의 권한을 행사할 때 인사자문위원회, 교직원회의 등의 의견 수렴 절차를 거치고 그 의견을 최대한 존중하여 결정한다.

교육지원팀 운영

D초등학교는 담임 교사가 수업과 생활교육에 집중할 수 있도록 교육지

원팀을 구성·운영한다. 교육지원팀은 학교 규모에 따라 구성 인원에 편차가 있는데, D초등학교의 경우 4명으로 구성되어 있으며, 학교생활, 교육과정, 수업 혁신, 정보 체험 부서로 구분된다. 교육지원팀은 업무의 연속성을 감안하여 2년 정도의 순환 주기로 운영하며, 담임을 맡지 않고 주로 예체능 교과를 담당하며 주당 수업 시수는 12시간 내외이다.

교육지원팀 운영으로 담임 교사에게 교무 행정 업무가 부과되지 않아 수업과 생활교육에 집중할 수 있다. 교육지원팀 업무도 수업과 별개로 이루어지는 사업을 최소화하고 학년 교육과정 운영이 잘 이루어질 수 있도록 지원하는 역할로 자리매김해 가고 있다.

나. 예산

| 원칙 |
- 학교장은 학교 예산 수립과 집행에 대한 학교 구성원의 의견이 민주적으로 수렴될 수 있는 시스템을 구축·운영한다.
- 학교장은 직접적인 교육활동 및 교육 격차 해소를 위한 예산을 충분히 확보한다.
- 학교장은 업무 담당자의 예산 집행 권한을 존중하고 절차를 간소화한다.
- 학교장은 학교 회계 투명성과 공정성을 확보한다.

| 실천 과제 |
- 교직원, 학생, 학부모의 예산 요구서를 받고 협의하여 예산을 편

성한다.
- 학년 초 학교 구성원 대상 예산 편성 설명회를 개최한다.
- 학년 및 교과의 교육과정 예산을 충분히 편성한다.
- 학교 현안 해결을 위한 예산 확보를 위해 다각도로 노력한다.
- 예산 집행 간소화 및 위임을 위해 전결 규정을 개정한다.
- 목적사업비 및 선택 사업 예산에 관해서 교직원들과 충분한 협의를 거친다.
- 관행적 예산 편성을 지양하고 적기에 집행하여 불용을 최소화한다.
- 사업별·교과별 예산 편성을 지양하고 교육과정 재구성을 통한 통합 교육과정 운영, 학년 교육과정 운영이 원활하도록 예산 편성 항목을 재구조화한다.

| 정책 제안 |
- 교육청의 목적 사업 예산을 최소화하고 학교 기본운영비를 확대한다.
- 학교 예산 자율성을 높일 수 있도록 학교 회계 시스템과 예산 운영 지침을 개선한다.
- 목적사업비의 신청 및 정산 절차를 간소화한다.
- 소수 엘리트 학생을 위한 예산보다는 모든 학생을 위한 예산을 지향한다.

| 해설 및 사례 |
학교 교육과정이 내실 있게 운영되기 위해서는 효율적인 예산 편성과 집행이 매우 중요하다. 예산 계획을 수립할 때 구성원과의 논의가 충분히 이루어지지 않으면 빈번하게 예산을 변경함으로써 업무가 가중됨은 물론 교육과정 운영이 내실 있게 이루어지기 어렵다. 예산의 중요성에 비해 학교장의 예산에 대한 이해가 그리 높지 않아 예산에 대한 용어부터 사용 방법에 이르기까지 학습이 필요하다.

12월에 예산 집행 계획을 수립하기 전에 학교 구성원들이 함께 모여 다음 연도 학교 교육과정 운영 방향에 대해 깊이 있게 토론하여 교육활동 우선순위를 정하고, 이를 바탕으로 예산을 편성한다. 예산이 부족한 경우 매년 교육청이나 자치구에서 다양한 목적 사업이나 지원 사업을 통해 학교 지원이 이루어지고 있으므로 지원되는 사업을 잘 파악하여 학교에 필요한 예산을 확보할 필요가 있다. 특히 예산이 많이 소요되는 학교 환경 개선 사업 예산은 학교장이 혼자 고민하기보다는 학부모회와 협력해서 다양한 경로를 통해 확보 방안을 모색해야 한다.

학기 초 예산 계획 공유

A초등학교에서는 학기 초 전체 교직원이 모여 교육과정 계획을 공유하는 시간에 학년별 교육과정 운영 계획 및 학교 교육과정의 연계 내용을 중심으로 설명하되, 사업별 예산 확보 내용과 운영상의 어려움을 함께 설명하여 모든 교직원의 학교 전체 예산에 대한 이해를 높인다. 교원들은 학급운영비 또는 출장비, 협의회비, 교원복지비 등의 예산에는 관심이 많지만 그외 예산에는 관심이 적은 경향이 있으므로, 예산 계획을 철저하게 공유함

으로써 구성원들의 주체성을 높일 수 있고, 다양한 목적 사업 신청에 대한 공감대 형성에도 도움이 된다.

예산이 확정되면 학기 초 교직원회의에서 예산 편성에 대한 설명회를 갖고, 학부모회와 학생회 운영과 관련된 예산 계획은 해당 주체와 공유하도록 한다.

학년 교육과정 운영 예산 확대

B초등학교에서는 학교 예산 계획을 수립할 때 부서별, 사업별 예산보다는 학년별로 교육과정 운영에 필요한 예산을 비중 있게 배정하여 학년 교육과정 내실화를 도모하고 있다. 학년 교육과정 운영비 확대는 학년 교사들로 하여금 학년 교육과정을 보다 자율적이고 창의적으로 구상하도록 하는 윤활유 역할을 한다. 학년 교육과정에 대한 교사들의 주체적인 참여는 사업 중심의 교육활동에서 학년 교육과정 중심의 교육활동으로 전환하는 계기가 된다.

패들렛을 이용한 예산 의견 수렴

C고등학교에서는 교사의 교육활동 지원을 위한 무기명 안건 제출함(패들렛)을 운영하고 있다. 교육활동에 필요한 시설과 예산을 안건 제출함에 올리면, 교장은 행정실과 협의를 통해 반영할 수 있는 방법을 찾아 안내한다. 특히 수업, 창체 등 교육활동에 필요한 내용은 바로 반영되도록 하고 있다. 이러한 무기명 의견 수렴을 통해 파악된 교직원의 요구는 다음 해 예산을 편성할 때 활용하고 있다.

다. 시설 관리

| 원칙 |

- 학교장은 학교 시설과 환경을 잠재적 교육과정 관점에서 바라보고 조성한다.
- 학교장은 학교 시설 관리에 있어 학생 안전과 생활 관련 시설 편의성, 생태적 지속가능성에 우선순위를 둔다.
- 학교장은 학교 구성원과 충분한 협의를 거쳐 학교 시설 개선 우선순위를 정한다.
- 학교장은 학교 공간 및 시설에 대한 안목을 높이기 위해 학습한다.

| 실천 과제 |

- 학생 안전이나 구성원 복리 향상을 위하여 관계자의 협의를 정례화한다.
- 친환경적 시설 구축과 유지·관리를 위해 노력한다.
- 시설 개선 및 관리에 대한 교직원, 학생, 학부모의 의견을 수렴할 수 있는 협의 기구와 소통 창구를 마련한다.
- 학교 시설·환경 조성 시 교육과정과 연계하고 활용한다.
- 행정실장 및 시설 담당자가 공사 진행 과정을 모니터링하도록 독려한다.

| 정책 제안 |

- 모든 학교에서 공통적으로 이루어지는 시설 관리는 지원청에서

통합적으로 담당한다.

- 교육청 시설 담당자는 전문성을 가지고 학교 환경·시설에 대한 컨설팅을 실시하는 컨트롤타워 역할을 한다.
- 교육청이 집행하는 학교 시설 공사 시 공사 감독·감수 인력을 상시 배치한다.
- 학교 시설 공사 업체와 담당자에 대한 학교 구성원의 평가권을 도입한다.
- 학교 행정실장과 시설 담당자에 대한 시설 관련 연수를 강화한다.

| 해설 및 사례 |

학교 시설 관리에 있어 가장 먼저 염두에 두어야 할 것이 안전이다. 학교장으로 부임하면 제일 먼저 학교 시설을 돌아보면서 학교 시설 전반에 대해 안전 요소를 체크하는 것이 중요하다. 학교 시설에 익숙해지면 위험한 곳에 대해 무디어질 수 있기 때문에 해마다 새로 부임해 오는 교사들의 학교 시설에 대한 안전 관련 제안을 늘 열린 마음으로 청취할 수 있어야 한다. 위험 지역을 발견하였을 경우 최대한 빨리 위험 요소를 해결해야 한다.

학교생활 관련 시설 관리가 잘 이루어지지 않으면 학교 구성원들의 불편이 크기 때문에 꼼꼼한 사전 점검과 관리를 해야 한다. 특히 하절기와 동절기 등 기후 변화가 큰 계절에 대한 사전 준비는 매우 중요하다.

학교 시설이 노후화되었을 경우 한꺼번에 해결하려고 하면 공사 범위가 커서 공사로 인한 학교 구성원들의 피로도가 높아지므로 안전에 위험 요소가 있는 부분부터 찾아서 개선해야 한다. 너무 단기적인 관점으로 진행하다 보면 자칫 중복 사업으로 예산 낭비를 저지를 수 있으므로 시설 개선 계획은 장기적 관점으로 세워야 한다.

학교 시설이나 공간을 바꿀 때에는 학교 구성원들이 참여하는 공간TF를 구성하여 의견을 반영하되, 생태적 관점과 지속가능성을 담아내기 위한 노력을 기울여야 한다.

매달 안전 점검의 날 교실 돌아보기

A초등학교는 학교장, 행정실장, 시설주무관이 동행하여 매달 안전 점검의 날에 간단한 수선 도구를 가지고 학교 실내외 및 전체 교실을 한 바퀴 돌며 살펴본다. 교사들의 여러 의견을 청취하고 즉시 수선이 가능한 것은 바로 해결하고 시간을 필요로 하는 것은 목록화해서 해결함으로써 학교 시설 보수 및 유지에 빈틈이 생기는 것을 예방한다.

특히 겨울철 수도, 화장실, 음수대의 동파 방지는 시설주무관이 잘 관리하는 편이나 1년에 1번의 연례행사이고 겨울 방학 전 여러 행사와 겹쳐서 간혹 놓치기가 쉬워 매년 12월 안전 점검의 날에 이를 일일 교육 계획에 문서화해 놓고 관리한다.

교육 환경 개선을 위한 TF 운영

B초등학교는 3월에 5~6명의 교사와 학부모, 학생, 행정실이 함께하는 '교육환경개선TF'를 구성한다. TF에서는 당해 학년도에 꼭 바꾸고 싶은 시

설에 대한 교사들의 의견을 수렴하고, 교사협의회를 통해 우선순위를 정한다. 이후 학교 예산과 외부 지원 예산의 가용 범위에 맞춰 우선순위대로 사업을 진행한다. 교육청에서 직접 발주하는 대규모의 공사 외에는 이런 식으로 교육 환경을 개선하면서 교사들의 만족도가 그 어느 때보다 높다.

3. 학교 구성원 관련 업무

가. 교사와의 관계

| 원칙 |
- 학교장은 교사를 교육 전문가로 인정하고 신뢰한다.
- 학교장은 교육활동에서 부딪히는 교사의 고충을 파악하고 해결한다.
- 학교장은 교사의 성장을 지원하는 장학 시스템을 구축하고 복지를 향상시킨다.
- 학교장은 공정한 인사와 평정을 한다.
- 학교장은 교권 보호를 위해 적극 노력한다.
- 학교장은 교사의 법적 권리와 권한을 보장한다.

| 실천 과제 |
- 수업을 직접 수행하여 교사의 교육활동에 대한 이해도를 높인다.
- 수업 참관 및 협의회에 마칠 때까지 참여한다.

- 다양한 시스템을 통해 교사와 직접 소통한다.
- 교사 수준 교육과정 운영 및 교육활동에 대해 과감하게 권한을 위임한다.
- 교사회의나 교육활동 관련 각종 위원회를 민주적으로 운영하고 결정을 존중한다.
- 교사들이 교육활동 중 겪는 어려움을 파악하고 해결 방안을 적극 마련한다.
- 교사와 학생 간의 갈등으로 인한 교사의 지원 요청이 있을 시 직접 개입하여 해결한다.

| 정책 제안 |

- 학교를 연수 기관으로 인정하여 학교 안 교원학습공동체 활동 등 연수를 학교장이 승인하는 방식으로 전환한다.
- 교원 평가제, 성과 상여금제를 폐지하고 수당화한다.
- 장기간 치유를 필요로 하는 교원에 대한 통합 지원을 위한 법적 제도를 마련한다.

| 해설 및 사례 |

교사가 교육 전문가로 성장할 수 있도록 돕는 것은 교장의 기본적인 책무이다. 교육 혁신의 가장 큰 동력은 교사의 역량이다. 교장은 교사가 동교과 교사나 동학년 교사와 협력하고, 함께 성장할 수 있도록 지원하고, 교원학습공동체를 통해 전 교원이 학습하는 조직으로 거듭날 수 있도록 각고의 노력을 기울여야 한다. 교원학습공동체가 자리 잡아야 교육과정 운영-수업 공개 및 나눔이 선순환되고, 이런 과정을 통해 교사의 잠재력이 개발된다. 교장이 직접 학습공동체에 참여하는 적극성은 때로 교사들에게 창조적 긴장을 불러일으키기도 한다.

교사는 민주적인 의사소통을 기반으로 성장한다. 민주적인 논의와 절차를 거쳐 학교 비전을 공유하면 학교 운영 계획 및 전략 수립에 탄력이 붙는다. 소통과 협력에 기반한 교장의 리더십이 발현될 때 교사의 열정도 발휘된다. 그런 신뢰 위에서 교육과정위원회나 인사자문위원회가 운영되고 공정한 인사와 평정이 이루어져야 학교는 교육공동체로 거듭날 수 있다.

교육활동의 최전선에 있는 교사는 늘 힘들고 고달프다. 학생 지도에 어려움은 없는지, 무리한 학부모 민원에 시달리고 있지는 않은지 교사들의 고충을 헤아리고 적기에 대책을 수립하기 위해서 교장은 일상적으로 교사들과 소통해야 한다. 교장이 교사의 법적 권한과 권리에 근거하여 복지를 제공하고, 교권 보호에 능동적으로 솔선할 때 학교 운영에 힘이 실린다.

교사와 마주 앉는 다양한 간담회

A초등학교는 1학기(3월 둘째 주)에 학년 단위로 동학년 회의를 통하여 교사들과 다과회를 겸한 간담회를 갖는다. 교장은 간담회에서 수렴한 교사들의 의견을 단기-중기-장기 단위로 나누어 해결 방안을 수립하여 피드백을 한다. 전 교사가 지속적인 노력을 기울여야 할 주제는 교직원회의 토론을 통해 공동체적인 관심을 유발한다. 2학기엔 연령대별로 간담회를 한다. 교

사와의 소소한 자리가 때로는 의견 결집에 큰 힘을 발휘하기도 한다.

학년 말에는 인사와 평가 업무가 집중되는데 이즈음 부장 등 중간 리더 교사들과 별도의 간담회를 열어 밀도 있게 혁신학교의 철학과 비전을 공유하는 과정을 통해 중간 리더로서 이들의 책무성을 환기시키고 효능감을 살려 준다. 중간 리더 그룹의 자기 효능감은 교육활동 전반에 걸쳐 긍정적인 분위기를 조성하는 데 탁월한 성과를 발휘한다.

교사들은 교장과 직접 소통하는 경험이 적다. 이런 교사들에게 간담회 형식으로 수시로 의견 개진의 길을 터 주면 민주적 학교 운영의 든든한 동반자가 된다. 때로는 교장이 더 도움을 받기도 한다.

실질적인 권한을 가진 인사자문위원회

B중학교는 인사자문위원회의 권한을 강화하여 자문위원회가 아니라 인사위원회로서 실질적 힘을 발휘할 수 있도록 한다. 업무 분장뿐 아니라 인사 전반이 인사위원회를 통해 이루어지며 교장은 결정을 전폭적으로 수용한다. 인사위원회가 실질적인 힘을 발휘함에 따라 교사들은 위원을 선출하는 과정에 매우 신중하다. 인사위원회에서는 부장도 선출한다. 투표를 통해 뽑히는 부장은 인사위원회 권고와 조율에 따라 누구도 사퇴하지 않으며, 12월부터 신구 부장이 같이 부장회의에 참석해서 인수인계 과정을 밟는다. 인사위원들은 전입 교사 영입, 초빙 등의 문제에 마치 자신의 일처럼 능동적으로 나서며, 이런 주체적 분위기가 학교 전반에 영향을 끼치고 있다.

나. 학생과의 관계

| 원칙 |

- 학교장은 학생을 관리나 훈육의 대상이 아닌 인격체로 존중한다.
- 학교장은 학생 자치가 실질적으로 구현될 수 있도록 한다.
- 학교장은 학생 개개인의 특성을 파악하고 이해하여 안전과 성장을 도모한다.
- 학교장은 학생 간 상호 존중과 공동체성이 구현되도록 한다.
- 학교장은 학생들의 쉴 권리와 놀 권리, 학습할 권리를 보장한다.

| 실천 과제 |

- 학교운영위원회 등 학교 의사 결정 과정에 학생 참여를 보장한다.
- 학생들의 독자적인 휴게 공간, 회의 공간, 놀이 공간을 마련한다.
- 특별 지원이 필요한 학생의 개별 맞춤형 상담, 돌봄 지원 체계를 마련하고 참여한다.
- 정규 교육과정 외 학생들의 자율 활동을 적극 지원한다.
- 상벌점 제도를 폐지한다.
- 학생들과의 직접적 만남을 정례화한다.
- 학생들에게 학생인권조례 학습 기회를 제공한다.

| 정책 제안 |

- 학생인권조례를 유지하고 보완한다.

• 특별 지원이 필요한 학생을 위한 전문 인력을 학교에 지원한다.

| 해설 및 사례 |

교장은 살피고 결정할 일이 많다. 책임의 무게도 크고 무겁다. 그렇다고 해서 책무성의 무게에 짓눌리면 '관리'에 치우치기 쉽다. '관리'에 무게가 실리면 교육의 본래 기능을 발현하기 어렵다. 교육은 학생을 고유의 인격체로 존중하는 것으로부터 시작한다. 학생의 독립성을 존중해야 민주시민교육도 가능하다. 시민의 제1 조건은 생각과 의견을 갖는 것이다. 자신의 문제를 궁리하고 결정하는 경험 속에서 의견이 만들어진다. 규제와 훈화에 의한 수동적 존재가 아니라 주체적으로 실천하고 자신의 권리를 누릴 수 있어야 시민의 삶에 다가갈 수 있다. 이런 교장의 실천적 지향이 학생 자치를 가능하게 한다. 자치 문화는 저절로 싹트지 않는다.

또한 교장은 학생들의 일상을 적극적으로 살펴야 한다. 일상을 이해해야 그에 따른 안전과 돌봄, 맞춤형 학습 지원이 가능하다. 진정한 교육은 교원과 학생이 서로 맞대면하는 순간부터 시작된다. 교장이 교실의 감각을 유지해야 하는 것도 그 때문이다. 유능한 교장은 학생회 같은 공식 기구뿐 아니라 학생들의 일상적인 문화, 동아리 활동에 관심을 가지고 함께 호흡한다. 교장의 그런 감각이 돌봄이나 학생 자치에 활력을 불어넣는다.

방어적 관리를 넘어 학생들의 건강과 휴식을 지원하는 것도 교장의 주요한 책무이다. 휴식이 충분해야 정서적 안정과 공감력, 학습력이 자연스럽게 동반 상승한다. 이런 지향이 없으면 손쉽게 모든 교육활동을 관리와 훈육의 대상으로 여기게 된다. 상벌점 제도도 그런 관리의 습속에서 비롯된다. 점수로 학생들을 통제하는 순간 교육은 뒤로 숨게 된다. 상벌점은 일시적 행동 제어 효과만 있을 뿐, 학생들의 자존감 향상에 근본적으로 기여하지 못한다. 배움은 지속력이 없으면 체화되지 않는다. 두려움을 키우는 것은 교육이 아니다.

수업으로 학생과 만나기

A 교장은 연간 계획을 세워 모든 학급에 들어가 1회 이상 교실 수업을 한다. 아침 등교 시간이나 놀이 시간에 학생들과 자주 만나고 대화를 나누지만 학생과 더 많은 교감을 나누기 위해 교실 수업을 실시한다. 그림책 읽어 주기, 환경교육, 진로교육 등 학년 수준에 맞는 주제를 정하여 수업을 하면서 학생들의 모습을 꼼꼼히 살피고, 학생들과 생각을 나누면서 학생들에 대한 이해를 높인다.

주기적으로 학생회 임원과 마주 앉기

B 교장은 교장실에서 격월로 학생회 임원들과 마주 앉는다. 학생들과 나눈 대화 내용을 꼼꼼하게 메모하여 교직원회의 안건으로 올리는 등 학생들의 의견을 학사에 적극 반영한다. 축제 때는 학생회 부서원이 직접 직원회의에 참석하여 축제안을 브리핑한다. 그런 과정을 통해 학생들은 학생회에 대한 책무성을 키워 간다. 또한 방학식, 개학식 때는 학교장 인사 대신 학생회장단이 마무리 인사나 개학 인사를 하는 문화가 자연스럽게 자리를 잡아 가고 있다.

상벌점제를 폐지한 뒤에 얻은 것들

C중학교는 혁신학교를 시작하면서 상벌점제를 없앴다. 학생들의 문제 행동에 대해 벌점 카드를 꺼내는 대신 수시로 모여 앉아 대책을 논의하고 사례 회의를 열었다. 교사들은 이런 과정을 통해 학생들의 변화를 위해서는 벌점이 아니라 학생과 일상적으로 만나는 시간이 필요하다는 결론에 도달하고, 이후 시간 확보를 위한 업무 경감과 부서 개편을 서둘렀다. 학년부 체제로 바꾸고, 한 학생의 문제에 전 학년 교사가 집중하면서 분위기가 서서히 안정되기 시작했다. 그런 상호 존중의 호흡이 학생 자치의 성장으로 이어졌고, 지금은 벌점이 없어서 오히려 교사와 학생 사이의 공감대와 신뢰감이 돈독해졌다. 학교폭력 사안도 1년에 1, 2건에 그치고 있다.

일상을 함께하며 학생과 가까워지기

D 교장은 늘 아침에 교문에서 학생을 맞이하고 점심에는 급식실 입구에서 손 소독과 배식 질서를 챙긴다. 적어도 한 달에 1, 2번은 교문에서부터 교실, 보건실, 도서실, 화장실, 학생회의실 등 학생들의 동선을 부챗살처럼 따라가며 학생들의 안녕과 일상을 살핀다. 그런 과정에서 모은 정보를 월 2회 열리는 '안테나모임'에 제공한다.

안테나모임은 보건, 사서, 영양, 상담 교사 등 교과 교실 밖에서 학생들을 돌보는 교사들의 모임이다. 수업이 힘들거나 급우 관계에 문제가 생겨 교실 밖을 떠도는 아이들의 부적응 상황이 안테나모임을 통해 조기에 발견되고, 사전에 맞춤형 지원이 이루어진다. 한 학생의 가로세로를 살펴야 진정성 있는 돌봄이 이루어진다.

한편으로 자신의 교과 경험을 살려 학생 독서동아리 지도 교사로 참여하여 매주 정해진 요일에 학생들의 독서 토론 활동을 돕는다. 교육적 설득력은 학생에 대한 깊이 있는 이해에서 시작된다고 믿는 D 교장은 400여 명 되는 전교생의 이름을 거의 다 알고 있다.

다. 학부모와의 관계

| 원칙 |
- 학교장은 학부모와 학교교육의 철학과 비전을 공유한다.
- 학교장은 학부모회가 실질적 대의 기구가 될 수 있도록 지원한다.
- 학교장은 학부모의 교육활동 참여 기회를 확대한다.
- 학교장은 '내 아이'가 아닌 '우리 아이'를 위한 학부모 활동이 되도록 한다.
- 학교장은 학부모 민원 제기와 처리를 위한 공적 절차를 마련한다.

| 실천 과제 |
- 학부모와 직접적인 소통 기회를 정기적으로 갖는다.
- 다양한 소통 경로로 학교 교육활동에 대해 안내한다.
- 독립적인 학부모 활동 공간 및 예산을 마련한다.
- 학부모총회 및 활동은 학부모가 주관하도록 지원한다.
- 학부모의 내적 성장을 위한 부모 교육과 학습 동아리 활성화를 지원한다.

- 학부모의 민원 발생 시 학교장이 직접 개입하여 해결한다.
- 학부모와의 일상적 소통이 가능한 열린 교장실을 만든다.

| 정책 제안 |

- 학부모회의 효율적 예산 집행을 위해 별도 회계 규정을 마련한다.
- 교육청 주도의 과도한 학부모 대상 회의 및 사업을 정비한다.
- 교육청이 주관하는 사업의 경우 학부모회와 직접 소통하는 통로를 만든다.

| 해설 및 사례 |

학부모의 학교 교육활동에 대한 이해와 신뢰를 높이기 위해서는 학교교육의 철학과 비전을 학부모와 적극적으로 공유해야 한다. 최근 학부모회 지원 조례 제정, 학부모회 운영 예산 확대, 학부모 회의실 구축 등 학부모의 교육활동 참여를 활성화하기 위한 제도와 지원이 강화되고 있지만, 여전히 학부모들은 학교의 문턱을 높게 느끼고 있다. 교사들은 교사대로 각종 학부모 민원으로 교육활동에서의 어려움을 호소하고 있다. 이는 학부모와 동반 관계 형성을 위한 노력이 필요함을 보여 주는 단면이 아닐 수 없다.

학부모들의 교육적 욕구는 다양하다. 이들과 교육의 공공적 가치를 함께 나누고 지향하려면 개별적 만남과 대응으로는 한계가 있다. 따라서 교장은 학부모회가 전체 학부모의 대의 기구로서 주도적 역할을 할 수 있도록 적극 지원해야 한다. 그래야 공식성을 띤 관계로 진일보할 수 있다. 학부모회가 대의 체계로 안정적으로 자리 잡으면 학교와 협력도 원활해지고 이를 바탕으로 폭넓은 교육적 공감대를 형성할 수 있다.

특별히 학교장은 여러 단위의 학부모 간담회 등 소통의 장을 구축해서 지속적으로 학부모와의 접촉면을 넓힐 필요가 있다.

학부모회가 주관하는 학부모총회

A초등학교는 학부모총회와 교육과정 설명회를 분리하여 실시한다. 대부분의 학교는 학기 초에 학부모총회와 교육과정 설명회를 나누지 않고 단일화해서 실시함으로써 학교가 총회를 주관하는 입장에 서게 되고 학부모는 수동적인 처지에 놓이게 된다. 학부모총회는 학부모회가 주관해서 실시하도록 하고, 교육과정 설명회는 학교 주관으로 학부모총회와 별도로 실시하여 자녀들의 한해살이에 대한 정보를 제공한다.

학부모총회에서는 학부모 임원 선출, 전년도 학부모회 활동 보고, 학부모회 규정 개정, 학부모가 참여하는 학교 내 각종 위원회 위원 선출, 학부모 동아리 홍보, 향후 학부모회 운영 방향에 대한 의견 수렴 등을 논의한다. 학부모회 구성은 물론 학부모회 운영 전반에 대해 함께 논의함으로써 학부모가 동원의 대상이 아닌 교육 주체로서의 위상을 갖게 된다.

학교장과 함께하는 학부모 임원 월례회의

B초등학교에서는 학부모 회장, 부회장, 감사, 학년 대표가 참여하는 학부모회 임원 월례회의를 정례화해서 매월 넷째 화요일 10~12시에 실시한다.

학부모회가 자칫 소수 임원을 중심으로 일회성 사업에 매몰되지 않도록 학년별로 학급 대의원을 통해 학부모의 다양한 의견 수렴, 사안 발생 시 해결 방안 모색, 학부모회 활동 협의 등 학부모회의 바람직한 역할을 정립해 가고 있다.

특히 교장은 임원 월례회의에 참석하여 학부모들의 고충이나 제안을 수용하여 적극적으로 해결하기 위해 노력한다. 이런 과정을 통해 학부모회와 두터운 신뢰감이 쌓이고 학부모 민원이 거의 없는 학교 운영이 가능해졌다.

학교장이 참여하는 가족 봉사단 활동

C중학교에는 학부모회 활동의 하나로 학부모와 학생이 참여하는 가족 봉사단을 만들어 한 달에 1번(토요일 오전) 학교 내외 환경 정화 활동, 학교폭력 예방 캠페인 활동 등을 한다. 올해에는 학생과 함께 봉사교육, 안전교육 등도 실시할 계획이다. 이 활동에 교장이 참여하여 학교 주변을 돌며 학부모와 학생들의 이야기를 듣고 학교에 무엇이 필요한지를 함께 찾아보기도 한다. 한 학기에 1번은 봉사단 활동 평가회를 겸해서 학교와 학부모회 활동 등 학부모회의 바람직한 역할이 무엇인지에 대해서도 이야기를 나눈다.

교장은 학부모회 업무와 봉사단 활동을 담당하게 되니 교사의 업무가 하나 감소하고 학부모회장을 포함하여 학부모들과의 소통의 기회가 늘어나 학부모회와 학생, 교사로부터 신뢰감을 얻고 있다. 학부모와 교장의 소통이 늘어나니 학부모 민원이 거의 없는 학교가 되었다.

D고등학교는 학교 구성원들과의 협의를 통해 학교장 중심의 학부모 민원 대응 시스템을 만들어 운영하고 있다. 학교 홈페이지에 학부모 민원 관련 탭을 만들어서 학부모들이 학교나 교사에게 민원을 제기할 경우 반드시 이 경로를 통해 정해진 양식에 민원 내용을 올리도록 하였고 절차와 방법 등을 전체 학부모에게 안내하였다. 민원 내용은 비공개로 해서 교장만 볼 수 있도록 했다. 민원이 올라오면 단순 질문은 업무 담당자의 확인을 거쳐 교장이 직접 답변하고, 학교 차원에서 논의가 필요한 사안이면 관련자들과 협의를 통해 해결 방안을 마련하고 대응함으로써 교사들의 학부모 민원으로 인한 고충을 해소할 수 있었다.

라. 행정직원(교육공무직원)과의 관계

| 원칙 |
- 학교장은 행정직원의 교육활동 지원 업무의 전문성을 존중한다.
- 학교장은 학교 의사 결정 과정에 행정직원 참여나 의견 수렴 시스템을 마련한다.
- 학교장은 행정직원 간 업무 부담의 형평성이 유지되도록 한다.

| 실천 과제 |
- 행정직원과 학교 계획을 공유하는 자리를 갖는다.
- 학교 업무 간소화 및 업무 조정 논의 시 행정직원의 의견을 적극

반영한다.

- 행정직원과의 정기적 업무 협의를 통해 효율성과 효능감을 높인다.
- 자존감을 높이는 호칭 사용으로 평등한 학교 문화를 조성한다.
- 행정직원이 담당 업무에 대해 전문성을 발휘할 수 있도록 지원한다.

| 정책 제안 |

- 행정직원 평가가 다면적으로 이루어질 수 있는 평가 시스템을 도입한다.

| 해설 및 사례 |

학교 행정직원 및 공무직원을 학교교육의 지원자로만 인식하기보다 해당 영역에서 전문성을 지닌 학교공동체 구성원으로 존중할 때 학교교육에 대한 참여와 소통의 힘이 커질 것이다. 학교 의사 결정 구조에 교직원(행정직원 및 공무직원 등)을 교사와 동등하게 참여시키고 그에 관한 권리를 부여해야 한다.

역할 수행에 따른 이해관계 및 업무의 충돌이 자칫 교내 갈등으로 이어질 수 있으므로 교직원의 요구와 이해를 수렴하고 학교 운영에 적극 반영할 필요가 있다. 교직원의 요구를 바탕으로 업무 부담의 형평성이 유지되도록 하고, 학교 의사 결정 구조에 다양한 교직원의 요구가 반영될 수 있는 시스템(회의 체계 등)을 갖추고 유지하도록 해야 한다.

학교 구성원의 공동체성 유지와 민주적 학교 운영을 위해 행정직원과 공무직원이 교사와 함께 학교 교육 계획을 공유하고, 정기적 협의회를 갖는 등 구성원 간 평등한 학교 문화를 만들어 가야 한다.

학생 성장을 의논하는 독수공방모임

A중학교에서는 공무직원에게 교육적 역할을 부여하여 학교교육에 참여하면서 교원들과 함께 학생의 성장과 교육을 의논하기 위하여 '독수공방모임'을 만들어 운영하고 있다. 대부분 혼자서 방을 쓰지만 학생들이 자주 찾아가는 곳을 지키는 교원과 공무직원들의 모임이다.

교장, 진로부장, 보건 교사, 영양 교사, 전문상담사, 사서, 사회복지사 등 7명이 참여하는 독수공방모임은 월 1회(매월 첫째 월요일 5교시) 실시한다. 여기에서는 학생과 관계 맺기를 통해 알고 있는 학생 정보와 사례를 공유하고 담임 교사 등과 함께 학생 생활지도 방안을 찾아 실천한다. 또한 한 학생에 대해 돌봄과 상담이 필요한 경우 그 학생에 맞는 맞춤형 돌봄, 상담, 학습 지원이 무엇인지 실천 방안도 찾아본다. 내년에는 기초학력 부진아 지도를 위한 구체적 사례나 방안까지도 이곳에서 의논하려는 계획을 가지고 있다.

행정실 직원과의 정기적 업무협의회

B중학교에서는 교장, 교감, 행정실장, 행정실 직원 전원이 참석하는 업무협의회를 정기적으로 실시한다. 이 협의회에서는 학교 교육 계획을 나누는 회의, 월간 학교 교육 계획을 공유하는 회의 등을 통해 학교 교육과 학교 행정

이 소통하는 시간이 되도록 하였다. 행정실 전 직원이 참여하는 업무협의회 자리가 서로를 이해하고 효율적으로 일 처리를 할 수 있는 통로가 되고 있다.

공무직원 월례회의

C초등학교에서는 매월 1회 정기적으로 공무직원 월례회의를 실시한다. 참석 대상은 교장, 교감, 행정실장과 공무직원 전원(교무행정지원사, 교무실무사, 전산실무사, 과학실무사, 사서실무사, 상담사, 특수교육실무사)이다. 월례회의에서는 공무직원 각자가 담당하고 있는 업무 수행 상황, 업무 수행 시 어려운 점, 학교에 건의할 사항 등에 관해 협의한다.

학교 교육활동이 원활하게 돌아가기 위해서는 공무직원의 지원 업무가 잘 이루어져야 한다. 공무직원의 역할이 중요함에도 불구하고 지원 업무라는 성격 때문에 제대로 존중받지 못해서 자존감이 낮아지고 자신의 업무에 수동적으로 임하는 경우가 많아 학교 운영에 어려움을 초래한다. 정기적인 월례회의를 통해 이들의 의견을 충분히 수렴함으로써 공무직원이 자신의 역할에 대해 보람과 긍지를 가질 수 있도록 한다.

4. 대외 업무

가. 지역사회와의 관계

| 원칙 |
• 학교장은 학교가 마을공동체의 일부임을 인식한다.

- 학교장은 마을과 연계한 교육과정을 운영한다.
- 학교장은 마을의 교육 자원을 발굴하고 활용할 수 있는 네트워크를 구축한다.

| 실천 과제 |

- 학교 공간 및 행사를 마을에 적극 개방한다.
- 교사들의 마을 이해를 높이기 위한 답사 및 연수를 적극 실시한다.
- 마을 연계 교육과정 운영 활성화를 위한 상설 지역 협의체를 운영한다.
- 마을 활동가가 학교운영위원회의 지역 위원으로 참여할 수 있도록 한다.

| 정책 제안 |

- 학교 개방 시 안전 및 시설 관리에 대한 지역사회 공동 책임 방안을 강구한다.
- 학교가 속한 마을에 장기 거주하고 학교와 마을 연계 교육활동 경험이 있는 교사는 장기 근무할 수 있도록 인사 제도를 개선하여 마을과의 협력이 지속되도록 한다.
- 일회성 프로그램 중심의 미래교육지구 정책을 지양하고 학교가 필요로 하는 것을 발굴하고 지원하는 방식으로 개선한다.

| 해설 및 사례 |

우리 근대 교육의 역사를 살펴보면 국가나 정부의 지원이 없는 곳에서도 지역사회가 나서서 학교를 짓고 교육을 책임졌다. 일제강점기에는 머나먼 중국 땅에도 우리 동포가 사는 곳에는 어김없이 학교가 있었고 지역사회의 중심이 되었다. 급격한 산업화와 도시화로 학교는 거대해졌고 담장이 높아지면서 어느덧 학교와 마을은 분리되는 듯했으나, 작은학교운동으로 마을이 되살아나고 도시에서도 마을의 중요성이 커지면서 이제는 전국 곳곳에서 마을교육공동체 사업을 실시하고 학교와 마을을 연결하는 작업이 활발하게 일어나고 있다.

서울시교육청은 학교와 마을과의 협력을 통한 마을교육공동체 활성화와 마을 연계 교육과정 운영을 주요 정책으로 추진하고 있다. 학생들이 살고 있고 앞으로도 살아갈 마을과 학교를 잇는 것은 교장의 주요한 역할이다. 마을에 거주하며 마을 연계 교육과정에 관심을 갖고 참여하는 교사들이 있기는 하나 실제 수업과 학생 교육을 담당하고 있는 교사가 시간을 내기란 쉬운 일이 아니다. 학교의 담장을 낮추고 마을을 학교로, 학교를 마을로 흐르게 하고 지역의 교육 자원을 연결하는 것은 교장이기에 할 수 있는 일이고 해내야 하는 일이다. 조금만 눈을 돌려 보면 지역사회에는 학교와 함께 활동을 하고 싶어 하는 활동가들과 단체와 기관이 정말 많이 있음을 알 수 있다. 학생들에게 필요한 도움을 주려는 사람들도, 그들을 위한 다양한 프로그램도 많다.

문제는 연결이다. 점과 점을 연결하여 선을 만드는 일, 즉 네트워킹이 교장의 대외 업무의 중요한 축이 되어야 하는 이유이다.

지역사회와의 소통

A중학교가 있는 지역은 마을교육공동체가 활성화되어 있다. 이 마을에서는 마을 활동가의 제안으로 '○○동 청소년을 생각하는 어른들의 모임(청어회)'을 만들어 한 달에 1번씩 모이는데 A중학교 교장 외에 복지관장, 대안학교 교장, 동장, 작은도서관장, 청소년 놀이터 운영자 등이 참여한다. 교장은 지속적으로 이 모임에 함께하면서 마을 활동가들과의 교류를 통해 학생들이 마을에서 어떻게 생활하고 있는지, 마을에 어떤 자원이 있는지 잘 알 수 있었다.

마을 모임을 통해 학교운영위원회 지역 위원 2명을 섭외할 수 있었고, 학교 축제에 마을 동아리 회원의 난타 공연, 놀이 관련 부스 운영을 지원받아 풍성한 축제를 만들 수 있었다. 학교에서도 마을에 공간이 필요할 때 공간을 대여해 주며 마을과의 거리를 좁혀 가고 있다.

학교-마을 거버넌스 운영

B초등학교는 학교장이 학교 인근 여러 기관이나 마을공동체 중 학교 교육활동과 연계할 수 있는 곳을 개별 방문하여 취지를 설명하고 학교-마을 거버넌스를 구축하여 정기적으로 협의회를 운영하고 있다. 이를 계기로 교사들과 거버넌스에 참여하는 마을 기관과의 협력과 소통이 활성화되고 학교 구성원들의 마을에 대한 관심과 이해가 깊어졌다. 거버넌스 구축을 통해 그동안 단기성, 일회성 프로그램 중심의 마을 연계 활동에서 벗어나 내실 있고 지속가능한 마을 연계 교육과정 운영이 가능해졌다.

나. 교육청과의 관계

| 원칙 |
- 학교장은 학교 자치 실현의 방향에서 학교 위상을 재정립한다.
- 학교장은 교육 정책과 교육 행정 혁신을 위해 의견을 적극적으로 개진한다.
- 학교장은 교육청의 자원과 조직을 적극 활용한다.

| 실천 과제 |
- 지침과 매뉴얼 중심의 학교 운영을 개선하여 학교 재량권을 확대하되, 교육 혁신의 방향성에 부합하는지 점검한다.
- 현장 적합성 관점에서 각종 공문 및 지침에 대해 적극 분석하고 피드백 한다.
- 학교장학습공동체 구축 및 참여로 정책 이해도를 높인다.

| 정책 제안 |
- 성과 중심의 교장 평가 제도를 전면 개선한다.
- 교장 연수를 개선하여 실질적인 학교 운영 역량을 높인다.
- 지원청의 학교 맞춤형 지원이 효과적으로 이루어지도록 한다.
- 지구별 교장협의회를 학교장학습공동체로 전환하여 교장 역량 강화를 위한 학습의 장이 될 수 있도록 한다.
- 학교 조직 진단 시스템을 설문 중심에서 방문, 면담 등을 통합한 조직 진단 방식으로 바꾼다.
- 지원청을 학교지원센터로 전환하여 현장 밀착형 지원을 강화한다.

| 해설 및 사례 |

'학교장과 교육청과의 관계'는 '학교와 교육청과의 관계'와 동일한 위상을 갖는다. 그동안 교육청에 교장의 위상은 교육 파트너라기보다 일종의 교육 정책 소비자에 가까웠다. 대부분의 교육 정책이 학교를 매개로 소비되며 교장은 이 과정을 대표 또는 대리하는 역할을 해 왔다. 즉, 교육청이 학교를 관리·감독하는 데 대리자로서의 위상이 컸으며, 이는 현장에서 학교의 자율성과 자치가 중요한 화두로 등장하게 된 배경이기도 하다.

반면, 교장에게 교육청은 학교 교육활동 및 교장 자신에 대한 감독 기관이며, 교장의 근무를 평정하는 평가 기관이다. 이러한 관계로 인해 교장 스스로가 자율적 판단과 결정 권한을 축소 해석하는 경향이 생긴다. 학교장이 주어진 권한 내에서 학교 운영에 관한 의사 결정을 하고 그 결과에 대한 책임을 지는 구조이지만, 실질적으로 행사하는 권한과 책임의 범주가 교육청의 지침 범위를 크게 벗어나지 못하는 이유이기도 하다. 동시에 교장에게 교육청은 학교의 모든 사안에 대한 지원 기관이기도 하다. 그러나 현실적으로는 본질적 학교교육을 위한 지원 요구보다 재정, 시설, 사안 해결 요구 등 현안 중심의 요구에 치우쳐 있는 것도 사실이다.

이는 결국 교육 정책과 교육 행정 체계가 탑다운 방식으로 설계되고 집행되어 온 관행과 무관하지 않다. 교육청이 교장을 정책 파트너로 인식하는 관점이 부족하여 교육 정책 설계 시 교장의 의견이나 수행 과정에서의 역할을 대체로 고려하지 않는다. 이러한 문제점은 학교의 대표자인 교장이 교육 정책 설계 단계부터 관여하거나 핵심 의견 발의자가 되어야 해결할 수 있다. 달리 말하자면 학교(교장)로부터의 필요와 요구를 상향 전달, 압박하는 교육 행정 체계를 만들어 가야 한다. 교육 자치가 시·도교육청의 자치에 머물지 않고 학교 자치로 펼쳐지려면 교육청과 학교의 수평적 관계, 교육청과 교장의 동료적 관계 형성이 필수적이다.

지구별 교장협의회와 교육지원청 연계 강화

A 교장은 정기적인 지구별 교장협의회에 되도록 꼭 참석하려고 노력하고 있다. 과거에는 교장들끼리만 모여 정보를 교환하는 수준에 그쳤는데 얼마 전부터 교육장이나 관련 부서 과장이 번갈아 가며 참석하여 협의회 참석 필요성이 커졌기 때문이다. 특히 지원청에 학교통합지원센터가 만들어진 후부터 센터의 업무 담당자도 번갈아 참여해 학교의 어려운 문제를 파악하고 있다. 이 협의회에서 제안된 의견을 지원청이 잘 경청하고, 특히 학교별 어려움을 해결하기 위하여 지원청이 본청, 자치구의 역량을 총동원하여 문제 해결에 앞장섬으로써 학교의 교육 여건 개선에 매우 도움이 된다.

현행 지구별 교장협의회가 학교 간 정보 교환의 장으로 유용하지만, 교육 정책이나 현안에 대해 깊이 있게 의견을 나누거나 나아가 수렴된 의견을 교육청으로 전달하는 기능은 매우 약하다. 지원청에서 직접 참여함으로써 실현 가능성이 전제된 본격적 논의를 가능하게 하는 힘이 될 수 있다. 이는 장학이나 컨설팅 같은 일방향의 소통 관행을 넘어 교장과의 거버넌스를 형성하는 기초가 될 수 있다. 아울러 정책의 배경이나 추진 현황 등을 공유하면서 교장 간의 교원학습공동체를 형성하는 매개로 작용할 수도 있을 것이다.

B 교장은 교육청의 ○○위원회에 정기적으로 참석하여 교육청의 관련 정책 논의 과정에서 많은 의견을 제시하고 있다. 해당 영역에 대한 문제의식과 경험이 풍부하여 내실 있는 정책 수립과 평가에 매우 중요한 역할을 하고 있다. 학교 업무도 바쁜데 교육청 위원회까지 참석하려면 힘이 들지만 지역 교육 발전에 기여할 수 있고, 교육청의 정책에 대한 식견이 높아질 수 있어 보람을 느끼며 참여하고 있다.

본청과 지원청에는 각종 운영위원회, 심의위원회를 비롯하여 교육청 외부인을 구성원으로 하는 기구가 많이 운영되고 있다. 각 분야에 역량과 경험이 풍부한 교장과 교사가 이런 위원회에 적재적소에 참여하게 되면 정책의 현장 적합성이 높아질 수 있다. 교장들과 지원청이 의제에 대해 협의하는 구조가 될 수 있도록 목소리를 냄으로써 교육 환경 개선 사업, 각종 공모 사업, 지원금 교부 등이 합리적으로 운영되도록 역할을 할 수도 있을 것이다.

징검다리 교장직무가이드라인 TF
위원장 : 이희숙(전 서울은빛초 교장)
위원 : 김두림(전 서울노원초 교장), 김명희(서울당현초 교장), 류현진(전 서울 숭곡중 교장),
　　　위유정(전 서울강명초 교장), 유경수(서울 송정중 교장), 이상대(전 서울 삼정중 교장),
　　　이준범(전 서울상천초 교장), 최화섭(전 서울 국사봉중 교장), 한미라(서울면동초 교장),
　　　홍제남(전 서울오류중 교장)

2부

교장의 일,
경험과 성찰을 나누다

김두림 김지용 류현진 문지연
박지희 위유정 유경수 윤상혁
이상대 이시우 이준범 이희숙
임수경 전인숙 최화섭 홍제남

|1|

교육과정
운영 업무

교육공동체가 함께
만들어 가는 교육과정

이희숙(2018~2022 서울은빛초 교장)

학교마다 매년 교육과정 운영 계획서를 편성하고, 이를 토대로 교육과정을 운영한다. 그런데 많은 학교의 교육과정 계획서를 보면 화려한 편집과 현란한 문구, 수업과 무관한 보여 주기 식 행사와 각종 일회성 프로그램으로 내용이 채워져 있고, 정작 교육과정 운영에 관한 의미 있는 내용을 찾아보기 어렵다.

학교 교육과정이 교육공동체의 집단 지성의 산물로 만들어지는 것이 아니라, 국가와 시·도교육청의 편성 운영 지침 및 학교 관리자가 하고 싶은 것을 담아 교육과정 업무 담당자에 의해 만들어지는 관행 속에서는, 교사들조차도 교육과정의 주체가 되지 못하고 대상화되는 경우가 많다. 이런 상황에서 학생·학부모의 의견이 반영되는 것은 더욱 기대하기 어렵다.

교육철학과 방향에 대한 충분한 성찰과 연구, 토론 과정 없이 관행적으로 만들어지는 생명력 없는 교육과정은 '계획 따로, 실제 운영 따로'라는 모순된 상황을 만든다. 학생의 삶을 가꾸는 교육과정을 운영하기 위해서는 교장이 교사·학생·학부모를 교육의 주체로 인식하고, 교육 주체 간 서로 신뢰하고 존중하는 학교 문화를 만드는 데 주력하며, 교육 주체와 함께 학교 운영 철학과 비전을 세우고 이를 바탕으로 학교 교육과정을 만들어 가야 한다.

교장들은 예산 집행, 인사 관리, 시설 관리 업무를 직접 챙기고 비중 있게 여기는 것에 비해 교육과정 운영에는 관심이 적은 경우가 많다. 학교 운영의 가장 핵심인 교육과정이 내실 있게 이루어지기 위해서는 '교육과정 중심의 학교 운영'에 대한 교장의 확고한 의지가 필요하며, 교육과정 설계-운영-평가의 선순환이 잘 이루어질 수 있도록 시스템 구축과 운영에 힘써야 한다.

이 글에서는 서울은빛초등학교 교장으로 부임한 이후 그동안 운영해 왔던 교육과정 설계-운영-평가 시스템과 내용을 점검하고, 교사들과 지속적으로 협의하면서 은빛초만의 교육과정 운영 시스템을 구축하여 교육과정과 수업의 질을 높이기 위해 노력했던 과정을 기술해 보고자 한다.

집단 지성이 꽃피는 새 학년 준비 워크숍

한해살이를 준비하는 새 학년 준비 워크숍은 교육과정 운영의 가장 중요한 과정이 아닐 수 없다. 새 학년 준비 워크숍에서 교육과정 공동 설계의 취지에 맞게 한 해의 운영 계획을 내실 있게 잘 수립하기 위해서는 사전 준비를 철저히 할 필요가 있다. 은빛초에서는 워크숍 준비를 위한 교육과정준비TF를 교장, 교감, 업무팀장, 학년팀장, 학년별 교육과정 담당 교사, 그리고 그 외 참여를 희망하는 교사들로 구성하였다.

TF에서는 교육과정 평가 설문과 교육과정 평가회에서 도출된 내용을 근간으로 새 학년 교육과정 운영 방향, 전년도 주요 교육활동 중 유지할 것, 없앨 것, 바꾸거나 보완할 것, 새로 도입할 것 등에 대해 충분한 시간을 가지고 논의하였다. 논의된 내용을 교사 다모임을 통해 공유하고 확정하는 과정을 통해 학교 교육과정의 뼈대가 만들어진다. 이런 사전 준비 과정을 소홀히 하면 학교 교육과정 운영 철학과 방향에 대한 구성원들의 공감대가 형성되지 않아 학교 교육과정과 학년 교육과정의 연계성, 학년 교육과정 간의 연계성이 부족해진다.

새 학년 준비 워크숍은 학교마다 조금씩 차이가 있지만 대개 3일 정도로 운영하고 있다. 은빛초도 3일씩 실시해 왔는데, 교육과정 재구성, 체험학습 계획 등을 구체적으로 논의하기에는 턱없이 시간이 부족해 보였다. 3월 개학 이후 시간에 쫓기지 않고, 안정적으로 교육과정이 운영되기 위해서는 워크숍 기간을 연장할 필요가 있다는 생각이 들어 교사들과 논의한 결과 2월 워크숍은 4일로, 하반기 교육계획 수립을 위한 여름 방학 중 워크숍은 2일로 기간을 늘렸다.

대다수의 교사가 방학 중 개인 연수와 충전의 시간을 갖고자 하는 욕구가 커서 기간을 늘리기로 결정하는 과정이 쉽지 않았지만, 지속적으로 '교육과정 중심의 학교 운영'의 중요성을 강조하고, 이를 위한 행·재정적 지원을 전폭적으로 해 온 덕분에 교사들이 마음을 열고 워크숍 기간 연장에 동의해 주었다. 워크숍 기간이 늘어나면서 4학기별 교육과정 재구성, 마을 연계 교육과정, 생태전환교육, 학년별 특색 교육과정, 수업과 연계된 현장체험학습 계획 등 학년 교육과정을 더욱 정교하게 수립할 수 있었다.

새 학년 준비 기간에는 함께 논의하고 결정해야 할 사안이 많아 정작 교육과정 재구성 논의가 뒷전으로 밀리는 경우가 있다. 이런 상황이 생기지 않도록 학년 말 방학 전에 담임 배정과 보직 교사 인선, 학교 및 학년 업무 분장, 각종 위원회 구성 등 업무 관련 협의를 마치고, 워크숍에서는 온전히 교육과정 재구성에 대한 논의가 이루어지도록 하였다.

워크숍 일정 중 첫날 오전에는 '은빛 혁신교육의 성과와 과제'를 주제로 발표 자료를 만들어 직접 프레젠테이션을 했다. 프레젠테이션의 주요 내용으로는 혁신교육의 의미와 방향, 교육과정 편성 시 학년별 위계성 살리기, 분절적 행사를 지양하고 교육과정에 녹여 내기, 아이들의 삶과 연계성 높이기, 인권·평화·관용·상호이해·민주시민성·생태 등 지속가능한 사회를 위한 가치 반영하기 등을 강조하며, 교사들과 은빛 교육과정 방향에 대한 공감대를 형성하기 위해 노력하였다.

동료 교사들끼리 머리를 맞대고 전문성과 상상력으로 함께 교육과정을 설계하는 새 학년 준비 워크숍은 교사들이 교육과정 전문가로서의 경험과 역량을 쌓고, 집단 지성의 힘을 몸소 체감하는 매우 소중한 시간이 아닐 수 없다.

학부모와 함께하는 교육과정 설명회

'학부모와 함께하는 교육'을 실질적으로 구현하기 위해서는 교육과정 설명회, 수업 공개, 교육과정 평가 설문, 간담회 등 학부모와의 적극적인 소통으로 교육에 대한 공감대를 높이고 학부모의 의견을 반영하려는 노력이 필요하다.

3월에 실시하는 교육과정 설명회는 새 학년 준비 워크숍에서 준비한 학교 및 학년 교육과정 계획을 학부모와 공유하는 중요한 기회이다. 학부모들은 구체적인 설명을 통해 자녀의 한해살이가 어떻게 펼쳐질지 상상하면서 학교교육에 대한 관심과 이해가 깊어지게 된다. 대다수 학교에서는 교육과정 설명회를 별도로 하지 않고 학부모총회 때 함께 한다. 그런데 학부모총회에서는 학부모회 임원과 각종 봉사 활동에 필요한 인력 구성에 많은 시간을 할애하게 되고, 정작 학부모들이 관심을 갖는 교육과정에 대한 안내는 소홀히 하는 경향이 있어 이 자리에 대한 학부모들의 기대가 높지 않다.

은빛초는 이런 문제를 해소하기 위해 학부모총회와 교육과정 설명회를 아예 따로 실시한다. 학부모총회는 학부모회가 주체가 되어 학부모회 운영에 관한 논의의 장으로 운영하고, 교육과정 설명회는 학년별로 날짜를 정해 한 해 동안 교육과정을 어떻게 운영할지 상세하게 안내한다. 코로나19 시기에는 학급별로 각 교실에서 줌을 이용하여 온라인·오프라인 설명회를 병행하기도 하였다. 학년별로 사전 준비에 많은 시간을 투입해서 학생 발달의 특성, 4학기별 교육과정 재구성, 문예체교육, 현장체험학습 계획, 생활지도, 독서교육, 학년별 특색 교육 등에 대한 내용을 정리하여 발표 자료를 만든다.

3월에 교육과정 설명회를 하는 것이 정착되었지만 아쉬움도 많이 남았다. 학년 초에 교육과정을 계획할 때는 아직 학생들의 특성을 충분히 파악하지 못하고 계획을 세워야 하는 한계가 있기 때문에, 학생들을 만난 뒤 내용을 보완하면서 만들어 가야 한다. 그래서 한 학기 동안 실제 운영된 교육과정을 학부모와 공유하고, 2학기 운영 계획도 좀 더 구체적으로 안내할 기회를 갖는 것이 필요하다는 생각이 들었다.

교사들은 학부모와 대면하는 것에 대한 부담감이 커서 3월에 실시하는 교육과정 설명회도 매우 부담스러워하는 정서가 강한데, 2학기 또 한 번의 설명회를 하자고 제안하기가 쉽지 않았다. 먼저 업무팀장 회의에서 논의해 필요성을 공유했고, 새 학년 교육과정TF에서 협의하여 2학기 설명회를 도입하는 데 동의를 얻었다. 반대 의견도 일부 있었으나 학부모와의 소통 기회가 더 필요하다는 의견이 설득력을 얻어 어렵게 결정할 수 있었다.

두 차례의 교육과정 설명회가 교사들에게 부담스럽게 여겨질 수 있는데도 불구하고 나의 제안이 받아들여진 것은 은빛초 교사들의 자발성이 발현되었기에 가능한 일이었다. 2학기에 하는 교육과정 설명회는 학년 초 설명회에 비해 참석률이 저조한 편이지만 학부모와 함께하는 교육을 실현해 가는 과정으로서 의미가 크다.

학생의 삶을 가꾸는 교육과정 재구성

교과서는 교육과정을 구현하는 재료의 하나인데, 많은 교사가 교과서를 금과옥조처럼 여기며 교과서에 실린 내용을 빠짐없이 전달하는 교과서 진도 빼기 중심의 수업에 익숙해져 있다. 국가 수준 교육과정도 과도하게 세밀하게 만들어져 제공되기 때문에 굳이 교육과정을 힘들게 재구성할 필요성을 느끼지 못한다. 교장으로 재직 시에 교육과정 재구성을 강조하면 몇몇 교사들로부터 '교과서와 지도서가 잘 되어 있는데, 왜 힘들여서 교육과정 재구성을 해야 하나?'라는 반박을 받곤 했다. 그럴 때면 생각의 간극을 어떻게 하면 좁힐 수 있을까 고민하곤 했다.

교사가 교육과정 전문가로서 인정받기 위해서는 누군가 만들어 준 교육과정에 의존하는 수동적 입장에서 벗어나 학교 여건, 학생들의 특성을 분석하고 이를 토대로 학교의 교육철학과 방향을 반영하여 학생의 온전한 성장과 발달을 위한 학교·학년·교사 교육과정을 만들고 운영할 수 있어야 한다.

은빛초는 교사 간의 교육과정 재구성에 대한 인식 차, 경험 차가 커서 공감대를 형성하기가 쉽지 않았고, 학년별 교육과정 재구성의 질적 편차가 컸다. 그래서 교육과정 전문가를 초빙하여 교사 연수와 학년별 컨설팅에 주력하면서 교육과정 재구성의 필요성에 대한 교사들의 공감대가 형성되었고, 학년별로 교사들이 머리를 맞대고 교육과정을 재구성하면서 교육과정의 질이 높아질 수 있었다.

상·하반기에 각각 한 주제를 정해 교육과정 재구성을 하면서 경험이 쌓이고 교육적 효과를 체감하면서, 점차 재구성의 범위를 넓혀 봄, 여름, 가을, 겨울 4학기별 주제 통합 재구성을 구상하여 은빛초만의 교육과정이 만들어진다. 학생들이 생태, 인권, 평화 등 사회적 가치와 시대정신을 내면화하여 민주시민으로 성장할 수 있도록 교육과정 재구성에 더 많은 고민과 노력을 기울여야 한다. 이를 위해서는 학교의 적극적 지원 외에도 교사 스스로 학교 내 또는 학교 밖 학습공동체에 지속적으로 참여하면서 학습과 연구를 통해 교육과정에 대한 전문성과 인문학적 감수성을 길러 학생의 온전한 성장과 발달을 돕고, 시대적 가치를 반영하는 질 높은 교육과정을 만들 수 있어야 한다.

2019학년도 은빛초 학년별·학기별 교육과정 재구성 주제

학기	1학년	2학년	3학년	4학년	5학년	6학년
봄	봄마중	나, 너, 우리	평화를 배워요	문학(이야기 속으로)	살아 있는 우리 땅	지역사회 문제 프로젝트
여름	가족과 보내는 여름	여름 친구들	마을 이야기 한마당	식물	인권	세계의 여러 나라
가을	이웃과 함께 하는 가을	우리 동네	동물 탐구 프로젝트	우리 마을	역사 (그날들)	세계여행 프로젝트
겨울	겨울의 품에서 함께	세계여행	세시풍속 프로젝트	더불어 사는 경제	평화 : 기억하고 기록하다	지구촌 문제

앎을 삶으로 삶을 앎으로, 마을 연계 교육과정

은빛초는 지리적으로 다양한 인적·물적 자원이 풍부한 곳에 위치하고 있고, 마을 결합형 중점 학교를 운영하고 있어서 교사들의 마을 연계 교육활동에 대한 관심이 높은 편이고 관련 활동이 활성화되어 있다. 그런데 대부분 일회성으로 이루어져 교육적 효과가 크지 않았다.

일회성 활동을 넘어 교육과정과의 연계성과 지속가능성을 높이기 위한 방안을 고민하다가 학교와 마을 간 거버넌스를 구축하기로 했다. 먼저 학구 주변에 있는 기관 중 교육과정과 연계가 적합한 기관을 순차적으로 방문하여 거버넌스 참여를 요청한 결과 7개 기관이 참여 의사를 밝혔다. 은평구 마을방과후센터, 은평 한옥박물관, 두드림 작은도서관, 향림도시농업체험원, 은평도서관연합회, 사비나미술관, 물푸레마을공동체였다.

거버넌스 구축으로 교사의 업무가 가중되지 않도록 직접 참여 기관과 통화하고 공문을 발송해 첫 거버넌스 회의를 은빛초에서 했다. 학교를 비롯해 각 기관의 소개를 듣고 학교 교육활동과 연계하는 방안에 대한 아이디어를 나누었다. 학년별 교육과정 담당자가 거버넌스 회의에 참여하여 학년 교육과정과 연계할 수 있는 기관의 정보를 파악한 후 학년별로 세부적인 내용을 구상하였다. 학교-마을 거버넌스는 마을 연계 교육과정에 무관심했던 교사들에게 학교 밖의 자원과 이를 연결하는 일에 관심을 갖게 하고 교육과정을 고민하게 만드는 촉진제가 되었다.

거버넌스 구축 이후, 새 학년 교육과정을 설계하는 단계에서부터 마을 연계 교육과정을 구상하고 실행하였다. 사비나미술관과 연계한 5, 6학년 미술 감상 수업, 향림도시농업체험원과 연계한 5학년 텃밭교육, 은평 한옥박물관과 연계한 3학년 사회 수업, 두드림 작은도서관과 연계한 1학년 마을 탐방, 전체 학년 도서관 탐방 수업, 물푸레마을공동체와 연계한 3학년 생태전환교육 등이 이루어졌다.

학교 밖 자원과 별개로 교내 학부모 생태 동아리 회원들도 꾸준히 자체 학습을 통해 전문성을 쌓아 학교로부터 '학부모 마을수업지원단'으로 위촉되어 생태교육 등 다양한 마을교육을 담당하였다. 학교의 연못과 화단, 학교 인근 앵봉산과 이말산에서의 동식물 수업, 학교 인근 문화 유적 탐방 수업 등 학년별 교육과정과 연계한 마을교육을 실시하였다. 학부모 마을수업지원단은 학교의 공동체이자 학구에서 오랫동안 거주한 마을 주민이라는 정체성을 가지고 있어서, 학생과의 교감이 잘됐을 뿐만 아니라 마을에 대한 이해도 높아 수업 만족도가 매우 높았다.

마을 연계 교육과정은 학생들에게 배움의 확장과 새로운 경험을 제공하고, 마을에 대한 이해와 관심을 높여 '삶을 위한 교육' 실현에 중요하다. 교장이 평소에 마을 사람과의 교류, 마을 행사 참여, 학교 공간의 개방 등 마을과의 협력을 통해 네트워크 확장에 힘쓰면, 마을 연계 교육과정은 더욱 활성화될 수 있을 것이다.

수업 전문성을 키우는 수업 나눔

'교육의 질은 교사의 질을 넘지 못한다'라는 말이 있듯이 교사의 수업 전문성은 아무리 강조해도 지나치지 않다. 교사들은 학교 밖의 각종 연수 참여, 대학원 진학, 학교 안팎의 학습 동아리 참여 등을 통해 교사로서의 전문성을 높이기 위해 노력하고 있다. 그런데 정작 수업 전문성을 위해 매우 중요한 과정인 수업 나눔(동료 장학)은 회피하고 싶어 한다. 수업 나눔은 함께 수업을 디자인하고, 수업 참관과 사후 협의회를 통해 수업에 대한 깊이 있는 성찰과 상호 배움으로 수업 전문성을 높일 소중한 기회이다. 그럼에도 불구하고 현장에서 수업 나눔 문화가 확산되지 못하고 있는 점은 매우 아쉽다.

은빛초에서도 수업 나눔이 이루어지고 있었으나, 여러 가지 개선할 점이 보였다. 사전 연구나 논의 과정 없이 각자 자신이 선호하는 교과와 단원을 정하여 공개하는 점, 같은 시간에 몇 개 학급이 동시에 수업 공개를 하기에 참관이 분절적으로 이루어져 수업의 흐름과 맥락을 파악하기 어려운 점, 담임 학급 관리를 병행하며 수업에 참관하느라 참관에 집중하기 어려운 점 등이었다. 이런 상황 탓에 학년별로 수업 나눔이 모두 끝난 후에 열리는 사후 협의회에서도 깊이 있는 수업 대화가 이루어지지 않고 형식적인 대화만 이루어졌다. 이런 점이 아쉬워서 교사들과 수업 나눔 운영 방법 개선에 대해 장시간 논의를 하였다.

거의 모든 교사가 수업 나눔을 가장 부담스러워하고 어떻게든 피하고 싶어 하기 때문에 새롭게 바꾸는 것에 대한 저항이 만만치 않았다. 교사들에 대한 전폭적인 지원과 업무 경감 등이 결국은 교육과정과 수업에 더 많은 시간과 노력을 기울이기 위해서라는 학교 운영 방향을 강조하면서 소통한 결과 수업 나눔 방식을 효과적으로 개선할 수 있었다.

우선 새 학년 준비 기간에 수업 나눔 시기를 학년별로 겹치지 않게 희망하는 달로 분산해서 정하고, 학년 내에서도 동학년 교사가 서로 수업 참관이 가능하도록 공개 시간을 조정하였다. 동학년의 공개 수업을 한 시간 동안 집중해서 참관하려면 그 시간 동안 담임 학급을 비워야 하는 문제가 있다. 교사로 재직할 때부터 오랫동안 이 사안에 대해 고민해 온 터라, 이번 기회에 이 문제를 해결해서 제대로 수업 참관을 할 수 있도록 해야겠다고 마음먹었다.

보통 교사가 병가나 연가로 출근하지 않을 때는 시간 강사가 와서 하루 일과를 책임진다. 그런데 수업 나눔 지원 강사는 동시에 3~4학급을 지원해야 하기 때문에 3~4명의 강사가 필요하고, 또 수업 참관을 하는 한 시간만 지원해야 하는 조건 때문에 시간 강사 구하기가 쉽지 않았다. 조건에 맞는 인력을 수소문하다가 학구 내 마을도서관에서 봉사하는 학부모 및 마을 주민 인력 풀을 찾았다. 이들은 책 읽어 주기, 종이접기 등의 수업 지원이 가능한 점, 주거지가 가까워 학교에 오는 부담이 적은 점 등 여러 조건이 맞았기에 학교의 요청을 흔쾌히 수락하였다. 이들에게 '명예 교사' 역할을 부여한 후 학년별로 수업 나눔 시기와 지원할 학급을 사전에 결정하여 순조롭게 수업 지원이 이루어졌다. 학부모여서 봉사료 정도의 수당만 지급하기 때문에 예산 부담은 그리 크지 않았다.

이를 실행하기까지 어려움이 없었던 것은 아니다. 특히 담임 부재 중에 안전사고가 발생하면 누가 책임을 질까 하는 우려 때문에 명예 교사 수업 지원에 대해 부정적인 기류가 있었다. 서울시교육청 학교안전공제회에 문의한 결과, 학교의 공식적인 절차를 밟아 운영하면 혹시 수업 중 안전사고가 발생해도 안전공제회의 도움을 받을 수 있다는 답변을 받아 교사들의 불안감이 해소되었다. 오랫동안 고민해 온 이 문제를 수업 지원 시스템을 마련하여 해결한 점은 지금 생각해도 가슴이 뿌듯하다.

수업 나눔 시 어떤 내용을 공개할 것인지도 많은 논의를 거쳐 개선하였다. 수업 나눔의 취지는 공동 연구를 통해 교사끼리 나누었던 고민과 생각이 수업에 어떻게 스며들었는지, 학생들에게 배움의 내면화가 잘 이루어졌는지 상호 관찰을 통해 수업을 성찰하기 위함이다. 하지만 그동안 교사별로 가장 자신 있는 교과목과 단원을 선택하여 현란한 수업 스킬을 보여 주는 데 주력해 왔다. 이런 방식으로는 수업 참관의 의미를 살리기 어려웠기 때문에 공동 연구를 통해 재구성한 내용을 1차시씩 순차적으로 공개하기로 하였다. 수업 나눔 계획서도 단순히 차시별 지도안 작성에 그치지 않고, 공동 연구 과정에서 분석한 내용이 구체적으로 담길 수 있도록 보완하기로 하였다.

교장으로 재직하면서 불가피한 상황이 아니면 동료 장학 수업을 빠짐없이 참관하려고 노력하였고, 수업 참관 후에는 항상 참관하며 느낀 점, 질문할 것 등을 메모해 두었다가 협의회가 열릴 때마다 참석해서 교사들과 함께 토론하곤 했다. 처음에는 교사들이 교장이 협의회에 참석하는 것을 부담스러워했지만, 허심탄회하게 수업을 주제로 이야기를 나누면서 점차 심리적 거리를 좁힐 수 있었다.

2022학년도 은빛초 수업 나눔 시기 및 주제

학년	일정	공개 수업 주제	비고
1	5월 10일(화) ~5월 20일(금)	생각하는 수학 1 (50까지의 수)	
2	10월 12일(수) ~10월 21일(금)	생각하는 수학 (곱셈 구구)	
3	5월 16일(월) ~5월 20일(금)	우리 고장의 옛이야기(조사, 발표)	- 재구성 주제를 순차적으로 공개 - 동학년 교사의 동료 장학 참관을 위해 마을 강사 지원
4	6월 13일(월) ~6월 29일(수)	문학 집중 수업 1 ('하룻밤' 온책읽기)	
5	10월 4일(화) ~10월 14일(금)	지속가능한 발전 (환경교육)	
6	9월 19일(월) ~9월 30일(금)	세계 여러 나라의 자연환경과 인문환경	

서로 배움을 위한 학년 교육과정 나눔의 날

수업 나눔과 별도로 1학기 말과 2학기 말에 일정 기간을 정하여 학년군별로 '교육과정 나눔의 날'이 열린다. 교사 개개인의 수업 나눔도 의미가 있지만 학년별로 한 학기 동안 이루어진 교육과정 재구성, 체험학습, 문예체 수업, 생활교육 등 교육과정 운영 전반에 대해 나누는 '교육과정 나눔의 날'은 교사들에게 타학년 교육과정 운영에 대한 이해를 높이고, 영감을 얻을 수 있는 의미 있는 시간이다.

학년별로 한 학기 동안 운영했던 내용을 프레젠테이션 자료로 만들어 발표하고 질의응답을 하는 방식으로 운영하였다. 발표 자료 외에 수업에 활용한 자료, 학생 스스로 정리한 배움 공책 등을 가져와 공유하기도 한다. 처음에는 전체가 모두 모여 나눔 시간을 가졌는데, 6개 학년이 발표하다 보니 시간이 많이 소요되어 질의응답이나 토론 시간이 부족하였다. 이후에는 좀 더 집중적인 나눔 시간이 될 수 있도록 지정된 장소에 학년군별로 모여 나눔 시간을 갖는 방식으로 했다.

되돌아보고 성찰하는 교육과정 평가회

교육과정 평가회는 운영 과정에서의 어려운 점이나 문제점을 찾고, 이를 토대로 더 나은 교육과정을 마련할 수 있는 기회이기 때문에 잘 준비해서 내실 있게 실시해야 한다. 은빛초도 교육과정 평가회를 중요한 과정으로 인식하고 운영하고 있었으나 좀 더 깊이 있는 평가를 위해 보완이 필요했다. 교사들과의 협의를 통해 보완할 점, 개선할 점을 찾아 적용하여 운영 시스템을 체계화하였다.

평가회를 준비하면서, 학생과 학부모 대상 설문 문항은 학생 대표 및 학부모회 임원들을 직접 문항 검토에 참여시켜 그들의 의사를 충분히 반영하고자 노력하였다. 설문 결과는 주요 내용을 요약·정리하여 공유하고, 이를 토대로 교육과정 평가회에서 논의할 내용을 도출한다.

교육과정 평가회는 학년 교육과정 평가회, 팀별 교육과정 평가회, 전체 교육과정 평가회 순으로 실시한다. 학년 교육과정 평가회의 평가 주제가 편차가 크고, 평가회 결과가 잘 공유되지 않는 문제를 보완하기 위해 평가회 회의록 양식을 만들어 학년 교육과정 재구성, 현장체험학습, 문예체 수업, 생활교육, 동아리 활동, 학부모 상담, 동료 장학, 교원학습공동체 활동, 학부모와의 소통 등에 대하여 주요 운영 내용과 개선할 점, 제안 사항, 전체 평가회에서 논의할 안건 등을 기록하도록 했다. 동학년 교사들끼리 자유롭게 논의할 수 있도록 교장이 평가회에 직접 참석하지는 않았지만, 공유된 회의록을 보면서 학년별 운영 내용과 교사들의 생각을 잘 파악할 수 있었다.

학년 교육과정 평가회가 끝나면 팀별 교육과정 평가회가 이어진다. 팀별 평가회는 전체 교사를 고루 섞어 4개 팀으로 분임을 구성하며, 진행은 업무팀장이 맡는다. 팀별 사업 운영 보고와 팀별로 만든 협의 안건을 논의한다. 팀별 평가회는 업무팀과 담임 교사 간의 업무에 대한 간극을 줄이고 상호 협력을 강화하는 계기가 된다.

팀별 평가회에서 논의된 내용 중 결정된 것, 제안 사항, 전체 평가회에서 논의할 것 등을 파워포인트 발표 자료로 정리하여 전체 교육과정 평가회에서 발표한다. 그리고 시급성을 요하는 내용은 토론을 거쳐 결정하고, 충분한 시간을 갖고 논의를 해야 할 사안은 추후 교사 다모임의 토론 주제로 남겨 둔다.

이렇게 교육과정 평가회가 철저한 준비와 체계적인 과정을 거쳐 내실 있게 이루어짐으로써, 교육활동에 대한 교사들의 성찰이 이루어지고 공감대가 높아져, 이후 새 학년 교육과정 계획이 내실 있게 만들어지는 토대가 된다.

한해살이의 생생한 발자취, 학년 교육과정의 기록

담임 배정이 학교 내 인사 원칙에 의해 이루어지기 때문에 해마다 누가 어떤 학년을 맡게 될지 예측하기 어렵다. 형평성을 중요시하는 배정 원칙으로 인해 대부분의 교사들은 여러 학년을 돌아가며 담임을 맡는다. 매년 새로운 학년을 맡게 되면 해당 학년 교육과정을 파악하고 운영하는 데 어려움이 크기 때문에 학년 교육과정 운영 내용을 상세히 정리한 자료가 도움이 된다.

은빛초도 학년 교육과정 운영 결과를 정리해 놓은 자료가 없는 것은 아니었지만 학년 말에 체계적으로 정리되지 않아 참고 자료로 활용하기에는 부족함이 있었다. 좀 더 체계적으로 학년 교육과정을 운영하고 운영 결과를 잘 정리하기 위해서는 학년 교육과정 틀이 필요하다는 생각이 들어, 여러 혁신학교의 학년 교육과정 자료를 받아 교육과정에 관심이 있는 몇몇 교사들과 함께 은빛초만의 학년 교육과정 틀을 만들었다. 학년 초 공통 양식에 기본 계획을 기록한 후, 계획에 의해 실제 운영한 내용을 꼼꼼히 정리해 두었다가 학년 말 2월에 학년 교육과정 기록을 최종 마무리한다.

이렇게 정리한 학년 교육과정은 '문서 따로, 실행 따로'가 아닌 학년 교육과정의 생생한 발자취가 담긴 '만들어 가는 교육과정'이며, 새 학년 교육과정을 설계하는 데 가장 도움이 되는 자료이다.

모두를 위한 교육, 기초학력·정서행동다중지원팀 운영

학교에는 가정 배경이 다르고 배움의 속도나 사회적 적응 속도가 다른 아이들이 함께 어울려 생활하고 있다. 다양한 학생들이 학교생활에 잘 적응하고 본인의 속도에 따라 학습을 해 나갈 수 있도록 보살피는 것은 공교육의 책무이다. 교사들의 가장 큰 어려움 중 하나가 정서적으로 돌봄이 필요한 학생, 학습에 어려움을 겪는 학생들을 오롯이 혼자서 책임지며 보살피는 일이다. 교사들의 고충을 해소하고, 어려움을 겪는 학생에 대한 맞춤형 지원을 하기 위해서는 학교 차원에서 종합적인 지원 대책을 마련해야 한다.

은빛초 부임 이후 기초학력다중지원팀과 정서행동다중지원팀을 구성하여 정기적인 협의를 통해 역할을 강화해 나갔다. 기초학력다중지원팀은 분기별로 실시하였고, 참석 대상은 교장, 교감, 수업연구팀장, 1~4학년까지 학년별로 배정된 협력 강사, 3~6학년 학생들을 방과 후에 지도하는 학습 부진 강사였다. 이 회의를 통해 배움이 느린 학생 현황을 자세히 파악할 수 있었다. 협력 강사와 학습 부진 강사로부터 학급에서의 수업 지원 현황, 담임 교사와의 협의 정도, 학습 부진 학생 현황과 지도 내용, 학습 향상도 등을 공유하고, 학교 차원에서 어떤 지원이 필요한지를 함께 논의하여 기초학력 예산을 적소에 사용할 수 있었다.

저학년은 기초학력 집중 지원이 필요한 시기여서, 저학년 학생 중 난독증, 문자 해독과 기초 수학 학습에 특별 지원이 필요한 학생 현황을 공유하고 학교 차원의 집중적인 지원 방안을 모색하였다. 교육청 학습도움센터, 인생이모작 센터, 서울 동행, 교원 양성 기관 대학생 봉사, 마을 강사 등 외부 기관에서 지원하는 인력을 최대한 활용하여 지원이 필요한 학생들에게 일대일 맞춤 학습 기회를 폭넓게 제공했고, 부족한 부분은 학교 예산을 투입하여 촘촘하게 지원하였다.

정서행동다중지원팀은 교장, 교감, 학생 생활 담당 팀장, 학년부장, 특수학급 교사, 상담사, 지역사회교육전문가로 구성하였다. 정서행동 위기 학생은 담임 교사 혼자 감당하지 않고 동학년에서의 상황 공유와 공동 대처가 필요하다는 생각에 담임 교사 대신 학년부장을 포함시켰다.

격월로 열리는 회의에서 담임 교사와 상담사, 지역사회교육전문가에 의해 선별된 정서행동 위기 학생의 행동 특성, 가정환경에 대한 정보를 공유하고 학생별로 어떤 지원이 필요한지 논의하여 지원 방안을 마련하였다. 학교 내에서의 상담, 교육청 위클래스, 자치구 복지센터, 관내 전문 기관 등을 적극 활용하였으며, 장기간 집중 지원이 필요한 학생은 가정 상황에 따라 학교 예산을 투입하여 전문 기관을 통해 도움을 받을 수 있도록 하였고, 회의가 열릴 때마다 대상 학생의 변화 정도를 모니터링하고, 보다 효과적인 지원 방안을 모색하였다.

학교 차원의 체계적인 학생 맞춤형 통합 지원은 한 학생도 소외되지 않는 책임 교육 구현은 물론, 담임 교사가 교실에서 혼자 감당해야 하는 학생 지도의 어려움을 덜어 줄 수 있다는 점에서 보람이 컸다.

은빛초 교육과정 운영 일정

구분	시기	중심 내용
예산 편성 회의	1~2월 초	- 새 학년 예산 편성 및 예산 조정
교육과정TF 회의	2월	- 새 학년 교육과정 편성을 위한 주요 교육활동 협의 및 결정
새 학년 준비 워크숍	2월(4일) 8월(2일)	- 학교 비전 공유(학교장) - 새 학년 교육과정 편성 안내(교육과정팀장) - 학년 교육과정 재구성 및 운영 계획 수립
교육과정 계획 수립	3월 초	- 부서별, 학년별 교육과정 계획 수립
교육과정 설명회	3월 중순 (6일)	- 학년별로 하루씩 날짜를 정하여 실시 - 학부모총회와 별도로 실시하며, 학년 교육과정 계획에 대한 상세한 안내
교육과정 평가 설문	7월, 11월	- 문항 작성에 교직원, 학생, 학부모 참여 - 학년 특색 교육과정을 반영한 문항 작성
학년 교육과정 평가회	7월, 12월	- 한 학기 학년 교육과정 운영 평가 - 평가협의록 작성 및 전체 공유
팀별 교육과정 평가회	7월, 12월	- 4개 분임으로 구성 - 업무팀이 회의 자료 만들기, 진행 담당
전체 교육과정 평가회	7월, 12월	- 팀별 교육과정 평가회 결과 공유 및 토론
교육과정 정리	2월	- 1년 동안 실행한 결과물 정리하여 자료 축적

학교의 모든 것은
교육과정이다

홍제남(2019~2022 서울 오류중 교장)

학교 교육과정 운영 방향

교육과정은 학교에서 무엇을 가르칠 것인가에 대한 문제로, 교육활동의 핵심이다. 학교의 모든 교육활동을 총괄하는 학교장은 교육 목표를 달성하기 위해 학생들이 학교에서 무엇을 배워야 하고 학생들이 학교생활에서 실제로 배우게 되는 것이 무엇인지를 세심히 관찰, 평가하며, 교육 목표에 맞도록 구조화하고 관리해야 한다. 나는 오류중학교 공모 교장으로 지원하면서 교육과정이 무엇보다 중요하고, 앎과 삶이 연계되며 학생들의 성장을 실제적으로 돕는 교육과정을 구성·운영해야 한다고 생각했다.

학교교육을 총괄하는 교장으로서 학교 운영과 교육과정 운영 방향에 대하여 신학기 준비 워크숍 때 전교직원을 대상으로 설명하는 시간을 갖는다. 이때 강조하고 실행하고자 노력했던 중요한 원칙 몇 가지는 아래와 같다.

첫째, 학생들이 생활 속에서 접하는 모든 것이 교육과정이다. 루소는 《에밀》에서 아이들은 태어나서 살아가는 데 필요한 모든 것을 교육을 통해서 배우는데, 아이들을 가르치는 세 가지 스승으로 자연, 사물, 사람을 제시했다. 학생들이 배우는 학교 교육과정을 구성함에 있어 학생들이 속한 학습 환경 속에서 실제로 배우게 되는 모든 것들이 교육과정임을 인식해야 하는 이유이다.

둘째, 교과 통합, 융합 교육과정 재구성으로 학생 중심의 교육과정을 구성한다. 중학교의 교육과정은 초등학교보다 훨씬 더 분절적으로 진행된다. 교사 양성부터 학교 수업까지 전공 교과별로 수업이 이루어진다. 학생들 입장에서 보면 분리하기 어려운 내용도 다른 과목으로 수업을 받게 되어 내용이 겹치기도 하고 연계성이 떨어지기도 한다. 예를 들어 가정 교과의 '임신과 출산' 단원은 과학 교과의 '생식' 단원과 많은 내용이 동일하다. 수학 교과와 과학 교과는 순차적 배열의 위계성이 달라서 수학 시간에 아직 배우지 않은 수식이 과학 교과에서 먼저 제시되는 경우가 있어서 학습에 어려움을 겪게 된다.

셋째, 삶과 연계된 교육과정을 구현해야 한다. 학교에서 흔히 자조적으로 하는 말이 있다. "도덕 시험 성적은 100점인데 생활 태도는 0점이다." 이 말은 앎과 삶이 연계되지 못하는 우리나라 교육과정 운영 현실을 꼬집는 대표적인 말이다. 실제 학교에서 이루어지는 교육 활동 중 상당히 많은 부분이 실제 생활과 불일치하고 있는 점을 깊이 성찰하고 일치시켜 나가려는 노력이 필요하다.

넷째, 유연한 교육과정을 운영한다. 새 학년을 시작하기 전에 미리 1년 단위로 계획한 교육과정은 학생들을 둘러싼, 시시각각 달라지는 교육 환경을 제대로 반영하지 못한다. 삶과 연계된 교육과정, 앎과 삶이 연계된 교육과정을 위해서는 유연하게 운영해야 한다. 연초에 세운 교육 계획에서 이후 1년간 벌어지는 다양한 상황을 예측하는 것은 불가능하기 때문이다.

다섯째, 학습자 주도의 맞춤형 교육과정을 운영한다. 학습자 배움 중심 교육을 실현하기 위해서는 학습자 주도의 개별 맞춤형 교육과정 운영이 이루어져야 한다. 단단한 국가 교육과정으로 모든 것이 제시되어 있고 진학에 영향을 주는 시험과 연계되어 있는 중등 교육과정에서 학생들이 주도하는 교육과정을 운영하는 것은 한계가 명확하다. 그럼에도 창의적 체험활동, 자유학기, 학기 말 교육과정, 교과 교육과정 운영 및 각종 학교 행사 등에서 학습자 주도 교육과정을 운영해야만 한다.

학교장으로서 이런 원칙들을 중심으로 오류중에서 노력하고 실행한 교육과정 운영 사례를 소개한다. 이런 모든 과정은 학교 구성원들과 함께 고민하고 논의하며 집단 지성에 바탕을 두고 진행하였다. 구성원들과 논의한 내용을 1년간의 모든 교과 교육과정 운영 계획 및 교육활동에 반영하여 교육 계획서를 작성하였다. 교육 계획서도 교육과정 운영과 수업을 중심으로 학교 교육활동을 진행한다는 취지에 맞게, 교과별 교육과정을 부서별 교육과정보다 앞에 배치하였다.

교육과정의 기본 요소 : 교육 환경

학생들은 절대 교사들이 가르치는 교과서 내용만으로 배우지 않는다. 학생들이 접하는 모든 것이 교육과정이므로, '학생들이 생활하는 학교의 모든 공간은 교육과정이다'라는 관점에서 교육 환경을 개선하려 노력했다. '깨진 유리창 이론'은 교육 환경의 중요성에 대해 많은 시사점을 준다. 1982년 범죄학자 제임스 Q. 윌슨과 조지 L. 켈링은 깨진 유리창이 많은 지역일수록 범죄율이 높은 이유는 깨진 유리창이 '아무도 관심을 갖지 않으니 당신 마음대로 해도 좋다'는 메시지를 전달하기 때문이라는 이론을 발표했다. 바닥에 쓰레기 버리지 않기, 벽에 낙서 금지, 벽에 발자국 찍지 않기 등을 아무리 교육해도, 이미 더러워진 상태인 곳에서는 쉽게 이런 일들이 벌어진다. 뉴욕시는 이 이론을 적용하여 지하철 낙서를 모두 지웠는데 그 결과 지하철 범죄가 절반 가까이 줄었다고 한다. 교육 환경을 단순한 환경을 넘어 교육과정으로 인식하고 접근해야 하는 이유이다.

학교장으로 부임하여 대표적으로 개선했던 사례 몇 가지를 간단히 소개한다.

첫째, 학교 주변에 안전하고 쾌적한 통학로를 조성하였다. 학교 경계의 두 면이 주택가 골목 도로에 접해 있어서 별도로 인도가 조성돼 있지 않아 매우 위험했다. 등하교 시 학생들이 출근하는 차량들과 아슬아슬하게 뒤섞이거나, 거주자 우선 주차 구역에 주차된 차량 뒤로 피해 가며 등교해야 하는 상황이었다. 매우 위험한 것은 물론이고 차를 피해 가며 불안한 마음으로 등교한 학생들이 수업에 편안하게 집중하기도 어려웠다. 부임한 후 바로 구로구청장에게 면담을 요청하고 교사, 학부모회, 학운위원들과 같이 만나 안전한 통학로 조성을 요구했다. 그 결과 학교를 둘러싼 두 측면에 안전한 통학로를 만들 수 있었다. 한 측면은, 구청에서 양방 통행을 없앨 수가 없다고 하여 학교 화단을 인도로 내놓고 학교 울타리를 화단 안쪽으로 들이는 결단을 했다. 다른 한 측면은 일방통행 길에 거주자 우선 주차 구역이 있었던 상황이었는데, 구청에서 거주자 우선 주차 구역을 다른 곳으로 이전하고 그곳에 인도를 조성하였다.*

둘째, 구청과 협의하여 학교 뒤편에 접한 지자체 소유 나대지를 학교 밖 야외학습장으로 사용하기로 합의하여 소공원을 조성하였다. 학교에서 바로 이곳으로 출입할 수 있는 계단과 쪽문을 새로 만들어, 언제든 학교 밖 야외학습장으로 사용하게 되었고 이어져 있는 능골산도 쉽게 활용할 수 있게 되었다. 예전에 오류중에서 과학 교사로 근무할 때 수업 시간에 학생들을 데리고 학교 뒤편 능골산에 가곤 했는데, 교문을 나가 인근 지역을 빙 돌아가야 해서 시간도 걸리고 여러모로 접근성이 안 좋았다. 체육 교사들도 능골산의 체육 시설을 활용하여 수업을 하기도 해서 학교 뒤로 바로 나갈 수 있으면 좋겠다고 생각하여 이런 문제를 해결한 것이다. 새로 만든 뒤편 쪽문은 학생들이 등하교 시 이용하는 인도 및 마을버스 정류장과 바로 연결되어 있어서 안전하고 쾌적하게 이용하는 통로가 되었다. 소공원에는 구청과 협의하여 학교 일과 시간에는 학생들이 우선적으로 이용한다는 안내판을 설치하였다. 현재 이곳은 수업 시간에 많이 활용하는 야외학습장이 된 것은 물론, 수업이 없을 때나 휴일에는 마을 주민들의 소중한 휴식 공간이 되었다. 이 두 가지 사례는 지자체-학교-마을이 상생한 모범적인 사례이다.

---

* "[인터뷰] 인도ㅅ도 없는 등굣길부터 해결한 홍제남 교장 "내부형 공모 교장이라 가능했지요"", 〈에듀인뉴스〉, 2020년 7월 17일.

셋째, 2층 학생 식당 앞 휑하게 비어 있던 야외 발코니를 버스킹 및 소공연이 가능한 학생들의 쉼터 공간으로 조성했다. 작은 무대와 빔 프로젝트, 음향 시설, 조명 장치, 카페식 의자, 피아노, 칠판, 게시판 등을 설치하였다. 이 공간을 만들고 나서 점심 식사 후 학생들의 행동 양식이 크게 달라졌다. 기존에는 식당 안에서 우왕좌왕하는 학생들이 많아 지도가 필요했는데, 발코니를 쾌적한 카페식으로 꾸민 후에는 이 공간에서 즐겁게 시간을 보내게 되었다. 여러 버스킹과 작은 공연이 열리는 만남과 문화 활동의 공간으로 쓰기도 하고 기증받아 한쪽에 놓아 둔 피아노를 치는 친구들 옆에 모여 연주를 듣는 학생들, 피아노에 흥미를 느끼고 배우는 학생들도 생겼다.

윈스턴 처칠은 "사람은 공간을 만들지만, 그 공간은 사람을 만든다"라는 명언을 남겼는데, 1943년 런던 폭격으로 파괴된 하원을 재건하기 위한 연설에서 한 말이다. 학교에서 교육과정 운영을 계획할 때, 학교장이 학교의 모든 공간을 단순한 시설이 아닌 교육과정의 중요한 기본 과정으로 인식하고 조성해야 하는 이유이다.

앎과 삶이 연계된 교육과정 : 통합·융합 교육과정

학교에서 배우는 지식이 학생들의 삶과 괴리되는 경우 학생들의 성장을 제대로 지원할 수 없다. 학교 교육과정은 학교에서 배우는 앎이 학생들의 삶과 연계될 수 있도록 연구·계획·실행돼야 한다. 우리나라 국가 교육과정은 교과로 분절되어 있어서 학생들의 실제 삶과 일치하지 않는데, 특히 중등 학교는 교과마다 다른 교사가 수업을 진행하기 때문에 교육과정 재구성도 쉽지 않아 불일치 문제가 더욱 심각하다.

교육과정을 총괄하는 학교장으로 평소 교사들과 앎과 삶이 일치하는 교육과정에 대한 문제의식을 계속 논의하며 함께 방향을 정립했다. 그리고 학년 말 교육활동 평가 및 이를 토대로 진행하는 2월 신학년 준비 워크숍에서 같이 교육과정을 수립하였다.

첫째, 학생 중심의 교육과정을 만들기 위해 학년별로 교과 통합·융합 교육과정을 교육 계획으로 수립하였다. 신학년 준비 워크숍에서 학년별 교육 목표를 정하고 학년별로 수업 교사가 함께 논의하여 교과별로 교과 통합 및 융합 교육과정을 구성하였다.

아래 내용은 논의한 내용을 반영하여 교육 계획서(2022학년도)에 제시한 국어과, 수학과 교육 계획의 일부이다. 학년 중점 교육 목표는 전 교직원 워크숍에서 합의하고 학년별로 모든 교과 교사가 이를 반영하여 연간 교과 수업 계획을 작성한다. 이때 각 교과별로 다른 교과 및 행사와 연계하는 계획도 수립한다.

학년 중점 목표와 교과 수업 연계 계획(국어)

학년	학년 중점 교육 목표	내용
1학년	타인과 소통하며 자기 자신의 주인 되기	친구들의 정보를 탐색하고 면담하여 친구 소개하는 발표하기
		글로 자신의 생각을 표현하고 글을 공유하며 소통하기
2학년	창의적으로 생각하기	자기 삶의 가치와 신념을 정하고 이를 표현하는 발표하기
		독서의 가치를 알고 독서를 통해 자신의 삶의 문제 해결하기
3학년	소통하고 협력하기	문학 작품을 주체적이고 능동적으로 감상하고 이를 학급 친구들과 공유하기
		동일한 화제를 다룬 서로 다른 관점의 글을 읽고 토론하기

타교과, 학교 행사 등과 교과 수업 연계 계획(국어)

학년	연계 교과 혹은 행사	내용
1학년	사회	사회 교과에서 찾은 문제 내용을 바탕으로 글쓰기 단계에 맞추어 문제를 소개하는 글쓰기
2학년	영어	국어와 영어의 속담, 격언, 관용 표현 비교하기
3학년	역사	계유정난에 관해 학습하고 사육신의 시조 감상하기
	미술	본인이 좋아하는 시 구절이나 노래 가사 캘리그라피로 표현하기

타교과, 학교 행사 등과 교과 수업 연계 계획(수학)

학년	연계 교과 혹은 행사	내용
1학년	체육	나만의 정이십면체 축구공 만들기
	정보	수학 데이터 수집 및 표현하기
2학년	역사	훼손된 문화재 복원하기
	보건	코로나19 감염 재생산 지수를 통해서 확진자 수 유추하기
3학년	사회	저출산 초고령 사회 진입 시기를 계산해 보기
	체육	체질량 지수 측정 및 평균 파악하기
	미술	황금비 원리 이해하여 황금비가 들어 있는 작품 분석하기
	학급 뮤지컬	공간의 효율적 활용을 위해 동선 계산해 보기

둘째, 앎과 삶이 연계된 교육과정이 실제 학생들의 학교생활과 일치할 수 있도록 학교를 운영했다. 대표적인 사례를 소개하면, 급식 먹는 순서를 고정하지 않고 학년별로 동일한 일수만큼 순환 배식하고 있다. 오류중은 식당 공사를 마친 2019년 3월부터 교실 배식에서 식당 배식으로 바뀌게 되었다. 급식 순번에 대한 교장의 생각을 전하고

학생회에서 논의하도록 하였다. 급식 순서, 운동장 사용, 교실 배치 등에서 학교는 대체로 고학년을 우선시하는 관행이 있다. 효율성 측면과 함께 어차피 기다리면 순서가 오니 결국 평등한 거 아니냐는 논리가 작동한 결과다. 그러나 이런 논리와 과정 자체에 이미 많은 메시지가 녹아 있다. 수업 시간에 하는 '약자를 먼저 배려해야 한다'는 말과 현실에서 만나는 모습이 정반대라면 그 교육은 실패한 것이다. 학생들이 실제로 배우는 곳은 교과서 활자가 아니라 현실에서 작동하는 생활 모습이다. 학생들이 배운 것은 현실에서 늘 양보하고 기다려야 하는 사람은 사회적 약자라는 것이다.

이를 실증적으로 보여 준 또 다른 사례를 소개한다. 학년별 교실 배치를 할 때 관행적으로 1학년을 분리된 곳에서 보호한다는 취지로 고층인 4층에, 저층인 2층에는 3학년을 배정했다. 그러나 2021학년도 말, 저학년에 대한 배려(무거운 책가방, 저학년의 높은 활동성, 선배들 때문에 밑으로 이동하기 불편함 등) 차원의 문제 제기로 많은 논의 끝에 1학년과 3학년을 반대로 배치하였다. 교실 배치를 바꾼 얼마 후 학교를 방문한 졸업생들과 이야기를 나누며 2층 1학년 교실 복도를 걷던 중이었다. 한 졸업생이 놀라며 "어? 1학년 교실이 2층으로 내려왔네요. 이거 3학년의 특권이었는데"라고 했고 옆에 있던 졸업생도 "맞아요"라며 맞장구를 쳤다. 이 말을 듣고 나는 '역시 그렇게 생각했구나!' 싶어 씁쓸한 마음과 함께 바꾸길 잘했다고, 잘한 조치라고 다시한번 확신했다.

학교는 평소 공공의 물건이나 장소는 함부로 망가뜨리거나 더럽혀서는 안 된다고 가르친다. 교장으로 부임한 첫해인 2019년 교실 복도를 걷노라면 한숨이 절로 나왔다. 교실 안은 물론 교실 복도의 벽면에 발자국이 셀 수조차 없이 빼곡하게 찍혀 있었다. 전임 교장이 '색깔 있는 학교 만들기' 사업으로 큰 예산을 들여 아름답게 조성해 놓았는데 1년이 조금 지나 이런 상태가 된 것이다. 도저히 그대로 방치할 수는 없어서 겨울 방학을 이용해서 각 교실 내부 벽면부터 깨끗하게 칠했다. 복도 벽은 비용이 큰 것은 물론이고 칠한 후 다시 이렇게 더러워진다면 의미가 없는 일이었다. 교사들의 생각도 마찬가지였다. 그렇다고 이렇게 더러운 상태로 놔두는 것 또한 교육적이지 않다고 판단하고, 발자국 문제를 학급회의 안건으로 제안하여 학생들이 자신의 문제로 함께 고민하는 교육의 기회로 삼았다.

학급회의 시간에 먼저 교장이 방송으로 회의 안건과 현황을 설명했다. 앞서 페인트칠에 소요된 비용과 다시 칠한다면 들어갈 비용을 공개하면서 부모들이 내고 있는 국민 세금이 쓰이는 예산 사용의 중요성을 강조하였다. 학급회의 결과에서는 칠하지 말자는 의견이 훨

ICE CREAM

교장샘과의 아이스크림 내기 : 복도 벽 발자국?? Oh~ NO!!!

- 이벤트명 발자국 없는 학교 벽 지키기
- 기간 6월 14일(월) ~ 6월 18일(금)까지 1주일간
- 내용 새로 칠한 복도 벽에 새로 찍은 발자국이 하나도 없는 경우, 금요일 종례 시간에 교장 선생님이 전교생 모두에게 아이스크림을 쏜다~!
- 방식 교장샘 카메라에 발자국이 찍히지 않기
- 주의 사항 실수로 발자국이 찍힌 경우, 발견되기 전에 (물)휴지 등으로 얼른 닦습니다.

 교장샘과의 내기에서 이겨서 시원한 아이스크림 획득하자! 아자아자!!

씬 많았다. 교사들과 마찬가지로 칠해 봤자 금세 다시 발자국이 찍힐 거라 예산만 아깝다는 이유였다. 그러나 더러운 상태를 방치할 것이 아니라 근본적으로 발자국을 찍지 않도록 교육하는 것이 진짜 살아 있는 교육이고 학교의 역할이라고 판단하였다. 새로 깨끗하게 페인트 칠을 하고 바로 '발자국 없는 학교 벽 지키기' 프로젝트를 진행했다.

이 프로젝트의 목적은 모든 학생이 발자국을 찍지 않도록 인식하고 실천하는 기회를 만들자는 취지였다. 결과는 대성공이었다. 실수로 찍힌 발자국은 해당 반이 지우도록 하였고 복도 청소를 담당하는 여사님에게도 '깨진 유리창 법칙'이 나타나지 않도록 신경 써 달라고 부탁했다. 다음 해 신입생이 들어왔을 때 2, 3학년 학생들은 신입생이 몰라서 발자국을 찍었다며 1학년 학생들에 대한 교육이 필요하다는 말을 먼저 하는 모습을 보였다.

유연한 교육과정 운영 : 예측할 수 없는 미래 대응

연초에 세운 교육 계획이 연말까지 학생들에게 최선의 교육을 제공하기는 어렵다. 실제 교육이 실행되는 상황에서 가장 좋은 교육이 되려면 학교 교육과정이 시시각각 변화되는 상황을 잘 반영할 수 있도록 유연하게 운영되어야 한다. 교장으로서 교육 계획을 수립할 때 이 점을 매번 강조하였다. 예시로 국어과 '독서교육'의 경우 구체적인 도서명보다는 '소설책 읽기와 독후감' 정도로 수립하도록 하였다. 이유는 실제 독서교육을 할 시점에 학교와 사회의 여건을 고려하여 가장 적합한 도서를 택하면 되기 때문이다. 구체적으로 도서명을 명시하면 수행평가와 관련 있는 경우 다시 수정 계획을 제출해야 하는 상황이 될 수 있어, 변화된 상황을 유연하게 반영하기가 어렵게 된다.

실행 사례로 급식조리원 파업 관련 사회과 계기 수업, 학생운동회 교과 통합 수업, 그리고 유연한 교육과정 운영을 뒷받침하는 유연한 학사 운영을 소개한다.

2021년 10월 20일, 예상하지 못했던 학교 급식조리원 파업이 결정되었고 오류중학교 조리원들도 파업에 참여한다고 하였다. 처음 있는 일이라 당일 정상 수업 여부, 급식 제공 시 간편 메뉴, 학부모 대상 안내 등 새롭게 결정하고 해야 하는 일들이 생겼다. 노동자 파업에 대한 우리 사회의 인식에 비춰 보건대 불편함에 대한 토로가 많이 있을 것으로 예상되었다. 이런 파업 상황에 대해 이해하도록 함과 더불어 학생들에게 노동교육의 기회가 되었으면 좋겠다고 교사들에게 제안했는데, 1학년 사회과 계기 수업으로 실행되었다. 학생들에게 노동자 파업은 뉴스에서나 간접적으로 접하던 '무섭고 불편하게 느껴졌던' 일이었다. 그러나 이번 파업은 매일 맛있는 급식을 만들어 주시는 '우리 학교 조리사님들의 파업'이고 급식을 못 먹게 되는 일이라 자신들과 밀접한 문제였다.

학생들은 사회과 계기 수업을 통해 노동법, 노동자의 권리, 노동 3권, 급식조리원 파업 배경 등을 배우고 이해하는 시간을 가졌다. 여러 차시에 걸친 마지막 수업 시간에 학생들은 '급식 조리 선생님들께 응원의 한마디'를 작성하고 출력하여 여사님들께 전달했다. 이 응원 글을 받은 여사님들은 가슴이 뭉클했다며 고마워했다. 파업 전날 점심시간 학생 배식을 도우며 본 장면은, 학생들이 배식을 받으면서 여사님들께 '내일 잘 다녀오세요', '그동안 급식 맛있게 해 주셔서 고맙습니다'라며 다정하고 따뜻한 인사말과 격려를 전하는 것이었다. 여사님들 또한 마음이 찡하다시며 눈물을 글썽이며 고마워하셨다. 너무나 따뜻한 장면이었다. 파업 당일 간편식을 마련하여 제공했는데 학생들은 오히려 더 맛있다며 전혀 불만을 표시하지 않았다. 이런 학생들이 집에 가서 부모님들께 이 상황을 어떻게 전했을지는 미루어 짐작할 수 있다. 2024년 서울시교육청이 지향하는 공동체형 학교, 더불어 공존 교육이 실현되는 매우 의미 있는 결과라 생각된다.

또 다른 사례는 교육 계획에 없었던 학생회의 학생운동회 제안에서 비롯되었다. 혁신학교인 오류중은 3주체의 의견을 최대한 수렴하여 학교를 운영한다. 1학기가 시작되어 운영되던 학기 초에 전교직원회의에서 학생회 대표가 학생운동회 개최안을 정식으로 제안했다. 논의 결과 교사들은 학생회의 제안을 수용하기로 결정했다.

그리고 학교 행사가 단순한 행사가 아닌 교육과정의 일부라는 원칙에서 가능한 만큼 교과와 통합 수업으로 하기로 했다. 국어과 반별 응원가 가사 만들기, 영어과 반별 영어 응원 구호 및 팀 시그니처 로고 만들기, 미술과 반별 포스터 만들기, 체육과 학생운동회 준비 등으로 정규 교과 수업과 연계하여 준비가 진행됐다. 여러 교과 수업과 연계하여 진행한 학생 주도 운동회는 매우 의미 있고 좋은 시간이었다. 학생들은 자신들이 학기 운영 중에 제안한 행사가 이루어지는 것을 통해 학교 운영의 주체라는 주인의식과 자부심을 높이는 기회가 되었다. 교사들 또한 계획에 없었던 학생회 제안 행사를 정규 교과 수업과 연계하며 학생들의 삶과 연계된 교육과정을 구현하였다. 이는 교육과정을 연초에 세운 계획에 얽매이지 않고 실행 시점에 맞게 유연하게 운영했기 때문에 가능하였다.

교육과정 운영은 학사 운영과 밀접한 관계가 있다. 교육과정과 학사 운영이 자연스럽고 조화롭게 운영될 수 있도록 학사 일정을 구성해야 한다. 중학교의 경우 연간 수업 일수는 최소 190일 이상, 수업 시수는 연간 교과 1,020시간, 창의적 체험활동(창체) 136시간 이상으로 총 1,156시간 이상을 하도록 국가 교육과정에 규정되어 있다. 오류중의 2022년 학사 일정표를 보면, 3월 새롭게 시작하는 1주는 학생들의 적응 및 학교생활 기본 교육을 위해 오전 수업을 하고, 3월 10일부터 일상적인 학사 운영을 시작한다. 보통 중학교의 경우 규정된 수업 시수를 맞추기 위해서 1주 5일 수업 중 3일은 6교시, 2일은 7교시 수업으로 운영한다.

그러나 오류중은 효율적이고 유연한 교육과정 운영을 위해 창의적 체험활동(동아리, 봉사, 진로, 자율)이 있는 금요일에 7교시 수업을 하루 더 실시하고 있다. 이렇게 조정한 가장 중요한 이유는 창체를 실질적으로 잘 운영하기 위함이다. 이전에는 창의적 체험활동 시간을 확보하기 위해 월 1회를 교과 수업 대신 전일제 창체일로 운영했다. 그렇게 했더니 그날 시간표상의 교과 수업이 이뤄지지 못하는 것은 물론이고 창체도 월 1회뿐이라 실질적으로 의미 있게 운영하기 어려웠다. 대체로 그날은 학교가 종일 어수선하게 돌아가는 실정이었다.

학사 일정을 조정하여 금요일 6교시에 3개 학년의 소위 교과 창체를 고정시키고, 7교시를 하나 더 만들었다. 그리고 이날 6~7교시를 활용하여 매주 창체를 운영하면서 모든 창체 활동을 실질적으로 더 잘 운영할 수 있었다. 7교시를 하루 늘려 주당 1시수가 늘어난 것은 운영상 필요한 시기, 예를 들어 학년 초 적응 기간이나 학기 말 또는 수능일 전날 등에 수업 시수를 상황에 맞게 조절할 수 있는 여유 시

2022년 1학기 교육 행사 계획표(3월, 7월)

주		월		화		수		목		금
3	1		1	삼일절	2	〈비급식〉 시업식 및 입학식	3	〈비급식〉 적응 교육	4	비급식 적응 교육 동1
	2	7 〈비급식〉 적응 교육	8	〈비급식〉 적응 교육 스포츠01 조직	9	대선	10	자유1-2	11	(6) 자 (학급회장 선거)
	3	14	15	스포츠02 자유1-1	16		17	자유1-3	18	창체 없음 학부모총회
	4	21	22	스포츠03 자유1-2	23		24	자유1-4	25	(6, 7) 동2
	5	28	29	스포츠04 자유1-3	30		31	자유1-5	1	(6, 7) 자2
7	18	27	28	스포츠16 자유2-7	29		30	자유2-8	1	(6, 7) 동8
	19	4 〈비급식〉 기말고사(2, 3년) 1년-교과 연계 체험	5	〈비급식〉 기말고사(2, 3년) 1년-자유(진로 탐색)	6		7	자유2-9	8	(6, 7) 자6
	20	11	12	스포츠17 자유2-8	13		14		15	(6, 7) 동9
	21	18	19	〈비급식〉 (1-4)수업	20	〈비급식〉 전일제 진로	21	〈비급식〉 (1-4)수업	22	〈비급식〉 회장 선거 및 방학식

수업 일수 97일/ 고사일 2일 / 방학식 7월 22일(금), 여름 방학(7월 23일 ~ 8월 17일), 개학식 8월 18일(목)

2022년 연간 수업 시수

구분		1학년	2학년	3학년
수업 일수		191	191	191
실 수업 시수	교과 수업 시수(고사 시수 포함)	893	1024	1024
	창의적 체험활동 시수 (1학년 자유학년제 시수)	59 (221)	138	138
	소계 (A)	1,173	1,162	1,162

※ 1학년의 경우, 2, 3학년 고사 기간에 일상 수업이 진행되어 총 시수가 11시간 더 많음.

수가 되었다. 이전에는 그럴 때면 35분 또는 더 짧게 수업 시간을 운영해서 교과 수업을 제대로 하기 어려웠는데, 여유 시수를 활용하여 정상적인 45분 수업으로 진행할 수 있게 되었다. 매주 7교시가 3회이고 여유 있는 수업 시수를 고려해 월 1회 금요일은 5교시로 마쳤다. 수업 시간을 유연하게 조절·운영하여도, 오류중은 규정 수업 시수인 연간 1,156시수보다 더 많은 수업 시수를 편성하였다.

학습자 주도 개별 맞춤형 교육과정 : 배움의 주인은 학습자

교육은 학습자의 배움으로 귀결되어야 그 목적이 달성된다. 학습자가 학습의 전 과정, 즉 학습자가 필요로 하는 교육과정, 학습 방법, 학습 결과 성찰을 스스로 구성하고 실천할 때 가장 효과적인 배움이 실현될 수 있다. 학습자가 주도하는 교육과정을 실행한 몇 가지 사례를 소개한다.

첫째, 학생들이 구성하고 운영하는 정규 교육과정 동아리 활동이다. 우리나라는 국가 교육과정이 단단해서 학교에서 자율적으로 편성할 수 있는 교과 교육과정이 거의 없다. 수업이나 평가 방식을 조금 다르게 하는 정도일 뿐 교과 내용은 국가 교육과정을 벗어나기가 어렵다. 그러나 교과와 달리 창체 교육과정은 학생들이 주도적으로 할 수 있는 여지가 있는 영역이다. 교장으로 부임한 1년 후 신학년 준비 워크숍에서 정규 동아리를 온전한 학습자 주도 교육과정으로 운영할 것을 공식적으로 제안하고 합의했다.

시작한 첫해인 2020년은 예상치 못했던 코로나19로 인해 1학기 말에야 겨우 학생 주도 동아리를 구성할 수 있었다. 그리고 2학기 동아리 활동도 코로나19로 인해 온라인 활동을 포함하여 제한적으로 운영했음에도 학년 말 학생들의 평가는 정말 놀라웠다. 자신들이 하고 싶은 동아리를 제안하고, 동아리 모집 포스터를 직접 만들어 홍보하고, 예산 포함 활동 운영 계획을 스스로 계획하고 주도하여 운영한 동아리 활동이 '너무나 좋았다'고 평가했다.

두 번째 해인 2021년은 전면 등교를 실시했기 때문에 보다 취지에 맞게 동아리를 구성하고 운영할 수 있었다. 동아리 담당 교사들은 학생들의 활동을 지원하는 촉진자 역할을 한다. 2022년의 정규 교육과정 동아리 구성을 보면 총 27개의 동아리 중 학생 개설 동아리 19개, 방송반 등 상설 동아리 3개, 교사 개설 동아리 5개이다. 교사 개설 동아리는 학생들이 직접 개설하기 어려운 '옥상 텃밭 가꾸기' 등의 동아리로 제한했는데 학생들에게 선택 기회를 확대하자는 취지였다. 모든 동아리는 지원자가 부족할 경우에는 개설되지 않았고 지원자가 넘치는 경우엔 동아리 업무 담당 교사가 학생들과 같이 논의하여 조정하였다.

동아리 활동은 금요일 6~7교시에 격주에 1번 진행하는 것을 원칙으로 편성했다. 동아리 활동을 하지 않는 금요일에는 다른 창체 활동(자율, 봉사, 진로)이 진행된다. 이렇게 금요일 6~7교시를 창체 시간으로 고정할 수 있었던 것은, 3개 학년 모두 주 1회 있는 교과 창체 시간을 금요일 6교시로 동일하게 고정하고 앞서 말했듯 금요일 7교시를 만들어 운영했기 때문이다. 그간 중학교에서 교과 창체 시간은 관행적으로 교과별로 수업 시수를 비슷하게 맞추는 용도로 이용되어 왔다. 교과 창체 수업은 평가에도 반영되지 않아 학생들의 집중도가 낮으며 담당 교사에 따라 수업도 천차만별이라, 학생들이 대체로 '자유롭게 보내도 되는 시간' 정도로 인식했다. 이 시간을 학사 일정에서 매주 금요일 6교시로 고정하고 6교시와 7교시를 블록 수업으로 묶어서 창체 수업을 실질적이고 효과적으로 운영할 수 있도록 하였다. 전학년 교과 창체 시간을 금요일 6교시에 고정할 수 있었던 것은 교사들이 교육의 목적에 맞게 교육과정을 운영하자는 원칙에 동의했기 때문에 가능했다. 이것은 오류중이 10년 넘게 혁신학교를 운영하며 만들어진 전문적학습공동체의 성과이기도 하다.

이렇게 학생들이 제안하고 만든 동아리로, 교육과정 계획과 운영, 활동 평가 및 발표까지 진행한 정규 교육과정 내 동아리 수업은 공교육에서 할 수 있는 '학생 주도 맞춤형 교육과정의 가장 좋은 모델' 중 하나라고 판단한다.

둘째, 프로젝트 활동 및 학습자 맞춤형 수업이다. 오류중은 2011년부터 혁신학교로 운영했고, 2019년 9월부터 서울미래학교를 같이 운영하고 있다. 혁신학교 운영 기간 계속 강조되었던 학생 주도 맞춤형 교육활동은 개인별 디지털 기기가 주어지는 미래학교를 운영하면서 보다 활성화되었다. 디지털 기기로 아이패드를 선정하고, 학생들이 개인별로 아이패드 하나를 3년 내내 계속 사용하는 것으로 결정하였다. 이런 방식이 갖는 장점이 매우 많다고 판단했기 때문이다.

수업 시간에는 교사가 수업 주제를 안내하면, 아이패드를 활용하여 개인별 또는 모둠별로 각자 학습자 맞춤형으로 다양한 수업을 진행할 수 있다. 오류중에서는 수업 시간에 교실이 아닌 학교 안 여기저기서 학생들이 자유롭게 프로젝트를 수행하는 모습을 흔하게 볼 수 있다. 교실 안 수업도 학습자의 수준에 맞게 피드백이 이루어지는 학습 프로그램을 활용하여 개별 학습, 반복 학습, 심화 학습이 가능해졌다. 교사가 학생들의 앞에서 정보를 전달하는 기존 방식은 전체적인 안내나 공유가 필요할 때만 사용된다. 그 외에는 학생들이 스스로 학습을 주도하고 있다. 학습자 주도의 수업은 혁신학교의 학교 문화이자 교실 수업을 공개하는 것에 대한 교사들의 부담을 줄여 주는 긍정적 요인으로도 작용하고 있다.

셋째, 학교 안 학생 야외 쉼터인 트리하우스 '오동통통' 만들기 프로젝트이다. '오동통통'은 '오동나무 아래에서 친구들이 서로서로 통한다'는 뜻으로 학교 공모전을 통해 선정한 이름이다. 오류중학교의 '오류梧柳'는 '오동과 버들'을 의미한다. 2011년에 학교장이 오동나무 한 그루를 학교 이름에 맞게 화단 한쪽에 심었는데 10여 년 만에 교실 4층 높이에 닿을 정도로 우람하게 자랐다. 2019년 부임 첫 학기에 예산을 확보하여 야외 쉼터인 트리하우스를 짓기로 하였다. 그러나 학기가 진행 중이라 교과 수업과 연계하기가 어려워서 교장이 학생들을 모집하여 프로젝트로 진행하였다. 혁신교육지구 사업에 참여하던 지역의 목공 전문가가 길잡이 교사로 함께 했다.

1, 2학년 7명의 프로젝트 참여 학생들과 함께 자료 조사, 장소 선정, 쉼터 디자인 아이디어 등 전체 과정을 진행했다. 1층으로 하려던 처음 계획은 학생들이 생각한 제안을 받아들여 고심 끝에 2층 구조로 변경하였다. 예산도 2배가 되었고 시간도 더 걸렸지만 멋진 공간으로 완성되어 학생들도 좋아하고 야외 수업에도 활용하는 좋은 공간이 되었다. 2층에는 예쁜 나무 의자를 프로젝트 참여 학생들이 목공전문가 길잡이 교사와 같이 직접 만들어 설치하였다. '오동통통' 팻말디자인 또한 참여 학생이 디자인하였다. 이 프로젝트에 참여한 학생

들이 갖는 자부심과 자신감은 매우 컸다. 2020년 10월 햇볕 좋은 점심시간에 오동나무 아래에서 작은 음악회와 함께 '오동통통' 개소식을 열었다. 모두가 행복하고 멋진 시간이었다.

집단 지성으로 함께 만드는 교육과정

학교 교육과정 운영의 모든 과정은 학교 구성원들이 집단 지성으로 함께했다. 신학년 학교 교육과정 계획은 지난 1년간 운영한 학교 교육과정에 대한 평가를 바탕으로 수립한다. 1년간 실시한 교육활동을 분야별로 2~3회에 걸쳐 학년 말 워크숍에서 평가한다. 평가 기초 자료는 교직원들이 사전에 제출하여 자료집으로 공유하고 몇 개의 모둠을 편성하여 진행한다. 마지막 하루는 전체가 모여 총괄 평가를 한다. 이런 과정을 거쳐 정리된 평가 결과를 부서별, 학년별, 교과별로 신학년도 학교 계획 수립에 반영하여 전체 계획을 수립한다.

신학년도 준비를 위한 2월 워크숍에서 학교장은 학교 교육과정, 수업, 평가를 포함한 학교의 주요 운영 방향에 대해 먼저 발제하며 방향을 제시하였다. 학기가 시작되어 교육과정을 운영하는 과정은 학년별 수업연구회와 모든 교사의 일상 공개 수업 및 관심 주제별 교사학습공동체에서 같이 성찰하고 연구하였다. 학교장은 공개 수업 참관은 물론 학년별 수업연구회에도 함께 참여하며 교원학습공동체 활동 및 수업 연구를 촉진한다.

수업 연구에서 가장 중요한 부분은 실제로 교실에서 이루어지는 수업을 공개하고 참관하며 수업을 연구하는 것이다. 오류중에서는 모든 교사가 자신의 일상 수업을 일정 기간 공개하는 데 합의하여 운영하고 있다. 결과적으로 거의 1년 내내 어떤 교실에선가는 수업이 공개되고 있는 것이다. 공개 수업의 모든 과정은 아이패드의 공유 어플리케이션을 통해 참관록을 작성, 공유하며 그 기록이 쌓이게 된다. 이는 이후 필요 시 다시 여러 목적으로 활용할 수 있게 자료를 저장하는 기능을 한다.

교육과정은 수업, 평가와 일체화될 수 있도록 각 요소 간에 그리고 학습자에게 즉각적이고 지속적인 피드백이 이루어져야 한다. 학생 주도 교육과정, 프로젝트 수업은 과정 중심 평가를 통해 즉각적이고 지속적인 피드백이 있을 때 학습 목표를 효과적으로 성취할 수 있다. 오류중은 이런 지향에 맞게 과정 중심 평가를 확대하였다. 중간 평가 때는 모든 교과가 100% 과정 중심 평가를 실시하고, 기말 평가는 4~5개 교과를 뺀 모든 교과가 100% 과정 중심 평가를 실시하고 있다. 과정 중심 평가에 대한 학생과 보호자의 이해와 공감을 위해 학년별 교육과정 설명회를 실시하였다.

교장은 학교 교육과정 운영이 수립한 목표에 맞게 잘 이루어질 수 있도록, 항상 관심을 가지고 솔선수범하는 자세로 모든 과정을 세심하게 살피면서 지원하고 촉진해야 한다.

상실의 시대,
학교장의 교육과정 리더십

윤상혁(2023~2024 현재 서울 영림중 교장)

교사의 죽음 그 이후

서울 서이초 교사의 순직 1주기, 전국 각지에서 추모 행사가 열렸다. 고인을 애도하는 비가 내리는 가운데 교사유가족협의회는 전교조와 함께 서이초 사거리부터 국회까지 7.18km를 걸었다. 서이초 사건 재수사와 공교육 정상화 특별법 제정을 촉구하기 위해서였다.

1년 동안 우리 교육은 얼마나 달라졌을까. 2023년 8월 교육부는 「교권 회복 및 보호 강화 종합방안」을 발표했다.* 9월에는 「교원의 학생생활지도에 관한 고시」를 제정하여 정당한 교육활동의 범위에 대한 법적 근거를 마련했다. 또한 '교권 보호 5법'으로 「교육기본법」, 「초·중등교육법」, 「유아교육법」, 「교원의 지위 향상 및 교육활동 보호를

---

* 이주호(2023), 「교권 회복 및 보호 강화 종합방안」, 대한민국 정책브리핑 2023년 8월 23일.

위한 특별법」 및 「아동학대범죄의 처벌 등에 관한 특례법」을 개정했다. 그러나 과연 제도가 만병통치약이 될 수 있을까?

학생 분리 조치의 기준과 방식이 법령으로 고시되었다고 해서, 학교에 민원대응팀이 마련되었다고 해서 교권이 회복되었다고 느끼는 교사는 없을 것이다. 그 어떤 물적, 인적 지원도 없는 상황에서 교사가 할 수 있는 일은 별로 없기 때문이다. 교권이 문서로 만들어질 리 있겠는가. 그러니 대부분의 교사들은 분리 조치를 해야 하는 상황이나 민원이 발생하는 상황을 만들지 않는 게 최선이라고 여긴다. 예전 같았으면 미지의 세계를 향해 자신 있게 한 걸음 내딛었겠지만 지금은 모든 것이 조심스럽기만 하다. 나는 지금 안전한가. 자기 검열을 하게 된다. 이렇게 사법이 스며든 교실은 점점 활력을 잃어 가고 있다.

상실의 시대, 학교장의 역할

지금 우리 사회는 전례 없는 상실의 시간을 통과하고 있는 듯하다. 첫째, 기회의 상실이다. 기회의 문들이 빠르게 닫히면서 좁아진 계층 상승의 통로에 심각한 병목 현상이 발생하고 있다.* 학력 인플레이션이 끝 모르고 치솟고 있고**, 의대 편중 현상에 망국론이 나올 지경이

---

* "공정 담론 뒤 숨겨진 한국 사회의 병목 현상", 〈대학신문〉, 2022년 2월 27일.
** "고학력일수록 높아지는 실업률… "대졸자 느는데 양질의 일자리 줄어"", 〈조선비즈〉 2023년 6월 22일.

되었다.* 대학은 벚꽃이 피는 순서대로 문을 닫고 있다. 지방의 거점 국립 대학을 졸업해도 좋은 일자리가 보장되지 않으니 모든 학생과 학부모들이 '인서울'을 외친다. 대학만이 문제가 아니다. 좋은 직장이 수도권으로 편중되는 반면에, 수도권의 부동산 가격은 급격히 상승하면서 결혼과 육아, 그리고 이를 위한 안정적인 보금자리 마련의 기회가 줄어들고 있다.

둘째, 기회의 상실은 곧 미래의 상실로 이어진다. 많은 청년이 결혼을 늦추고 있다.** 어렵사리 가정을 꾸린 부부들은 장시간 노동에 시달리면서 안정적인 미래를 확신할 수 없으니 자녀 출산을 미루고 있다.*** 이는 세계적으로 유례를 찾을 수 없는 저출산으로 이어지고 있다. 이뿐만이 아니다. 지구 온난화를 넘어 지구 열대화를 말하는 시대, 기후 위기를 넘어 기후 재앙을 경고하는 시대, 여섯 번째 대멸종을 아무렇지 않게 말하는 시대가 되었다.**** 청소년들이 던지는 "미래가 없는데 왜 미래를 위해 공부해야 하나요?"라는 질문 앞에서 기성세대는 무력하기만 하다.

셋째, 기회의 상실과 미래의 상실은 필연적으로 교육의 상실을 가져온다. 이 시대가 '행위자 주체성'과 '변혁적 역량'을 그렇게 강조하

---

* "망국의 의대 편중", 〈매일경제〉, 2023년 8월 11일.

** "초혼 연령 남성 33.7세·여성 31.3세… 작년보다 더 높아졌다", 〈서울경제〉, 2023년 9월 6일.

*** "아기 울음소리가 끊긴 대한민국… 저출산 해법은 '경쟁 없는 사회'", 〈우리뉴스〉, 2024년 2월 11일.

**** "UN 사무총장 "'지구온난화' 아닌 '열대화' 시대", "인류가 지옥으로 가는 문을 열었다", 〈이로운넷〉, 2023년 9월 30일; 수단슈 말호트라(2023), 〈극한 호우, 폭염… 기후 재앙이라는 소용돌이에 빠진 지구〉, 그린피스; "'여섯 번째 대멸종' 지구 멸망 시계 작동됐다", 〈서울신문〉, 2024년 2월 6일.

는 것은 역설적으로 교육 행위자들에게 그것이 존재하지 않는다는 것을 보여 준다. 정말로 교육의 시장화 속에서 공교육은 효용을 다한 것일까? '내 새끼 지상주의'의 파탄 속에서 공교육은 죽고 만 것일까?* 확실한 것은 2023년 우리 사회를 충격에 빠뜨렸던 '교사의 죽음'이 단순히 '악성 민원'의 문제가 아니라는 것이다. 2024년 대한민국 학교는 소위 '교권의 추락'이 의미하는 바를 명료화해야 한다. 학생에게는 배울 권리를, 교사에게는 가르칠 권리를 보장하는 것이 교권에 가장 근접한다면, 우리는 다시 '가르침과 배움은 무엇이며, 그것은 어떻게 가능한가?'를 물어야 한다. 그리고 여기에 학교장의 역할이 있다.

세 가지 차원의 연대와 협력

나는 2024년을 준비하는 영림중학교 혁신학교운영TF의 목표를 명사적 표현으로 '포용과 공존', 그리고 동사적 표현으로 '연대와 협력'으로 삼자고 전체 교직원들에게 제안했다. '연대와 협력'은 다양한 양상에서 나타날 수 있다.

첫째는 교직의 지속가능성을 위한 연대와 협력이다. 이것은 종적 연대이다. 고경력 교사의 경험/지혜를 저경력 교사의 역량/열정과 연결하는 일이다. 한편으로는 교직의 성장 체제를 구축하는 일이기도 하다. 학생에게 존경받는 교사 연구자와 학교를 지원하는 교육 행정

---

* 김훈, "'내 새끼 지상주의'의 파탄… 공교육과 그가 죽었다", 〈중앙일보〉, 2023년 8월 4일.

가를 키워 내는 일이다. 끝까지 혁신학교를 지키는 위대한 평교사를 길러 냄과 동시에 혁신학교 정책에 대한 이해도가 높은 장학사와 교육연구사도 길러 내야 한다.

둘째는 교육의 회복탄력성을 위한 연대와 협력이다. 이것은 횡적 연대이다. 어떤 외부적 요인으로 인해 교사의 교육활동이 위축되는 일이 없도록 하기 위해서는 교사를 보호하는 중층의 구조가 필요하다. 학년부장들을 중심으로 한 학년 부서의 팀워크, 교감을 중심으로 한 업무 부서의 팀워크, 행정실장을 중심으로 한 행정 부서의 팀워크, 그리고 명시적 업무 분장에는 드러나지 않는 다양한 연결망들이 얽히고설킬 때 외부의 충격에도 학교는 너끈히 회복할 수 있다.

셋째는 교육과정의 자율성을 위한 연대와 협력이다. 주지하다시피 2022 개정 교육과정에서는 '깊이 있는 학습'을 추구하고 있다. 깊이 있는 학습을 위해서는 '삶과 연계한 학습', '학습 과정에 대한 성찰', 그리고 '교과 간 연계와 통합'이 필요하다. 따라서 우리는 다음과 같

세 가지 차원의 연대와 협력

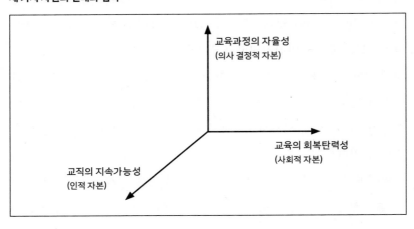

이 질문할 수 있다. "교과, 창의적 체험활동, 범교과 학습 주제를 아우르는 소위 '영림 교육과정'을 함께 만들기 위해 어떻게 연대하고 협력할 것인가?" 이를 위해 우리는 '수업 연구의 날'이나 '토론이 있는 교직원회의'를 좀 더 활성화시켜야 할 것이다.

급할수록 돌아가기 : 중·장기 방향 설정

영림중학교 교직원들과 처음으로 만난 기억이 아직도 생생하다. 2023년 2월 14일, 신도림역 회의실에서 잔뜩 긴장한 채로 나에 대한 소개와 함께 혁신학교 교장으로서의 포부를 이야기했다. 특히, 혁신의 다섯 가지 방향성으로 교과 및 학교 전문성의 보존과 향상, 학생 주도성의 보존과 향상, 미래교육 비전과의 동조화, 서울 교육 정책과의 동조화를 말씀드렸다.

대부분의 학교 역시 크게 다르지 않겠지만 영림중학교 교육 계획상의 중·장기 계획은 다소 형식적이라는 생각이 들었다. 형식적으로 할 바에는 없애는 것이 낫다. 그럴 수 없다면 제대로 혁신해야 한다. 중·장기 교육 계획도 마찬가지라고 생각한다. 세 가지를 염두에 두었다. 첫째, 사람이 바뀌더라도 혁신학교가 지속될 수 있는 시스템을 만들어야 한다. 둘째, 혁신학교 운영 기간 및 공모 교장 임기와 연동할 필요가 있다. 셋째, 서울시교육청의 중·장기 교육 계획과 보조를 맞출 필요가 있다.

혁신학교 정책은 서울시교육청의 대표적 교육 정책으로 서울시교육청 중기 발전 계획과 학교 중·장기 교육 계획 사이의 동조화는 그 자체로 혁신학교의 지속가능한 시스템을 구축하는 일이 된다. 이에 따라 영림중 중·장기 교육 계획의 시간 범위를 2023년부터 2026년까지 4년 단위로 변경하고, 교사와 학생(학부모), 교과와 학년을 넘나들며 중·장기적으로 추진해야 할 영림교육공동체의 통합 과제로 ① 건강과 기초 소양, ② 학교 자치와 교육과정, ③ 교육의 생태적 전환, ④ 세계시민형 공존교육, ⑤ 교육의 디지털 전환, ⑥ 교육 공간 혁신을 선정하였다.

이것은 새로운 일을 만드는 것이 아니다. 영림중학교에서 이미 하고 있는 것들을 쉬운 용어로 범주화함으로써 혁신학교의 가치와 철학을 학교 구성원 모두가 쉽게 공유할 수 있도록 한 것이다.

계획과 실행의 간격 좁히기

계획과 실행의 간격을 좁히기 위해 영림중의 중·장기 교육 계획 ①~④와 2024학년도 영림중 중점 교육활동을 다음과 같이 연결하였다 (⑤와 ⑥은 교육과정보다는 인프라에 해당하여 제외하였다).

영림중 중·장기 교육 계획 첫 번째 '건강과 기초 소양'은 몸과 마음의 건강, 문해력 증진, 수리력 증진의 3개 세부 항목으로 이루어져 있으며 이것은 2024 중점 교육활동 계획 '배움이 느린 학생까지 책임지는 맞춤형 교육'과 연결된다. 목적 및 세부 추진 계획은 다음과 같다.

건강과 기초 소양	학교 자치와 교육과정	교육의 생태적 전환	세계시민형 공존교육
• 몸과 마음의 건강 • 문해력 증진 • 수리력 증진	• 나의 교육과정 • 역량 기반 교육 • 학습하는 조직 • 학교 자치 활성화	• 생태 전환 교육과정 • 생태 전환 네트워크 • 태양과 물과 바람의 학교	• 문화예술교육 • 세계시민교육 • 외국어교육 • 장애·비장애 통합교육

배움이 느린 학생까지 책임지는 맞춤형 교육	교사와 학생이 함께 만들어 가는 역량 기반 교육	지속가능한 미래를 여는 생태전환교육	앎과 삶을 연결하는 지역사회 연계 문화예술교육
• 안테나 • 희망교실+키다리샘 • 갓생챌린지+15분의 기적 • 기초학력 선도 학교	• 수업 연구의 날 • 학생 자치 활동 • 마을 연계 중점 학교 • 수학과 평가 선도 학교	• 여물점 • 사회적 경제+자원 순환 • 생태전환교육 (2학년) • BIPV+BEMS	• 뮤지컬 정기 공연 • 국악 오케스트라 정기 공연 • 다문화교육 (한국어교실) • 장애 인식 개선 교육

배움이 느린 학생까지 책임지는 맞춤형 교육

가. 목적

1) 모든 학생의 기초학력 보장
2) 학생 개개인이 잠재된 소질과 적성을 발휘하여 행복한 삶을 영위할 수 있는 배울 권리 보장

나. 세부 추진 계획

1) 학습 지원 대상 학생 지원 협의회 구성 및 운영

- 교장, 교감, 학습 지원 담당 교원, 각 학년 기초학력 담당 교사, 방과 후 교과 지도 교사, 교육 복지 담당 교사, 전문 상담

교사, 특수 교사, 학습 지원 튜터 등으로 구성

2) 다층적 진단을 통한 학습 지원 대상 학생 선정

　가) 진단은 지필평가, 관찰, 학생·보호자 상담(면담), 학생 성장 이력 검토 등의 방법으로 실시

　나) 중1은 서울 기초학력 진단-보정 시스템 등 표준화된 검사 도구를 활용하여 진단

3) 다중 학습 안전망을 통한 예방 및 촘촘한 지원

　가) 학습 지원 대상 학생의 진단 결과와 기초학력 미달 원인 등을 고려하여 지원

　나) 정규 수업 내 맞춤형 지도

　다) 개별 맞춤형 지원

분야	프로그램	대상
방과 후 학습 지원	국어, 영어, 수학	1, 2, 3학년 대상 학생
학습 동기 및 자존감 향상 프로그램	자기 주도 학습, 학습 코칭, 관계 회복 자율 동아리 운영	대상 학생
자기 주도적 학습	자기 주도적 학습 코칭	대상 학생, 희망 학생
사제 멘토링, 키다리샘	멘토 교사의 멘티 학생에 대한 지원	대상 학생
심리·정서 지원 프로그램	개인, 집단 상담, 심리 치료	대상 학생
진로·문화 체험 프로그램	진로 문화 체험, 진로 탐색 활동	대상 학생

　라) 기초학력 협력 강사 운영 - 1, 2학년 수학

　마) 키다리샘 지속 운영 : 학습 지도 및 학습 코칭, 읽기 지도, 학생의 심리·정서 지원

바) 학습 지원 튜터를 활용한 대상 학생의 자기 관리 역량 함양

4) 지역학습도움센터의 '학교로 찾아가는 학습 상담'을 통한 지원

지원 형태	지원 프로그램
모둠 상담 (2~4명)	수학 익히기(초1~6학년 과정), 영어 익히기(기본 파닉스 읽기 및 쓰기), 학습 전략(읽기 학습 전략), 한글 파닉스
개별	읽기 이해 및 정서행동 지원, 난독(산)·경계선 지능 학생 지원 (전문 기관 연계)

5) 교사, 학부모 연수 강화

- 학습 지원 대상 학생 지도 역량 강화 연수

- 전문가 초빙을 통한 학습 전략 연수

중·장기 교육 계획 두 번째 '학교 자치와 교육과정'은 나의 교육과 정, 역량 기반 교육, 학습하는 조직, 학교 자치 활성화 4개의 세부 항 목으로 이루어져 있으며 이것은 2024 중점 교육활동 계획 '교사와 학 생이 함께 만들어 가는 역량 기반 교육'과 연결된다. 목적 및 세부 추 진 계획은 다음과 같다.

교사와 학생이 함께 만들어 가는 역량 기반 교육

가. 목적

1) 학생들의 다양성을 존중하고, 그에 부응하는 교육 실현을 위한 교사 역량 강화
2) 학교의 특성을 고려한 교육과정 개발 및 운영을 통한 학생들의 학습 동기 증진 및 창의성과 자기 계발 촉진
3) 자율적인 활동을 통한 의사소통과 협력을 학습함으로써 미래 사회 지속적인 평생 학습자로서의 성장 지원

나. 세부 추진 계획

1) 교원학습공동체 활성화를 통한 교육과정-수업-평가 전문성 신장
   가) 교육공동체의 비전을 세우는 신학년 준비 워크숍
   나) 학년별 교학공 조직(환상 1, 2, 3팀)
   다) 수업 연구의 날 운영
   라) 제안 수업과 공개 수업 주간 운영
2) 모든 학생이 자신의 능력과 관심에 따라 배우고 성장하는 '나의 교육과정' 운영
   가) 교사와 학생의 공동 주도성에 기반한 '배움 중심 수업'과 '성장을 위한 평가'
   나) 1학년 신입생 적응 교육 실시 및 자유학기제 운영
   다) 2학년 지속가능한 미래를 여는 생태전환교육 추진
   라) 3학년 전환기 교육과정 운영

3) 근면·예지·협동의 자세로 미래 역량을 함양하는 학생 자치 활동

　　가) 리민 학생회 운영

　　나) 학급회 및 대의원회 운영

　　다) 상설 동아리 및 자율 동아리 운영

　　라) 학급별(또는 학년별) 아침 책 산책 프로젝트 운영

다. 기대 효과

1) 교사들 간의 협력과 지식 공유를 통해 교사 전문성과 학생 학습 성과를 향상시킴

2) 학생들의 필요에 맞춘 맞춤형 교육을 제공하여 학생들의 창의성과 자기 계발을 촉진함

3) 학생들의 의견을 수렴하고 학생들이 주도적으로 학교생활에 참여하는 문화를 형성하고 교사와 학생이 협력하여 학교 환경을 개선할 수 있음

중·장기 교육 계획 세 번째 '교육의 생태적 전환'은 생태 전환 교육 과정 운영, 생태 전환 네트워크 구성, 태양과 물과 바람의 학교 만들기 3개의 세부 항목으로 이루어져 있다. 이것은 2024 중점 교육활동 계획 '지속가능한 미래를 여는 생태전환교육'과 연결된다. 목적 및 세부 추진 계획은 다음과 같다.

지속가능한 미래를 여는 생태전환교육

가. 목적

1) 기후 위기, 환경 재난에 대응하는 지속가능한 미래를 위한 학교교육의 전환

2) 개인의 실천을 넘어 사회적 변화를 이끄는 삶의 전환을 실천하는 생태시민 육성

나. 세부 추진 계획

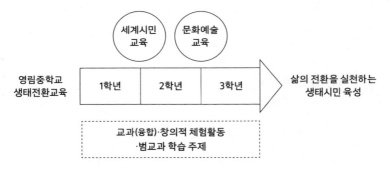

- 앎과 삶을 연결하는 생태전환교육 운영
- 배우고 느끼고 행하고 나누고 말하는 생태전환교육 전략을 통한 학교 시스템의 전환
- 세계시민교육 및 문화예술교육과 함께하는 생태전환교육 강화

1) 생태 문명을 지향하는 협력적 네트워크 구축

   가) (가칭) 영림중학교 기후행동팀 조직 및 운영

   : 생태전환교육에 관심이 있는 영림중학교 교직원 중 희망자를 대상으로 조직하여 본교 생태전환교육에 대한 철학 공유 및 비전과 목표 설정

   나) 학교 안 교원학습공동체 운영

: 생태전환교육을 주제로 한 교과 연계 수업·평가에 관심이 있는 교원을 대상으로 교과별 성취 기준 분석을 통한 기후위기, 환경, 지속가능 발전 등 관련 교육과정 재구조화 실시와 함께 교과 간 융합 수업 공동 설계 및 나눔

다) '기후행동 365' 네트워크 운영

: 생태·환경에 관심이 있고, 기후행동을 실천하고자 하는 교원, 학생, 학부모 중 희망자를 대상으로 '학생 기후행동 365', '교사 기후행동 365', '학부모 기후행동 365' 참여

2) 기후 위기 대응을 위한 학교 문화 조성

가) 토론이 있는 교직원회의를 활용한 교육공동체의 공감대 형성

: 생태전환교육의 필요성 인식, 학교 기후행동 실천 문화 조성을 위한 마음 모으기

나) 학교 기후행동 실천 문화 조성 및 확산

: 교육공동체가 함께하는 자기 주도적 기후행동 주제 선정 및 실천 문화 확산

다) 기후 변화·환경교육 주간 계기 교육 및 기후행동 실천

: 생태 전환에 관심이 있는 학생 대상 자율 동아리 주도의 '기후행동의 날' 캠페인 운영

라) '채식의 날' 운영

: 탄소 발자국을 줄이는 '채식의 날' 월 1회 운영

마) 생태 친화적 학교 환경 조성

: 학교 내 탄소 저감을 위한 냉·난방기, 전자 제품 전원 등 에너지 이용 규정 준수 및 생태 친화적이고 지속가능한 분리배출 학교 공간 조성

3) 교육과정 연계 생태전환교육 운영

　가) 창의적 체험활동과 연계한 생태전환교육

　　: 2학년 대상 학급별 생태전환교육 실시 및 2, 3학년 대상
　　환경 동아리 '어스마인드' 운영

　나) 교육과정 재구조화를 통한 교과 단독·융합 생태전환교육

다. 기대 효과

1) 기후 위기 및 환경 재난 시대에 능동적으로 대응하기 위한 성
찰적 행위자로서 탄소 중립 시민 역량 함양

2) 학교 교육과정 연계 생태전환교육 운영과 일상생활 속 생태 전
환·탄소 중립 실천을 통한 생태시민 육성

　

중·장기 교육 계획 네 번째 '세계시민형 공존교육'은 문화예술교육,
세계시민교육, 외국어교육, 장애·비장애 통합교육의 4개 세부 항목으
로 이루어져 있다. 이것은 2024 중점 교육활동 계획 '앎과 삶을 연결
하는 지역사회 연계 문화예술교육'과 연결된다. 목적 및 세부 추진 계
획은 다음과 같다.

앎과 삶을 연결하는 지역사회 연계 문화예술교육

가. 목적

1) 마을 결합 청소년 문화예술 프로그램 추진을 통한 문화시민으로서의 자질과 역량 신장
2) 국악기와 서양 악기, 중국 악기 편성의 지역 연계 관현악단 운영으로 다문화교육 실현
3) 지역의 학교와 지자체, 청소년 교육 기관 협력으로 특화된 청소년 문화 창출

나. 세부 추진 계획

1) 지역 연계 문화 행사 '4월의 노래'
   가) 일시 : 2024년 4월 16일
   나) 참여 규모 : 영림중학교 희망 학생, 지역 청소년 기관 및 지역 주민
   다) 내용 : 청소년 교육 기관, 마을공동체 협력을 통한 4월을 주제(4.3제주항쟁, 4.16 세월호 추모제, 4.19혁명 등)로 하는 문화 행사 프로그램 기획 운영
2) 지역 거점 관현악 방과 후 악기 교실 운영
   가) 수업 일시 : 매주 수요일, 토요일
   나) 참여 규모 : 영림중학교 학생 40여 명 및 인근 학교 학생 10~15명
   다) 내용 : 다문화 편성의 방과 후 악기 교실 및 오케스트라 운영
3) 지역과 함께하는 동아리 공연 및 축제

가) 기간 : 2024년 10월 11일 ~ 11월 30일

나) 내용 : 가람슬기관현악단 정기 공연 및 동아리(뮤지컬 해봄 등) 발표

다. 기대 효과

1) 지역 특색을 반영한 청소년 문화예술 프로그램 운영을 통한 리더십과 창의력 함양

2) 다문화 편성의 관현악 교육을 통한 문화 다양성의 의미와 가치 실현

3) 마을과 함께하는 문화 행사를 통한 지역 청소년 문화예술 교육 과정의 구축

학교 교육과정과 학교장의 역할

학교 교육과정은 세 가지 차원으로 구성된다.* 먼저 하부 구조를 이루는 집단 지성 공간은 교사학습공동체의 역할이 이루어지는 공간이다. 이 단계에서는 학교 전체 교육 계획 속에서 교육과정의 책무를 확인하고 해석하는 과정이 펼쳐진다. 또한 교육의 시장화에 공동으로 대처하고 지역사회의 다양한 집단들을 포용하는 공동의 리더십을 창출하는 공간이기도 하다.

개인 역량 공간은 교사 각자의 성찰과 해석의 단계로 각자의 교육

---

* 황현정(2018), 〈학교 자치 실현을 위한 지역 교육과정 구성 방안〉, 경기도교육연구원.

활동에 실천의 지식들을 풀어놓는 단계이다. 여기서 교사는 실천의 쟁점들을 규명하고, 문제를 제기하고, 자신의 학생들과 교실과 학교를 연구하고, 교육과정을 구성 및 재구성하고, 교실과 학교 및 사회 혁신을 위해 개인적 리더십을 발휘해야 한다.

집단 지성 공간과 개인 역량 공간은 교사와 학생의 상호작용을 촉진하는 것을 최종 목표로 한다. 배움과 삶은 분리되어 있지 않으므로 학교공동체는 삶 속에서 배움을 창출하고 배움을 통해 삶을 변혁해 나가야 한다. 결국 교사 교육과정 맥락화 구조 전체가 교사의 집단적 전문성과 자율성이 발현되어야 하는 공간이라고 할 수 있다.

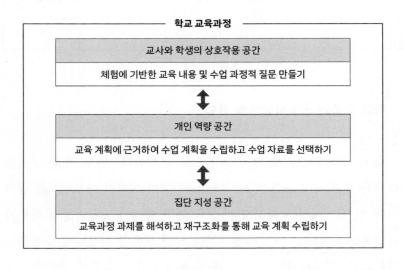

여기서 놓치지 말아야 할 것은 관료적 행정 체계라는 것이 국가와 시·도교육청에만 해당한다고 착각해서는 안 된다는 점이다. 세르지오바니와 그린은 교실에서도 얼마든지 관료주의가 작동할 수 있다고 말한다.[*]

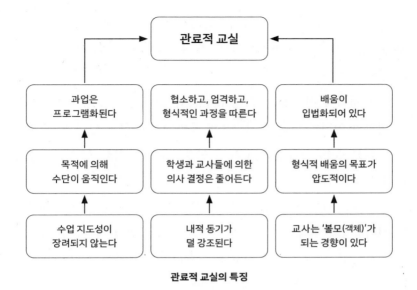

관료적 교실의 특징

이를 방지하기 위해서는 교사가 교실 내에서 충분히 전문적 자율성을 행사할 수 있어야 한다. 따라서 학교장의 민주적 리더십과 학교 구성원 전체의 민주적 참여, 즉 학교 민주주의의 수준은 학교 교육과정의 성패를 좌우하는 핵심적 요소가 될 수 있다.

몇 가지 과제가 있다. 첫째, 핵심 역량은 국가 교육과정의 범주, 즉 교과, 창의적 체험활동, 범교과 학습 주제 교육과 어떻게 연결이 되는가? 핵심 역량이 추상적 진술에 그치지 않고 학교 교육과정에 스며들기 위해서는 어떤 보완이 필요한가?

둘째, 각 교과 교육과정은 학생의 인지적·정서적·행동적 특성을 고

＊ Thomas J. Sergiovanni & Reginald Leon Green, 신현석 외 옮김(2022),《교장론 – 성찰적 실천의 관점》, 박영스토리.

려하여 설계하고 있는가? 영림중의 교수-학습 전략과 교실 문화는 교육공동체가 지향하고 있는 교육 목적을 달성하는 데 적합한가? 그 근거는 무엇인가?

셋째, 창의적 체험활동 및 범교과 학습 주제 교육이 학생의 관심사와 학교의 여건에 따라 창의적으로 운영되지 못하고 법령 등에 의한 각종 의무(필수) 교육을 이수하는 시간으로 전락하는 문제는 어떻게 해결할 것인가?

이와 같은 과제들을 해결하기 위해서 학교장은 학교 내에서 교육과정 리더십을 발휘하면서 교육청 및 지역사회와 협력 체제를 구축하여 다양한 실천 사례와 교육 자료를 공유하고 교육과정 거버넌스의 원활한 작동을 위해 함께 노력해야 한다.

교육과정, 공동체의 서사를 만들기

학교 교육과정은 동사다. 살아 움직이는 것이다. 학교는 교육과정을 운영하는 시공간이다. 그곳에서 교사-교사, 교사-학생, 학생-학생의 만남의 장이 만들어진다. 교육과정을 운영한다는 것은 교육공동체가 함께 공통의 이야기를 만들어 가는 것이기도 하다. '함께 가르치고 서로 배우며 돌봄을 통해 꿈을 키워 가는 행복한 학교'라는 우리 학교만의 드라마가 완성되기 위해서는 교직원, 학생, 학부모, 지역사회가 각자 자신의 몫을 해낼 수 있어야 한다. 그리고 학교장은 이 일이 온전히 이루어질 수 있도록 방향을 잡는 역할을 해야 한다. 일종의 프로듀서 혹은 에디터가 되어야 하는 것이다.

전체 교직원 및 학부모들께 e알리미로 발송하고 있는 월간 〈학교장 통신〉 표지

영림중학교 본관 2층에는 학생회, 홈베이스, 학생자치부, 진로교육부, 상담복지부, 위클래스, 생활교육부 등 학생의 삶과 관련된 다양한 공간이 모여 있다. 경제적으로 어려움을 겪는 아이들, 의사소통에 어려움을 겪는 아이들, 교우 관계에 어려움을 겪는 아이들, 마음이 아픈 아이들 등 돌봄이 필요한 아이들이 점점 늘어나고 있다. 교권이 바닥에 떨어졌을 때 교육부가 내놓은 대안은 학생들에 대한 분리 조치 방법과 민원 대응 시스템이었지만, 그것은 최악을 막기 위한 방편일 뿐, 교권 회복을 위한 근본적인 대책일 수 없다. 결국 우리에게 필요한 것은 교육공동체의 신뢰 회복과 관계의 성장이 아닐까 한다. 그리고 학교장은 학생-교사-학부모 사이에 존재하는 자가 되어야 한다.

학교장의 리더십

앤디 하그리브스와 딘 핑크는 지속가능한 리더십의 일곱 가지 원칙을 밝힌 바 있는데*, 나는 이 원칙이 학교장의 리더십에도 충분히 적용될 수 있다고 생각한다. 첫째, 학교장의 리더십은 일시적 성공에 매달리지 말고 학업에 있어서 지속적이고 의미 있는 향상을 만들어 내야 한다. 둘째, 학교장의 리더십은 리더십의 승계에도 진지하게 관심을 기울여야 한다. 이는 그동안 이루어진 중요한 개혁 노력을 이어 갈 후계자 육성을 의미한다. 셋째, 학교장의 리더십은 공유되는 책무성이어야 한다. 즉, 카리스마 넘치는 하나의 지도자가 아니라 공동체 전반에 분산되어야 한다. 넷째, 학교장의 리더십은 능력 있는 소수의 학생과 교사를 위한 것이 아니라 모든 학생과 교직원들에게 혜택을 줄 수 있는 것이어야 한다. 다섯째, 학교장의 리더십은 중간 리더들이 네트워크로 연결되고, 서로를 지원하며, 실험을 통해 배울 수 있는 시간과 기회를 제공할 수 있어야 한다. 여섯째, 다양성과 유연성의 보호는 학교장의 리더십을 유지하는 데 있어서 중요한 요소이다. 마지막으로 학교장의 리더십은 활동가적인 측면을 요구한다. 학교장은 자신의 개인적, 전문적 네트워크를 활성화하고, 학교의 사명을 보존하기 위해 교육 기관 및 지역사회와 끊임없이 전략적 제휴를 맺어야 한다.

교육이란 모름지기 배움의 씨앗을 지키는 일이다. 아이들의 호기심 넘치는 눈망울을 보호하는 일이다. 그러나 씨앗을 지키는 자를 지키지 못한다면, 그 사회의 미래는 없다. 그러니 학교장은 가르침에 대한 존경과 배움에 대한 경탄의 마지막 문지기가 되어야 한다.

---

* 앤디 하그리브스·딘 핑크, 정바울 외 옮김(2024), 《지속가능한 리더십 - 공존과 생태의 시대》, 살림터.

|2|

행정적
업무

교육활동에 전념할 수 있는
학교 업무 효율화

홍제남(2019~2022 서울 오류중 교장)

교사로서 혁신학교의 시작을 일궜던 오류중학교에 2019년 3월, 내부형 공모 교장으로 다시 돌아왔다. 나는 오류중에서 2007년부터 2012년까지 교사로 근무하였고, 2010년 오류중 서울형혁신학교준비 TF의 팀장, 2011년에서 2012년에는 혁신부장을 맡아 혁신학교 초기 여러 과정을 주관하는 역할을 하였다. 오류중에서 혁신학교를 시작하며 가장 많이 노력했던 부분이 학교 업무 정상화였다. 교사들의 행정 업무를 줄여 주지 않고는 제대로 된 혁신학교 운영은 어렵다고 판단했기 때문이다. 그리고 구성원이 바뀌더라도 유지될 수 있도록 이를 시스템과 학교 문화로 만들어야 한다고 생각했다.

오류중을 떠난 지 6년 만에 다시 교장으로 돌아오게 되면서, 혁신학교 운영 초기에 지향했던 '구성원이 바뀌어도 시스템과 학교 문화로 정착될 수 있도록 하자'는 목표가 과연 실현됐을지 궁금했다. 오류중은 교원들이 모두 바뀐 상황임에도 그때 만들었던 핵심적인 시스템과 문화가 그대로 유지되고 있었다. 교육활동 중심의 학교를 만들기 위해 많은 논의와 우여곡절 끝에 학년부제, 공문 처리 과정 효율화, 행정 전담 직원의 행정 업무 담당 등의 시스템을 구축해 놓았는데, 여전히 잘 남아 있었던 것이다.

오류중학교는 서울형 혁신학교(2011년 3월부터), 서울미래학교(2019년 9월부터) 운영으로 다른 학교에 비해 예산도 많고 이에 따른 사업도 활발하게 이루어지고 있어서, 교사들이 처리해야 할 업무량도 많은 상태다. 내가 교사로 근무할 당시에 비하면 현재는 학급 수가 반으로 줄어들어 더욱 어려움이 큼에도 시스템의 근간이 유지되고 있는 것은 업무 구조화의 방향을 제대로 설정한 결과라 여겨진다. 15개 학급으로 작은 편이라고 할 수 있는 오류중에서 교사들이 혁신학교와 서울미래학교를 운영하며 수업은 물론 자발적으로 많은 교육활동을 수행해 낼 수 있는 것은 이러한 업무 효율화가 뒷받침하고 있기 때문이다. 근본적으로 학교 교무 행정 업무를 학교 차원에서 모두 해결하기에는 한계가 명확하다. 그럼에도 오류중에서는 혁신학교 시작 단계부터 학교에서 할 수 있는 최선의 방법을 구현하려 노력했다. 오류중에서 근무하다 다른 학교로 옮긴 교사들은 그 학교의 낡은 운영 방식에 답답해하며 자칭 '오류병'에 걸렸다고 하소연하기도 한다.

최근 매년 학년 말이면 서울은 교사 정원 감축 때문에 각 학교마다 학급 수를 줄이는 문제로 진통을 겪는다. 심각한 출산율 감소로 학생 수가 급감하고, 이에 따라 학급 수 및 교사 정원을 줄이는 과정은 피하기 어려운 현상일 수 있다. 그런데 문제는 교사 수가 줄어도 학교의 전체 업무량은 거의 같다는 점이다. 교사가 수업과 학생 생활 교육 등의 교육활동에만 전념할 수 있는 환경이라면 교원 수 감축이 교무 행정 업무가 늘어나는 문제로 연결되지는 않을 것이다. 그러나 우리나라 교사는 수업 외에도 많은 학교 업무를 맡고 있는 상황이다. 이로 인해 교사들은 자신들의 정체성에 대한 혼란과 회의감 속에서 지쳐 가고 있고, 너무나 비극적인 사건이 벌어지기도 했다.

교장으로서 두 가지 차원에서 교사들의 업무를 더욱 줄여 주기 위해 노력했다. 첫째, 그간의 성과를 이어 보다 더 세심하게 학교 업무 정상화를 지속·발전시키기 위해 노력하였다. 혁신학교 운영을 시작하고 10년이 넘게 지난 시점이라 업무 환경이 달라진 부분이 많았다. 대표적인 예로 물품을 구입하는 문제가 있다. 요즘은 거의 대부분 직접 구매를 하지 않고 온라인 플랫폼에서 골라 신청한다. 여러 교사가 각자 플랫폼 사이트에서 물품을 장바구니에 담아 놓으면, 에듀파인을 담당하는 행정사와 행정실은 물품들이 한꺼번에 뒤섞인 채로 보게 되어, 교사마다 다시 분류해 기안하고 결재해야 해서 업무 효율성이 낮았다. 이 과정을 개선하여 교사가 구체적인 물품을 지정하지 않아도 되는 경우(특정 음료수 등)는 행정지원사가 바로 사이트에서 건별로 구입하고 결제하도록 하였다. 다른 여러 업무 절차도 세심히 살피며 지속적으로 피드백을 주고 개선 노력을 기울였다.

둘째, 교장도 학교 교육활동을 총괄하는 역할을 넘어 행정 전문 인력이라는 정체성으로 그간 교사들이 해 오던 업무 중 교장이 맡는 게 효율적인 업무를 맡아 직접 수행해야 한다고 생각했다. 부임 다음 해부터 교장의 업무로 가져온 대표적인 것이 학교 교육 계획서 작성이다. 학교의 모든 교육활동을 총괄하는 책무를 부여받은 대표로서 1년의 학교 교육활동을 전체적으로 계획하는 과정은 매우 중요한 일이라 생각하였다. 그간 교육 계획서 작성 업무를 담당해 온 연구부장 교사는 교과 수업 담당 교사이다. 교사가 자신의 교육활동만으로도 너무나 바쁜 학기 초에 주말까지 교육 계획서를 작성해야 하는 상황은 적절치 않다고 판단하였다. 교장은 최종 결정자로 학교 교육 계획서의 내용부터 디자인까지 일일이 지적하고 관여할 수밖에 없다. 이런 과정은 서로에게 힘들고 비효율적이다. 그간 했던 과정을 뒤집어 교장이 전체적인 기획 및 작성을 하고 교사들의 의견을 반영하여 보완하였다.

학교 교육 계획서 작성을 비롯하여 학교장으로서 부장회의 주관*, 학부모회 총괄, 학교장 제안 사업에 대한 계획서 작성 등 학교장도 행정 업무 전문가라는 관점에서 학교를 총괄하고 지시하는 차원을 넘어 최대한 실제 행정 업무를 수행하고자 노력하였다. 교감 또한 공문 총괄, 강사 채용, 교장 업무 지원 등의 실무를 적극적으로 담당하여 진행하였다. 교무 행정 업무가 워낙 절대적으로 많기에 교장, 교감, 행정 전담 인력이 이를 모두 수행하는 것은 현재로서는 어렵다. 교육부와 교육청의 하부 기관인 학교는 상부 기관의 각종 지침에 따라 업무를 수행할 수밖에 없다. 하지만 그래도 학교 차원에서 할 수 있는 최대한으로 학교 업무를 경감하고 효율화하여 교사들이 조금이라도 더 교육활동에 전념할 수 있는 환경을 제공해야 한다.

공모 교장으로 부임하며 다짐했던 것은 '행정 실무형 민주적 리더십'을 가진 교장이 되자는 것이었다. 할 수 있는 최대한 행정 실무를 담당하여 조금이라도 교사들이 수업과 학생 생활교육에 집중할 수

---

* 국무회의는 대통령이 주관하듯이, 학교의 부서 대표들로 구성된 부장회의는 학교장이 주관하는 것이 합당하다고 판단하여 회의 안건 수합, 회의 진행, 회의 결과 보고 등의 과정을 교장 업무로 맡았다.

있도록 지원하고자 노력하였다. 이러한 노력은 오류중학교가 혁신학교를 시작할 당시부터 매우 중요하게 생각한 부분이었다. 당시 나는 혁신부장의 역할을 맡아 이런 과정을 주도적으로 추진했다. 현재 오류중의 학교 업무 시스템은 그 연장선에서 이어지고 있다. 글 뒤에 이러한 과정과 경험, 관련된 자료 및 2022년 오류중학교 업무 분장표를 소개한다. 모든 교사들이 교육활동에 집중할 수 있는 학교 환경과 학교 문화를 만드는 데 조금이라도 구체적인 도움이 되길 기대한다.

학교 업무 정상화의 필요성

학교 혁신의 목적은 학교가 본연의 목적을 수행할 수 있도록 공교육을 정상화시키는 것이다. 교육의 최전선에서 학생 교육을 직접적으로 책임지고 있는 교사들은 오래전부터 자신들의 정체성에 혼란을 느끼는 비정상적 상황에 놓여 있다. '능력 있는 교사', '일 잘하는 교사'는 교육활동보다는 행정 업무 처리를 능숙하고 깔끔하게 하면서 각종 보고서를 잘 작성하며, 대외적으로 드러나는 결과물을 잘 만들어 내는 교사라고 인식되었다. 교사들의 승진 과정 또한 눈에 보이는 성과를 토대로 한 점수가 기준이라, 승진에 필요한 점수에 포함되지 않는 학생 교육활동에만 전념하는 교사들은 애초에 '교포자'*를 자처할 수밖에 없다.

2010년 2학기, 오류중 교사들은 혁신학교를 탐방하고 연수를 들으

---

* 교장 승진을 포기한 교사를 뜻하는 은어.

며 많은 고민을 나누었다. 교사들은 학교 혁신의 필요성에 대부분 동의하였으나, 준비 중에 한 설문 결과를 보면 교사들이 가장 크게 염려했던 것은 '지금도 버거운 학교 업무가 더 많이 늘어나지는 않을까' 하는 점이었다. 혁신학교준비TF팀에서는 혁신학교 운영 계획서를 작성하면서 설문 결과가 잘 반영되도록 교사들과 수차례의 논의와 협의를 거쳤다. 이렇게 작성한 운영 계획서는 4대 추진 과제* 중 하나로 '학교 운영 혁신'을 제시하였다. 교사를 학교 혁신의 주체로 세우기 위해서는 학교의 민주적 운영과 더불어 교사들이 수업과 학생 지도에 전념할 수 있도록 학교 업무 정상화가 반드시 필요하다고 명시했다. 2011년은 혁신학교 첫해인 점을 반영하여 첫 번째 중점 과제로 '학교 운영 혁신'을 정했고, 학교 혁신의 기본 토대를 구축하기 위해 학교의 민주적 운영과 학교 업무 정상화를 향한 구체적인 변화를 시작하였다.**

학교 업무 정상화의 추진 방향

이와 같이 오류중학교는 혁신학교 출발 당시부터 학교 업무 정상화에 많은 관심을 기울였다. 현행 제도상의 객관적 한계가 있긴 하나,

---

* 4대 추진 과제는 '수업 혁신', '학생인권·복지 혁신', '교육과정 운영 혁신', '학교 운영 혁신'이었다.
** 2011년의 혁신학교 운영 중점 과제는 '학교 운영 혁신', '수업 혁신', '교육과정 혁신', '학생인성·복지 혁신', '학부모·지역사회 연대 혁신'으로 제시, '학교 운영 혁신'을 첫해의 가장 주요한 '제1과제'로 정했다.

업무 경감과 효율화 측면에서 현재 개별 학교 여건에서 할 수 있는 최대치를 실행하고 있다고 여겨진다. 학교 업무 정상화 추진의 대원칙은 기본적으로 교사는 교육활동과 직접적으로 관련된 연구와 계획, 기획 및 교육활동 업무를 수행하고, 그 외의 모든 학교 행정 업무 처리는 원칙적으로 행정 전담 직원이 담당하는 것으로 논의하였다. 교과서적으로 말해서 '교사가 되기 위해 대학에서 배웠던 전공 및 교육학 이외의 모든 행정 업무는 교사 본연의 업무가 아니다'라는 관점에서 추진한다는 기준을 제시하였다.

학교 업무 정상화의 구체적 추진 방향의 세 가지 경로는 ① 불필요한 업무/장부 없애기(법정 장부 기준), ② 업무 처리 과정 효율화하기, ③ 행정 전담 직원에게 넘기기였다. 이런 방향에 대해 교사는 물론이고 행정 전담 직원들도 기본적으로 동의하였다. 그러나 이 세 가지를 실제로 시스템으로 구축하며 실행해 가는 과정은 한순간에 쉽게 되진 않았다. 변화를 실행하는 과정에서 관리자, 교사, 행정 담당 직원 등 모든 주체는 여러 가지 우려와 갈등에 직면하였다. 이를 조정하며 업무를 정상화하는 일은 단순히 실무적이고 사무적으로 진행하는 방식으로는 불가능한 것으로, 일을 하는 주체인 사람에 대한 고려 그리고 역할과 책무성에 대한 인식이 먼저 선행되어야 가능한 일이었다. 또한 업무를 수행할 여러 이해관계를 가진 사람들이 상대방에 대한 인간적인 이해와 신뢰를 바탕으로 소통하며, 서로의 불안감을 해소하고 협력을 찾아 가는 과정이라야 가능했다. 학교 업무 정상화 과정에서 발생하는 갈등의 주된 주체는 각각 다음과 같았다.

① 불필요한 업무 없애기 : 관리자와 교사, 교사와 교사. ② 업무 처리 과정 효율화하기 : 관리자, 교사, 행정직원의 주체 간 또는 주체 내

부. ③ 행정 담당 직원에게 넘기기 : 관리자, 교사, 행정직원의 주체 간 또는 주체 내부.

업무 조정 과정에서의 소통 문제 : 교직원 간의 관계를 중심으로

혁신학교로 지정된 후, 오류중에서는 전체 교사를 대상으로 각자가 맡고 있는 업무를 모두 써 달라고 하고 이 중에서 조정되거나 없어져야 할 업무가 무엇인지 조사하였다. 이 과정에서 행정 담당 직원들과 갈등 요소로 나타난 것은 주로 업무 과정 효율화와 행정 전담 직원에게 넘기는 부분이었다. 당시 학교에 있던 1명의 교무보조 행정 전담 직원만으로는 큰 폭의 업무 정상화는 불가능하다고 판단했고, 혁신학교 예산*으로 행정 업무 전담 직원을 추가로 채용할 필요가 있었다. 인건비에 많은 예산을 사용하는 문제에 대한 의견 차이가 있었지만 긴 논의 끝에 교사들이 교육활동에 전념할 수 있는 시스템을 갖추는 것이 학교 혁신의 전제가 되어야 한다고 의견이 모아져 혁신학교 예산으로 행정실무사와 전산실무사를 채용하였다.

학교 업무 정상화 과정은 2011년에서 2012년까지 2년에 걸쳐 진행되었다. 첫해에는 업무의 변경이 부분적으로만 이루어졌다. 그 이유는 첫째, 업무 정상화에 대한 교사들의 불안감 때문이었다. 교사들은 관행적으로 자신이 해 왔던 업무를 교사가 아닌 행정 전담 직원에게

---

* 혁신학교 첫해인 2011년, 혁신학교 운영 예산으로 2억 원 정도가 교부되었다. 서울은 2011년 혁신학교의 행정실무사 채용에 따른 교원 업무 경감 효과를 제도적으로 확산하기 위해 2012년에 모든 학교마다 1명의 행정실무사를 추가 배치하였다.

넘겨도 되는지에 대한 불안감이 컸다. 예를 들어 수업계, 공문 처리, 학적, 성적 처리, 컴퓨터 관련 업무 등 많은 업무들에 대하여 이 업무를 교사가 하지 않았을 때 혹시라도 문제가 발생하지 않을까 불안해했다. 이 모습을 보면서 그동안 교사의 정체성이 얼마나 많이 왜곡되었나 싶어 쓸쓸한 마음이 들었다. 현재는 혁신학교가 아닌 주변 학교 중에서도 수업계, 학적, 에듀파인 등의 업무는 교무행정사가 전담하는 학교들이 점차 늘어나고 있다. 둘째 이유는 업무 정상화 경험의 부족 때문이었다. 교무행정사를 활용한 경험이 없어서 1명의 교무행정사가 어느 정도의 업무를 얼마나 잘 처리할 수 있을지 가늠하기가 쉽지 않았다. 그간 교무실에 '교무보조'가 1명 있었으나 그들이 했던 일은 대부분 숙련도가 낮아도 되는 업무인 복사, 교무실 청소, 관리자 심부름, 물품 관리, 행사 보조 등의 '잡다한' 업무가 주라서 교사들의 행정 업무를 덜어 내는 데 별 도움이 되지 못했다. 셋째로 학교 업무 편제가 주로 1년 단위로 이루어지기 때문에 중간에 업무 조정을 하기가 쉽지 않았다. 이로 인해 1학기 초에 시작한 대부분의 업무는 1년이 지나야 실질적인 개선이 가능한 상황이었다. 넷째로, 관리자 및 교사와 행정 전담 직원*들에게 이해와 공감과 소통의 시간이 필요했다. 앞의 세 가지 문제들은 시간이 지나고 경험이 축적되면 큰 어려움 없이 해결될 수 있지만, 마지막 문제는 쉽지 않았다. 왜냐하면 그간 교사의 업무로 당연하게 여겨지던 업무를 행정 전담 직원에게 넘겨야 하는 상황에서 학교 행정 업무와 관련된 주체 모두에게 안팎으로 여

---

* 새로 채용한 인력 외에 기존에 근무하던 교무보조 및 여타 행정 전담 직원인 교무행정사, 전산 보조 요원 등을 비롯하여 사서, 과학 조교, 사회복지사 등 주로 비정규직이나 무기 계약 직원을 포괄하는 개념이다.

러 가지 미묘한 심리적인 문제가 내포되어 있었기 때문이다.

관리자의 심리를 살펴보면 불안감이 매우 컸다. 이 불안감은 두 가지로 나누어 볼 수 있다. 먼저 그간 교사들이 해 왔던 업무를 행정전담사가 했을 경우 실무 능력 측면에서 제대로 해낼 수 있을지에 대한 불안감이다. 다음으로 그간 학교의 업무 시스템은 관리자들이 교사를 통제하고 관리하기에 매우 좋은 구조이기도 했다. 결재 내용이나 서류의 미비함 등을 지적하고 반려하며 통제하기도 하고, 부장 교사라는 중간 라인을 두어 간접적으로 통제하기에도 유리했다. 그러나 상당 부분의 업무가 행정사에게 이관되면 많은 행정 업무를 관리자와 교무행정사 간에 직접적으로 처리하게 되어, 관리자와 교사는 좀 더 수평적 관계가 된다. 이것이 관리자에게는 불안감을 주었던 것이다.

교사들의 심리는 불안함과 미안함, 불편감 등의 마음이 혼재되어 있었다. 불안함은 교사들이 맡아도 쉽지 않은 일인데 행정전담사가 해도 괜찮을까 하는 것이다. 시간표를 짜고 바꾸는 '수업계' 업무를 예로 들 수 있다. 이 업무는 교사들로부터 항의를 받는 경우가 많고 갑자기 문제가 발생하는 경우도 많아 대부분의 교사들이 기피해 왔다. 까다로운 업무라서 교사가 맡아서 진행해도 항의와 잡음이 많았는데 행정사가 하게 되면 교사들이 더 쉽게 항의하게 되어 좋지 않은 상황이 더 많이 발생할지도 모른다는 걱정과 불안이 있었다. 그래서 첫해에는 교사들의 시간표를 짜는 수업계 업무는 그대로 교사의 행정 업무로 남았다.

교사들의 미안한 마음은 행정전담사들의 처우 문제와 관련되어 있었다. 기존에 있던 교무보조는 당시 무기 계약직으로 전환되어 임시

계약직에 비해서 처우가 조금 낫긴 했지만 정규직에 비해 대체로 낮은 임금을 받았다. 이렇게 저임금에 낮은 사회적 지위를 가진 사람에게 '부담되는' 업무를 주는 것이 너무 가혹하다는 것이었다. 이런 미안하고 불편한 마음으로 인해 행정전담사에게 업무를 지시하거나 부탁하기를 어렵고 불편해했다.

대표적인 예로 물품 신청 업무인 에듀파인의 경우를 들 수 있다. 교육활동과 관련한 물품을 구입할 때 에듀파인이라는 전자 결재 시스템을 쓰는데, 가끔 사용하는 교사들에게는 익숙하지 않은 시스템이라 시간이 많이 걸린다. 물품 구입 업무 자체가 본질적으로 교사의 고유 업무가 아니라는 판단으로 이관을 추진했으나, 첫해에는 앞서 말한 여러 이유로 그대로 교사들의 업무로 남게 되었다. 에듀파인 업무는 혁신학교 2년 차부터 행정전담사가 맡았는데, 시행 초기에는 여전히 교사들이 스스로 처리하는 경우가 많았다. 그러나 점차 교사들이 어떤 쪽이 더 효율적인지 인식하게 되면서 행정전담사의 업무로 넘어가게 되었다. 흔히 변화를 방해하는 적은 외부보다는 우리 자신 안에 있다고들 한다. 교육 혁신 및 교무 업무 정상화를 추진하는 과정에서 우리 자신부터 기존의 틀에 매여 있는 부분이 무엇인지 먼저 성찰하며 자신부터 혁신할 필요가 있다.

출발 : 부분적 학교 업무 정상화와 해결 방안 모색

학교 업무 혁신 과정에서 교사들의 정체성 혼란의 문제와 별개로, 행정전담사들의 처우와 업무 책무성을 어떻게 인식하고 합의하는가는 중요한 부분이다. 혁신학교 정책이 10년이 넘은 지금도 학교 업무 정상화를 추진하는 여러 학교에서 고민하고 있는 문제이기도 하다. 학교 업무 정상화 추진 초기에 오류중의 행정 전담 직원들 또한 심리적으로 여러 불편한 감정을 표현했다. '처우도 안 좋은데 우리한테 너무 많은 일을 시키는 거 아닌가?', '교사들과 대등한 입장도 아닌데 일 뒤집어쓰고 온갖 고생을 다 하게 되는 거 아닐까?', '교사들이 할 일을 우리한테 떠넘기는 이기적인 행동 아닌가?' 등의 생각이었다. 이로 인해 혁신학교를 시작하며 업무 정상화를 고민하던 2010년 겨울, 2개월의 짧은 시간으로는 이러한 복잡한 심리적 요인이 포함된 상황을 풀어내기가 쉽지 않았다. 그래서 혁신학교 첫해인 2011년에는 서로 합의할 수 있는 정도에서만 학교 업무 정상화의 첫발을 내딛었다.

기존의 교무보조 외에 새로 채용한 1명의 교무행정사는 공문을 처리하는 업무를 맡았다. 이 교무행정사는 2011년 2월 말경부터 학교에 출근하기 시작한 상태라 사전에 교감을 나눌 시간이 많지 않은 상태에서 일을 시작하게 되었다. 주된 업무는 원칙적으로 학교 업무 정상화를 위해 행정전담팀장의 역할을 맡은 교감과 함께 대부분 부서의 내부·외부 공문을 전담하여 처리하는 것이다.* 이 과정에서 학교 구성원들은 그간 여러 교사들이 나누어 했던 공문 처리 업무를 혼자

---

* 오류중학교의 새로운 공문 처리 과정은 다음과 같다. 공문을 담당 교사별로 나누어 전달하지 않고 대신 전체 공문 목록을 작성하여 전체 교사에게 메신저로 알리고 공문은 '전체 공람'으로 처리한다. 이것을 보고 교사들이 처리해야 할 공문의 내용을 행정전담사에게 알려 주면 행정전담사가 공문을 처리한다. 이로 인해 교사들이 매번 나이스에 들어가 따로 확인할 필요가 없고 편철의 번거로움도 없다. 또 공문 시행 목록을 전체적으로 파악할 수 있어 업무 효율성이 매우 높다. 이 과정은 업무 정상화 방안 중 ② 업무 효율화, ③ 업무 이관에 해당한다.

해낼 수 있을지에 대한 걱정이 매우 컸다. 특히 학기 초인 3월에는 외부로부터 온갖 공문이 쏟아져서 업무 과중으로 일을 그만두게 될지 모른다고 걱정해서, 초기에는 교사들 대부분이 내부 공문은 스스로 처리하고 교무행정사는 외부 공문만을 처리하도록 배려하였다. 혁신학교 업무를 담당하는 부장 교사였던 나는 수시로 교무행정사의 업무 정도를 살피며 어려움은 없는지, 있다면 무엇인지 파악하려 노력했다. 어떤 일을 추진함에 있어 '일보다 사람이 먼저'라는 신념을 바탕으로 단순한 업무 관계가 아닌 동료로서 인간적인 신뢰와 공감대를 쌓고자 노력했다. 일상적인 대화를 비롯하여 혁신학교의 철학이 무엇인지, 혁신학교의 성공을 위해서 교사들의 업무가 왜 경감되어야 하는지, 행정직원들이 수행하는 역할이 교육 혁신에 미치는 중요성과 의미가 어떤 것인지 공감할 수 있도록 노력했다.

새로 채용한 직원뿐 아니라 무기 계약직으로 근무하고 있던 교무보조와의 관계도 마찬가지였다. 기존의 '자잘한 업무'와 '잔심부름'이 아닌 교사들이 담당했던 '굵직한' 업무를 실제적으로 맡아서 해 줄 필요가 있었기에, 이에 대해 행정전담사들과 허심탄회하게 대화를 나누었다. 그 결과 2011년에 그간 교사가 맡아서 하던 수업계 업무 일부, 학적 업무 및 가정통신문 관련 모든 업무(기안, 복사, 배부, 발송 등) 등을 교무보조 직원이 맡아 수행하게 되었다. 이전에 교사들은 교무보조 직원이 한가하게 종종 개인적인 일을 하던 모습을 곱지 않은 시선으로 보았다. 그러나 이렇게 실질적인 교무 업무를 맡아 수행하는 모습을 보면서 그를 대하는 교사들의 시선과 태도도 크게 바뀌었다. 중요한 학교 업무를 처리하는 동료 교직원이라 생각하며 바라보게 된 것이다. 교무보조 직원 또한 교사들과의 관계에서 매우 당당하고 대등하게 자신의 의견을 개진하게 되었다.

혁신학교 첫해는 보다 나은 학교 업무 정상화의 방안을 탐색하며 발전시키기 위한 방법을 모색하던 시기였다. 업무 정상화는 부분적으로 이루어졌고 지속적인 모니터링을 통해 이후 계속하여 어떻게 업무 정상화를 발전적으로 추진해 나갈지 파악해 나갔다.

진전 : '자잘한 업무 보조'에서 '학교 행정 업무 전문가'로

혁신학교 2년 차인 2012년에는 현재 학교 상황에서 할 수 있는 최대치의 업무 정상화를 구현했다고 평가할 수 있다. 첫해에 정리하지 못했던 수업계, 에듀파인, 내부 기안, 성적 처리 보조 등의 모든 업무를 교무행정직원들이 실질적으로 담당하게 되었다. 1년의 실행을 거친 후 이렇게 대폭적으로 업무 정상화가 가능했던 것은, 1년 동안 부분적 변화를 통해 탐색하는 과정을 거치면서 교사와 관리자, 행정직원 모두 많은 인식의 전환이 있었고 공감대가 형성된 것이 주된 이유라 할 수 있다.

구체적으로 첫째, 학교 업무에 대한 교사들의 인식 전환이다. 1년간 교무행정사가 업무를 처리하는 과정을 경험하면서 이런 시스템이 매우 효율적이라는 것을 알게 되었다. 또한 교사 자신들도 1년간 교사학습공동체를 통한 수업 혁신 등 여러 활동을 하면서 교사 본연의 업무는 행정 업무가 아닌 교육 연구와 교육활동이라는 자각과 자부심이 높아지게 되었다.

둘째, 교무행정사의 업무에 대하여 주체들 모두의 관점이 변화되었다. 교무행정사의 역할을, 기존의 교무보조가 했던 '보조적이고 자잘한' 업무가 아니라 학교의 중요한 업무를 처리하는 '전문 인력'이라고 인식하게 되었다. 임금도 적은데 너무 많은 일을 맡아 하는 거 아닌가 하는 우려 때문에라도, 교무행정사의 업무가 우리나라 교육 혁신과 교육 정상화 과정에서 가지는 역할과 의미에 대하여 함께 공감하고 학교교육 발전에서 자부심을 가질 업무임을 인식하는 과정이 필요했다. 이런 인식의 공유는 그냥 만들어진 것은 아니었다. 진정성 있는 대화와 공감, 설득 과정은 물론, 그 결과와 성과를 같이 느꼈기 때문에 가능하였다.

셋째, 주체들 간의 이해와 공감을 위해 지속적인 대화와 소통이 중요하다는 점이다. 이것은 학교 업무 정상화의 주요 성공 요인이기도 하다. 학교 업무 정상화 과정에서 가장 많이 노력을 기울였던 부분은 교사와 행정 전담 직원의 관계를 '갑'과 '을'의 관계가 아닌 공교육의 정상화를 위해 협력하는 관계로 변화시키는 것이었다. 학교 업무를 정상화시키는 노력을 각자의 역할과 책임감으로 수행하는 '대등한 동료 교직원 관계'가 될 수 있도록 노력했다. 교사나 교무행정사 모두에게 교무행정사의 현재 상황이 비록 지금은 저임금에 지위도 불안정하지만, 오히려 이런 불안정한 상황을 개선하기 위해서도 더욱 중요한 업무를 맡아 처리해야 한다고 설득했다. 그래야 장기적으로 교무행정사를 학교에서 반드시 필요한 인력으로 인식하게 될 것이고, 이후에 더 좋은 대우를 받는 안정적인 정규직의 일자리로 바뀔 수 있다고 설득했다. 더불어 하루 8시간이라는 애초 약속한 노동 시간 내에서 처리할 수 있는 정도의 업무량이 기본이라는 점을 누차 강조했다. 이런 대화는 사무적이거나 일방적으로 이루어진 것이 아니라 자연스럽고 편안한 만남의 기회를 만들어 진행했다. 교무행정사들과 밖에서 따로 식사를 하고 차를 마시며 애로 사항을 비롯하여 많은 대화를 나누었다. 또한 업무를 재조정하여 진행하는 과정에서도 대화나 관찰을 통해 업무 과중 여부를 수시로 검토하며 점검해 나갔다.

학교 업무 정상화, 지속적 혁신 필요

나는 교사로서 혁신학교를 시작했던 오류중에서 다시 공모 교장으로 근무했다. 학교 혁신 과정을 총괄하는 혁신부장의 역할을 맡아 진행할 때도, 그리고 교장으로 근무할 때도 중요하게 성찰한 점은 진정으로 사람의 마음을 얻지 못하면 그 일은 형식화될 수밖에 없고 결과 역시 실패하게 된다는 사실이었다. 사람보다 일의 성취를 우선시하다 보면 사람을 수단화하거나 대상화할 우려가 있다는 점도 늘 잊지 않으려 노력했다. 물 위를 한가로이 유유히 떠 가는 것처럼 보이는 오리는 실상은 물 밑에서 끊임없이 발을 움직여 헤엄치고 있다고 한다. 일을 진행하면서 늘 이 일이 이 사람에게 어떻게 느껴질까 미리 생각해 보고 여러 문제들에 대해 사전에 진정성을 가지고 허심탄회하게 대화를 나누며 의견을 구했던 과정이 상대방과 잘 소통할 수 있게 한 정도正道가 아니었을까 생각한다.

종합하여 학교 업무 정상화와 관련하여 학교장의 역할을 제시하면 다음과 같다.

첫째, 학교 교육활동이 학교 운영의 중심이 되고 이를 통해 교사들이 자부심을 느낄 수 있는 학교 문화를 조성할 수 있도록 노력해야 한다.

둘째, 많은 교육 혁신에 대한 연구 결과에서 학교 혁신의 주체는 교사*라고 제시하고 있다. 학교장은 이런 사실을 깊이 인식하고 교사들이 본연의 업무인 학생 교육활동에 충실할 수 있는 학교 업무 시스템을 구축하기 위한 노력을 기울여야 한다.

셋째, 학교장 또한 관리자이자 행정을 전담하는 교원이므로 실제적이고 실질적인 학교 업무를 수행하는 행정 실무형 교장상을 지향해야 한다.

넷째, 현재 학교 차원에서 학교 업무 정상화의 한계는 명확하다. 학교장은 학교 구성원의 대표라는 점에서 교육부와 교육청이 정책적으로 학교 업무 정상화에 필요한 제도 개선을 하도록 요구해야 한다.

이러한 학교장의 모든 노력은 결국 학교에서 아이들이 보다 더 행복하고 잘 성장할 수 있는 성과로 귀결될 것이다. 나아가 학교 차원의 업무 효율화는 제한적일 수밖에 없기 때문에 교육청과 교육부, 그리고 정부 차원에서 획기적이고 과감한 변화를 시도해야 보다 더 본질적 목적에 충실한 공교육이 실현될 수 있다.

---

* Thomas J. Sergiovanni & Robert J. Starratt(1983), 오은경 외 옮김(2008), 《장학론》, 아카데미프레스; 홍제남(2017), 〈혁신학교 수업연구회를 통한 교사 수업전문성 사례 연구 : 다양한 교과 교사들이 함께하는 수업연구회 탐색〉, 《교원교육연구》, 34(1).

업무 정상화 혁신 사례
- 공문 처리 및 에듀파인

1. 공문 처리 과정 혁신의 개요

1) 외부 공문 접수(행정실)→ 교무 관련(교감), 행정실 관련(행정실장)으로 분류하여 전달

2) 교무 관련은 교감이 총괄, 행정실 관련은 행정실에서 총괄하여 공문 처리함

3) 모든 공문(외부, 내부)의 기안은 교감의 총괄하에 교무행정사가 기안하도록 함

2. 외부 공문 처리 절차

1) 공문 내용 파악 및 담당 부서 분류(담당자 분류) : 교감 또는 교무행정사

　① 당일 접수한 공문의 제목, 담당 부서(담당자), 제출 기한 등을 엑셀

파일에 기록

② 정리된 공문 파일은 모든 교직원에게 전체 메시지로 공유함(양식은
별도 공유)

2) 공문 공람 및 편철 : 교감 또는 교무행정사

① 모든 공문의 담당자를 교무행정사로 지정 : 교감

② 공문 공람 : 교감(또는 교무행정사)

③ 공문 공람 방식

: 모든 공문을 전체 교사에게 공람하는 방법 또는 담당자에게 해당
되는 공문만 공람하는 방식이 가능하며 장단점이 있음

(* 공람된 문서는 30일이 되면 자동으로 공람 완료 처리되어 공람 목록에
서 사라짐)

- 모든 공문을 전체 공람할 경우

장점 : 교사들이 모든 공문에 쉽게 접근하고 교육활동 전체 흐름
의 파악이 용이 / 공문 담당자가 잘못 분류될 우려가 없음 / 담
당 부서가 애매한 공문의 처리가 용이함 / 교감 및 행정사의 업
무 경감

단점 : 담당 업무가 아닌 모든 공문이 공람되어 공람된 공문이
많음

- 담당 공문만 담당자에게 공람한 경우

장점 : 담당 공문을 보다 쉽게 찾음

단점 : 공문의 담당자가 잘못 분류될 우려 / 교감의 업무 부담이
더 늘어남

④ 공문 편철 : 교무행정사

- 모든 공문을 편철함(최근 1일 평균 30여 개의 공문의 경우, 1시간여

정도 소요, 업무 숙련도에 따라 다를 수 있음. 현재 4주 차 행정사의 경
우임)

- 부장 교사들이 담당 업무를 다시 담당 교사에게 배정하는 과정
과 모든 교사들이 공문을 편철하는 과정이 사라져 단순 행정 업
무 처리의 부담이 경감됨

3) 각종 보고 공문

① 교감이 보고 기한이나 내용 등을 총괄하고, 행정사가 기안하는 것
을 원칙으로 함

② 담당 교사는 관련 내용을 행정사에게 알려 주거나 첨부 파일을 행정
사에게 보냄 → 행정사가 기안 → 담당 교사 결재 → 교감-교장 결재

3. 내부 결재 공문 처리 절차

1) 교육활동과 관련된 내용 작성 → 교무행정사 기안 → 담당 교사-교
감-교장 결재(담당 교사 또는 부장 교사 중 1인이 확인 결재 / 업무 담당자
가 확인하는 차원임)

2) 공문 기안 방식

- 교육활동 계획 또는 협의록 등의 첨부 파일이 있는 경우에 기안문
작성을 간소화(예 : '붙임과 같이 시행하고자 합니다', '붙임과 같이 보고
합니다' 등으로 끝냄)

3) 취지 및 장점

- 교사들의 정체성을 바로 세울 필요가 있음(행정 업무 잘하는 교사가
아닌 교육활동과 교육 연구 및 실행에 집중하는 교사상 정립)

- 교사들이 나이스 시스템에 접속하는 시간을 최소화하여 교육활동
에 집중할 수 있도록 함(근본적으로 교무 행정 업무 처리는 대학의 경

우처럼 교사의 업무에서 분리하는 것을 지향함. 그러나 현재의 여건상 최대한의 방안을 찾을 필요가 있음)

4. 에듀파인 처리 절차

1) 교무행정사가 모든 품의를 기안함
2) 교사가 물품을 요청하는 경우 간단하게 요청함
   - 물건 종류, 가격, 목적, 품의 요청 교사 등의 최소한의 정보를 메신저를 이용하여 간소하게 요청할 필요가 있음('요청하느니 차라리 직접 하고 말겠다' 할 정도로 요청서가 복잡해서는 취지에 맞지 않음)
   - 해당되는 예산 항목도 교무행정사가 숙지하여 찾아서 할 수 있음(처음에는 파악하는 데 다소 시간이 소요될 수 있으나, 전담 업무 담당자로서 항시적으로 처리하는 과정에서 빠르게 숙련되어 담당 교사가 요청하는 내용의 항목을 쉽게 찾게 됨)
3) 이커머스(온라인 쇼핑 플랫폼) 구매 시, 일상적인 물건의 경우 교무행정사가 직접 바구니에 담아 카드 결제까지 진행함(당일 결재가 된다면 행정 처리에 문제가 없음)
   - 2019년 추가 시행함(처음에 10만 원 상한으로 시작, 점차 높일 필요)
4) 전문적이거나 고도의 판단이 필요한 경우는 교사가 직접 모델명 등을 알려 주거나 장바구니에 담아 주는 것이 좋음
5) 결재 과정에서 담당 교사가 확인하는 과정을 거침

공문 처리 흐름도

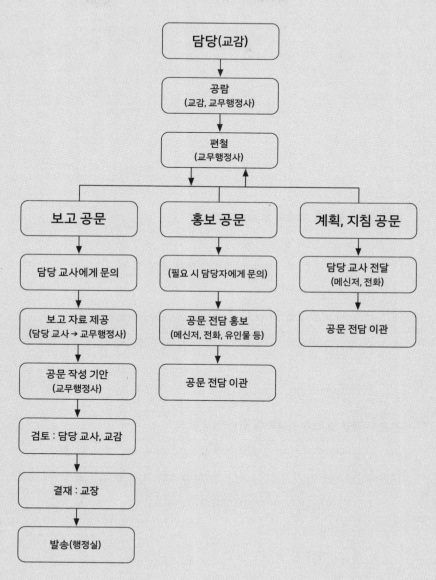

혁신학교를 시작하며(2011년)

부서 (   ) 이름 (   )

1. 혁신학교 무엇을 바꿔야 할까?

가. 현재 오류중학교에서 가장 혁신되어야 할 것은 무엇인지요? 차례대
로 적어 주세요(예 : 수업, 생활지도, 학교 운영, 업무 경감 등등 무엇이든
적어 주세요).

나. 혁신학교 운영에서 가장 걱정되는 점은 무엇인지요?

다. 혁신학교가 성공하기 위해서 가장 먼저 해결되어야 할 문제는 무엇인
지요?

2. 업무 경감 및 업무 효율화를 위한 업무 분석

가. 현재 선생님 자신이 맡으신 업무를 최대한 자세히 적어 주세요.

나. 자신의 업무를 포함하여 학교 업무 중 없어져야 할 업무 또는 개선되
어야 할 업무는 무엇이라고 생각하시는지요?

　　1) 없어져야 할 업무 :

　　2) 개선되어야 할 업무 :

2022학년도 오류중학교
교무 업무 편제(일반 15, 특수 1)

담당 부서	업무 분장	업무 내용
교장	학교 업무 총괄	교육 계획서, 학부모회 총괄, 공간 혁신 총괄, 동아리연합회 운영, 다가치 학교 운영 협력
교감	교무 업무 총괄	공문 총괄, 각종 위원회 총괄, 학력 향상 관련 업무(구청), 학부모회 업무 지원, 기간제, 시간 강사 임용 총괄, 현황 보고
코로나19 방역 대응 특별팀		교장, 교감, 안전체육계, 보건 교사, 영양 교사로 구성하여 업무 진행
교육과정 운영부	부장	교무 업무 총괄, 학사 및 교육과정, 각종 규정 개정, 인사 자문, 교직원회의, 포상, 학부모총회, 학업 중단 숙려제, 온라인 보충 과정
	나이스, 생활기록부	나이스(권한 부여, 졸업, 입학, 신학기 업무), 생활기록부 점검 관리(정정 대장), 정보 공시, 영재 교육, 창체 수업 관리
	고사·성적	고사 및 평가(1학년 자유학년제, 교과우수상), 학업성적관리위원회, 성적 자료 검사 및 성적 전산 처리(리딩), 결시생 인정점 관리, 기출 문제 수합, 통계(설문), 진도표 작성, 교과 협의록, 시보, 교무 업무 보조, 중간 피드백
	안전체육계	체육 안전(민방위), 스포츠클럽, 안전교육 총괄, 체육복 구매, 미세먼지, 코로나19 관련 업무 지원
	영양 교사	급식 총괄, 급식위원회, 중식 지원, 급식 지도 계획, 도우미 운영, 급식실 좌석 배치표 작성
	특수	특수학급 운영, 개별화교육협의회, 장애이해교육
	특수실무사	특수학급 운영(개별화교육협의회, 장애이해교육, 문서 작성) 및 업무 보조, 특수 업무(체험학습 인솔, 신변 처리) 보조
	교무실무사	수업계, 학적계, 주간 업무, 월중 행사, 가정통신문, e-알리미, 교원 현황, 학부모 서비스, 물품, 청소 구역 배치, 실사 거주, 재학생 민원
	행정지원사	공문, 에듀파인, 부서(외부 직무 연수 안내, 이수증) 및 공문 처리 및 구인 관련 업무 보조, 학부모회(공문, 연락, 홈페이지 탑재), 교육청 자료 배부, 수상 대장 입력 및 상장, 임명장 등 출력, 인터넷 통신비 지원
혁신미래부	부장	혁신학교·혁신미래학교 총괄, 학교 교원학습공동체 총괄, 교원 워크숍(학년 말, 신학기), 대외 활동(홍보, 설명회, 협의체)
	미래학교	수업연구회 총괄, 혁신미래학교 운영, 교원 연수(원격/직무/자율), 혁신교육지구 관련 업무

교육연구부	부장	교원 평가, 학교 평가, 성과급, 컨설팅 장학, 기본학력 향상 총괄, 교생, 교과서 선정 및 신청, 기획 워크숍, 독서 활동 업무, 방과후학교 업무 총괄
	사서	도서관 운영, 도서 관련 물품, 공문, 도서 행사, 교과서 업무 보조, 학생증 발급 업무
학생생활 지원부	부장	업무 총괄, 민주시민교육, 사안 조사, 교내외 생활지도, 학교폭력대책자 치위원회, 인권, 폭력 예방 교육(자살 예방, 생명 존중, 가정폭력 예방, 아동학대 예방 교육 등)
	생활·사안	사안 조사, 유해 환경, 인성교육, 교복 관련 업무, 교권 보호, 대선도위원회, 학생 비상 연락망, 인터넷, 스마트폰 사용 진단 조사(1차)
	보건 교사	건강 관리, 보건교육, 약물 오남용, 흡연 예방 교육, 신체 검사, 성교육 및 양성평등, 안전공제회, 코로나19 등 감염병 관련 업무
	배움터지킴이	등하교 안전 지도, 교내외 순시(휴식, 중식 시간), 안전 및 금연 지도
	복지	교육 복지 우선 지원 학교 계획 수립 및 운영, 새터민, 다문화, 조직 사업, 돌봄(교육 복지), 입학 준비금, 장학금 업무, 사제 동행 멘토링, 긴급 복지 신고 의무자 교육, 대학생 멘토링
	전문 상담	위클래스 운영, 상담 지도, 부적응아 연계 지도, 대안 교실 운영, 학교폭력 특별 교육, 위기 학생 관리, 위기관리위원회, 정서·행동 검사 진행 및 사후 관리, 스마트폰 사용 진단 1차 조사 이후 사후 관리, 자살 예방, 생명 존중 교육 지원
학생자치부	부장	축제 총괄, 학생 자치 총괄(정부회장, 학생회 임명장, 임원 수련회), 아르떼 관련 업무
	방송·동아리	동아리 조직 및 총괄, 학교 방송 세팅, 점검 및 방송반 운영, 학교 행사 사진 관리, 학생 자치 지원
교육정보부	부장	업무 총괄, 정보 보안 계획 수립, 개인정보 보호, 학교 계정 관리, 정보 기자재 관리, 혁신미래학교 기자재 선정
	과학실무사	실험 및 실습 관리(실습실, 기자재, 교구), 부서 에듀파인, 전산망, 서버실 관리, 홈페이지, 내 PC 지키미, 스마트 기자재 대여·수리, 교실 및 특별실 방역 관리
	테크센터	테크센터 관리(악세서리 및 소모품 구입), MDM, App 등 프로그램 관리, 방송 장비 고장 수리 요청
	정보	정보 교과 수업(순회 교사)
진로상담부	부장	전 학년 진로 행사, 특성화고 체험, 진학 관련 외부 체험, 고입 자기소개서 지도, 표준화 검사, 진로 진학 상담, 자유학년 교과 연계 체험학습 편성 및 운영, 학부모 진로 연수, 진학 설명회 주관
1학년부	1. 부장	업무 총괄, 입학식, 자유학년제, 학년 학부모회, 진급 사정회, 정서·행동 검사 및 인터넷 중독 검사 사후 처리 업무 지원
	2. 생활, 기본학력	학생 사안 총괄, 기본학력 업무(진단 검사 및 추수 지도), 학습 멘토링(기본학력, 또래)
	3. 자유학년2, 생기부	생활기록부(시수 점검) 및 출결(출석부, 원격 수업 출석부) 관리, 자유학년제2(자유학기 수업 재료비 및 강사 관리)

1학년부	4. 자유학년1	자유학년제1(자유학년제 프로그램 편성, 강사 채용, 자유학년제 평가)
	5. 자치, 수업연구회	자치(학년 대의원회, 학년 학생회), 학년 봉사 활동, 학년별 수업연구회
2학년부	1. 수업 연구, 생기부	수업연구회, 생활기록부
	2. 출결, 봉사	출결(출석부, 원격 수업 출석부) 관리, 봉사 총괄 및 학년 봉사 활동
	3. 체험, 자치, 학기 말	체험활동(학기 말 행사 포함), 자치(학년 대의원회, 학년 학생회)
	4. 멘토링, 학부모	학습 멘토링(기본학력, 또래) 총괄, 학년 학부모회
	5. 생활 사안	학생 사안
3학년부	1. 부장	업무 총괄, 학년 학부모회, 졸업사정회
	2. 생활, 학기 말	학생 사안, 학기 말 교육과정
	3. 진학·멘토링	진학, 특성화고 홍보, 학습 멘토링(기본학력, 또래), 진학 설명회 지원
	4. 자치, 뮤지컬	자치(학년 대의원회, 학년 학생회), 협력 종합 예술 업무(뮤지컬)
	5. 출결, 생기부, 봉사	출결(출석부, 원격 수업 출석부) 관리, 생활기록부, 학년 봉사 활동, 학년별 수업연구회
	6. 졸업·앨범	졸업(행사 및 졸업장, 졸업 시상), 앨범, 체험활동

※ 업무 분장표에 명시되지 않은 교과 관련 업무는 교과부장이 처리함을 원칙으로 한다.

교과 주임	도덕	사회	기술	과학	가정
담당 업무	호국·안보, 통일	다문화, 경제, 독도	정보통신 윤리교육	기후, 환경	저출산 고령화

* 업무 분장의 기본 내용은 해당년도의 교사 정원에 따라 일부 조정되나 기본 기조는 그대로 유지되고 있음.

교육활동이 중심이 되는
학교 업무 재구조화

 교사들은 가르치는 일에 자긍심과 보람을 느끼며 학생들과 함께 행복한 학교생활을 하기를 염원한다. 그러나 현실에서는 수업에 집중하기 어려운 과중한 업무, 자존감을 무너뜨리는 학부모 민원, 학생 생활지도로 인한 에너지 소진 등을 겪으며 많은 교사들이 힘겹게 교직생활을 버티고 있다. 2023년 발생한 서이초 사건은 교사들의 억눌린 분노가 표출되는 발화점이 되었다. 교사들은 한목소리로 교사의 가르칠 권리를 보장하는 제도를 마련하라고 청하였고, 학부모 민원 대응, 업무 경감에 교장이 좀 더 적극적인 역할을 해 줄 것을 요구하였다. 학교장은 학교 내의 교육활동과 업무의 흐름을 전체적으로 파악할 수 있는 위치에 있기 때문에 교육활동 지원 및 업무 경감에 대한 지속적인 관심과 노력을 기울일 필요가 있다.

 나에게 2011년 서울형 혁신학교로 개교한 서울강명초등학교와의 조우는 하얀 도화지에 그림을 그려 가듯이 그동안 꿈꾸어 왔던 학교의 모습을 하나둘씩 실현해 가는 기적 같은 경험을 안겨 주었다. 동료 교사들과의 논의를 통해 교육지원팀이라는 업무 조직 시스템을 구축하여 담임 교사들이 수업과 생활교육에 전념할 수 있는 여건을 만들고, 불필요한 관행과 절차, 서류 등을 과감히 폐지하거나 축소해서 업무 중심이 아닌 교육활동 중심의 학교를 만들어 가고자 했던 여러 시도는 교사로서의 자긍심과 성취감을 안겨 준 매우 값진 경험이었다.

이런 긍정적인 경험은 훗날 학교장이라는 직책을 맡았을 때 '어떻게 하면 교사들이 교육활동에 최대한 집중할 수 있도록 할 것인가'를 가장 중요한 화두로 삼고 끊임없이 고민하고 방안을 찾아 가는 원동력이 되었다. 이 글은 은빛초등학교에서 학교장으로 재직하면서 교육활동 중심의 학교 문화와 시스템을 만들기 위해 노력했던 사례를 기술하고자 한다.

예산 사용 절차 간소화

학교에서 예산을 사용하려면 담당자가 예산을 사용할 때마다 사용 전에 지출 품의서를 작성해서 결재 후에 예산을 사용해야 한다. 학습준비물이나 학급운영비 등은 연중 수시로 예산 집행이 이루어지는데, 지출할 때마다 품의서를 작성하고 결재하는 과정을 거치는 일이 여간 번거로운 게 아니다. 특히 학급운영비는 교사들의 학급 운영 및 학생들과의 라포르rapport 형성을 위해 편성된 예산인데 사용 절차가 너무 복잡하다. 지출 품의서를 작성하여 상신한 후 결재가 나면 행정실에서 학교 카드를 수령해서 학급운영비를 사용한 후 카드와 영수증을 행정실에 제출한다. 행정실 업무 담당자가 원인 행위 기안을 올리고 학교장 결재가 끝나야 1건의 학급운영비 사용이 마무리된다. 은빛초의 경우 내가 재직할 당시 50학급이 넘는 대규모 학교였는데, 학급당 학급운영비를 평균 3회로 나누어 사용하면 지출 품의 상신 150회, 원인 행위 상신 150회를 해야 하니 사용 액수에 비해 절차가 너무 번거롭게 느껴졌다.

학급운영비의 취지에 맞게 교사들이 필요할 때 수시로 사용할 수 있도록 절차를 간소화하여 개산급*으로 바꿔 보면 어떨까 하는 생각이 들었다. 예산 사용 지침을 마음대로 어길 수 없어서 본청 예산 담당자에게 불편 사항을 설명하고 개산급 도입을 제안해 봤지만 모호한 답변만 돌아왔다. 그즈음 교육감과 함께 참석하는 워크숍에서 발언 기회가 생겨 학급운영비 사용 절차의 불편함을 설명했다. 교육감도 개선 필요성에 공감해서 곧바로 교육청 담당자가 은빛초를 방문하여 개산급으로 처리하는 방안에 관한 협의가 이루어졌다. 이후 교육청에서 학급운영비 개산급 사용 절차를 마련하여 공문을 통해 모든 학교에 안내했다.

개산급 사용 절차를 최대한 간편하게 만들기 위해 필요한 절차와 양식을 만들어서 행정실장과 여러 차례 협의를 통해 시스템을 구축한 뒤 교사들에게 새로운 절차를 안내하였다. 처음에는 익숙한 방법을 바꾸는 것에 대해 몇몇 교사의 이견이 있었으나, 곧 새로 바뀐 방

---

* 지급할 금액이 확정되지 않은 경우 개략적인 금액을 계산하여 먼저 지급하고, 이후에 금액을 확정·정산하는 방식이다.

식에 익숙해져서 만족도가 높아졌다. 은빛초에서 선도적으로 시행한 이후 주변 학교에 개산급 사용 절차와 방법을 공유하였고, 지금은 많은 학교에서 학급운영비가 개산급 방식으로 시행되고 있어 제안자로서 보람을 느낀다.

학급운영비 사용 절차

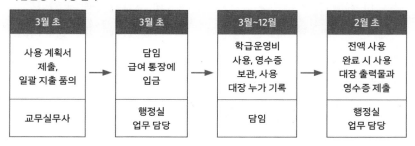

3월 초	3월 초	3월~12월	2월 초
사용 계획서 제출, 일괄 지출 품의	담임 급여 통장에 입금	학급운영비 사용, 영수증 보관, 사용 대장 누가 기록	전액 사용 완료 시 사용 대장 출력물과 영수증 제출
교무실무사	행정실 업무 담당	담임	행정실 업무 담당

학급운영비 외에 매식비 사용 절차도 간소화했다. 교직원들이 초과 근무 시 학교 예산으로 정해진 금액 내에서 매식비를 지원받는데, 매식비를 사용할 때마다 당사자가 지출 품의서를 작성해야 하는 번거로움이 있다. 일에 집중하느라 퇴근 전에 지출 품의서 결재를 받지 못해 매식비를 사용하지 못하는 경우도 종종 생긴다. 이런 불편함을 해소하기 위해, 학기 초에 행정실장이 한 학기의 매식비 지출 품의서를 한꺼번에 작성한 후 결재를 득해 놓고, 초과 근무자는 지출 품의서를 따로 작성하지 않고 학교 카드만 수령해서 사용하고 영수증을 행정실에 제출하는 방식으로 절차를 간소화하니 매식비 사용이 훨씬 편리해졌다. 이처럼 학교에서 동일한 항목으로 반복적으로 예산이 집행되는 경우 한꺼번에 지출 품의서를 작성해서 예산을 사용한다면 예산 사용 절차가 간소화될 수 있다.

또한 예산 사용에서 결재 과정을 줄이기 위해 소액 지출 시에는 위임 전결을 할 필요가 있다. 은빛초는 50만 원 이내의 예산 사용 시 팀장 전결로 위임 전결 규정을 개정했다. 그래도 예산 사용에 따른 결재 건수가 넘쳐난다. 학교는 수많은 규정과 지침의 굴레 속에서 공문서를 양산하고 결재를 통해 안전성을 확보한다. 사정이 이렇다 보니 교장은 하루 일과 중 많은 시간을 결재하는 데 투입할 수밖에 없다.

몇 년 전 북유럽 학교를 탐방할 기회가 있었는데 예산을 사용할 때 별다른 절차가 없다는 점에 놀랐다. 사회적 자본인 신뢰가 잘 형성되어 있는 사회의 단면이다. 현재의 학교 업무량을 대폭 줄이고 교육활동에 집중하기 위해서는 우리 사회도 사회적 신뢰도가 높아지고 학교 자치가 강화될 필요가 있다.

학교 자치라는 말이 많이 강조되고 있지만 교육부-교육청-학교로 이어지는 행정 체계 속에서 학교는 행정 말단 조직의 위상에 머물러 있고 학교 자치는 단지 구호로만 존재하고 있다. 학교 자치가 온전히 보장될 때, 학교는 공문서와 결재의 홍수에서 벗어날 수 있을 것이다.

가정통신문 발송 절차 간소화

예전에 한 교사가 학부모에게 가정통신문을 발송했는데, 나중에 교장이 이를 알고는 교장 결재도 없이 마음대로 학부모에게 통신문을 보냈다고 격노했다는 말을 듣고 매우 놀랐던 기억이 있다. 그 이후로 가정통신문은 꼭 교장 결재를 거쳐야 하는가 하는 의문을 갖게 되었다.

학교에서는 하루에도 여러 건의 가정통신문을 발송하는데, 가정통신문 작성-기안 상신-결재 과정을 거쳐야 하므로 번거롭게 느껴졌다. 특히 코로나19 시기에는 급박하게 가정에 안내해야 하는 사안이 빈번하게 발생하였는데, 그때마다 이런 과정을 거치는 것이 매우 비효율적으로 여겨져 가정통신문 발송 절차를 어떻게 하면 간소화할지 고민하였다. 가정통신문 발송을 위한 대부분의 업무를 교무행정지원사가 처리하고, 가정통신문은 꼭 교장 결재를 거쳐야 한다는 고정관념에서 벗어남으로써 가정통신문 발송이 훨씬 신속하고 편리해질 수 있었다.

가정통신문 발송 절차

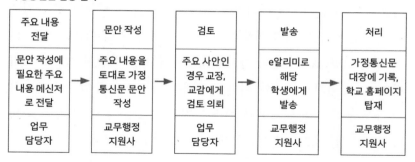

주요 내용 전달	문안 작성	검토	발송	처리
문안 작성에 필요한 주요 내용 메신저로 전달	주요 내용을 토대로 가정통신문 문안 작성	주요 사안인 경우 교장, 교감에게 검토 의뢰	e알리미로 해당 학생에게 발송	가정통신문 대장에 기록, 학교 홈페이지 탑재
업무 담당자	교무행정 지원사	업무 담당자	교무행정 지원사	교무행정 지원사

업무 효율화를 위한 적재적소 인력 활용

모든 학교의 업무 분장표를 보면 수많은 업무와 담당자가 명시되어 있다. 최대한 세부적으로 업무 분담을 해도 학교에서 생활하다 보면 업무 분장표에 담기지 않는 자잘한 업무가 존재하고, 인력 지원이 보강되어야 하는 경우가 발생한다. 이런 경우 교장이 리더십을 발휘해서 인력을 보완하거나, 의견을 조율해 업무를 조정해서 빈틈이 생기지 않도록 해야 한다. 은빛초에서 외부 인력을 활용하거나 업무 재구조화를 통해 빈틈을 메웠던 사례를 몇 가지 소개해 본다.

초등학교는 매년 학년과 담임이 바뀌기 때문에 새 학년 담임 배정과 교실 배치가 마무리된 후에 대규모 교실 이사가 연례행사로 이루어진다. 학생 키에 맞는 책걸상을 각 교실로 옮겨야 하는데, 시설 담당 주무관 3명이 하기에는 쉽지 않은 일이어서 단기 아르바이트로 4~5명을 섭외해서 책걸상 옮기는 일을 지원하도록 했다. 청장년이 힘을 보태니 주무관들이 훨씬 쉽게 작업을 마칠 수 있었다. 초등 교사들은 매년 담당 학년이 바뀌기 때문에 각종 교육 자료, 도서 등 개인사물을 직접 옮기느라 에너지를 많이 소모한다. 교사들의 짐 옮기는 노고를 덜어 주기 위해 이삿짐센터에 문의해 봤는데 비용이 너무 많이 들어 고민하던 중 단기 아르바이트 인력 활용 방안이 떠올라 의뢰하였다. 짐 싸기에 필요한 이사용 상자를 대량으로 구입하여 배부하고, 교사들은 정해진 날짜에 박스에 짐을 넣고 옮겨 갈 학년 반을 써 붙여 놓으면, 아르바이트들이 세심하게 제 위치에 짐을 옮겨 놓는다. 이들은 이 외에도 장마철을 앞두고 배수로에 쌓인 모래 퍼내기, 코로나19 시기 교실 소독 등 단기간에 일시적으로 많은 노동력이 투입되어야 할 때마다 든든한 지원 인력이 되어 주었다. 인건비는 서울시 생활임금 수준에 맞춰 지급하니 부담도 그리 크지 않다.

다수 학생들이 1년 동안 생활하는 교실은 매일 청소를 한다 해도 구석구석 먼지가 쌓이기 마련이다. 전문 청소 업체에 의뢰하여 창문, 창틀, 방충망, 가구 밑 등 평소 거의 손이 가지 않는 곳을 청소하고, 교실 바닥은 스팀 청소 후 왁스 칠을 하여 청결한 모습으로 변신시

켰다. 청소 예산이 꽤 소요되었지만 교사나 학생 모두 깨끗한 교실에서 행복하게 새 학년을 시작하는 모습을 보니 내 마음도 덩달아 훈훈해졌다.

학교에는 화단과 운동장 주변에 여러 수목이 자라고 있어서 화단풀 뽑기, 나무의 성장 주기별 가지치기 등 할 일이 많다. 주무관의 손길이 어느 정도 미치기는 하나 다른 일과 병행해야 해서 꼼꼼한 관리를 기대하기 어려워 인력 보강이 필요했다. 서울시교육청 산하 이모작센터에서 다양한 영역의 인력을 지원해 주는데, 경쟁이 치열해 연말에 통합 게시판을 잘 살펴야 기회를 놓치지 않기 때문에 직접 챙겨보다가 신청한 결과 배정받을 수 있었다. 7~8명의 퇴직 교원으로 구성된 팀이 매주 월요일 정기적으로 방문하여 3시간 동안 화단과 수목 관리를 해 주고, 학년별로 가꾸는 텃밭 농사도 살펴 주어 사각지대였던 수목과 화단 관리 숙제를 해결할 수 있었다.

수업에 필요한 학습준비물과 자료 제작을 지원하는 학습준비물실은 교사들에게 중요한 공간이다. 학습준비물실은 코디를 봉사직으로 선발하여 하루 3시간 근무하기 때문에 교사들이 원하는 만큼 지원하기 어려운 상황이었다. 이런 문제를 해결하기 위해 고민하던 중 은평구청에서 운영하는 시니어 일자리 사업 중 '할머니 문방구' 사업에 대한 정보를 알게 되어 4명을 신청해 배정받았다. 코디에게 업무 요령을 습득한 뒤 코디가 근무하지 않는 시간에는 이들이 코디를 대신해서 학습 자료를 충분히 지원해 교사들의 만족도가 높아졌다.

초등학생들의 안전한 등하교를 위해 오래전부터 학년 초에 '녹색어머니' 봉사자를 신청받아 5~6명의 학부모가 학교 앞 횡단보도에서 교통 지도를 해 왔다. 교장으로 부임해 보니 은빛초에서도 녹색 어머니들이 등하교 교통 지도를 담당하고 있었다. 자녀 등교 준비도 바쁜데 아침 일찍 교통 봉사를 하기는 쉽지 않다. 맞벌이 부부에게는 더더욱 어려운 일이다.

학부모들이 울며 겨자 먹기로 교통 봉사에 동원되고 있는 것이 바람직하지 않다고 생각되어 여러 방안을 고민하다가 구청 시니어 일자리 중 '실버 경찰' 제도가 있다는 사실을 알고 바로 신청해서 배정받을 수 있었다. 연세가 많은 분들이어서 학부모들의 불안감도 있었는데, 학교 보안관과 함께 역할을 잘해 주셔서 학부모들이 오랜 교통 지도 봉사 활동에서 해방될 수 있었다.

다양한 외부 인력이 학교에 배치되면 출근 관리, 봉사 수당 지급 등 인력 관리 업무가 추가되기 때문에 학교들은 인력 활용에 적극적이지 않은 경우가 많다. 하지만 교장은 평소 교육활동 지원에 어떤 빈틈이 있는지 면밀히 살피며, 필요한 인력을 발굴해서 적재적소에 활용하는 방안을 고민해야 한다.

교육지원팀의 일원으로서 실무형 교장

2011년 혁신학교를 처음 시작하면서, 어떻게 하면 담임 교사가 수업과 생활교육에 집중할 수 있을까 하는 오랜 고민을 해결하기 위해 만든 시스템이 '교육지원팀'이다. 학교 내 모든 교사가 균등 분배해서 담당하던 수많은 교무 행정 업무를 관리자, 업무팀장, 공무직으로 구성된 교육지원팀이 담당함으로써 교사가 가르치는 일에 집중할 수 있도록 하는 매우 효과적인 시스템이라고 생각한다.

그런데 최근 업무 총량 증가로 인한 업무팀장의 업무 과부하, 기존 팀장 역할에 대한 부정적 인식, 교원 감축으로 인한 팀 구성의 어려움, 관리자의 운영 의지 미흡, 형식적인 교육지원팀 운영에 대한 교사들의 불만 등의 요인으로 많은 학교가 교육지원팀을 해체하고 업무를 1/n로 분배하는 과거 방식으로 회귀하고 있어 아쉬움이 크다. 교사가 교무 행정 업무에서 완전히 벗어나기 어려운 상황에서 현실적인 대안으로 시작한 시스템이니만큼 이 시스템이 잘 유지될 수 있도록 교육청은 여건 마련에 힘쓰고, 학교 내에서도 지속가능한 운영 방안을 고민해야 한다.

은빛초는 업무팀장을 순환 보직제로 운영하여 업무팀장 인선이 그리 어렵지 않았다. 어떤 해는 지원자가 적어 구성이 어려울 때도 있는데, 그럴 경우 적임자를 눈여겨보아 두었다가 개인 면담을 통해 설득해서 팀장을 맡기기도 했다. 업무팀장이 많은 사업을 벌이고 문서를 그럴듯하게 작성하는 역할이 아닌 학년 교육과정 운영 지원자의 역할을 하도록 변화를 모색하고, 지속적인 업무 경감과 효율화를 통해 부담을 완화하는 등 업무팀장 역할을 기꺼이 맡을 수 있는 여건을 조성하는 데 주력한 결과, 업무팀장 구성이 비교적 순조롭게 이루어졌다.

4명의 업무팀장이 각자 본인들이 담당한 업무만을 수행하다 보면 자칫 학교 운영의 철학과 방향성을 잃고 기능주의에 매몰되기 쉽다. 그래서 매주 업무팀장 회의를 정례화해서 업무 추진 상황을 공유하고 심도 있는 논의를 통해 업무 추진 과정에서 놓친 부분이 무엇인지, 효율적인 방안이 무엇인지 함께 고민하며 아이디어를 나누고 협업하여 업무 부담도 완화할 수 있었다. 또한 업무 추진 과정을 깊이 들여다보면서 실질적인 업무 경감 방안을 만드는 데 도움이 되었다.

정기적인 회의 외에도 수시로 업무 관련 협의를 하니 협업이 일상화되어 업무 수행에 도움이 되었다. 교육지원팀은 교육활동 지원의 컨트롤타워라 할 수 있다. 교육지원팀의 역할에 따라 학교 운영의 성패가 좌우될 수 있는 만큼 학교장이 업무 지시자 또는 결재자의 역할에 머무르지 않고 교육지원팀의 일원이 되어 이들과 업무에 대해 긴밀하게 논의하고 협업함으로써 실무형 교장이 될 필요가 있다. 교육지원팀의 일원으로서 교육지원팀과 협업하거나 직접 실무를 담당하면서 보람을 느꼈던 일 중 몇 가지 기억을 떠올려 이야기해 보고자 한다.

예산 수립 : 학년 말 학교 예산 수립은 한 해 학교 운영의 성패를 좌우하는 중요한 과정이다. 팀별 초안을 수립하고 나면 항상 총액이 전체 편성된 예산보다 훨씬 초과되어 행정실장이 조정하느라 진땀을 흘린다. 이런 어려움을 해소하기 위해 행정실장, 업무팀장들과 함께 빔프로젝트로 예산 초안 파일을 열어 놓고 예산 사용 목적과 타당성에 대해 논의하면서 예산을 조정했다. 논의와 동시에 수치를 입력해 계산 결과도 바로 적용되게 하면 쉽게 예산 조정이 이루어진다. 교장, 교감, 행정실장, 업무팀장의 시각에서 항목별로 예산 목적의 타당성과 예산 경중에 대해 깊이 들여다보고 의견을 나누다 보면 학교 운영에 최적화된 예산 편성을 할 수 있었다. 또한 관리자는 학교 예산 편성 전반에 대한 맥락을 이해할 수 있고, 팀장들도 본인의 업무에 관한 예산만 바라보는 시각에서 벗어나 다른 팀의 예산을 폭넓게 이해하게 되어, 팀을 넘나드는 유연한 예산 집행이 가능해져 예산 사용의 효과도 극대화할 수 있었다.

교육과정 평가 설문 : 매년 1학기 말과 2학기 말에 교사, 학부모, 학생을 대상으로 교육과정 평가 설문을 통해 한 학기 학교 교육활동 전반에 대한 평가를 한다. 설문 문항 하나하나가 한 해의 교육활동을 평가하는 지표로서 매우 정선된 문장으로 표현되어야 한다. 그런데 문항 작성이 교육과정 담당 팀장 개인에게만 맡겨져 있는 경우가 많다. 다른 팀장에게 검토를 받는 과정도 있지만 형식적인 검토에 그치는 경우가 많아 설문 문항의 완성도가 떨어지곤 한다. 이런 문제점을 보완하기 위해 관리자와 업무팀장이 함께 문항 수정 작업을 하기로 하였다. 교육과정 담당 팀장이 만들어 온 초안 자료를 하나하나 검토하며 이해하기 쉽고 명료하며 간결하게 설문 문항을 만들어 나갔다. 의견을 나누다 보면 미처 생각하지 못한 좋은 문구가 만들어지는 성취감을 맛보게 된다. 장시간의 수정 작업은 많은 에너지가 들지만, 개별적으로는 엄두도 못 낼 수정 작업을 통해 은빛초 교육활동을 가장 잘 담은 설문 문항을 완성하게 되어 새삼 집단 지성의 힘을 느낀 경험이었다.

교육 계획서 개편 : 은빛초 부임 이후 교육 계획서를 보니 개교 이후 매년 내용이 추가되어 과도하게 쪽수가 많고 구성도 과거 방식으로 되어 있어서 개편 필요성을 느꼈다. 업무팀장과의 협의를 통해 팀별 운영 계획을 네 가지 중점 항목에 맞춰 편성 틀과 내용을 바꾸기로 하였다. 편성 틀을 바꾸려면 기존의 내용을 대대적으로 수정해야 하므로 교육과정을 담당하는 팀장 혼자서 하기에는 고난도의 작업이 될 수밖에 없었다. 그래서 업무팀장들과 함께 목차와 내용 구성에 대해 협의하고, 며칠 동안 밤 늦게까지 근무하며 내용을 완전히 새롭게 재배치하고 보완하여 은빛초의 교육철학과 가치를 강조한 교육 계획

서를 완성할 수 있었다.

손님맞이 : 대부분의 학교는 외부 손님이 오는 것을 반기지 않는다. 외부 손님을 맞이하려면 신경 쓸 일이 한두 가지가 아니기 때문이다. 은빛초는 개교 때부터 10여 년 동안 혁신학교를 운영하고, 혁신자치학교, 마을중점학교 등으로도 지정돼 있다 보니 학교 운영 사례를 듣기 위해 교장 연수생, 개교를 준비하는 교사 그룹, 정책 연구팀 등 탐방객의 방문이 잦다. 학교 운영 사례를 널리 알리는 것은 혁신학교의 책무라고 생각하기 때문에 교장으로 재직하는 동안 누구라도 방문을 요청하면 수락하였다. 손님맞이는 전적으로 내가 담당해서 학교 소개 브리핑, 시설 안내를 하였다. 교장은 교사들에 비해 시간이 자유롭기 때문에 탐방객 안내를 당연한 업무로 인식할 필요가 있다.

공간 개선 : 4년간 재직하면서, 학교에 잉여 공간이 많아서 공간 재구조화에 많은 심혈을 기울였다. 비슷한 성격의 공간 재구조화를 한 학교를 답사해 보아야 우리 학교에서도 혁신적인 공간 재구조화를 할 수 있다. 그런데 교사들은 수업 후에 외부 학교 답사 시간을 내기가 어렵다. 그래서 답사할 학교 리스트를 작성한 후 교장과 행정실장이 함께 1차 답사를 한 뒤, 공간TF 회의에서 답사 결과를 공유하고 그중 TF 차원에서 꼭 답사하고자 하는 곳만 재방문하는 방식으로 시간을 효율적으로 활용하였다.

문건 작성 : 학교 운영을 하다 보면 수시로 가정통신문을 작성해서 발송하거나 각종 계획서, 보고서, 평가서 등 여러 종류의 문건을 작성해야 한다. 대부분 업무 담당 팀장이 도맡아서 한다. 평소 업무에 대한 공유와 협의를 통해 업무 전반에 대해 잘 파악하고 있기 때문에, 필요한 일부 자료를 담당자에게 받아서 교장이 직접 문건을 작성하거

나 초안을 작성해서 업무를 분담하였다. 또한 마을 연계 교육이나 학부모회 운영 등 괄목할 만한 운영을 했다고 자부하는 영역에 대해서는 교장이 직접 기관 표창 공적 조서를 써서 제출하여, 기관 표창장을 몇 차례 수상할 수 있었다.

카드 뉴스 제작 : 학교에서는 학부모에게 학교 홈페이지, 가정통신문, 알림장 등을 통해 수시로 필요한 정보를 제공하고 있다. 이런 정보들은 주로 안내 사항 중심이어서 학교에서 이루어지는 다양한 교육활동에 대한 정보 공유가 부족하다. 특히 코로나19를 지나오면서 학부모와의 소통이 매우 제한적으로 이루어지다 보니 아쉬움이 컸다. 학부모와 구체적인 교육활동을 공유하는 것은 학부모의 학교교육에 대한 신뢰를 높일 수 있다. 학부모에게 생생하게 교육활동을 알릴 수 있는 방법을 고민하다가, 매월 카드 뉴스로 학교 소식을 알리면 좋겠다는 생각이 들었다. 공유 서버에 카드 뉴스 폴더를 만들고 매월 부서별, 학년별로 이루어지는 행사, 활동, 수업 중에서 카드 뉴스에 담을 만한 활동을 선정한 후 팀이나 학년에 자료를 요청해서 교무실무사와 함께 카드 뉴스를 제작하였다. 교무실무사는 틀을 만들고 나는 사진을 선별하고, 설명 문구를 작성했다. 수정을 거쳐 카드 뉴스 제작이 끝나면 매월 말 e알리미로 전체 학부모에게 전송하고, 교육지원청 홈페이지, 서울형 혁신학교 소통방 등에 공유하여 은빛초의 교육활동을 널리 알렸다. 매월 카드 뉴스를 제작하는 것은 번거롭고 손이 많이 가는 일이었지만 학교의 다양한 소식을 생생하게 알릴 수 있어서 보람을 느꼈다.

연수 준비 : 은빛초는 교사와 학부모의 배움과 성장을 위해서 타 학교에 비해 많은 연수를 한다. 연수 만족도와 효과성을 높이기 위해서

는 역량 있는 외부 전문가 섭외가 중요하다. 연수 주제에 적합한 전문가를 찾고, 날짜를 조율하여 섭외를 완료하는 일과 연수 실시에 따른 업무까지 병행하려면 업무 담당자의 부담이 크다. 그래서 교사들에 비해 풍부한 인력 풀을 가지고 있고 전화하기 좋은 여건을 가진 내가 강사 섭외와 연수 당일 강사 맞이 및 차 대접 등 연수 진행에 필요한 일 일부를 분담했다.

회의 준비 : 학교에서는 일과 중에 교직원회의, 교사 연수, 각종 위원회 등 크고 작은 회의를 한다. 참여자 인원과 회의 성격에 맞게 좌석을 배치해야 하는데, 각자 업무에 집중하다 보면 좌석 배치에 신경쓰지 못해서 직전에야 허둥지둥 좌석을 옮기느라 어수선하고 회의 시작이 지연되기도 한다. 이런 불편함을 줄이고자 교장과 교무실무사가 함께 좌석 배치, 차 준비, 회의실 정리 등을 했다. 이는 수업하느라 지친 몸으로 회의에 참석하는 교사들에 대한 내 나름대로의 예우의 방법이기도 했다.

직접 수업하기 : 교장은 교육자인가 행정가인가 하고 교장의 정체성에 대한 질문을 스스로 하곤 한다. 교장이 되는 순간 아무래도 행정가의 정체성에 가까워지게 된다. 하지만 교장이 교육자의 정체성을 잃는 순간 교사들의 인식과 괴리된, 성과와 실적 위주의 학교 운영에 매몰되기 쉽다. 교장이 교육자로서의 정체성을 유지하는 가장 좋은 방법은 직접 교실 수업을 하는 것이다. 그래서 불가피한 상황이 아니면 학급당 한 시간씩 교실 수업을 실천하였다. 수업은 학년군별로 친구, 환경, 꿈 등의 주제를 정하고 주제에 맞는 그림책을 학교 도서관에서 직접 찾아 교재로 활용하였다. 교실 수업을 통해 학생들의 학습과 정서적 상황, 물리적 교실 환경 등을 깊이 있게 들여다보고, 교사들

이 처한 상황을 직접 체감함으로써, 간접 경험에 의존하지 않는 현장 밀착형 교육활동 지원이 용이해졌다.

효능감과 효율성을 살리는 다층적 협의 시스템 구축

교장이 구성원들과 분리된 채 독립된 업무 공간에서 지내다 보면, 구성원들과의 소통이 단절되고 행정 업무에 매몰되어 학교 구성원들이 어떤 어려움에 처해 있는지, 어떤 지원이 필요한지 알기 어렵다. 그러므로 항상 마음을 열고 다양한 경로를 통해 학교 구성원들과 소통하며 그들의 의견에 관심을 기울여야 한다. 학교 내에는 다양한 회의와 협의체가 운영되고 있지만 규정에 따라 요식 행위로 이루어지는 경우가 많아 교사들의 의견이 정교하게 수렴되기 어렵다. 교장 부임 이후 매일매일 크고 작은 사안에 대해 교육적인 결정을 해야 하는 상황에 직면하면서, 어떻게 하면 효율적이면서도 민주적으로 교육 주체들의 의견을 수렴하고 의사 결정을 할 수 있을까 고민하였다.

은빛초는 격주로 정례화된 전체교직원회의를 통해 학교 현안에 대해 토론하고 결정하는 민주적인 회의 문화가 정착되어 있다. 민주적 회의는 소중한 학교 민주주의 실천의 장이라고 할 수 있다. 그런데 제한된 회의 시간에 많은 안건을 논의하느라 회의가 길어지기 일쑤여서 회의 피로감이 높고, 발언 기회가 다수에게 주어지지 않는 점 등 의사 결정의 효율성이 떨어지며, 시간 제한으로 충분한 논의가 이루어지기에는 한계가 많았다. 이런 문제점을 극복하고 밀도 있는 논의와 실효성 있는 의사 결정을 하기 위해 협의할 안건에 따라 협의 주체를 세분화하고 정례화하는 다층적 협의 시스템 구축이 필요하다는 생각이 들었다. 교사들과의 논의를 통해 회의 명칭, 시기, 참석 대상, 협의 안건 등을 명료화하였다.

또한 각종 회의가 주로 업무와 관련된 논의가 중심이 되다 보니, 정작 교사들에게 가장 중요한 교육과정에 대한 논의 시간이 충분히 확보되지 않아 업무 관련 협의 시간과 교육과정 연구 시간을 분리할 필요가 있다는 판단이 들었다. 전체교직원회의, 업무팀장 회의, 공동체장(학년부장) 회의, 학년 수업 연구의 날 운영, 동학년협의회 등 여러 층위의 회의 체계를 만들었다.

교사들은 하루하루 바쁜 일과를 보내야 하기 때문에 여러 단위의 회의가 열리는 것에 대해 부담감을 느끼고 개인 사정을 이유로 불참하는 경우도 많았다. 교사들의 논의 과정을 통해 만들어진 공적인 회의는 모두가 참석할 의무가 있다는 점을 강조하였고, 교사들도 생산적인 논의와 민주적인 과정을 통해 결정된 내용이 학교 운영에 잘 반영되는 순기능과 교육 주체로서의 효능감을 경험하면서 다층적 협의 시스템에 대해 긍정적 인식을 갖게 되었다.

또한 학교에는 교사 외에 행정실 직원과 공무직 등 교육활동을 지원하는 인력이 많다. 교사 중심의 협의체에 집중하다 보면 자칫 교사 외의 교직원들이 소외감을 느낄 수 있어서, 직군별로 상반기와 하반기에 별도의 간담회를 통해 의견을 청취하고 요구 사항을 해결하고자 노력하였다.

각종 회의마다 안건과 참고 자료 등을 정리해서 회의 자료를 준비하게 된다. 그런데 인원 수에 맞춰 출력물을 준비하는 일이 번거롭기도 하고 종이 소모도 커서, 모든 회의 때 출력물 대신 빔 프로젝터로 내용을 띄우고, 서기를 정해 논의된 내용을 바로바로 입력하여 공유하는 방식으로 바꾸었다. 특히 학교운영위원회 회의는 심의 안건이 많은 만큼 회의 자료의 양이 아주 많아 시간과 종이가 많이 소모되고 회의 후에는 보안을 위해 파쇄해야 하는 등 업무 부담이 컸다. 종이 회의 자료 대신 태블릿 PC에 자료를 저장해서 위원들에게 제공하고, 회의가 끝난 뒤에는 태블릿 PC에 저장된 파일을 삭제하는 방식으로 바꾸니 업무 경감 효과가 컸다.

다층적 협의 시스템이 안착되면서 각종 현안에 대한 밀도 있는 논의와 신속한 의사 결정, 교육 주체 간 업무 협업 활성화 등 학교 자치의 역량이 높아졌다. 이렇게 축적된 학교 자치 역량은 코로나19로 학교가 위기에 처했을 때 저력을 발휘했다. 원격 수업 실시, 급식 문제, 예방 조치 등에 대해 공동체의 긴밀한 협업으로 순발력 있게 대응 전략을 세워 위기를 잘 극복할 수 있었다.

코로나19 팬데믹 기간에는 대부분의 학교가 원격 수업과 등교 수업을 교차 실시하며 코로나19 감염의 위험을 최소화하는 데 주력하였다. 원격 수업은 초등학생들에게 학습 결손은 물론 사회적·정서적 결핍으로 성장의 지체를 초래하기 때문에 사회적 우려가 큰 점을 고려하여, 은빛초 팀장 회의에서 먼저 시간 조절을 통한 전면 등교 방식을 제안하였다. 처음에는 교사들의 반응이 다양해서 큰 기대를 하지 않았으나, 학년별로 머리를 맞대고 신중하게 논의한 결과 모두 전면 등교라는 교육적 결정을 하였다. 은빛초는 그 당시 학생 수가 900명이 훌쩍 넘는 대규모 학교여서 전면 등교 수업을 시행하기 쉽지 않은 여건이었다. 그럼에도 불구하고 교사의 편의보다는 학생의 학습 효과를 우선시하는 결정을 내릴 수 있었던 것은 민주적인 학교 문화 속에

은빛초의 다층적 협의 시스템

시기	월		화	수	목	금	
	매주	격주	자율	매주	격주	매주	매주
명칭	업무팀 회의	다모임	주제별 학습공동체 모임	동학년 수업 연구	팀장 회의	관리자 회의	동학년 협의
참석 대상	교장, 교감, 업무팀장	전 교원	해당 교원	동학년 전체 교사	교장, 교감, 업무팀장, 학년부장	교장, 교감, 행정실장	동학년 전체 교사
협의 내용	업무 추진 상황 공유 및 협의	업무 안내, 현안 협의 및 결정	학습공동체 관련 학습	교육과정, 수업 협의	업무 협의, 학년별 상황 공유 및 제안	시설, 안전, 회계 관련 협의	학년 교육 활동 관련 업무 협의

2021년 코로나19 시기 전면 등교 시행 일정표

	등교 수업	급식	등교 수업
1학년	9:00~11:50	11:50~12:20	
2학년	9:00~11:50	11:50~12:20	
3학년	9:00~12:30	12:30~13:00	
4학년	9:00~12:30	12:30~13:00	
5학년		11:20~11:40	11:50~15:10
6학년		11:20~11:40	11:50~15:10

서 길러진 주체성과 자발성의 힘이 있었기에 가능하지 않았을까?

등교 수업을 시행하면서 급식실 운영, 교실 소독, 등교 시간과 수업 시간 조정, 쉬는 시간 중 생활지도 등 챙겨야 할 일이 많았지만 모든 교직원이 각자 최선을 다해 맡은 역할을 수행한 덕분에 큰 어려움 없이 등교 수업을 할 수 있었다. 전면 등교 수업으로 원격 수업에 지친 학생들은 활기를 되찾게 되었고, 자녀의 학습 결손과 고립된 생활에 대한 불안감이 커서 등교 수업을 고대하던 학부모들은 학교에 대해 무한 신뢰와 감사의 마음을 전하곤 했다. 코로나19 시기는 교장으로서 교육공동체와 함께 거대한 폭풍우 속을 헤쳐 온 힘든 시기였지만, 한편으로는 학교의 역할과 존재 이유를 다시 생각해 보는 성찰의 시간이기도 했다.

공동체성 회복을 위한 학부모회 운영 시스템 구축

학부모 민원으로 인한 교사들의 고충이 얼마나 심각한지 드러나면서, 교사의 교육활동을 보호하기 위한 각종 법령 개정과 제도 개선의 움직임이 이어지고 있다. 교사들의 요구에 부응하는 법과 제도를 만드는 것도 중요하지만 그에 앞서 교사와 학부모 간의 충분한 소통을 통해 서로 존중하고 신뢰하며 공동체성을 회복하려는 노력이 우선되어야 한다. 학교는 학부모의 참여와 의견을 간섭으로 여기거나, 학교의 교육활동에 대한 정보를 일방향적으로 알리며 학부모와의 소통에 소극적이다. 학부모 또한 모든 아이가 아닌, 내 아이만을 위해서 과도하게 민원을 제기하고 교사의 교육활동을 침해하는 경우가 빈번해지고 있다.

은빛초는 개교 때부터 교사와 학부모 간의 소통이 원활하고, 상호 신뢰와 공동체성이 잘 유지되어 왔다. 그런데 학급 수가 급격하게 늘어나고 구성원이 대폭 교체되면서 점차 공동체성이 약화되었고, 민원 횟수도 늘어나서 학부모와의 소통을 높이기 위한 고민을 하게 되었다.

학교에서 다양한 경로로 학부모에게 정보를 제공하고, 교육과정 설명회와 학부모 간담회, 학부모회 회의 등을 통해 소통해 왔지만, 상시적으로 전체 학부모와 직접 소통하는 데는 한계가 많았다. 대규모 학교의 여건에서 학부모와 보다 효과적인 소통 방법을 고민하다가 학부모회 회의 시스템을 세분화하고 정례화해서 내실 있게 운영하는 것이 필요하다는 생각을 했다. 학부모 임원들과 몇 차례 논의를 거쳐 은빛초 학부모회 회의 체계를 만들었다. 소수 임원 중심의 학부모회와 기능 중심의 학부모회에서 벗어나, 학급 학부모회-학년 학부모회-전체 학부모회를 활성화하고, 각 단위를 대표하는 학급 대의원, 학년 대표, 전체 임원의 역할을 강화하였다.

학부모총회는 교육과정 설명회와 별개로 실시하였다. 학부모회에서 직접 총회 준비와 진행을 맡아 임원 선출, 학교 내 각종 위원회의 학부모 위원 선출, 전년도 학부모회 운영 보고 및 예산 사용 보고, 학부모 동아리 홍보, 새 학년 학부모회 운영 방안 등에 대해 논의함으로써 명실상부한 학부모에 의한, 학부모를 위한 총회로 운영된다.

매월 열리는 임원 월례회의는 학부모회 회장, 부회장, 총무, 각 학년 대표가 참석하여 학부모회 운영 관련 협의와 동시에 학년별로 수렴된 의견을 공유하고 논의함으로써 민주적인 소통 창구 역할을 했다. 임원 회의에서 논의된 내용은 학년 대표를 통해 각 학년의 대의원에게 전달되고, 학급 대의원에 의해 학급 학부모에게 전달되는 과정을 통해 모든 학부모에게 공유됨으로써 학교와 학부모의 일상적 소통이 이루어져 심리적 거리감을 좁힐 수 있었다. 나는 월례회의가 열릴 때마다 직접 참여해서 학부모들과 교감하며 학부모들의 여러 건의 사항을 청취하여 학교 운영에 반영하고자 했다.

그 외에도 분기별 대의원회의, 월 1회 학부모 연수, 학부모 간담회 등 다양한 경로를 통해 학부모와의 소통 기회를 많이 가졌다. 학부모회 사업이나 교육 현안에 관한 밀도 있는 논의를 하기 위해 대의원회의에서는 학년별 모둠 토론 방식을 운영하여 효능감을 높였다. 이처럼 학부모회의 여러 협의체를 통해 학부모와의 접촉면을 높이고 쌍방향 소통을 통해 학교 교육활동을 공유한 결과, 학부모 스스로 교육의 주체임을 인식하고 학교에 대한 신뢰도와 공동체성이 높아지는 효과가 나타났다.

학부모회 회의 체계를 정비하여 내실 있게 운영되도록 힘써도, 학급 내에서 교사와 학부모 간의 소통이 활성화되지 않으면 학부모회가 순기능을 하기 어렵다. 그런 면에서 학급 학부모 대의원은 아래로부터의 상향식 민주주의에서 상징적인 역할을 하는 존재이다. 그런데 일부 교사들이 학급 대의원을 귀찮은 존재로 여기고 소통에 적극적이지 않아 어려움이 있었다. 교사들의 학부모에 대한 인식의 저변에는 '불가근 불가원'의 감정이 있어서, 학부모와의 접촉을 피곤하게 생각하고 기피한다. 내가 교사 시절 학급 학부모 모임을 정례화해 꾸준히 학부모와 교감하며 긍정적 경험을 한 결과 얻은 교훈은 '소통의 시간만큼 신뢰가 높아진다'는 점이다. 그래서 지속적으로 교사들과 학부모회 활성화가 왜 필요한지에 대해 이야기를 나누며 인식을 변화시키고자 노력하였다.

실제로 학부모 민원이 발생하였을 때 학급 대의원과 학급 학부모회라는 공적 경로를 통해 원만히 해결하면서 학부모회의 순기능을 체감할 수 있었다. 한 교사가 평소 교실에서 학생의 자존감을 해치는 언행을 하여 다수 학생이 상처를 입게 되자 학부모들의 불만이 커졌다. 담임 교체를 요구할 가능성이 높아지자 학급 대의원이 교장실을 방문해 사태의 심각성을 알렸다. 이후 교감, 학년부장, 담임 교사와 함께 문제 해결 방안을 논의하였고, 저녁 시간에 학급 학부모 간담회를 열어 대화의 시간을 가지기로 했다. 학급 간담회 전에 학급 대의원이 중심이 되어 학부모끼리의 사전 모임을 열어 담임 교사에게 전달할 내용과 요청 사항을 정리하여 간담회가 원활하게 이루어지도록 준비를 했다. 간담회에는 교감, 학년부장, 담임 교사가 동석하였고, 학급 학부모들이 대부분 참여하여 불만 사항과 요청 사항을 이야기했다. 교사도 수업을 방해하는 일부 학생들의 태도로 인한 어려움을 토로함과 동시에 그동안 있었던 비교육적 방식의 생활지도에 대해 사과하고 개선해 나갈 것을 약속하였다. 간담회 이후 학부모들도 학생들의 문제 행동을 교정하는 데 노력을 기울였고, 교사도 인권 감수성을 높이기 위한 연수와 실천을 통해 학생들과 눈높이를 맞추는 데 주력하여 한 해를 원만하게 보낼 수 있었다.

학교 민원이 발생할 경우 이해 당사자들이 개인의 입장과 감정에 매몰되어 사안을 객관적으로 바라보지 못하기 때문에 문제 해결이 어렵고 감정 소모가 크다. 학부모공동체의 역량으로 갈등을 해소하는 것이 가장 바람직하다. 그러나 개인적으로 돌출 행동을 하며 민원을 제기하는 경우도 있을 수 있기에, 이에 대비해서 학교 차원의 민원 대응 시스템 역시 구축해야 한다. 이 시스템은 교사와 학부모의 의견을 반영하여 구축하고, 공적 경로를 통해 민원에 대응하고 해결해 나가야 한다. 교장은 민원 대응 시스템의 총괄자로서 민원 대응과 해결에 앞장서야 한다.

학부모회가 형식적인 존재를 넘어 모든 학부모의 대의 기구로서 회의 체계를 구축하고 민주적으로 운영된다면 학교와 학부모가 서로 존중하고 협력하는 성숙한 공동체가 될 수 있다.

은빛초 학부모회 회의 체계

구분	일정	참석 대상	협의 내용
학부모총회 (달빛총회)	연 1회 3월 4째주	전체 학부모	• 학부모회장 선출, 전년도 학부모회 활동 보고, 각종 위원회 위원 선출, 학부모회 운영 계획 의견 수렴, 학부모회 규정 개정
대의원회의	연 4회	학급 대의원, 동아리 대표	• 학부모회 운영 제안 사항 협의 • 학부모회에서 위임한 사항 의견 수렴 및 의결, 기타 건의 사항 제안
	연 1회 체험 연수 진행		
임원 월례회의	월 1회	임원, 학년 대표	• 학부모회 운영 전반 협의, 학부모 건의 사항 공유
간담회	학급 간담회 (연 2회)	담임 교사와 학급 학부모	• 학년 및 학급 교육과정 운영에 대한 안내 및 건의 • 은빛 교육활동 전반에 대한 내용 공유 및 질의응답
	전체 간담회 (연 1회)	교사, 학부모	
학년 대의원회의	필요 시	학년 대표, 학급 대의원	• 임원회의 협의 내용 • 학년별 사안 논의
학급 학부모 다모임	필요 시	학급 학부모	• 학급별 사안 협의 • 학급 교육활동 지원 협의

예산, 임자 없는
돈 굴리기

김지용(2019~2023 서울 수락중 교장)

정책의 진정성은 예산 반영으로 드러난다. 돈 없이 사업한다는 것은 공치사다. 그러면 예산에 반영함으로써 정책이 저절로 완성되면 좋으련만 예산 반영은 시작일 뿐이다. 편성된 예산은 목적에 맞게 집행되어야 하고 집행된 예산은 목적에 비추어 평가돼야 한다. 그럼에도 '정책 따로, 예산 따로'인 경우가 적지 않다. 예산은 늘 정책과 같이 가야 하고 정책은 그 목적을 잊으면 안 된다.

예산이 목적을 잊을/잃을 때

2024년부터 소속 교직원의 생일을 기념하여 학교장 명의로 3만 원 이내 상품권이나 케이크 등을 선물할 수 있게 되었다. 생일은 극히 사적인 영역인데 조직이 이것까지 챙겨 줄 수 있게 되었다니 그 세심함이 놀랍다. 그런데 더 놀라운 것은 생일 기념 경비를 생일 수당처럼 받아들이는 교사들이었다. 정치인의 선심성 정책이 아니라면 이 예산을 책정한 목적이 있을 텐데, 아마도 구성원들 서로가 관계 맺음의 계기로 삼아 공동체성을 회복하라는 취지였을 것이다. 그런데 이것이 마치 수당처럼 여겨지면서 목적을 어떻게 살릴지보다 어떻게 덜 수고롭고 신속하게 집행할지에 초점이 맞춰졌다. 연말에 일괄적으로 나눠 주기? 아니면 자기 생일에 행정실에서 사인하고 상품권 찾아가기? 공동체가 사라진 지 오래이므로 공동체성을 회복하려는 시도가 낯간지럽고 서먹서먹한 분위기만 연출할 뿐이라는 속내가 읽히기도 한다. 목적을 잃은/잊은 예산 집행이 보여 주는 씁쓸한 장면이다.

유사한 사례는 또 있다. 학급운영비가 없거나 부족했던 시절이 오래되지 않았다. 그땐 교사가 자신의 호주머니를 털어 학생들을 먹였다. 그러던 것이 이제는 학급당 운영비 50만 원 이상을 편성하라고 권장하는 시절이 왔다. 과거보다 아이들도 줄었으니 산술적으로 학생 1인당 돌아가는 액수도 넉넉해졌다. 이렇게 편성된 학급운영비는 어떻게 쓰일까? 학급운영비를 학년 말까지 남겨 놨다가 밀린 숙제 하듯 피자와 치킨으로 한 방에 처리하는 교사들을 많이 봤다. 학생들의 정크푸드 중독과 닭 소비량 세계 1위에 학교와 교사들이 한몫하는 셈이다.

도대체 교사가 학생들을 집에 데려와 라면을 끓여 먹이던 시절과 학년 말 피자 파티를 하는 시절 사이에 무슨 일이 있었던 걸까. 그 사이에 우리 사회는 개발도상국에서 선진국이 될 만큼 부유해졌고 그만큼 소비 문화는 강고해졌다. 돈이 없어 열정으로 대신하고 현실에 제약이 많으니 창조성을 발휘했던 시절엔 학생들도 교사의 열정과 창조성에 절로 감사함이 우러났다. 돈이 넉넉해지자 열정은 에너지 낭비처럼 보이게 됐다. 혹은 '열정 페이'라는 말에서 보듯 착취의 대상처럼 여겨졌다. 창조성은 경로 의존적인 매너리즘이 대신했고 학생들은 감사는커녕 당당함이 몸에 배게 되었다. "선생님, 날도 더운데 아이스크림 안 사 주세요?" 교사가 목적을 상실하고 단순히 예산을 집행하는 자로 자처하면, 학생들을 소비자로 만든다.

어려서부터 소비자로 커 온 학생들은 학교에 와서도 소비자의 권리를 주장한다. 수업은 교사가 제공하는 서비스가 되고 학생들은 예능 프로그램 시청하듯 수업에 임한다. 학생들이 돈을 내지는 않지만 특정한 시공간에 얽매여 자신의 시간과 주의를 통제당하는 대가로 즐거움과 재미를 요구한다. 학교 예산도 과자와 음료 등 일회성 소비가 차지하는 부분이 커졌다. 잘 생각해 보라. 교육활동비로 쓰이는 돈 중 일회성 소비에 지출하는 돈이 얼마나 많은가.

소비로 교육을 대신하려는 유혹

한번은 이런 일이 있었다. 젊은 교사가 학습준비물로 문화상품권을 사면 안 되겠냐는 것이다. 수업 시간에 나눠 주는 사탕과 초콜릿으론 더 이상 먹히지 않으니 대담하게 상품권으로 바꾸면 어떻겠냐는 뜻이다. 학습의 동기 유발을 위해 사탕과 초콜릿은 되는데 문화상품권이 안 될 것이 무엇인가. 그러나 이것은 액수의 크고 작음의 문제는 아니다. 호기심과 동기를 유발하기 위해 뭔가를 살 수 있지만 사기 전에 그 교육적 함의와 효과를 판단하지 않는다면 일반적인 소비와 다를 바 없다. 학생들의 동기를 유발하는 가장 강력한 힘은 '무언가를 가르치고 싶은 교사의 의지'(이것은 배우는 기쁨을 아는 자만이 가질 수 있는 자세다)일 텐데, 이 의지를 발휘하기란 어렵고 힘든 일이다. 그러다 보니 돈으로 손쉽게 해결하고 싶은 유혹에 넘어가기 쉽다.

자유학년제 수업이나 기술·가정 수업에서 DIY 키트를 구입해 조립하는 것을 교육적이라고 보기 어려운 이유도 같은 맥락이다. 손쉽고 빠르게 완성하는 활동이 복잡한 사고와 기능 숙달을 대체하기 때문이다. 잠시의 만족 외에는 얻을 게 없다는 점에서 일반적인 소비에 가깝다. 소비자는 성장하지 않는다. '슈퍼마켓에서 장을 보는 동안 가치관이 변했다'는 말을 들어 본 적은 없다.

교육이란 돈을 들여서라도 미래에 내 삶을 살찌울 경험을 사는 것이어야 함에도 돈을 써서 그저 시간을 때우는 데 그치는 경우가 많다. 이렇게 때운 시간은 다음 경험으로 연결되지 않고 분절된 채 끝난다. 소비는 성장의 힘이 되지 못한다. 시장에서 물건을 사면서 철학과 가치관이 변하는 소비자는 있을 수 없다. 학교의 예산 집행이 어려운 고민을 멀리하고 쉽고 편한 소비 행위로 안주하는 한, 예산 집행으로 교육적 효과가 쌓이고 그것이 다시 교육의 새로운 변화로 이어지는 결과를 기대하긴 힘들다.

학교에서 생태전환교육이라 하여 재활용품 분리수거에 열을 올리는 것을 볼 때마다 불편하다. 절제와 소비 억제가 더 근본적인 해결책일 텐데 마음껏 쓰고 뒤늦게 죄책감을 씻어 보겠다고 하는 것처럼 보이기 때문이다. 학교는 낭비벽이 심한 곳 중 하나다. 학습준비물실을 만들어 물건들을 모아서 정리했다. 1학년 자유학년제를 하면서 구입한 여러 소품들이며 교사들이 개별적으로 보관하고 있던 보드게임, 학생회가 구입한 물품 등 여기저기 흩어져 한 번 쓰이고 고이 잠자던 것들을 한데 모았다. 버려질 캐비닛을 재활용해 종류별로 분류하고 정리해 두었다. 학년 초마다 청소와 재정리, 과목별 점검도 게을리하지 않았다. 그럼에도 별 효과가 없다. 물품 구입 품의서엔 여전히 학습준비물실에 있을 법한 것들이 자꾸 올라온다. 산다, 쓴다, 버리거나 처박아 둔다. 다음번이 되면 까맣게 잊고서 또 사고 쓰고 당장 눈에 띄는 것이 불편하니 치워 둔다. 이 과정의 반복이다. 임자 없이 몇 년 묵은 것들은 부지런한 누군가가 투덜거리며 한꺼번에 폐기하는 쓰레기가 된다. 쓸 만한 것들도 많지만 내가 쓸 것이 아니므로 버린다. 그까짓 것 또 사면 된다. 폐기물 처리도 비용이 만만치 않게 드니 사느라 돈 쓰고 버리느라 돈 드는, 이중의 낭비다.

학교 체육대회를 이벤트 회사에 맡긴 학교가 있다고 들었다. 남모를 사정이야 있었겠지만, 요즘 학교가 감당해야 할 교육활동이 자꾸 외주화되고 있는 것은 아닌지 우려스럽다. 자칫 학교는 중개소가 되고 학교 예산은 학생과 학교 밖 전문가를 연결해 주는 비용으로 쓰이는 것은 아닌지 의심스럽다. 학교 체육 수업을 늘리면 될 일을 스포츠 클럽이라 하여 강사를 학교로 불러들이고, 자유학년제 주제 선택 강좌니 해서 외부 강사에 맡긴다. 힘든 학생들은 상담사나 전문 상담가에게 넘기고 각종 학교폭력이나 성교육도 외부 전문가를 모신다. 교사가 감당하기 어려운 전문 영역이 있고 그러한 영역에서 겸손하게 전문가의 도움을 받는 것을 나쁘게 보는 것이 아니다. 그렇지만 교사가 자신이 할 수 있고 해야만 하는 영역을 자기 수업으로만 국한하고 나머지 것들은 쓸데없는 잡무로 여기거나 학교 밖 행정 기관이 담당해야 할 몫이라고 주장하는 것이 과연 바람직한 일인지 생각해 볼 일이다.

학교폭력이 교육청의 행정 절차로 이관되면서 학교의 교육적 조정 기능을 상실한 지 여러 해가 되었다. 다시 학교의 교육적 조절 기능이 되돌아오긴 난감한 상황이 되었다. 그러는 사이 교사도 학교폭력을 교육적 회복 차원에서 바라보는 것이 아니라 단순히 행정 사안으로만 처리하는 시각에 익숙해졌다. 교사를 충원해야 될 일을 그러지 않고 하려다 보니 자꾸 네 일 내 일 떠넘기게 되고, 그러는 사이 학교와 교사의 역할도 쪼그라들고 옹색해지는 감이 없지 않다. 머지않아 AI로 교사를 대체하자고 할 때 교사는 과연 무엇으로 자신의 입지를 주장하게 될까.

인센티브가 아니라 불쏘시개

돈이 없을 땐 예산 편성이 중요했었다. 무엇을 우선순위로 두고 예산을 배분할 것인지는 학교의 철학과 가치가 반영되었다. 일단 어떻게든 예산부터 확보하고 대충 쓰고 다음 해 습관적으로 또 신청하는 것은 돈 없던 시절의 모습이다. 이젠 '마음은 있는데 돈 없어 못 한다'라는 말은 옛말이 되었다. 요즘은 돈 나올 구석이 쎄고 쎘다. 교육청도 그렇고 지자체와 마을도 그렇고 각종 단체도 학교에 돈을 쓰고 싶어 안달한다. 돈이 넘쳐날 때 중요해지는 것은 편성이 아니라 집행이다. 철학과 가치가 작동할 지점도 예산 집행이다. 집행을 어떻게 하느냐에 따라 효과 차이가 크다 보니, 행정 차원에서는 철학과 가치를 점검하긴 어려워 예산 집행에 제한을 두고 절차를 까다롭게 한다. 그러자 돈을 거부하는 데 이르기도 하는데, 은연중에 '안 받고 안 한다' 주의가 호응을 얻는 것이다. 예산 따 오면 일해야 하고, 일까지는 어찌해 보겠는데 돈조차 맘대로 못 쓰게 하니 귀찮고 하기 싫다는 것이다. 그러니 돈이 많을 때는 예산을 책정하는 것이 문제가 아니라 목적과 의미를 분명히 하고 교사의 열정을 지피는 것이 관건이다.

'하고 싶은 게 뭔가? 그것을 왜 하고 싶은가? 그래서 어떻게 하려고 하는가?'가 우선이고, 이것이 정해지고 나서야 비로소 예산이 뒤따라야 한다. 그러나 재미있게도 학교에서 예산은 12월에 짜고 조정은 1월에 하며, 신학년 워크숍은 2월에 하고, 교육 계획서는 3월에 나온다. 순서가 뒤바뀐 셈이다. 그럴 만한 역사적 구조적 연원이 있겠지만 이러한 순서가 지속되어 온 관행은 예산을 학교와 교사를 움직이는 인센티브로만 바라보게 만드는 폐해를 강화해 왔다. 한때 그게 통했던 시대도 있었으나 돈으로 학교와 교사를 설득할 수 있다는 것은 착각이다. 교실에서도 돈을 주고 책을 읽으라 하는 방식은 책 읽는 자체의 기쁨과 자발적 열의를 앗아 가는 결과를 낳는데 학교도 마찬가지다. 예산이 교사의 열정보다 앞서면 자칫 예산 집행은 소비가 되고 심지어 예산이 부담스러워 미니멀리즘을 고수하는 사태도 나타날 수 있다. 학교와 교사에게 필요한 것은 목적과 의미다. 공공 예산이 목적과 의미를 잃고/잊고 '임자 없는 돈'처럼 여겨지고 '돈지랄'하듯 쓰이는 것은 가히 범죄라 할 만하다.

교사가 학생들 마음에 지식을 채워야 한다는 목표를 세우면 한도 끝도 없는 시시포스의 노동에 시달려야 하는 운명에서 빠져나올 수 없다. 이것을 벗어나는 방법은 학생들 마음에 불을 지피는 것이다. 학생들의 마음에 불을 지피면 학생들은 알아서 자신의 부족한 것을 채운다. 예산도 결국 채우기를 지향할 것이 아니라 지피기를 지향해야 한다. 그런 점에서 예산 역시 교육활동의 연장선에 존재한다. 예산은 교사들의 열정을 지필 불쏘시개여야지, 교사를 유혹해서 조정하려는 수단이 되어선 곤란하다. 십수 년째 실시되는 성과 상여금이 어떻게 교사의 열정을 지폈는지 단 한 건의 성공 사례도 들은 바 없는 것은 이런 이유일 것이다.

또 교원의 업무를 경감하겠다고 교육과 행정을 분리하려는 시도도 부질없어 보인다. 교육과 행정의 분리라는 말은 행정이 독립된 영역이라는 전제를 깔고 있는데 행정이 없는 정책 실현이 가능한 일인지 모르겠다. 교육과 행정이 분리된 것이라면 지금쯤이면 깔끔하게 교통정리가 되고 업무 정상화를 달성하고도 남았을 것이다. 그러나 실상 그러지 못하고 제자리를 맴도는 것은 교육과 행정의 분리가 관념에만 존재하는 허구적인 틀이기 때문이다. 나뉘지 않는 것을 억지로 나눌 경우, 서로에게 업무를 떠넘기는 작태만 연출될 뿐 한편에선 영혼 없는 행정이 다른 한편에선 실행과 실효 없는 교육만 남게 된다. 교육은 행정을 떼어 내고(그럴 수도 없겠지만) 오로지 교육에만 전념하겠다는 식으로 쪼그라들 게 아니라, 행정을 포괄하는 개념으로 확장되는 게 맞다. 지금까지 예산은 흔히 행정실 소관 업무처럼 여겨지며 교육의 영역에서 곁가지 취급을 받았다. 그러나 예산 편성과 집행과 평가는 형식적이고 기계적인 행정이 아니라 교육활동에 포함될 중요한 영역이다. 매년 반복되는 회계년도가 학교 예산을 '밑 빠진 독에 물 붓기'처럼 보이게 하지만, 목적에 맞게 집행된 예산은 유형의 시설로 남고 무형의 문화로 남는다. 그래야 한다.

공유지를 지키려면

개개인이 자신의 이익을 추구하더라도 '보이지 않는 손'이 사회를 합리적으로 이끌 것이라는 근대적 세계관은 위험한 낙관이다. 학교 예산에서 누군가의 잘못된 편성과 집행은 누군가의 기회비용을 빼앗는 결과를 낳는다. 학교 예산은 제로섬 게임과 같다. 학교장의 기관업무추진비를 과도하게 편성하면 부서와 교과 등 교사들의 협의회비가 그만큼 부족하게 마련이다. 공유지의 비극을 막으려면 개인의 단기적 이익이 아니라 집단의 장기적 이익을 고려할 수 있어야 한다.

그렇다고 모든 학교 구성원이 학교 예산이 어떻게 편성되었고 어떻게 쓰이며 애초 목적을 달성했는지 일일이 확인해야 된다고 주장하고 싶지는 않다. 가능하지도 않을뿐더러 역할을 나눠 복잡한 업무를 감당해야 하는 조직 운영 측면에서도 효율성이 떨어진다. 다만 누군가 몇몇은 예산 편성에서 집행과 집행의 결과까지 전체적인 시각을 가지고 조정하거나 수정하거나 점검할 필요가 있으니, 그중 교장의 책임이 크다고 하겠다. 교장은 자칫 임자 없는 돈이 될 공공의 예산을 눈멀지 않게 굴려 공공公共에게 복되게 돌려주는 사람으로 자신의 정체성 일부를 구성해야 한다.

자율적이고, 교육적이며,
모두를 위한 예산 운용

임수경(2020~2023 서울유현초 교장)

작은 학교

내가 2020년부터 학교장으로 근무하게 된 서울유현초등학교는 1974년에 개교한 학교로, 2012년부터 혁신학교로 지정되었다. 학생 수는 300명 정도였는데, 내가 이전에 교사로 근무했던 학교의 약 1/3 정도였다. 학생 수가 1,000명인 학교나 300명인 학교나 혁신학교 운영비는 같았다. 그러다 보니 유현초는 학생들에게 쓰이는 예산이 상대적으로 많은 편이었다. 게다가 외부 예산을 엄청 많이 끌어와 학생들에게 더 많은 예산을 쓸 수 있었다.

유현초는 그야말로 의무 교육을 실천하는 학교였다. 모든 필요한 자료는 학교에서 다 준비해 주었다. 입학 준비 예산으로 1학년 학생들에게 색연필과 싸인펜, 이름 스티커를 에코백에 담아 입학 선물을 주었다. 학습준비물실에서는 매년 3월이 되면 색연필과 싸인펜, 가위, 풀, 셀로판 테이프 등 기본 준비물 일체를 모든 학급에 나누어 주었다. 모든 교실에는 보드게임과 학급 도서가 있었다. 1학년 교실에는 한글교육이나 수교육에서 필요한 교구가 다양하게 있었다. 한번은 6학년 국어 수업 공개를 보러 교실에 들어갔는데 모든 학생 책상 위에 형광펜 세트가 있었다. 예산이 풍족하니 교사들은 하고 싶은 교육 활동을 얼마든지 할 수 있었다. 외부 강사 수업도 많았고, 학생들은 다양한 활동을 학교에서 할 수 있었다.

교감 선생님은 나보다 1년 먼저 유현초에 온 분이었는데, 나에게 여러 번 '한 아이를 함께 돌보는 학교'라고 말씀하셨다. 스스로 1년 동안 직접 겪으면서 받은 감동을 표현한 것이었다. 나는 예산 측면에서도 유현초 교사들이 얼마나 학생 입장에서, 학생 한 명 한 명을 돌보는지를 느꼈다. 숙제도 없었다고 했는데, 모든 것을 학교에서 해결하려고 하는 분위기였기 때문이다. 그러니 내가 '진정한 의무 교육이 이루어지는 학교'라고 느낀 것은 당연했던 것 같다.

8년 동안 수많은 협의와 교육지원팀 교사들의 헌신으로 만들어 놓은 것들을 마주하며, 학교장으로서 이 시스템들이 앞으로도 이어지도록 해야겠다는 생각이 들었다.

업무는 줄이고 자율성은 높인 시스템

2019년 서울시교육청에서 학교 자치의 가능성을 실험하는 학교로 혁신자치학교*(자치학교)를 추진하였다. 유현초는 2019년부터 2022년까지 자치학교로서 실험적인 일들을 했는데, 첫 번째 시도는 행정 업무를 더 간소화하고, 교육지원팀 업무를 줄이는 것이었다. 은빛초에서 선도적으로 학급운영비를 개산급으로 지급하였는데, 유현초도 이를 시도하였다. 담당 부장이 3월에 전체 학급의 학급운영비에 대해 일괄 품의를 하면, 행정실에서는 교사 통장에 예산을 직접 지급해 주었고, 교사들은 필요할 때마다 학급운영비를 사용하였다. 2월에는 예산 집행 결과를 한 장으로 정리해 영수증과 함께 행정실에 제출하였다. 교육청에서는 개산급을 안내하는 공문을 보내 이러한 행정의 근거를 만들어 주었다.

이 외에도 위임 전결 규정을 바꾸어 50만 원 이하 품의는 학교장 결재까지 올리지 않고 교감 전결로 처리할 수 있게 하였다. 결재 경로를 한 단계라도 줄여 예산 사용을 원활하게 하기 위한 것이었다. 학생 자치 활동이나 학부모회 활동을 일괄 품의를 하여 운용할 수도 있다. 정기적인 회의 시 간식비나 다과비 등은 일괄 품의를 하면 편리하다. 학생 동아리 계획과 재료비 등도 일괄 품의를 할 수 있다. 요즘 행정실도 매월 일정하게 정기적으로 지출되는 공기청정기 렌탈비, 방역 소독비 등을 일괄 품의로 처리하고 있다. 편리한 예산 운용을 위해 업무를 줄이는 일괄 품의를 적극 활용해 보길 바란다.

그리고 지출 품의 따로, 계획 따로 기안하는 것이 아니라, 지출 품의 중 개요에 계획을 넣든가, 파일을 첨부하여 함께 기안하는 것이 교육청 업무 간소화 방안 중 하나이다. 물론 교육과정 계획에 있는 것이라면 계획을 기안하는 것은 생략할 수 있다. 학교 현장에서 적극적으

---

* 학교 운영 전반(교육과정, 인사, 예산 등)의 자율권을 최대화하고, 학교 자치 시스템을 실질적인 자치가 가능하도록 내실화하여, 학생 성장 중심의 미래형 학교 모델을 만들어 가는 실험 학교.

로 실천하여 예산도 잘 쓰면서 업무도 줄이면 좋겠다. 이렇게 자율적이고, 사용하기 편한 예산 운용을 위해 위임 전결, 개산급, 일괄 품의 등을 적극 활용할 수 있다.

유현초는 학년별로 교육과정운영비를 지원하여 학년의 자율적인 예산 운영이 가능하다. 체험학습 때 대중교통비나 교육활동 중 간식비로 활용하기도 하고, 강사비, 재료비 등으로도 쓰고 있다. 학년별 특색 교육과정 운영을 위해 편성해 놓은 것인데 학년 연구 활동이 기반이 되면 다양한 수업 활동이 만들어지기도 한다. 3, 4학년의 마을배움터 탐방이나 마을협동조합 공부, 5, 6학년의 마을 목공 수업, 4.19민주묘지 탐방 등이 있었다. 교육과정운영비는 2020년 기준 학급별 80만 원이 편성되어 있었는데, 학급운영비 50만 원까지 하면 담임 교사가 1년에 100만 원 이상의 예산을 사용할 수 있었다. 이 외에도 온작품 도서 구입비, 놀이 교구 구입비 등도 학급별로 따로 편성되어 있었다. 매년 구입한 것들이 쌓이니 학급에는 도서와 놀이 교구, 각종 교구가 다양하게 있었다. 또, 수업 시간에 쓰는 재료들도 모두 구입해서 쓴 것은 물론이고, 학생들에게 주는 학용품도 꽤 있었다.

'학년 교육과정운영비는 교육활동을 직접 지원한다, 모든 학생을 지원한다, 교육과정을 중심에 둔다'는 원칙이 있기에 가능한 것이었다고 본다. 이런 예산은 교사를 학교의 주체로 세우고, 교사의 자율성을 높이기도 한다. 그렇기에 학교장으로서 이후에도 이 예산은 지속적으로 편성하고 있다.

예산에서 자치구의 차이를 느끼다

유현초 예산이 상대적으로 많은 이유는 작은 학교이기 때문만이 아니었다. 지역구마다 학교에 내려보내는 교육경비보조금이 다른 것도 이유였다. 강북구는 학교마다 교육경비보조금이라는 이름으로 5000만 원을 지원하였다. 또, 지성·감성·인성교육으로 400만 원, 혁신교육지구 사업에 약 1000만 원, 학부모창의한마당에 300만~500만 원을 지원하였다. 이 예산들을 유현초는 주로 인건비로 썼는데, 생태교육 강사비, 문화예술교육 강사비, 기초학력 강사비, 학습준비물실 봉사자 봉사료, 특수학급 보조 인력 인건비 등이었다. 그리고, 혁신교육지구 사업 예산은 3학년 마을 탐방, 난타 강사비, 교사 마을 탐방 연수로 사용하였다.

다른 자치구도 교육경비보조금과 혁신교육지구 사업으로 학교를 지원하고 있다. 학교 기본운영비로 사용하기 어려운 부분에는 이런 교육경비보조금을 활용하면 좋다. 교장은 지방자치단체에서 학교로 지원하는 예산을 파악하여 적극 활용할 필요가 있다. 나는 부임 2년 차 때 혁신교육지구 사업 중에서 마을중점학교를 신청하여 예산을 받았다. 혁신학교 운영 예산이 감소하던 시기였으나, 이 예산으로 마을 연계 교육은 꾸준히 추진할 수 있었다.

학교 구성원과 함께하는 예산

유현초는 교육과정 평가회와 학년 배정을 하는 시기가 이른 편이다. 일찍 하는 이유는 각종 공모 사업 신청이 12월에 있기 때문이다. 또 학년 배정을 미리 하면 내년에 학년별로 필요로 하는 예산 수요를 바로 파악할 수 있다. 2023년에는 12월과 1월에 교육과정 평가회를 했다. 교육과정부장이 생태, 예술교육, 기초학력, 마을 연계 교육 등의 시수와 예산을 1차로 안내하고 교사들과 협의하였다. 또한 평가 설문을 통해 파악된 예산 수요를 안내하고 교사들의 동의를 얻어 확정하였다.

코로나19 시기에 목적 예산으로 특수교육 대상 학생을 보조하는 인력 지원이 한시적으로 있었는데, 이 예산이 사라져 특수학급에서는 매년 보조 인력 인건비를 요청하였다. 방역을 위한 인력 역시 한시적으로 채용했는데, 방역을 위한 도움뿐만 아니라 일과 시간 중 복도, 운동장, 체육관에서의 학생 안전 지도를 하고 교실 안 과잉 행동 학생을 일대일로 돌봐 주기도 하여, 이 역시 매년 요청되는 예산이었다. 특수 보조 인력은 구청의 교육경비보조금으로 지원할 수 있었고, 방역 인력 지원은 예산을 조금 축소하여 학교 운영비로 지원하기로 하였다.

12월은 기초학력이나 마을 연계 관련 예산, 교육경비보조금 등의 각종 공모 신청이 이루어지는 시기이다. 담당 부장 교사나 교장은 교사들에게 교육청 공모 사업에 대해 안내하고 신청하는 것에 동의를 얻는다. 2월이 되면 신학년도 교육과정 워크숍에서 확정된 예산을 공유한다. 학년과 관련된 예산을 모은 자료도 따로 만들고, 전체 예산을 한눈에 알아볼 수 있도록 정리하여 공유 드라이브에 올려 놓고, 언제든지 온라인 교무실에서 확인할 수 있도록 하고 있다.

학교에는 교사, 학생, 보호자, 교직원 등 4주체가 있다. 교사만이 아니라 학생, 보호자, 교직원도 예산 편성에 참여할 수 있도록 좀 더 적극적인 참여 구조를 두는 것이 필요하다. 행정실에서 예산에 대해 설명을 하고, e알리미와 메신저를 활용하여 학생, 보호자, 교직원의 의견을 받고 있다. 그러나 문서로만 진행되는 설명과 회신이 실효성 있지는 않다. 오히려 대의 기구를 활용하여 의견을 수렴하는 것이 낫다. 학생 자치 회의와 학부모회 대의원회를 통하여 예산에 대한 의견을 받는 학교가 있는 것으로 알고 있다. 교직원도 협의 테이블을 가지면 좋겠다.

유현초는 자치학교를 운영하면서 교사, 학생, 보호자 대표가 참여하는 3주체 협의회 구조를 만들었다. 이름은 공동체자치위원회(자치위)이며 분기별로 모여 협의를 한다. 자치위에서도 12월에는 1년을 평가하면서 각 주체들의 의견을 듣는다. 내년에는 어울마당 축제에 학생 자치 부스를 더 늘리자는 제안이나 통학로 안전을 위한 대책 등을 협의하다 보면 예산에 대한 계획도 세울 수 있게 된다. 이렇게 학생과 보호자의 의견을 수렴하여 다음 해 예산에 반영하였다.

한편, 부장 교사들을 통해 업무와 관련 있는 공무직 선생님들과 강사님들로부터도 1년 활동에 대한 평가 내용을 받았다. 수시로 이분들과 대화를 나누고 때로는 협의회를 가지면서 의견을 들었다. 이렇게 수합된 교직원들의 의견 역시 교육과정에 반영하고 예산에 반영할 것도 정리하였다.

공모 말고 학교 기본운영비를 늘려야

서울에서는 진보 교육감이 혁신학교의 성과를 일반화하였고 서울 전체 학교에 예산을 지급했다. 대표적으로 교원학습공동체, 학생 자치, 학부모회 운영 예산이 있다. 처음에는 공모라는 이름으로 전체 학교에 지원하였고(사립초 제외), 2023년과 2024년에는 통합교부금이라는 이름으로 교부하고 있다. 통합교부금은 학교 기본운영비에 통합하여 교부한다는 뜻이다. 여기에는 교육청에서 그동안 공모 방식으로 추진했던 사업들이 많이 포함되어 있다. 이는 예산을 학교 기본운영비에 통합하여 교부하여 공모 방식으로 인한 행정 업무를 줄이고 학교의 자율성을 높이기 위한 것이라고 생각한다. 이렇게 하면 예산의 효용성도 높아질 것이다. 그동안 학교 현장에서 공모를 줄이고 학교 기본운영비를 늘려야 한다는 문제 제기가 지속적으로 있었는데, 참 다행이라고 생각한다.

그런데 담당 교사들은 혼선이 있었나 보다. 혁신학교 부장이 참여하는 SNS에서는 12월부터 다음 해 3~4월까지 예산에 대한 문의가 이어졌다. 예산 편성을 잘못해서 변경해야 하는 경우도 있었다. 올라오는 이야기들을 보며 학교 내부에서 소통이 중요하다는 생각을 하게 되었다. 유현초는 교장, 행정실장이 12월에 예산에 대한 연수를 듣고 통합교부금에 관한 내용을 이해하고 있었다. 그리고 회계 지침과 공문 내용을 꼼꼼히 살펴보고 우리 학교 기준으로 통합교부금 내용(22개 정도)을 정리하였다. 예를 들면, 교원학습공동체 300만 원, 학생 자치 200만 원, 학부모회 250만 원 등 통합교부금에 적힌 그대로 예산에 편성하였다. 이 외에도 예산 편성을 권장하는 항목도 챙겼다. 권장 예산 항목은 업무를 추진하는 담당 부장들과 우선순위를 정했는데, 교원 연수비처럼 필수로 편성해 왔던 내용들이 꽤 있어 1순위만 꼽아도 5~6개가 됐다. 예산 총액에 맞추어야 하므로 아래 순위까지 포함하기는 어려웠다.

2023년 예산 편성을 하면서 크게 깨달은 것은 권장 항목이더라도 교직원 복지는 꼭 편성해야 한다는 것이었다. '교직원 생일 축하'라는 권장 항목이 있었는데, 처음엔 어른들이 무슨 생일 축하냐 하는 분위기라서 예산 초안에 반영하지 않았다. 그런데 실제 3월이 되니 다른 학교 교직원은 생일 축하금을 받는데 우리 학교는 받지 못하게 되는 상황에 문제가 제기되었다. 결국 추경으로 예산을 확보해야 했다.

적극적인 예산 확보, 공모

2024년, 나는 강북구에서 은평구로 학교를 옮겼고, 담임을 하고 있다. 2월 초에 새 학년 준비를 교사들이 모여 하는데, 그때 많이 나온 것이 예산 이야기였다. 예산이 없어져서 할 수 없다, 예산이 줄어서 할 수 없다는 이야기들이 많았다.

교육청에서 학교 기본운영비를 늘리는 방향으로 가면서 공모를 줄이고 있지만, 유현초는 혁신학교 운영 예산이 감소함에 따라 공모를 통해서 예산을 확보하고 있다. 공모는 목적 사업 일괄 안내제*에 따

---

* 부서별로 학교로 내려가는 목적사업비를 교육청에서 모두 모아 한 번에 안내하는 제도이다. 기존에는 목적사업비를 사업 부서의 판단에 따라 시도 때도 없이 학교로 내려보냈다. 그래서 학교에서는 다음 연도 본 예산 편성을 할 때 어떤 사업이 목적사업비로 내려올지 알

라 한꺼번에 안내가 되며, 보통 12월에 안내와 신청이 이루어진다. 매년 공모 내용도 조금씩 달라져 교장과 담당 부장은 공모 공문이 내려오면 꼼꼼히 살펴보고, 초등학교 전체에 해당하는 내용인지, 신청한 학교만 해당하는지, 신청 시기가 언제인지, 예산 금액은 얼마인지, 우리 학교에 맞는 공모인지 등을 파악한다. 공모 사업 역시 교사들에게 안내하고, 함께 결정하여 추진한다. 유현초에서는 기초학력을 위하여 맞춤형 교육 선도 학교, 학습 튜터제, 돌봄교실 프로그램 지원으로 주민 참여 예산 공모를 추진하였다. 이 밖에도 마을 결합 중점 학교, 긍정적 행동 지원 등도 신청하였다. 이 중 맞춤형 교육 선도 학교는 떨어지고, 학습 튜터도 1명분의 예산만 교부되어 교육청에서 받은 예산이 많이 축소되었다. 그래도 모듈러 학교인 관계로 시설과 공공요금 예산을 대폭 줄여, 기초학력 수업 지원은 기존대로 운영할 수 있었다.

공모와 관련해서 업무 과중이 문제가 된다고 했는데, 교육청에서 시스템을 새로 만들어 정산 절차가 훨씬 간소화되었다. 목적 사업 일괄 안내도 예산을 미리 계획하여 운영할 수 있고, 학기 중에 일을 처리하는 것이 아니라 미리 1년 계획을 수립하면서 한 번에 일을 처리할 수 있어 현장에 도움이 되고 있다. 교육청의 이런 정책은 바람직한 방향이라고 본다.

수가 없었고, 목적사업비 예산이 중복으로 편성되는 경우가 발생했다. 또한 목적 사업이 학기 초에 편성하는 계획과 연계되지 않고 따로 노는 문제점도 있었다. 이런 문제를 해결하기 위한 것이 목적 사업 일괄 안내제이다. 12월에 다음 연도에 교부할 목적사업비를 미리 알려주면 학교에서는 본 예산에 중복되지 않게 편성하고, 교육 계획서에도 반영하여 안정적인 교육활동을 도와준다.("'목적 사업 일괄 안내제' 들어 보셨나요?", 〈한국교육신문〉, 2019년 6월 7일)

학교 특성이 드러나는 예산

혁신학교운영비는 예산서에 "연구학교운영"이라는 이름으로 편성되어 있다. 사람들이 연구학교운영비를 보고 유현초가 이런 교육을 하고 있구나 하고 알 수 있기를 바랐는데 쉽지 않았다. 공모사업비, 목적사업비, 자치구 교육경비보조금 등 다양한 예산이 학교로 들어오다 보니 혁신학교운영비는 기본운영비 개념으로 쓰고, 각종 목적사업비로 문화예술 강사비, 생태교육비 등을 지출하고 있었다. 목적사업비를 먼저 써야 한다는 예산 사용상의 이유도 있다. 그래서 혁신학교운영비를 정산할 때 보면, 혁신교육과 별로 관계가 없는 내용들이어서 교장 스스로도 이게 뭔가 싶었다.

또, 매년 교육청 공모 사업이 변하고 혁신학교 예산도 감소되니, 강북구 예산 신청 내용은 변화무쌍하다. 같은 교육활동이라도 어떤 해에는 혁신학교 예산으로, 어떤 해에는 강북구 예산으로 집행된다. 교장으로서 매번 달라지기보다는 원칙에 맞게 일관성 있게 예산을 운영하고 싶어 몇 가지는 조정하기도 했으나 전체적으로 바꾸지는 못했다. 예를 들면, 2020년에는 도서관운영비가 연구학교운영비로 되어 있어, 2021년도부터는 기본운영비로 편성하였다. 학급운영비도 기본운영비로 편성하고 싶었으나, 학급당 50만 원이다 보니 기본운영비로 편성하기에는 너무 큰 금액이었다. 그렇다고 기본운영비와 연구학교운영비로 쪼개는 것은 교사들에게 불편함이 있게 된다. 어쩔 수 없이 연구학교운영비로 그대로 두게 되었다.

목적에 맞는 예산 운영

목적에 맞게 예산을 운영하려다 보면 교사들과 부딪히게 되는 경우도 생기기에 솔직히 어려운 지점도 있다. 유현초는 3~6학년 학생 자치 활동으로 창체 시간에 학생들이 선택해서 운영하는 동아리 활동을 위해 운영수당과 교육운영비를 편성하고 있다. 교사들과 협의한 결과, 3학년은 학급 안에서, 4학년은 학년 안에서, 5, 6학년은 학년 연합으로 동아리를 편성하기로 하였다. 그런데 실제 운영에서는 강사가 한 학급씩 지도하는 것을 계획하여 품의가 올라왔다. 문화예술 외부 강사 수업과 어떤 차별점이 있는지 알 수 없어 난감했다. 이런 경우가 매년 반복되고 있어 참 어렵다. 강사비보다 재료비 예산을 늘려 가는 등 점점 목적에 맞게 수정하여 운영해 나가는 중이다.

비단 동아리운영비만이 아니다. 학급운영비, 학년 교육과정운영비, 재료나 준비물 구입 등에서도 실제 예산을 집행하는 교사들의 생각이 중요하다. 학생들이 조금만 손대면 결과가 나오는 준비물들은 값도 비싼 편이다. 그 활동으로 학생들이 무엇을 얻기를 바라는지 의도와 목적을 함께 생각해 보면 좋겠다.

모두를 위한 예산

유현초에서 주요하게 생각했던 것은 구성원 사이에 차이를 두지 말자는 것이었다. 전 교직원에게 단돈 만 원이라도 문화연수비를 지급하였으며, 공무직, 보안관, 협력 강사 등 직원들이 학기별로 협의회를 할 수 있게 하였다. 또한, 교육과정 평가회와 신학년 준비 워크숍 때도 직원들 협의회비를 꼭 챙겼다. 학교 예산은 아니지만, 스승의 날, 환송회, 명절 선물 등은 전체 교직원을 포함시켜 소외되는 사람이 없도록 하였다. 2023년에는 예산 권장 항목에 직원연수비 지원이 있었다. 교사들은 연수비 지원을 받고 있는 상황이었기에, 직원연수비 지원을 권장 항목 중 1순위로 하여 신규 예산에 넣었다.

2020년 교장이 되었을 때, 공무직 협의회비를 편성해 달라는 의견을 받은 적이 있다. 들어 보니 행정실장에 따라서는 행정실 업무협의회비를 공무직들이 함께 쓸 수 있게 하는 경우도 있었고, 행정실 직원만 사용하는 경우도 있었다고 한다. 그래서 공무직이라는 이름이 명시된 협의회비를 요청하고 싶다는 것이었다. 학교장으로서는 당장 학교장 업무추진비를 쪼개 공무직 협의회비를 넣고 싶었다. 학교 구성원들이 주인의식을 갖게 하려면 예산에도 이름이 명시되는 것이 필요해 보였다. 그런데 실제 예산서에는 이를 실현하지 못했다. 너무 구체적이면 힘들다는 현실적인 판단에 결국 못 했던 것이다. 그래도 모두가 한 번씩은 협의회비를 쓸 수 있게 안내하고 있다. 이렇게 협의회비, 문화연수비 등 몇 가지는 꼭 모두를 위한 예산이 되도록 하였다.

2024년 교장 임기를 마치고, 다시 교사로 돌아갔다. 2월, 교사들이 모여 회의를 하는데, 예산을 공평하게 학년에 나누어야 한다는 이야기가 나왔다. 공평한 것이 무엇일까? 공평함이 교육활동을 위축시키는 기제가 되어서는 안 된다고 본다. 저학년 담임을 할 때 옆 반과의 비교를 피하기 위해 똑같이 해야 하는 경우가 있었다. 함께 연구하고 학년을 함께 운영하는 것은 좋다고 본다. 그러나 차이를 너무 의식한

나머지 자발성을 누르게 되는 형평성은 좋지 않다고 생각한다. 하향 평준화는 답이 아니다. 마찬가지로 5, 6학년 동아리운영비가 3, 4학년 보다 더 많이 소요가 된다면 당연히 이를 지원해야 하고, 내년 예산에 차등 편성을 해도 된다. 이 점은 학년이라는 벽을 넘은 교사 공동체성이 살아 있다면 그리 어렵지 않게 수용 가능한 의견이라고 본다. '형평성'이라는 낱말을 통해 초등학교가 동학년 단위에 갇혀 있는 것은 아닌지 생각해 보는 시간이 되었다.

마지막으로, 예산을 세웠다면 정기적으로 집행 정도를 점검해야 한다. 교육지원팀이나 담당 교직원들과 예산 현액을 보며 앞으로 사용해야 할 예산을 점검하고, 사용이 끝났다면 필요한 곳으로 예산을 돌리는 작업을 해야 한다. 추경을 위한 회의를 하는 것이 아니라, 회의를 통해 추경을 미리 준비하는 셈이다. 그리고 행정실장과도 학교 교육의 방향성을 공유하고, 예산 사용에서 교육활동 지원의 의미를 나누는 것이 필요하다. 행정실의 역할과 의미에 감사함을 표현하는 것도 부지런히 챙길 일이다.

열려 있는 공간,
생태적 환경으로 바꾸는 학교

김두림(2019~2022 서울노원초 교장)

누가 지키고 잠그고 하면 그것은 이미 '공간'일 수 없다. 공간을 목적에 맞게 쓰라고 강요하면 쓸모가 없어지곤 한다. 필요에 따라 쓸 수 있게 열어 두기만 하면, 교사와 학생 등 구성원이 다양한 형태와 목적으로 쓰게 된다. 만들 때는 분명히 의도와 목적이 있지만, 결국은 사용자의 필요에 따라 쓰면 되는 것이다.

'학교'를 '공간'으로 한정할 필요도 없다. 마을도 학교라고 생각하면 교육과정을 훨씬 풍성하게 운영할 수 있다. 마을에는 공원, 산, 하천, 책방과 도서관, 극장, 마을 텃밭, 시장, 은행과 우체국, 옛날 집, 몇백 년 동안 살고 있는 커다란 나무, 높은 빌딩 등 공부거리가 셀 수 없이 많으니까 우리 마을과 학교를 언제든 드나들 수 있게 허용해야 한다. 교육과정을 학교 울타리에 가두지 않아야 한다(단, 선생님들에겐 '근무지'라는 제한이 있으니까 '출장' 처리를 해야겠다).

공간 혁신이다 뭐다 하며 굳이 예산 따다 큰 공사를 할 필요도 없다. 빈 곳을 자주 자세히 들여다보면서 예산에 틈이 생기는 대로 조금씩 바꿔 가면 된다. 그래도 받을 수 있는 교육 지원금을 활용하면 더 좋겠다. 여기에서는 내가 있던 초등학교에서의 공간 개선 사례를 공간별로 소개해 본다.

- 다목적 교실(키움 교실, 채움 교실) : 본관과 후관에 생긴 유휴 교실을 보수, 책걸상을 빼고 페인트칠을 하고 조명을 교체해 분위기를 바꾸었다. 빔 프로젝터와 빈백 소파를 두어 편안한 공간으로 학년이나 활동을 특정하지 않고 개방했다. 놀이, 프로젝트 학습 시 모둠별 협업 활동, 학급이나 학년별 발표회, 영화 보기, 동아리 활동, 연극 수업 등을 하고 있다. 무선 인터넷을 할 수 있어서 개인별 기기를 활용하는 개인 활동을 하기도 한다. 떠들고 놀수도 있지만, 사용 후에는 사용한 것들을 원래 자리에 정리하자는 원칙을 잘 지키고 있다. 선생님들이 수시로 활용하며 그 방법을 아이들과 공유하면 좋다.

- 오솔길 : 학교 정원의 울타리(회양목 같은 관목과 쇠로 되어 있다) 한쪽을 열고 빨랫줄로 바닥에 금을 긋듯이 설치하고 '오솔길' 표지판을 걸었다. 이 오솔길은 등하교 때 오가는 길, 전시장, 학생자치회와 학부모회와 동아리의 이벤트 구역이 되었다. 4.16 추모 행사로 현수막에 추모 글 쓰기, 독서 행사로 책갈피 만들어 전시, 축제 땐 시화전, 사진전도 하고, 숲밧줄 놀이도 할 수 있다. 오솔길 옆 앵두나무에 발돋움으로 붙어 선 아이들 모습은 아름답기가 말로 할 수 없다.

- 평상 : 체육관 1층 필로티, 등나무 그늘, 운동장 가 느티나무 아래 둥근 평상을 놓았다. 평상은 겨울 목공 캠프를 열어서 만들고 참가자 이름을 새겼다. 코로나19 시기 실내에서 할 수 없던 음악 수업(가창, 리코더 등)을 할 수 있었고, 책을 읽기도 하고, 버스킹 무대나 관객석이 되기도 하고, 야영할 때 이용하기도 한다. 선생님들끼리 작은 가든 파티를 하기도 한다. 물을 쓸 수 있게 수전을 설치하자 미술 수업을 하고, 흙놀이 수업을 하기도 한다. 느티나무 아래 둥근 평상에는 방과 후에 가방을 던져 놓고 놀기도 하고, 체육 시간에 마실 물병을 모아 두거나 텃밭 일지를 쓸 땐 엎드려서, 크롬북을 들고나와 온라인으로 공동 작업을 하기도 한다.

- 목공소(목공실 아님) : 학교 정원에서 전지한 나뭇가지를 버리지 않고, 공간 울타리에 굵기별로 벽처럼 세웠다. 쓰다 폐기한 테이

목공소의 모습

블을 수리해서 공간에 배치하고, 목공 도구를 구입해서 컨테이너에 보관하고, 전기를 쓸 수 있게 했다. 가을엔 큼직한 허수아비를 만들고, 삶의 가장 기본적인 기술로서 3~6학년 교육과정에 목공 수업이 자리 잡았다.

- 소재 은행 : 목공소에서 선반을 몇 개 짜다 1층 복도에 늘어놓고 바구니 몇 개 사서 올려 두어 소재 은행을 만들었다. 버리기 아까운 물건을 가져다 놓거나 쓸 만한 것을 자유롭게 가져다 쓸 수 있다. 급식실에서 버릴 조리 도구부터 병뚜껑이나 빈병, 달걀판이나 플라스틱 숟가락이나 헌 옷감까지 누구라도 갖다 놓고 언제라도 갖다 쓸 수 있어서 허수아비 만들 때처럼 창의적인 작업을 할 때는 아주 인기가 좋다.

- 함지연못 : 양지바른 곳에 고무 함지를 5개 묻고 흙과 물을 담아 식물을 심는다. 가까운 쪽부터 키(노랑어리연꽃-미나리-창포-고랭이-부들) 순으로 심어 두고, 너무 잘 자라는 식물들은 가끔 정리한다. 잠자리도 알을 낳고, 개구리도 알을 낳고, 별별 곤충도 와서 산다. 정원에 사는 참새, 박새, 쇠박새, 곤줄박이, 멧비둘기, 큰부리까마귀까지 물 마시고 목욕도 한다. 오목눈이나 붉은머리오목눈이, 동박새도 가끔 다녀간다. 학교의 생물 다양성을 높이는 최고 좋은 방법은 물그릇(연못)을 만드는 것이다.

- 칠판 : 아이들 등하굣길 가까운 창고 벽에 커다란 칠판을 만들었다. 처음엔 멋대로 낙서해서 가득 차니까 학생자치회에서 나서

서 나름 관리를 하고, 자치 활동에 쓰곤 한다. '○○초' 삼행시를 지어 붙이는 대회를 열기도 하고, 4.16 추모 글과 엽서, 그림을 붙이기도 하고, 크리스마스 트리를 갖다 붙여 놓기도 하고, 각종 행사를 알리는 귀여운(허접한) 포스터가 붙기도 하고, 행사 참가 신청을 하는 명단이 붙기도 한다.

• 초록커튼 : 4층 옥상에서 빨랫줄을 내려 덩굴 식물을 키우면 멋진 '녹색커튼'. 제비콩, 작두콩, 하늘마, 수세미, 조롱박, 여주, 나팔꽃을 심으면 옥상까지 올라가며 초록 물결로 교실을 가려 그늘을 만든다. 교실에서 창밖을 보면 역광을 받고 하늘거리는 연

덩굴 식물로 만든 초록커튼

한 초록 잎이 아름답다. 늦가을엔 덩굴을 내려 운동장에 펼쳐 놓는다. 덩굴에는 여러 가지 열매가 달려 내려오고, 아이들은 콩을 따고 수세미를 따고 작두콩을 거둬들이며 또 새로운 배움을 이어 간다. 열매는 집에 가져가기도 하고 따로 모으기도 한다. 모은 씨앗은 씨앗 봉지를 만들어서 나눌 수도 있다. 운동장에 지오돔을 만들고 덩굴 식물을 심으면 또 새로운 휴식과 놀이 공간이 된다. 체육관과 본관 사이처럼 자주 오가는 길에 초록 터널을 만들어도 좋다. 초록커튼은 탄소를 흡수하고 건물에 내리쬐는 햇빛을 막아 한여름 실내 기온을 낮출 수 있으니 여러모로 시도해 볼 일이다.

• 회의 공간(어울림) : 학생용 책상이 있는 교실 하나를 회의실로 쓰고 있었다. 이 교실에 수전을 끌어들이고 바를 만들었다. 조명을 바꾸고 페인트칠 후에 창고에 있던 큰 회의 테이블을 갖다 놓고, 둥근 탁자와 소파와 의자를 사다 넣었다. 이 공간은 학교 안에서 가장 사용 빈도가 높다. 커피 머신, 머그컵, 여러 가지 차, 간식을 두고 누구라도 언제라도 드나드는 카페가 되었다. 아침 출근길에 누군가가 "오는 길에 빵집에 들렀어요. 맛있게 드세요"라는 쪽지를 붙여 빵 봉지를 놓기도 하고, 어느 날엔 방울토마토가 놓이기도 한다.

• 운동장 : 이름부터 바꾸어야 한다. 운동장은 마사토를 깔거나 잔디를 입힌 황무지다. 적당한 이름은 좀 더 고민해야겠지만, '마당'이나 '학습 마당', '학습 정원'을 생각해 본다. 키 큰 나무도 여러

생태적 환경으로 바꾼 운동장

그루 있어서 뛰놀다가 그늘 안으로 들어가기도 하고, 놀이도 하고, 나무를 타고 놀아도 좋겠다. 나무를 피하며 공놀이를 할 수도 있겠고 그 사이를 내달릴 수도 있을 것이다. 꼭 필요한 공놀이(축구, 야구 등)는 따로 풋살장 같은 공간을 만들어 두면 될 것 같다. 큰 공사를 벌이지 않아도, 운동장 한쪽부터 야금야금 텃밭을 만들고, 논도 만들고 작은 연못도 몇 개 만들고, 나무도 슬슬 심으면서 조금씩 바꿔 가면 멋진 마당이 될 것이다. 열섬이 되곤 하는 운동장을 생태적 환경으로 만들면 좀 더 다양하게, 더 여럿이 다가갈 수 있게 된다.

• 햇빛(태양광) 발전소 : 학교에서 꼭대기 층은 5월부터 기온이 치솟아 9월까지도 더위를 피하기 힘들다. 당연히 냉방을 쉴 수가 없다. 또한 초겨울에 들기도 전에 차가운 기운이 돌아 난방을 해야만 한다. 옥상에 단열 효과를 낼 수 있는 방법을 찾아야 한다.

일례로 옥상에 햇빛(태양광) 발전소를 세우면 단열 효과를 내고 에너지 생산을 하는 동시에 에너지 교육에도 활용할 수 있다. 이젠 여러 학교에서 설치하고 있지만, 옥상 전체 면적에 비교하면 아직도 부족한 실정이다. 제도적 한계(건축 후 35년 이내)를 좀 더 풀어서라도 더 많이 설치하여 기후 위기에 대응해야 한다. 옥상이 여의치 않다면, 부속 건물(창고, 주차장, 보안관실 등) 지붕에도 태양광 발전 활용을 모색해야 한다.

학교에는
주인이 없다

김지용(2019~2023 서울 수락중 교장)

 복도를 순시하며 휴지를 줍고 빈 교실의 형광등을 끄는 교장을 한
때 우습게 본 적이 있다. 속마음은 이랬을 것이다. '할 일이 없으니 저
런 것밖에 안 보이지.' 반성한다. 내가 지금 그렇게 하고 있으니 앞일
을 내다보지 못하는 인간의 우둔함이란. 차이점이 있다면 그걸 잔소
리로 하지는 않는다는 것뿐.

 교장이 되면서 안 보이던 것이 보인다. 보이는 게 점점 더 많아진다.
괴롭다. 별 탈 없이 사용하던 화장실이 불편해지고 어제까진 넓고 한
적하던 복도가 허전해 보인다. 좀체 가 본 적 없던 폐기물 야적장에
가면 아직 쓸 만한데도 버려진 것들은 왜 그리 많은지. 급기야는 단
한 번도 눈에 뜨인 적 없는 학교 나무들의 수형까지 보인다. 하다못
해 학급 자물쇠를 열쇠가 달린 것으로 할지, 번호를 눌러 여는 것으
로 할지 고민하고 교실의 냉난방 온도는 몇 ℃가 적당한지, 기후 위기
시대에 학생들에게 그냥 맡겨 두어도 좋을지, 아님 중앙 통제가 나

을지도 고민스럽다. 학년 초 동아리를 모집할 때나 학생회에서 행사를 할 때마다 복도에는 색색의 다양한 포스터가 붙는다. 학생들이 살아 움직이는 모습을 보는 것 같아 기쁘다. 그런데 행사가 끝나고도 한참을 더 붙어 있다. 교실 칠판도 마찬가지. 철 지난 게시물이 덕지덕지 수두룩하다. 붙이는 사람은 있어도 떼는 사람은 따로 없다. 그런데 이런 걸 누가 다 신경 쓰지? 이런 식이면 학교는 교장이 신경 써야 할 일로 차고 넘쳐 참으로 그 범위를 측량하기 어려울 지경이다. 불안이 엄습한다.

시설 대신 공간, 관리 말고 디자인

교장의 임무 중 거의 마지막쯤에 '시설 관리'라는 게 있다. 교사로 지내면서 맞닥뜨리는 건 교실이 전부고 그것도 예전엔 '환경 미화'라 하여 이것저것 꾸미기도 했으나 요즘에는 청결 유지로 족하다 보니 딱히 시설 전반에 대해 고민할 기회가 부족했다. 사전을 찾아보았다. "시설 : 도구, 기계, 장치 따위를 베풀어 설비함. 또는 그런 설비." "관리 : 시설이나 물건의 유지, 개량 따위의 일을 맡아 함." 그러니까 시설 관리라 함은 어떤 공간에 설비된 도구와 기계, 장치 따위를 유지·보수하거나 개량하는 일이라 하겠다.

시설 관리라는 말은 사람을 소극적이고 수동적으로 만든다. 시설은 마치 주인처럼 애초부터 그 자리에 있고 우리를 손님처럼 맞이한다. 이미 갖춰진 시설에 사람이 들어가려다 보니 우선 적응해야 하고 적응하다 보면 익숙해진다. 공간이 의식을 지배한다는 말이 있지만 문제는 공간이 워낙 자연스러워 의식에 좀체 포착되지 않기에 공간과 구조의 영향력을 과소평가한다는 점이다. 그런 차원에서 공간과 구조는 은밀하고 위대하다.

시설을 '공간'이라는 말로 바꿔 보자. 말 그대로 '빌 공空'에 '사이 간間'이니 우리가 뭔가를 채워야 할 것 같은 기분이 든다. 허허벌판에 학교를 짓는다고 상상하면, 건물은 어디에 위치할 것이며 나무는 어디에 둘 것인지, 건물 내 공간은 어떻게 구획할 것인지, 이런 고민부터 시작해 교실은 꼭 네모나야 하는지, 벽으로 구분 지을 필요가 있는지, 도서관을 1층 중앙에 두는 것은 어떨지, 운동장은 꼭 축구장 규모를 확보해야 하는지, 절반을 숲이나 텃밭으로 만들면 안 될지까지 참 많은 것을 고민하게 될 것이다. 시설이란 단어보다 공간이라는 단어를 쓰면 낯선 만큼 훨씬 생산적인 사고를 불러일으킨다.

'관리'라는 말은 어떤가? 주어진 것이 기본/표준이므로 그것을 유지한다는 느낌이 강하다. 원래 그런 뜻이 아닐지라도 통상 창조성이 결여되고 거세된 표현으로 들린다. 교장을 가리켜 흔히 자칭 타칭 '관리자'로 부르는 것은 그래서 진지하게 재고할 일이다. 학급 커튼을 천에서 우드 블라인드로 바꿀 때였다. 여러 사람이 우려했다. '아니, 그게 관리가 잘 되겠어요? 금방 망가지면 어떻게 하려고요?' 이분들에게 관리라는 것은 성가시고 귀찮은 것이어서 한번 제공하고 나면 최대한 오랫동안 신경 쓰지 않는 시설이 가장 좋은 것인 셈이다. 그럼 학교에서 우리 학생들은 무조건 튼튼하고 멋대가리 없는 것만 써야 한단 말인가. 고급스럽고 우아한 것을 써 보는 연습은 언제 해 보나. 집안 사정에 따라 각자 알아서 하란 말인가. 시설을 공간이라는 말로 바꾼 것처럼 '관리'라는 말도 창조성을 가미해 '디자인'이라고 해 보

자. 시설 관리 = 공간 디자인. 왠지 주인의식이 들고 뭔가 의욕이 생기는 말이다.

학교란 어떤 공간인가, 어떤 공간이어야 하는가. 여기에 답하려면 즉답을 피하고 근본부터 묻는 자세가 필요하다. 시공간에는 사람이 담기고 사람들은 그 속에서 타인과 관계를 맺으며 삶을 영위한다. 학교도 마찬가지. 그렇다면 학생에게 학교라는 시공간은 어떤 의미인가를 묻지 않을 수 없다. 학생이 학교 공간의 주인으로 가장 우선시되는 것은 학생이야말로 학교의 존립 이유이기 때문이다.

3년 전 평교사로 공모 교장에 나설 때, 어느 저녁 밥상머리에서 중학교 3학년 큰아이에게 물은 적이 있다. "학교는 도대체 뭐 하는 곳이냐?" "놀고 먹고 공부하는 곳이지." 1초의 망설임도 없었다. 놀고 먹고 그 다음에 공부한다는 말의 순서도 놀라웠지만, 학교를 단지 공부만 하는 곳이라 여기지 않는 것에 무릎을 쳤다. '놀고, 먹고, 배운다.' 이것이야말로 학교 안팎을 막론하고 또 아이와 어른을 가릴 것 없이 삶의 본령이 아닌가. 우리 삶과 생활이 이것 말고 다른 어떤 특별한 것으로 채워질 수 있단 말인가.

학생들에게 학교는 이미 단순히 공부만 하는 곳이 아니라 친구들과 잘 놀고 잘 먹고 공부도 하는, 일종의 터전이었다. 곰곰이 생각해볼 것도 없이 지극히 맞는 말이다. 학생들이 하루 중 가장 많은 시간을 보내는 곳이 학교다. 또 가장 다양한 사람을 만나 관계를 맺는 곳도 학교다. 친구뿐 아니라 선배, 후배도 만나고 어른도 만난다. 어른도 종류별로 만난다. 삼촌이나 형 같은 어른에서 아줌마나 어머니뻘 어른까지 모두 만날 수 있는 곳이 학교다. 바쁜 가정에서 놓치기 쉬운, 가장 균형 잡힌 식단을 제공하는 곳도 학교다. 예전엔 가정과 마을이 아이들을 키웠다지만 이젠 학교가 아이들을 키운다. 싫건 좋건 학교는 아이들 생활의 중심지다.

학교가 생활 공간이라면 학생들이 생활하면서 성장할 수 있도록 도구, 기계, 장치 따위의 설비들이 목적의식적으로 그리고 창조적으로 갖춰져야 한다. 학교가 수용 시설 이상이어야 할 이유다. 출처가 기억나지 않는 어느 책에서 읽은 걸 내 식대로 정리하자면, 학교가 갖춰야 할 네 가지 공간이 있다. 모닥불, 우물터, 동굴, 암벽장.

모닥불, 우물터, 동굴 그리고 암벽장

모닥불의 원형은 원시 시대다. 사냥하고 돌아온 사람들과 부족 사람들 모두 모닥불을 가운데 두고 둥그렇게 앉아 있다. 어느 한 사냥꾼이 그날 있었던 모험담을 꺼내 놓으면 모두 귀 기울여 듣는다. 특히 꼬마들의 귀는 더 쫑긋하다. 한 사람이 이야기를 독차지하는 법은 없다. 이 사람 저 사람이 말을 보태 이야기가 점점 생생해지고 풍성해진다. 그날의 경험만이 아니라 쌓여 온 지혜들이 서로 공유되고 어느덧 하나라는 느낌이 저절로 차오른다. 이것이 모닥불 공간이 마련하는 장면이다. 학교로 치면 수업이 일어나는 교실이 되겠다. 모닥불을 맨 앞에 두고, 그 뒤로 사람들이 한 방향으로 모닥불만 쳐다본다고 생각해 보라. 이렇게 어색할 수가. 우리 교실이 그렇다. 교탁을 앞에 두고 학생들은 교사만 일제히 쳐다보고 있다. 이야기가 나눠지는 편하고 신나는 자리보다는 지시와 전달에 적합한 공간 연출이다. 교실은 모닥불 같은 공간으로 디자인되어야 한다. 그런 공간에서 수업은 호기심이 발동해 빠져들고 또 너도나도 참여해 완성되는 모험담처럼 전개될 것이다.

모닥불이 누구나 기웃거려도 되는 열린 공간이라면, 수업 중의 교실은 닫힌 공간이다. 창과 문으로 엄격하게 안과 밖이 단절된다. 더운 날이면 앞뒷문을 열어 놓았던 건 옛일이고 요즘처럼 냉난방기가 빵빵하게 나오고부턴 교실은 더 폐쇄적인 공간이 되었다. 앞뒷문에 손바닥만 한 시창이 있다지만 그것은 감시라는 불손한 의도의 산물이지 개방과 교류를 목적으로 한 것이 아니다. 새 학년 시작 전, 교실 복도 쪽 창을 전격적으로 바꿨다. 아래 반투명, 위 투명 이렇게 2단으로 되어 있던 것을 뒤바꾼 것이다. 교실에서 복도가 훤히 내다보였고 복도에서도 교실이 들여다보였다. 답답한 교실이 좀 더 열리고 시원해졌다. 교사들의 의견을 물으면 관성 때문에 반대가 많을 것 같아 몰래 한 것이 흠이었지만, 다행히 불평하는 사람은 없었다. 소설가의 소설 쓰기나 미술가의 그림 그리기라면 모를까 교장의 업무도, 교사의 수업도 사적 영역이 아니다. 수업은 공무원이 수행하는 공적 업무이고 그것은 존중받아야 마땅하지만 투명할 필요가 있다. 단절된 공간은 단절된 관계를 만들고 밀폐된 공간은 불통을 낳는다.

학교에는 우물터 공간도 필요하다. 예전 우물가 풍경에는 물 긷는 사람, 빨래하는 사람 등이 옹기종기 모여 떠도는 동네 소문과 뒷얘기들이 오가곤 했다. 때로 지나가는 나그네가 마른 목을 축이고 우연한 만남이 낭만적인 인연으로 이어지기도 했겠다. 학교에도 잠시 편하게 머물며 가볍게 친교를 나눌 수 있는 공간이 있어야 마땅하다. 일종의 쉼터다. 비록 양으로 따지면 쉬는 시간은 수업 시간의 1/4, 1/5밖에 안 되지만 학생들에겐 소중하다. 어른들도 누구나 학창 시절 꿀맛 같은 쉬는 시간을 경험했으리라. 그럼에도 교실 밖 복도는 화장실 가고 특별실 가는 이동 통로로만 존재할 뿐, 편히 앉아 옆 반 친구와 얘기할 시설 하나 없이 허전하고 썰렁하다. 학교의 복도는 학생들에게 불친절하다.

소망하건대, 넓은 복도에 학생들이 삼삼오오 편히 모여 앉을 수 있는 소파가 있었으면 했다. 그것도 학생들 수만큼 다 앉을 수 있게 충분히. 역시 걱정하는 사람이 있다. 누가 관리하느냐고, 그 위에서 뛰고 난리 치면 한 달을 못 갈 거라고, 종합하면 '개 발의 편자'라는 반응. 4개를 모아 놓으면 원 모양으로도, 뱀처럼 구불거리게도 만들 수도 있는 원호 모양의 소파를 복도 이곳저곳에 놓았다. 과연 얼마 지나지 않아 학생들은 둥근 소파를 옆으로 세워 시소처럼 타고 놀았다. 창의성을 감탄하며 두고 볼지, '저럴 줄 알았다'는 사람들의 조용한 비아냥에 수긍하고 무슨 조치를 취해야 할지 망설이던 어느 날 이런 쪽지가 붙었다. "소파 이용 안내 : 놀이기구가 아닌 의자입니다. 시소 역할까지 힘듭니다." 그러자 한때 유행처럼 번지던 소파 시소 놀이가 사라졌다. 물론 쪽지 내용의 마지막 구절은 이랬다. "발각 시 소파 파손 배상!"

학교에 필요한 곳으로 동굴도 있다. 동굴은 혼자만의 공간이다. 여간해서 학교는 학생들을 혼자 두지 않는다. 혼자 두면 위험하다고. 그럼에도 간혹 우리는 혼자 있고 싶을 때가 있고 또 성향에 따라 친구들과 어울리다가도 조용히 물러나 혼자 있어야 에너지를 채울 수 있는 사람도 있다. 그동안 학교는 이런 사람들을 배려하지 않았다. 어린이집이나 초등학교 교실에 간혹 '생각하는 의자'가 놓이지만 문제 상황을 위한 것이고 자칫 존중과 자발성이 빠지면 학대를 위한 도구로 변질되기도 한다. 건물 양쪽 끝 복도와 연결되는 계단참에 인디언 텐트 같은 공간을 마련하고 싶었다. 그 안에 양탄자와 쿠션도 놓고 혼자 혹은 두셋이 뒹굴뒹굴할 수 있게. 반대가 여럿 있었고 종국엔 소방 안전상 불가하다는 결론이 내려졌지만, '혼자 두는 건 위험하다'는 우려가 심리 저변에 작동했을 거라는 의심. 어쨌든 학교에서 혼자 있고 싶으면 현재로선 화장실이 최선일지도 모르겠다.

마지막으로 암벽장. 표현은 암벽장이지만 암벽장은 일종의 도전 공간이다. 뭔가 새로운 것을 시도해 볼 수 있고 실패해도 괜찮은 공간. 학교로 치면 음악실, 미술실, 기술·가정실, 컴퓨터실, 도서관 등의 특별실과 운동장 정도가 여기에 해당한다. 그럼에도 학교의 이 공간들은 왠지 모르게 생기가 없다. 도전보다는 안전을 앞세우거나 심지어 안전을 앞세워 도전을 억압하기 때문일 수도 있다. '떠들지 마라, 뛰지 마라, 하지 마라'는 말이 우선시되고 막상 하면 좋을 것과 해도 되는 것들에 대해선 입을 다문다. 창의성은 듣기 좋은 말일 뿐 실제 지침과 행동은 온통 안전에만 매달린다. 최고의 안전은 아무것도 하지 않고 가만히 있는 것이다. 모이지도 않고 어디로 떠나지도 않는 것이다. 그러나 학교는 생존이나 연명을 목표로 할 순 없다. 생존과 연명에서 배움이 일어날 것이라고 기대할 순 없다. 물론 우리 사회는 국가와 기업의 반복적인 안전 경시와 시스템 미비로 쉽게 가시지 않을 외상을 입었다. 그럼에도 이것의 결론이 '안전만 하면 된다'여서는 곤란하다. 안전이 기본인 건 맞지만 모든 것을 집어삼키도록 내버려둘 수는 없다. 안전은 더 멀리 가기 위한 출발점이 될 때 의미가 있다. 안전이 종착점이 되면 아무 변화도, 어떤 성장도 일어나지 않는다. 때로 안전은 모든 비판과 도전을 잠재우는 전체주의적 전략이 될 수도 있다.

"위험하지 않은 놀이터는 좋은 놀이터가 아닙니다. 놀이터는 위험해야죠."* 유럽에서는 안전만큼 '위험'도 놀이터의 중요한 요소로 다룬다고 들었다. 단순히 놀기 위한 장소만이 아니라 '위험'을 경험하기 위한 놀이터, 학교가 안전한 체험에서 멈추는 게 아니라 도전의 경험을 제공하는 공간이었으면 좋겠다. 위생과 안전이라는 이유로 모래 놀이터가 사라지고 있는 현실이 안타까울 뿐이다.

학교 공간이 디자인되고 여러 시설이 존재하는 이유는 거기에 담긴 인간에게 이야기를 제공하기 위해서다. 이야기를 만들어 내지 못하는 공간은 잠시 즐기다 떠나는 유흥지일 뿐이고 부대시설도 그저 소모품에 불과하다. 새로운 이야기에는 새로운 배경이 요구된다. '시설 관리'보다 '공간 디자인'이라는 말에 기대면 새로운 이야기를 시작하기에 힘이 생길 수도 있다.

문제 제기자에서 문제 해결자로

간혹 중앙에 서고 싶은 사람도 있겠지만 교실 한 칸짜리 교장실의 가운데 한 자리를 기점으로 두 줄로 길게 늘어선 소파는 딱 봐도 권위주의적으로 보였다. 좌청룡 우백호처럼 좌 행정실장 우 교감이 앉고 교무부장, 연구부장 등 위계가 분명한 고정 좌석. 쉽게 볼 수 있는 부장회의 자리 배치다. 이런 배치에선 한번 정해진 자리가 끝까지 가

---

* 2013년 방영된 EBS 다큐멘터리 〈놀이터 프로젝트 - 1부 위험한 놀이터로 오세요〉에서 소개된 독일의 놀이터 디자이너 팔크 도르반트의 말이다.

고 좌석의 위치에 따라 발언의 차례나 무게도 차등 배분된다. 의식하지 않아도 자꾸 앉다 보면 그렇게 된다. 첫 부장회의 전에 둥근 정사각형 모양으로 바꿨다. 시집살이하듯 반년은 가만 있으라는 심심찮은 조언에도 용기가 났던 이유는 딱 한 가지. '내 방이라는데 내 맘대로도 못 해?' 첫 부장회의, 몇몇 분들은 말 그대로 몸 둘 바를 몰라 어리둥절해하셨다. 갑작스러운 연출에 부장들은 가타부타 없이 침묵으로 일관했는데, 오직 한 분만 회의가 끝나고 쪽지를 보내 왔다. "부장회의 분위기가 딱딱하진 않았지만 오늘처럼 좋지는 않았어요. 500배 더 좋아졌네요. 감사해요. 마무리 정리 발언 안 해 주셔서 너무너무 감사해요. 왜 교장이 마무리 발언을 하면서 정리하는지 답답했었는데……."

부임 후 교장실 문을 열어 놨다. 애초 열어 놓을 생각은 아니었다. 등교 맞이 겸 학생들에게 부임 인사를 일주일 정도 하고 싶었다. 손팻말도 준비했다. "새로운 교장입니다. 만나서 반갑습니다. 악수·하이파이브, 환영합니다." 그런데 아뿔사, 교문 지도는 없어진 지 오래고 등교 맞이도 따로 하지 않는다고. 이미 만든 손팻말이 아까워 교장실 문을 열어 놓고 손팻말을 걸어 놨다. 이렇게 학생들을 맞이할 곳이 교문에서 교장실 문으로 바뀌었다. 개점 휴업 상태로 사흘쯤 지나 마침내 학생 2명이 열린 문과 팻말을 보고 들어와 하이파이브를 청했다. 이때다 싶어 하이파이브한 손에 초콜릿을 끼워 주었다. 입소문을 타고 학생들이 몰려들었다. 교장실에 처음 들어왔다는 학생들이 많았다. 의외라고 할 수는 없다. 그때나 지금이나 교장과 교장실은 학생과 교사에게 먼 거리에 있고 세상은 교장을 높게 본다. 아직까진 그렇다. 이 때문에 친근해지고 낮아지려고 노력하는, 하지 않아도 될 수고를 해야 한다. 때로 친근함과 격의 없음이 '제스처'나 '쇼'처럼 비치는 것은 아닐지 의식하면 위축되기도, 피곤하기도 하지만 어쨌건 열린 문은 사람을 부른다. 잘하면 사랑까지도.

한 교사가 출근길에 화를 내며 곧장 다가온다. 학교 앞 스쿨존에 지속적으로 차들이 주차되어 있어 차를 가지고 교문에 들어서기가 불편하고 위험하다고 투덜거린다. 걸어서 통근하다 보니 미처 가늠하지 못했는데 고마운 일이었다. 바로 신고하자는 것을 '그래도 학교인데 적어도 한 번은 고칠 기회를 줘야 한다'는 말로 달래 놓고 차량 사진을 찍고 문자를 보냈다. 물론 그 선생님께도 문자 내용과 함께 처리 경과를 알렸다. 이걸로 사안 종료……라고 생각했으나, 대개의 경우가 그렇듯 한 번에 끝나는 일은 없다. 한 차주에게 문자를 보내고 나면 다음 날 다른 차가 그 자리에 주차를 했다. 그 교사도 그런가 보다 하고 넘어가지 않고 아침마다 매번 일러바쳤다. 심지어 다산콜센터에 전화해 과태료를 부과하는 방법까지 알려 주신다. 이쯤 되니 민원을 접수하는 구청 직원이 된 듯한 느낌이 들었다. '시설 관리'라는 말은 그 관리의 책임 주체를 학교장 혹은 행정실장 한 사람에게 쏠리게 하는 묘한 마력이 있다. 그러다 보니 학생들은 물론 교사들도 자신들은 손님이자 소비자로, 교장은 공급자 혹은 서비스 제공자로 여긴다. 본의 아니게 학교장은 학교의 소유주가 된다.

젊은 담임 교사는 고민이 되었다. 교실 앞 칠판 위에 태극기 대신 교육공동체 협약을 걸어 놓아도 되겠냐고 물었다. 참신한 발상. 태극기는 교실 게시물의 기본 옵션으로 의심 없이 늘 그 자리에 있어 왔다. 태극기 대신 공동체 협약? 안 될 일이 무엇이며 오히려 함께 만든 약속이 교실에 더 어울린다. 태극기는 운동장에 있는 것 하나만으로도 충분하다. 그리 길지 않은 대화가 오가고 두 사람은 참신한 생각에 설렘마저 공유하며 헤어졌으나 씁쓸한 기분이 찾아온 건, 그가 교장실을 나가고 나서였다. 젊은 담임은 그런 의도가 아니었겠지만 그는 나를 관리자로 만들었다는 것을 깨달았다. 이런 사소한 것까지 '나는 결정할 수 없으니 교장인 네가 결정하고 책임져라' 하는 그분의 무의식에 나도 모르게 장단 맞췄다는 생각에 이르렀다. 자기 학급 교실에 태극기를 걸지 공동체의 약속을 걸지, 그 선택을 판단하고 허락할 권력을 가진 너그러운 관리자 노릇에 잠시 취했던 것이다. 이렇게 말했어야 했다. "선생님, 교실에 태극기를 달지 공동체의 약속을 달지 그것은 선생님과 학생들이 결정할 수 있는 일입니다. 왜냐면 교실은 선생님과 학생들이 주인으로 살아가는 곳이니까요."

여교사 한 분이 교사회의 때 건의 사항을 올렸다. '남학생 화장실 문이 열려 있어 지나칠 때 안쪽이 들여다보인다, 민망하다. 칸막이를 설치해 달라.' 길거리 바닥에 쓰레기를 없애는 방법은 두 가지다. 하나는 열 발자국마다 쓰레기통을 설치해 맘껏 쓰레기를 버릴 수 있게 한다. 다른 하나는 아예 통을 전부 없애 쓰레기 버릴 틈을 주지 않는다. 전자는 돈만 있으면 손쉬운 방법이긴 하지만 관리와 인력 문제가 뒤따르는 것은 물론이고 결과적으로 쓰레기를 양산한다. 후자는 습관을 바꾸는 방법이어서 정착될 때까지 오래 걸리고 그래서 불편함을 감내하지 못하는 사람들의 저항을 불러일으킨다. 실효성에 대한 회의를 견뎌야 하지만 종국엔 쓰레기를 줄일 수 있다. 칸막이는 손쉬운 발상이고 의식을 바꾸거나 습관을 들이는 것은 주체의 노력, 잔소리와 실랑이를 필요로 한다. 더디 걸릴 수밖에 없는 근본 해결책을 당장 불편하다고 시설이나 장비로 대신하려는 발상이 의외로 잦다.

칸막이는 사지 않았다. 칸막이 대신 쪽지. "문이 열려 있으면 / 다 보입니다 / 다 같이 민망하지 않게!"(앞 글자만 읽으면 '문다다', "문 닫아"가 된다.)

학생들은 엘리베이터를 더 이상 약자를 위한 시설로 보지 않는다. 대부분의 공공 시설과 아파트에 당연하게 있는 편의 시설이다. 간혹 눈치를 주는 교사도 있지만 타고 내리는 데 당당하다. 교실 배식을 하다 보니 점심시간 배식 카트가 엘리베이터로 오르내릴 때 학생들의 이용과 겹쳐 불편하다는 조리사의 건의 사항. 누군가 대신 어떻게 해주길 바라는 눈치다. 결과는 뻔하다. 교장·교감을 통해 학년부장을 거쳐 담임 교사에 이르고 마침내 학생들에게 전달될 때쯤이면 실효성은 제로에 가깝다.

당사자주의. 문제를 느끼는 당사자가 직접 나설 때 문제 해결의 실마리가 비로소 보인다. 누가 대신해 주는 것은 힘도 없을 뿐만 아니라 의존하는 마음만 키운다. 공동체를 구성하는 대등한 일원으로 우리는 그렇게 힘이 없지도 않고 해결 방법이 꼭 돈에만 의존하는 것도 아니다. 다만 의지가 약하거나 게으르고 귀찮아서 불평만 하고 문제만 던지고 자신의 할 일은 다 했다는 듯 가만 있는 경우가 많다. 민주시민은 문제 제기자가 아니라 스스로 문제 해결자로 나서는 사람을 말한다. 조리사들이 하다못해 층마다 쪽지라도 붙이고 학생들의 협조를 구했다면 학생들은 외면하지 않았을 것이라고 믿는다. "13:00~13:20은 배식차가 이동하는 시간입니다. 두 다리가 튼튼하시면 이 시간에는 계단을 이용해 주세요. 도와주실 거죠? 수락중 조리사 일동." 호소력은 위계와 절차에서 나올 때보다 당사자의 진정성에서 우러날 때 커진다.

무주공산에서 주인 아닌 주인 노릇

지금 학교는 무주공산이다. 주인이 없다는 말은 모두가 주인이라거나 먼저 찜하는 사람이 주인이라는 의미도 되겠지만, 안타깝게도 현재로선 교장이 주인 아닌 주인 노릇을 하고 있다, 그것도 아주 잠시.

1학년 5반 선풍기가 고장났어요, 학급에 우산꽂이가 없어요, 화장실에 방향제를 놓아 주세요, 세 번째 철봉 손잡이가 돌아가서 위험해요……. 생활의 불편을 발견하고 시정을 요구하는 것은 바람직하다. 나쁜 아니라 여러 사람의 편리와 안전과 직결되므로 귀찮아해서는 안 된다. 알려 주면 고마운 일이다. 그러나 이 모든 요구의 수신인이 학교장이 될 때, 문제 해결 방법과 경로를 학교장 한 사람으로 한정할 때 학교의 주인 없음을 본다. 이것은 어른들의 잘못이다. 시혜를 베풀 듯 대신해 주고 스스로 모색하고 발견하는 방법을 알려 주지 않는 바람에 우리 학생들은 문제 해결력을 기를 기회를 잃는다.

'TV를 보거나 수업을 들을 때 ㄷ 자 자리 배치가 불편해요, 일자형으로 해 주세요'라는 건의 사항이 교사의 입에서 나올 때 학교의 주인 없음을 본다. 필요하면 그렇게 하는 것이다. 학급과 수업의 주인은 학생과 교사인데 학교장의 허락 따윈 필요 없다. 다만 수업 때 일자형 배치를 결정하기 전에 애써 기억해 볼 만한 지점은 있다. ㄷ 자 자리 배치는 단순한 물리적 배치를 넘어서 함께 공부하고 책임지려는 협력 정신의 구현으로 시작되었다는 점을 간과하지 말았으면 좋겠다.

그리고 보면 학생들과 교사들에게 돌려줘야 할 것들이 많다. 그중 으뜸은 주인 됨의 마음가짐일지 모르겠다. 학교 공간 디자인은 주인 없는 학교에 주인을 만들어 가는 과정, 모두가 주인 되는 법을 익히도록 은밀하게 설계하는 것과 다르지 않다. 그것은 완벽할 필요도 없고 완성을 목표로 하지 않아도 된다. 스스로 선택한 변화와 혁신만 있을 뿐인 공간은 즐거움으로 가득할 것이다.

덧붙임

다음 몇 가지는 어쩌면 더 유용할 수도 있겠으나 어디까지나 덧붙임이다.

하나, 돈은 날벼락처럼 느닷없이 생긴다. 그러니 대비하라. 내가 교장 공모에 지원할 때 공모 요건 중 학교 자체에서 내건 조건이 있었다. 체육관 건립과 방송실 개선에 의지를 갖고 추진하실 분. 제일 난감했다. 학교에 이런 큰돈이 있을 리 없고 어디서든 끌어와야 할 텐데, 인맥도 부족하니 도대체 어디서 재원을 마련한단 말인가. 지나고 나서 보니 돈은 어떻게든 생겼다. 교육감이든, 국회의원이든, 구청장이든, 시의원이든. 문제는 갑자기 생긴 돈을 어디다 쓸 것이냐였다. 미리 대비해 놓지 않으면 아무도 원하지 않는데 교장만 신나고 자랑스러워하는 공사가 벌어지기 십상이다. 평소 널리 의견을 구하고 합의해 놓은 우선순위 목록이 있으면 돈벼락도 무섭지 않다. 그리고 돈줄을 만날 때 유의점. 그들을 돈줄로만 보지 말 것. 최소한 그들이 해 온 일과 하려는 일에 대한 관심과 존중은 기본이고 학교의 요구가 그네들의 공적 업무와 어떻게 만날 수 있는지 알려 줄 수 있다면 금상첨화다.

둘, 우는 아이 젖 줘야 티 난다. 음악실 개선 공사를 할 때다. 많은 돈을 구청에서 어렵사리 얻어 왔으나 정작 음악 교사는 시큰둥

했다. 올해가 5년 차니 곧 떠날 테고 방학에도 학교에 나오며 신경 쓰기 싫다는 속마음. 그러니 큰 것부터 자잘한 것까지 교장·교감과 행정실 담당자의 몫으로 돌아갔다. 결국 해 놓고도 덕분에 좋아졌다는 빈말 한마디도 못 들었다. 역시 여기서도 적용되는 당사자주의. 혼자 앞서 고민하고 대신 나서서 하게 되면 결국 남는 건, 남몰래 토라져 있는 자신의 속 좁은 마음을 확인하는 것뿐. 이런 사태를 피하려면 원할 때까지 기다리자. 아님 교묘하게 원하도록 만들거나.

셋, 최대 다수의 최대 행복. 다 같이 고민하고 다 같이 만들어야 다 같이 활용한다. 사람을 모으고 의견을 조정하는 것이 쉬운 법도 없고 시간도 오래 걸리겠지만 많은 사람이 참여할수록 좋다. 물론 많은 사람의 참여가 특출한 디자인을 보장하진 않는다. 오히려 이 사람 저 사람 의견 듣고 이리저리 매만진 결과, 가장 보통의 것이 될 수도 있다. 그래도 개인의 취향에 따를 경우 내년이나 내후년쯤 촌스럽다며 외면당할 수 있고 몇몇 사람이 결정하면 두 번 공사할 일도 생긴다. 참여한 사람이 많을수록 그 공간에 대한 애정과 만족도는 확실히 올라간다.

넷, 쉽게 돈 쓰면 쓰레기만 만들 수 있다. 넛지nudge로 해결할 수 있는 것을 돈으로 대신하려 하지 말자. 때론 아무것도 하지 않는 게, 천천히 결정하는 게, 새로 사지 않는 게 훌륭한 방법일 때도 있다. 당장 눈앞의 불편함을 견디며 좀 더 숙고하고 더디 가도 괜찮다. 뭔가를 새로 할 양이면 10년까진 너무 길고 최소 5년 뒤에도 여전히 좋을지를 기준 삼아 보자. 붙박이로 하면 나중에 철거하고 폐기하는 데도 비용이 만만치 않다. 아예 빈 곳으로 남겨 두는 것도 고려해 볼 만하다.

|3|

학교 구성원
관련 업무

학교라는 정원을
가꾸는 교장

박지희(2019~2022 서울도봉초 교장)

몇 년 전부터 교대 입학 합격점이 낮아졌다고 소란스럽다. 이젠 교대 합격점이 문제가 아니라 중퇴자들도 늘고 있다. 갈수록 교사 정원이 줄어 임용이 불확실해지는 원인도 있고 불안한 연금 등의 이유도 있다.

'교직 탈출은 지능순이다'라는 말이 있을 정도로 교사들은 학교를 떠나고 싶어 한다. '학교에 있을 때 가장 나답다'라고 생각했던 나도 '운이 나빠서 이상한 일에 엮이기 전에 퇴직해야 하나?'를 고민하고 있을 정도다. 특히 2023년 여름은 더욱 그랬다. 30만 교사들의 분노와 슬픔을 넘은 좌절감, 무력감, 불안감이 분출되어 검은 물결을 이루자 '학교가 저 지경이란 말이야!' 하는 말이 나올 정도였다. 진정한 민원이든 개인적 욕망이든 마구 쏟아져 들어와 학교는 민원 천국이 되어 버렸고 법률 오남용과 기본적인 생활지도마저 교육활동으로 보호받지 못하는, 울타리조차 없는 야생 그 자체였다.

교사는 교육 환경이자 교육 그 자체다. 학생들은 교사의 삶의 태도를 시나브로 배우게 된다. 그래서 교사는 말로 가르치는 것이 아니라 삶으로 가르친다고 한다. 그런데 자신의 생존조차 불안해하며 교단이라는 무대를 떠나고 싶어 하는 교사들이 학생들과 제대로 된 관계를 맺고 제대로 교육활동을 하기는 어렵다. 교사들의 교육활동을 보호하는 법 제도적 장치가 마련되어야 하는데, 오히려 정부의 정책은 교직 탈출의 분위기를 더 키우고 있는지도 모른다.

이상한 교장만 아니면 된다?

공모 교장으로 부임을 앞두고 있던 때, 교사들 모임에서 "선생님, 학교에 어떤 교장이 있으면 좋겠어요?"라는 질문을 던진 적이 있다. 그때 돌아온 대답은 '완전 이상하지 않으면 돼요' 같은 것이 대부분이었다. 또한 이상한 교장보다 차라리 아무 영향도 없는 교장, 존재감이 없는 교장이 낫다는 이야기도 많았다. 좋은 교장에 대한 구체적인 상이나 모델은 별로 없는 데다, 나쁜(개인적 인성의 문제가 아닌) 교장의 영향력은 너무나 세서 그런 말이 나왔을 것이다. 이후에도 한참 동안 이상한 교장에 대한 이야기는 쭉 이어졌다. 이상한 교장은 기억이 오래오래 남아서 그런지도 모른다.

언젠가 나도 심하게 공황장애를 앓은 적이 있다. 아니, 당시는 공황장애인지도 모르고 내가 이상해졌구나 싶었다. 교실에 있으면 마치 외로운 섬에 있는 것 같다는 생각이 들었다. 출근하다가 막상 학교 건물이 보이면 다리가 떨리고 눈물이 났다. 지나고 나서 내가 어떻게 그 시간을 통과했을까 싶을 정도로 지독한 외로움이었다.

학생들 탓도, 학부모 때문도, 폭주하는 업무 때문도 아니었고, 교장이 나 개인을 괴롭혀서도 아니었다. 학교가 돌아가는 데 나의 의견이나 이런 건 하나도 중요하지 않다는 느낌이었다. 학년 배정이나 기타 업무 배정도 무슨 원칙으로 하는지 알 수 없었고 그에 대해 아무도 입을 떼지 않았다. 졸지에 나만 불만분자, 부적응자가 되는 듯했다. 학교는 점점 이상해지더니 성적표나 기타 제출할 일이 있으면 선착순으로 하게 조장했고, 학생들 일기장을 교장이 검사했다. 교장은 수시로 복도나 교실 뒤의 가구를 들어내면서까지 청소 상태를 검사하고 성과급에 반영했다.

더욱 질식할 것 같은 부분은 아무도 문제를 제기하지 않았다는 것이었다. 나중에 만나서 '당시 그랬지'라고 하는 걸 보면서 그들도 인지하고 있었지만 모른 척했다는 것을 알았다. 문제를 제기하던 나를 '아무도 불만 없는데 너는 왜 그래?'라는 식으로 공격해도 모두 고개를 숙이고 외면했었다. 지독한 외로움이자, 나를 포함한 교사들에 대한 환멸감이었다. 작은 조직에서도 민주주의를 외면하고 주인의식이 없는 교사가 아이들에게 어떻게 민주주의를 가르칠 수 있는가. 입으로만 가르치는 우리가 과연 교사인가. 교사 정체성이 흔들리며 학교가 괴물로 느껴지면서 나는 많이 아팠다.

이상한 교장에 대한 이야기를 이어 가니, 교장 임용을 앞둔 나에게 깊이 다가오는 이야기들이 많았다. 자신이 한자를 중요하게 생각해 1학년부터 한자를 가르치게 하고 온갖 한자 관련 대회를 하는 교장, 임상 장학 대상 교사가 수업을 하는데 교사의 부모를 참관시킨다는 교장, 졸업식이나 입학식도 자신이 꿈꾸던 방식을 고집하는 교장 등 개인의 교육철학이나 좋아하는 교육 방식, 개인의 로망을 학교에서 우격다짐으로 실현하려고 한다는 이야기였다. 그중에서 가장 마음에 깊이 박힌 이야기가 있었다. "마치 현재 학교를 그 전에 자신이 근무했던 학교의 분교쯤으로 생각하나 하는 생각이 들게 만드는 교장이 제일 힘들어요. 무척 이상한 것은 아니지만 전 학교에서 중요한 게 우리 학교에서는 중요하지 않을 수도 있는데 말이죠." 구체적인 내용이야 어떻든 간에 내가 가장 경계해야 할 부분이다. 이 자리에서 나온 이야기들은 나중에 내가 교장을 할 때에도 두고두고 때로는 제어 장치 역할을, 때로는 방향타 역할을 했다.

설득하지 못하면 아직은 때가 아니다

이상한 교장만 아니면 된다는 말은 교장들이 교사들에게 받은 솔직한 성적표라는 생각이 들면서도, 교장이 되어 보니 이런 성적표에 내심 억울한 면이 있겠다 싶었다.

교사의 자리에서 보이지 않던 교장의 업무는 생각보다 많았다. 교장은 교사만 상대하는 것이 아니라 학생들, 학부모는 물론 학교에서 일하시는 모든 사람들과 관계 맺는다. 서로의 관계를 조율하는 일이나 학교의 모든 사람과 시설, 그리고 교사들이 학생들과 교육활동을 하도록 세팅하는 일에 교장은 직간접적으로 참여한다. 어떻게 보면 그림자 노동을 하는 존재다. 그렇게 애쓰면서도 이런 평가를 받는 원인 중에 하나가 학교에서 충분한 토론과 설득의 과정이 부족한 탓이 아닐까 생각했다.

어떤 것을 교장으로서 제안하거나 방향을 잡아 나갈 때 설득하지 못하면 아직은 때가 아니라고 판단하고 설득의 과정을 더 가져야 한다. 설득은 쉽지 않다. 특히 학년 배정이나 인사 배정 방식을 정하는 것이나, 학교의 중점 과제나 교육과정, 그것들을 실현하기 위한 학교 시스템 만들기 등은 짧은 회의를 통해서 모두가 납득하고 동의하기가 쉽지 않은 문제다. 이런 논의를 위한 위원회를 잘 조직하고 운영하는 것도 매우 중요하고 기본적인 일이다. 하지만 교장 나름대로 학교 실태 분석도 하고, 작은 이야기 자리나 큰 이야기 자리 등을 통해 구성원들의 생각도 들어 보고, 서로의 생각을 맞춰 보는 섬세한 과정이 있어야 한다.

예를 들어 인사위원회에서 학년 배정 원칙을 정할 때 원칙의 우선순위를 정하는 것처럼 말이다. 기존에 있던 교사들은 무조건 점수순으로 하자고 하지만, 학년 순환이나 중임 배정이 우선적 원칙으로 자리 잡지 못하면 신규 교사나 전입 교사는 2~3년 동안 기피하는 학년이나 업무를 맡게 된다. 학년 점수가 높은 교사들에게 절대적으로 유리하고, 많은 학교에서 학년 점수 누적제를 적용하기 때문에 현재 학교에서 오래 근무한 교사는 절대 권력이 된다. 또 '선생님들이 특별한 이의가 없으니 합의된 것이다' 하며 일을 진행시키면 교사들은 동의되지 않았다고 느낀다. 교사들이 말을 하지 않으면 까닭이 있다고 생각해야 한다. 교사가 학교의 중요한 주체임을 깨닫게 하는 것은 설득의 여부이다. 회의를 자주 해도 아무도 말하지 않는 회의, 몇몇 부장들만 동의하거나 발언하는 회의는 사실 설득의 과정을 거치지 않는 것과 같다.

그래서 교장은 민주적인 시스템을 갖추는 것도 중요하지만 그것들이 잘 작동되는지를 점검해야 하고 꼭 공식적인 회의뿐만 아니라 다양한 규모의 만남에서 다양한 이야기를 들을 수 있도록 해야 한다. 또 교사들이 익숙한 공간이나 단위에서 한 이야기들을 주의 깊게 들을 때, '학교가 내가 말한 것을 이렇게 소중하게 생각하는구나' 하는 느낌을 받고 주인의식을 갖게 된다.

그리고 어떤 과제나 방식에 대한 설득이 안 되면 아직 그것을 전면적으로 할 시기가 아님을 받아들이고 규모나 방식을 수정해 설득해야 한다. 설사 그 일이 아무리 좋은 것이더라도 교사 스스로 받아들이지 못하면 학교라는 조직에서 소외감을 느끼게 된다. 소외감을 느끼고 있는 교사들은 더욱 설득하기 어려워진다.

학교라는 정원의 정원사로서의 교장

교사가 바꿀 수 있는 것은 작은 교실 한 칸이지만, 그 교실을 구체적으로 바꿀 수 있는 것도 교사뿐이다. 학교를 교육적 공간으로 변화시켜 나가기 위해서는 교사를 교육 전문가로 성장하게 하고 그 교사들이 학교나 교육 전체를 볼 수 있어야 한다. 그럴 때 학교가 변하고 교육이 변한다. 이런 교사 성장을 가져오기 위해서는 학교 내 교사 성장 시스템을 점검해야 한다.

아파트에서 살면서 작은 꽃밭이라도 가꾸고 싶었다. 어린 시절 고향 마당의 화단을 내가 거의 도맡다시피 가꾸었기에 잘 키울 자신이 있었다. 그런데 그렇게 잘 자라던 꽃이나 나무도 내 아파트로 오면 1년을 못 넘기고 죽었다. 식물이지만 죽이는 것도 죄책감이 들어 다

포기했을 때, 아픈 엄마가 우리 집에 몇 개월 사셨다. 퇴근해서 집에 가면 엄마는 어떤 날은 베란다에 선풍기를 틀어 놓고 계셨다. 왜 사람도 없는 베란다에 선풍기를 틀어 놓냐고 물었더니 식물은 바람이 키우는 거라고 했다. 자연 바람이 잘 닿지 않는 베란다, 특히 하루 종일 사람의 들락거림도 없는 베란다는 공기 순환이 되지 않아 꽃들이 무른다고 했다. 어떤 날은 화분 배치를 이리했다 저리했다 하셨고, 어떤 날은 화분마다 다 다른 지지대를 해 놓으셨고, 어떤 것들은 뚝 떼어 창틀에 걸어 놓기도 하셨다.

　허리도 아픈데 왜 자꾸 옮기냐고 하니까 "누가(식물) 누구 땜에 몸살을 앓아서 떼어 놓고, 누구는 햇빛을 좋아하는데 그늘져서 자리 바꾸고, 누구는 밤에는 햇빛을 안 받아야 하는데 거실 빛이 보이니 구석으로 옮기고, 누구는 꽃대가 길게 뻗으니 지지대를 여러 곳에서 받쳐 주어야지" 하셨다. 엄마는 식물에 관한 공부를 한 적도 없는데 어떻게 그런 걸 아냐고 물었더니, "늙어서 시간 나니까 자꾸 그것만 들여다봐서 그러지. 젊었을 때는 뭘 꽃이 언제 피었다 지는 줄도 몰랐다" 그러셨다. 그렇다. 들여다보고 들여다보면 보인다. 교장으로서 학교라는 정원을 들여다보고 또 들여다보면, 보이는 것들이 있다.

학교 정원에 가장 급한 것은 경계와 거리

　학교 조직을 하나의 정원이라 보았을 때, 정원에는 적당한 물, 좋은 토양, 적당한 빛이 필요하지만 특히 현재 상황에서 절대적으로 필요한 것은 바람이다. 바람이 통하려면 각 주체들 사이에 적당한 거리를 만들고 경계를 분명히 해야 한다. 그렇게 교사들이 자기 성장을 할 수 있는 환경을 만들어 주는 능숙한 정원사가 교장의 역할이라고 생각한다. 보호자들의 지나친 학교 참여나 요구, 학교의 지나친 통일화와 행정적 규율 및 업무가 교사를 옴짝달싹 못 하게 하거나, '모든 반이 같게'라는 학년 통일 문화가 강하면 학교 정원에서는 절대 아름답고 풍성한 꽃을 볼 수 없다.

그래도 교사에게 필요한 거리와 경계를 생각할 때 가장 먼저 떠오르는 것은 민원 문제다. 학교 또는 교사에게는 말 그대로 시도 때도 없이 학부모들의 민원이 밀려온다. 이게 민원 사항인지 아닌지도 모르는 민원도 많다. 그것도 수업 시간에 전화하거나, 담임 교사가 전화를 받지 않으면 교장실이나 교무실로 전화한다. 자주 나오는 교권 침해 사례 중 하나가 시도 때도 없는 전화와 문자다. 심하게는 교사의 카카오톡 프로필 사진까지 간섭하려 든다는 사례가 아주 드문 이야기도 아니다. 민원인가 하소연인가 하는 의구심이 드는 민원들이 절대다수인 것도 사실이다.

개인 전화로 연결되는 민원을 수시로 모두 처리하게 할 게 아니라, 정식 민원 창구를 만들어야 한다. 그래서 반드시 해결해야 하는 것들은 정확하게 자신을 밝히고 어떻게 어떤 방식으로 문제를 해결했으면 하는지를 글로 정리하게 한 민원 창구를 만들어 일정한 거리와 경계를 지어야 한다.

또, 학교 내 관계에서 거리와 경계를 무시하고 교사를 옥죄는 것이 있다. '이거 이렇게 해야 해, 그래 왔으니까' 하는 식의 그 학교만의 교육 방식이나 관행들도 학급과 교사의 경계선을 쉽게 넘는다. 적당한 경계와 거리는 다양한 주체들의 이해와 요구가 모여 있는 학교 조직에서도 매우 필요한 요소다.

교사에게 안전한 지지대가 필요하다

흔들림 없이 피는 꽃이 어디 있냐는 말도 있지만, 꽃마다 감당할 수 있는 흔들림의 정도가 다르듯이 교사도 모두가 똑같은 강도의 흔들림을 감당할 수 있는 것은 아니다. 더구나 아무 지지대 없이 혼자서 흔들림을 버티게 하면 쓰러지기가 쉽다. 결국 쓰러지는 나무가 그 옆의 나무를 덮치듯, 감당하지 못해 주저앉는 교사는 그 본인에게도 안타까운 일이지만 학생들의 배움과 성장에도 큰 영향을 미친다. 교사들이 수업이나 생활지도의 모든 것을 혼자 감당하지 않도록 적절한 받침대를 세워 주어야 한다.

어느 학급에서 한 아이가 수업 방해를 심하게 하고 점점 폭력성을 띤다고, 도와달라는 요청이 왔다. 1학년 때부터 문제 행동이 잦던 소민이가 있는 학급이다. 학년이 올라가면서 문제가 점점 심해지자 소민이를 맡는 교사도 부모도 어찌할지 모르겠다고 했다. 생활위원회를 열어도 되겠냐고 물었더니 좋다고 했다. 먼저 교장, 교감, 담임, 상담 교사가 모여 소민의 학급 생활에 대한 이야기를 들었다. 수업 내내 엎드려 있다가 소리를 지르는 소민이 때문에 수업의 맥이 끊기고, 그런 소민이에게 '조용히 하라'고 하는 친구를 때리고 갈등이 심해지면 소민이는 교실을 뛰쳐나간다고 했다. 야외 활동을 하면 자신이 꽂히는 것에만 몰두해서 잃어버릴 뻔한 적도 있다고 했다.

소민이는 왜 집중하지 못하고 화를 내고 친구들과 갈등을 만드는

지를 파악하기 위해 상담 교사가 학급에 들어가 며칠간 행동을 관찰했다. 지역사회교육전문가는 소민이의 가정 환경에 대해 조사하고 부모와 사전에 만나기도 했다. 그 과정에서 소민이가 이전 학년 때도 너무 산만하여 종합 심리 검사를 받은 것을 알았다. 종합 심리 검사 결과서를 본 결과, 심리 검사를 받고도 부모가 왜 아무런 조치를 취하지 않았는지도 알게 되었다. 학교에서는 ADHD가 염려되어 검사받게 했는데, 병원에서 ADHD는 아니라는 판정이 나오자 더 이상 조치하지 않은 것이었다.

그런데 종합 심리 검사 결과에는 소민이의 인지 기능이 상당히 떨어져 있다는 소견이 있었다. 특수 선생님과 검사 결과지를 다시 검토했는데, 아이는 심각하게 인지 기능이 떨어져서 수업에 집중할 수가 없었을 것이라는 판단을 할 수 있었다. 담임 교사, 지역사회교육전문가, 상담 교사, 특수 교사가 상담위원회를 구성하여 부모를 불러서 종합 심리 검사 결과를 함께 해석하고 특수학급 입급을 권했다. 부모는 선선히 동의했고 소민이를 특수반에 입급시켰다. 이 과정 자체가 단지 민원을 해결하고 아이를 특수반으로 보내는 방안을 찾은 것이 아니라, 학급이나 학생을 제대로 돕기 위해 좀 더 세심하게 들여다보고 진단하고 해결 방법을 같이 찾는 것이었다. 그럼으로써 교사도 '아이 때문에 힘들다'를 넘어 '저 아이를 어떻게 돕고 어떻게 이끌 것인가'를 배우면서 교육력이 커지는 시간이었다.

이런 과정에서 전문가들의 협업이라는 버팀목이 필요할 때가 있다. 특히 생활지도에 있어 특이한 행동을 보이는 학생에 관한 문제는 더욱 전문가들의 관찰과 진단과 협업이 필요하다. 그래서 학교에 작업치료사나 행동치료사가 필요하다는 이야기들이 많이 나온다. 더구나 힘든 학생이 있는 학급에는 담임을 보조하라고 협력 교사나 보조 교사를 배치하는 경우도 있는데, 교육학을 전공한 교사도 다루지 못하는 특별한 학생을 협력 교사들이 맡는 것은 학생에게 도움이 되지 않는다. 전문가들이 학습에 대한 태도, 학생들 간의 관계, 교사와의 관계 등을 살피고 협의와 토론을 하면서 교사와 가정과 함께 문제를 풀어 나간다면 교사의 교육력이 성장하는 기회가 된다. 이렇듯 교사들의 교육력은 연수나 공부를 통해서도 자라지만 구체적인 문제를 합리적으로 해결하면서도 자란다. 지지대의 도움을 받지만 결국은 자기 동력으로 성장한다.

교사들끼리 지지대와 버팀목이 되어 주기도 한다

신규 교사들이 받는 임상 장학을 할 때, 공개 수업 대신 수업이나 생활지도에서 부딪히는 문제를 함께 공론화하여 이야기하는 자리를 만든 적이 있다. 먼저 임상 장학 대상 신규 교사들에게 현재 부딪히는 문제들에 관해 장학 요구서를 쓰게 했다. 그것을 전교 교사들에게 공개하고, 임상 장학 날에 도움을 줄 교사들은 모두 참여하게 해서 신규 교사들이 부딪히고 있는 문제를 꺼내 놓고 이야기했다. 다음 해부터는 장학 요구 사항을 패들렛에 공개해, 선배 교사들, 동료 교사들이 도움말이나 도움 자료를 올려 주기도 했다.

"숙제를 끝까지 안 하고 버티는 아이가 있어요. 선배님들의 이야기를 듣고 싶어요."

"아이 문제로 전화했다가 보호자가 자신의 처지를 지나치게 하소연하며 1~2시간씩 전화 통화를 이어 가는데 어떡하죠?"

"아이들 학습 결과물들을 잘 정리해서 스스로 자기 점검을 하게 하고 싶은데, 선배님들 교실 가면 깔끔하고 질서정연한데 우리 교실 보면 한숨이 나와요."

이렇게 사소하지만 자신을 위축시키고 있는 여러 문제들이 나왔고, 선배 교사들은 다양한 이야기로 답해 주고 임상 장학을 하는 날은 그 아이나 보호자를 만났던 선배들이 다양한 방안을 이야기하기도 했다.

이렇게 하니 임상 장학 대상자인 후배 교사들도, 그리고 선배 교사들도 배움이 있는 자리가 되었다. 그 이후가 더욱 흥미롭다. 이 패들렛에는 임상 장학 교사들만이 아니라 교사들의 다양한 교육적 고민이 올라오게 됐다. 누구든 의견이 있으면 보태고, 나중에는 학교 내에서 특정 교사를 찾아가 이야기를 듣고 자료를 얻어 오기도 했다. 어느새 교사들은 서로에게 지지대가 되어 주고 버팀목이 되어 주면서 공개 수업이 아니라도 각자의 교실이 열리는 것을 경험하고 있었다.

교실을 넘어 학교를 보고 교육을 보는 교사로

반 매넌은 《가르친다는 것의 의미》에서 이런 말을 했다. "교사는 어떤 상황을 교육적으로 만들 줄 알아야 하고 그가 처한 상황에서 교육할 줄 알아야 하며 그로 인해 학생이 뭔가를 배울 수 있게 하는 사람이다."

교육은 비예측성, 개별성, 역동성이 기본이다. 이것을 이해하지 못하면 기능적으로 문제를 해결하다가 끝난다. 교육과 양육은 아이에게 귀 기울이고 반응하는 과정에서 나온다. 아이들이 '이게 뭐야?' 하는 질문을 하고, 거기에 대답하고 다시 질문하는 과정에서 아이들은 자신과 사물과 세상의 관계를 이해하고 자신과 사물과 세상의 연결을 이해한다. 배움은 궁금함에서 시작되고 궁금함은 세상에 대한 마음 열림에서 시작된다. 교사의 역할은 관계에서 들어가기, 나오기, 거리 두기를 적절한 때에 적절한 양으로 하는 것이다.

수업이란 교과서 내용을 안다고 가르칠 수 없다. 어떻게 학생을 볼 것이며 학생들에게 필요한 것은 무엇이고 학생들이 수용할 수 있는 배움 방식은 무엇인지를 고민해야 한다. 교사들이 매년 만나는 학생들은 나이도 다르고 삶의 배경도 다르고 문해 환경도 다르다. 묵은 수업 기술로는 현재의 학생들에게 배움을 주지 못한다. 실제로 교실 수업을 해 보지 않은 사람들은 모른다. 한 시간 수업을 한다는 것은 결코 교과 내용만 진행하는 것이 아니다. 다양한 상처를 안고 있는 학생들을 보듬고 '수업을 살아가는 것'이다. 자기 의지와는 반대로 억지로 책상 앞에 앉혀진 학생들이 대부분이다. 학생들을 어떻게 볼지, 그들이 처한 환경은 어떤지, 자신을 꾸준히 연찬하고 성찰하지 않으면 안 된다.

그래서 교사들도 끊임없는 배움 과정이 필요하다. 교사 성장에는 단계가 있다고 한다. 어떻게 가르칠 것인가에 몰두하는 단계, 무엇을 가르칠 것인가를 생각하는 단계, 왜 가르치는가를 고민하는 단계다. 왜 가르치는가를 생각하는 단계에 이르면 학급만이 아닌 학교, 교육 생태계를 생각하는 단계에 이른다고 한다. 그렇게 교사를 배움으로 이끄는 시스템이 교원학습공동체다. 그런데 언젠가부터 교원학습공동체도 그저 건조한 회의처럼 진행되거나 형식적인 모임에 그치고 있다. 그렇게 된 원인에는 교원학습공동체의 핵 역할을 해 줄 중간 활동가를 키우지 못한 점도 있다. 현재 교원학습공동체가 그나마 내실 있게 운영되는 모임을 보면 반드시 핵 역할을 하는 누군가가 있다. 교원학습공동체를 제대로 만들고자 한다면 연결점이 되어 줄 중간 활동가를 의식적으로 키울 필요가 있다.

구체적인 전문성과 권한을 발휘해야 할 때

리더는 낮은 자리, 뒤에만 있는 자가 아니다. 필요하면 앞에 설 때도 있어야 한다. 방향을 잃었을 때는 방향을 제시해 주어야 하고, 때로는 아주 구체적인 데서 전문성을 발휘해야 할 때도 있다.

구체적인 전문성을 발휘해야 하는 대표적인 경우가 교육과정이나 학생들에 대한 해석, 수업에 대한 것들이다. 교육과정은 학교 운영의 핵심인데 교육과정을 수립하고 구체적인 방향을 정하는 것은 그 학년과 담임 교사들의 몫이라는 인식이 있다. 그래서 어떤 교장들은 교육과정 수립을 위한 토론회나 교무회의 때 슬그머니 자리를 뜨기도 한다. '중요한 모임/회의가 있어서', '중요한 결재가 있어서', '자리를 피해 주는 것이 활발한 토론에 도움이 될 것 같아서' 등 자리를 뜨는 이유는 다양하다.

그럴 때마다 교사들은 교장에게 중요한 일과 교사에게 중요한 일은 다르다는 생각을 하게 되고, 이후에 교육과정 운영에서도 교장의 지도에 대해 간섭이라는 생각이 들면서 소통이 불편해지게 된다. 중요하다고 생각하는 것이 같아야 바라보는 지점이 같아진다. 학교 상을 설정하고 학교의 조건과 환경, 학생들의 상태나 수준에 대해 토론하며, 중심 과제를 도출하고 이를 실현할 학년 교육과정을 만들어 내는 데 교장은 교사보다 먼저 고민해야 한다. 때로는 토론도 이끌고 필요한 연수를 제안하여 배치하면서 교사들과 공동으로 교육과정을 책임진다는 생각을 가져야 한다. 그래야 교장에게 교육과정에 대한 구체적인 지도력이 생긴다.

'교장 선생님, 이런저런 수업을 해 보고 싶은데 같이 이야기 나눌 수 있어요?' '우리 학년 온작품 책 선정했는데 어떻게 접근해야 하는지 함께 의논해 주세요.' '학교 글쓰기 공책을 활용하려는데 학급에서 구체적으로 어떻게 활용하면 좋을지 같이 의논해요.' 이렇게 교사들이 나에게 수업이나 생활지도에 대해 같이 의논하자고 요청할 때가 있었다. 평소에 관심 있는 주제도 있었지만, 새로운 주제여도 마치 과제를 받은 학생처럼 주제에 대해 미리 공부해서 협의회에 참여했다. 교장이 당장 구체적인 것을 제안하지 않더라도, 구체적인 전문성을 갖고 함께했을 때 학교가 교사들의 배움터가 되고 교사들은 성장한다.

이런 역할만 하면 좋겠지만, 교장의 권한을 발휘해야 하는 순간도 있다. 가장 마음 아픈 순간이지만 그것을 감당해야 리더다. 교사뿐만 아니라 행정실이나 학교에서 일하는 사람들이 자기 본분을 다하지 못하거나 1인 역할을 하지 못할 때면 참으로 곤란하다. 하지만 그런 불편한 이야기에 대해서도 교장의 생각과 요구 사항을 분명히 하고 설득할 필요가 있다. 학교는 온정을 베풀지 않아야 할 때 온정을 베풀어 오히려 열심히 일하는 사람들을 맥 빠지게 하는 경우가 있다. 교사도 마찬가지다. 가령 담임을 맡을 수 없을 정도로 심하게 아픈 교사를 교과로 돌리거나 업무팀으로 돌리면, 교과나 업무에서 다른 교사들을 지원하는 일을 제대로 하지 못할 수 있다. 그렇다고 교장에게 이들을 법적으로 조치할 권한을 주는 것은 위험하다고 생각한다. 그렇게 되면 학교라는 공동체에서 교장은 교사를 지도하고 지원하는 자가 아닌 감시자가 될 가능성이 높기 때문이다.

또한, 교장이 교사들과 교육과정과 수업에 대해 논의하려면 수업 속 학생을 알아야 한다. 운동장에서 만난 학생들의 모습과 수업 속에서 만난 학생들의 모습은 매우 다르다. 학생들의 수업 수행력이 어떤가를 알아야 수업과 교육과정에 대해 이야기하면서 교사와 함께 학교가 맞춤형 교육활동을 할 수 있다. 그래서 수업을 참관하거나 직접 수업을 하기도 한다. 교장이 수업을 보는 것은 수업 속 학생들의 수행력과 실태를 파악하는 것이다. 학생들이 겪고 있는 난관은 무엇인지, 제일 부족한 것은 무엇인지, 어떤 방식의 수업이나 활동을 좋아하는지 파악하면서 교육과정의 방향이 나온다. 교장이 함께 학생들을 관찰하고 파악하지 않으면 수업이나 교육과정은 온전히 교사 몫이 된다.

교사를 올곧게 서게 하는 힘

학교란 학생의 배움과 돌봄, 그리고 성장을 견인하는 곳이다. 그중에 큰 축은 돌봄이다. 신체적, 정신적, 정서적, 인지적, 그리고 관계에서의 돌봄을 말한다. 학교는 또한 배우는 기쁨이 넘쳐야 한다. 배운다는 것은 모르는 것을 알아 가며, 그 앎이 단순한 낱개의 지식을 얻는 것이 아닌, 내가 어떤 사람이고 내가 어떤 것들과 관계하며 살아가는가를 깨우치는 과정이고 기쁨이어야 한다. 그러면서 제대로 된 학습 활동을 통해 성장하는 기쁨을 느낄 수 있어야 한다. 학생들의 돌봄과 배움과 성장이 가능해지려면 교사도 학교라는 시스템과 관계 안에서 돌봄을 받고, 배움을 겪고, 그 과정에서의 성장이 있어야 한다.

소진되어 가며 겨우 버티고 있는 교사에게서는 학생들 역시 온전한 배움과 성장을 경험할 수 없다. 교사들의 배움과 성장이 있는 학교는 어떤 학교여야 하며 교장은 어떤 역할을 해야 하는지는 여전히 또렷하지 않다. 교사가 행복할 때, 스스로 조직의 구성원임이 자랑스러울 때 힘들지만 그 힘든 산을 넘어갈 에너지를 갖는 것은 아닐까 생각한다.

나는 혁신학교 경험이 10년이 넘었다. 혁신학교 교사로, 또 교장으로 지내면서 그 어떤 학교에 있을 때보다 바쁘고 힘들게 지냈다. 그런데 행복했다. 그동안 근무했던 학교들은 세상에서 말하는 그런 편한 학교는 아니었다. 기초학력도 낮고, 정서적 돌봄이나 생활 돌봄을 해야 하는 학생들도 많았다. 코로나19 시기에는 어느 학교보다 일찍 실시간 온라인 수업을 했고, 곧이어 전면 등교로 전환하기도 했다. 또, 방학 내내 온라인 독서교실이며 수시로 열리는 수업 나눔과 협의회, 학부모 공개 수업을 수업 축제 방식으로 하기도 했다. 그런데도 교사들도 나도 행복했다.

정년을 1년 앞둔 선배 교사가 어느 자리에선가 그랬다. "난 행복하다. 우리 학교에서는 누가 어떤 말을 하든 모두가 귀 기울여 준다는 생각이 들었다. 나도 늘 많은 일을 벌이고 다양한 활동을 했지만, 나에게 잘하고 있다는 피드백이 있고 내 교실로 후배들이 찾아오고 하는 과정에서 자긍심이 올라갔다."

교사들은 힘들다. 하지만 행복한 교사들은 힘들어도 무너지지 않는다. 교장이 이상한 사람만 아니면 된다는 낮은 수준의 기대치를 받아도, 그리 좋은 성적표는 못 받더라도, 학교라는 정원에서 꽃을 활짝 피우는 데 교장의 역할은 작지 않다.

따듯한 교육공동체를
만드는 힘

문지연(2021~2024 현재 서울 삼각산고 교장)

　학교는 학생들에게도 교사들에게도 안전한 곳이 되어야 한다. 모든 구성원이 존중받고 지지받고 있다고 느낄 수 있어야 한다. 사람들이 모이는 곳에 늘 크고 작은 문제는 생기기 마련이다. 학교는 소통과 협력으로 문제를 함께 해결해 나가는 교육공동체가 되어야 한다. 존중과 지지, 소통과 협력은 공동체를 튼튼하게 하는 가장 중요한 덕목이라 생각한다. 교육이 서비스로, 학생과 학부모가 소비자로, 학교가 시장으로 인식되고 있다. 이에 따른 지나친 민원과 학교의 법정화로 인해 교사들의 피로감은 가중되고 교육활동조차 위축되고 있다. 이러한 상황을 해결하기 위한 다양한 해결책이 모색되어야 하겠지만, 근본적인 해결책은 학교가 따듯한 교육공동체로 거듭나는 일일 것이다. 따듯한 교육공동체를 만드는 힘, 특히 교장이 든든한 동료로서 함께 힘을 쏟아야 하는 일들에 대해 생각해 본다.
　수업과 학생 지도, 각각의 업무로 틈 없이 바쁜 교사들을 대신하여 교장이 학교의 전체 일정을 긴 호흡으로 보며 적절한 시기에 미리 챙기고 함께 일하면 학교의 일들은 훨씬 부드럽게 진행된다. 문제는 그러한 일이 간섭이나 질책, 관리로 받아들여지기 쉽다는 것이다. 교장의 일이 교사를 지원하고 교사들과 함께하는 것이 되기 위해서는 일상적 소통, 튼튼한 신뢰 관계가 필요하다. 민주적 형식을 갖춘 공식적인 회의들이 그 내용을 잘 채워 나가기 위해서도, 학교 민주주의의 실현을 위해서도 결국 교사공동체의 소통과 협력의 문화가 바탕에 있어야 한다. 그 튼튼한 관계, 그 따뜻한 문화를 어떻게 만들어 갈 것인가? 교장은 무엇을 할 수 있고 또 해야 하는가?

따듯하게 말 걸기

"주말에 좀 쉬셨어요? 지난주에 너무 힘드셨죠?" "내일 특강 준비는 잘 되어 가셔요? 뭐 도와드릴 것은 없어요?"

아침 교문 맞이는 학생들 얼굴을 보는 기쁨도 있지만 교사들과 얼굴을 맞대고 짧게라도 인사를 나눌 수 있는 귀한 시간이기도 하다. 아침 출근길의 짧은 대화들은 관계 형성에도 도움이 되고 실제로 일의 진행 상황을 파악하는 데도 도움이 많이 된다. 가끔은 먼저 이야기를 걸어오는 분들도 있다. 짧은 이야기일 경우에는 교장실에 내려오기보다는 이렇게 만났을 때 하는 것이 서로에게 편할 수 있다. 다만 주의할 것! 교사들에겐 조회, 혹은 1교시 수업이 있다는 것을 잊으면 안 된다는 것이다.

교장 발령 전 가까운 친구이자 동료 교사였던 분이 전해 준 교사들의 마음을 얻을 방법에 대한 조언이 있다. "적절한 타임에, 아주 구체적으로 선생님들께 고마운 마음을 전하세요." 어떤 때는 "지금이 고3 담임들 생기부 업무 마감하고 한숨 돌릴 때예요. 3학년 담임들에게 커피 쿠폰 같은 것이라도 돌리시면 어때요?" 이런 조언을 해 주기도 했다. 결재권자인 교장은 학교에서 일어나는 크고 작은 일들의 진행 과정을 잘 파악할 수 있는 자리에 있다. 그때그때 메모를 해 두고 행사가 끝나면, 혹은 어떤 업무가 끝나면 놓치지 않고 감사의 메시지를 보내려 노력한다. 예를 들어 학력 평가 담당 교사에게는 "오늘 학력 평가 운영하느라 고생하셨어요. 성적 처리 때문에 늦게까지 남아 계시는군요. 고맙습니다" 하는 것이다.

2023년부터 학교 예산에 교직원 생일 선물 비용을 편성할 수 있게 되었다. 선물을 무엇으로 할지, 어떻게 전달할지 고민이 많았는데, 커피 카드를 구입해서 전달하기로 했다. 우리 학교 혁신부장이 생일을 맞은 교직원의 책상 위에 편지와 선물을 함께 놓아 두면 좋을 것 같다는 의견을 주셨다. 그런데 100명 가까운 분들에게 편지를 어떻게 쓰지? 너무 부담스러워서 그냥 월별로 축하 시를 골라 색지에 인쇄해 커피 카드 봉투에 넣어 드리는 방법을 택했다. 5월까지는 시만 전달했는데, 6월에 고른 시가 좀 짧기에 시 아래 간단한 축하 인사를 덧붙였다. 하다 보니 조금씩 짧은 편지가 되어 갔다. 품이 좀 들기는 하나 한 분 한 분 떠올리며 마음을 전하는 이 시간이 오히려 나를 위한 시간, 내 마음이 따뜻해지는 힐링의 시간이 되고 있다. 짧게 집중해서 교직원 모두를 한 분씩 만날 수 있는 아주 좋은 기회이기도 하다. 가끔 답시를 주시거나 고맙다는 메시지를 전달해 주시는 분도 있다.

토닥토닥, 함께하기

"샘~ 생일 축하드려요. '그래도 삼각산고 아이들은 행복해요'라고 말할 때 샘의 맑은 얼굴과 따스한 음성이 참 많은 위로가 되었습니다. 성과에 집착하게 되는 인문계 고등학교 고3 교무실에서 공부 잘하지 않아도 주눅 들지 않고 사는 아이들 예쁘게 봐 주시는 모습이 참 좋습니다."

지난해 3학년 담임 교사 중 한 분께 쓴 생일 편지다. 입시 결과로 모든 것이 평가되는 한국의 현실에서도 학생들의 '정상적인' 삶을 보듬어 가는 교사들이 있다.

학부모 입시 설명회, 대학별 설명회, 면접반 등 학교 진학 지도 프로그램을 이끌어 가는 바쁜 일상에서도 밴드부 학생들의 버스킹 공연을 도와주고, 관련 교과가 아님에도 스포츠클럽 학생들을 인솔하여 주말 경기에 시간과 에너지를 기꺼이 내주는 교사가 있다. 학생들이 행복하고 다양한 영역에서 성장하도록 적극적으로 지원해 주는 것이 교사의 일이라 생각하기 때문일 것이다. 그 마음을 헤아리고 가능한 한 함께하려 노력한다.

덕분에 지난 5~6월에는 주말마다 스포츠클럽 학생들의 축구 경기와 농구 경기를 보기도 했다. 마음으로 토닥토닥, 교사들이 애써 마련한 자리에 함께하며 고맙다, 애쓰셨다 말씀드린다. 땀 흘리며 뛰어다니는 아이들 모습이 너무 멋져서 이렇게 말을 건넸다. "그런데 저 친구는 다른 학교생활도 저렇게 열심히 하나요?" "농구할 땐 저렇게 날아다니는데 수업 중에는 잠만 자네요." "아이들이 빛날 수 있는 기회를 가능한 한 학교가 많이 만들어 줘야 하는 것 같아요. 우리가 좀 힘들더라도……." 내 말에 "그래도 교사도 살아야죠" 하며 바로 경계 태세에 돌입하는 것을 보면, '아, 나는 결국 교장이구나' 싶기도 하다.

새로운 관계를 만드는 시간, 새로운 시각에서 바라볼 기회

2월과 3월은 새로운 관계를 만드는 시간이다. 전입 교사들을 최대한 환대한다. 착임계 쓰는 날, 혁신부에서는 학교협동조합 매점 선물 꾸러미를 준비한다. 교무부에서는 학교생활에 필요한 문구용품들을 챙겨 학교 로고가 박힌 가방에 넣어 잘 준비한다. 새 학기 준비 워크숍 시작 전, 아직 새 학교가 어색한 전입 교사들을 맞아 워크숍 장소로 안내하는 역할은 교장의 몫이다. 30분 정도 함께 서로 인사를 나누는데, 이때 마음이 따뜻해지는 시를 미리 준비해 나누어 드린다. 시를 읽고 이야기를 나누다 보면 조금은 어색함이 가시는 것 같다. 전입 교사 환영식에서는 한 분 한 분께 꽃다발을 전달하고 모두의 인사말을 듣는다. 발을 들이는 순간부터 내가 소중한 사람으로 받아들여진다는 느낌은 새 학교 적응에 많은 도움이 된다.

낯섦에는 불편함이 따르기 마련이다. 새로 오신 분들의 불편함을 살피고 그것을 해결할 방법을 찾는 것, 불편한 마음이 쌓이지 않도록 하는 것, 더 나아가 그들이 제시하는 개선책을 열린 마음으로 함께 논의할 수 있도록 하는 것은 학기 초 바쁜 학교생활 중에 누구보다 교장이 잘 챙겨야 하는 업무이다. 학년 초에는 전입 교사나 기존 교사나 방어 기제가 작동하는 경우가 많은 것 같다. 새로운 눈으로 학교 시스템을 바라보면서 의견을 제시하는 것이 기존 교사들의 입장에서는 비난으로 받아들여지기 때문이다. 불편한 점은 없는지, 개선하면 좋을 것 같은 점은 없는지, 눈에 띄는 좋은 점은 어떤 것들이 있는지 등을 수시로 여쭤본다.

전입 교사 인원이 많을 경우 한자리에서 다 만나기도 어렵다. 학년별·부서별 회의나, 공강 시간이 같은 몇 명씩 그룹으로라도 전입 교사들과 만남의 시간을 갖는다. 새로운 시각으로 학교를 바라보았을 때 느끼는 점들을 들어 보도록 한다. 경우에 따라서는 학교 상황에 대한 충분한 설명이 필요하다. '이 학교는 ~'에서 '우리 학교는 ~'으로 전환되는 순간은 자신이 하는 말이 받아들여진다고 느낄 때일 것이다. 또한 익숙해져서 너무 당연해지기 전에 새로운 시각으로 바라본 학교의 모습을 놓치지 않는 것은 더 나은 학교로 나아갈 수 있는 중요한 기회가 될 수도 있을 것이다.

관계의 끈을 단단하고 촘촘하게 엮어 내기

공동체 안에 마음이 불편한 사람이 없는지 살피는 것도 교장의 중요한 업무라 생각한다. 불편함을 공적인 통로를 통해 건강하게 해결할 수 있도록 살펴야 한다. 경험에 의하면 불평불만이 많다고 여겨지는 사람은 사실 일할 의지도 에너지도 많은 경우가 대부분이었다. 다만 적극적으로 학교 일에 나설 기회를 얻지 못하거나 그에 대한 두려움이 있는 경우가 많았다. '민주주의의 적은 침묵하게 하는 것이다'라는 말처럼 학교 안에 불편한 기운이 맺혀서 돌아다니지 않도록, 누구나 무슨 말이든 공적인 논의의 장에서 표현할 수 있는 그런 문화를 만들어 가는 것이 중요하다. 그 전에 무엇보다 교장이 마음을 열고 공감하며 그 이야기들을 최대한 듣는 것이 중요하다. 열린 교장실, 따듯한 교장실이 필요한 이유다.

누군가가 원하는 일을 들어주지 못할 때도 있고, 때로는 누군가가 몹시 싫어할 일을 해야 하는 경우도 있다. 그럴 때 진심을 다한 충분한 설명이 필요하다. '내 결정이 꼭 옳다고 생각하지는 않는다. 그렇지만 현재 이러이러한 것을 고려하여 학교장으로서 나는 이렇게 결정할 수밖에 없다. 불편함을 끼쳐 개인적으로는 미안하다.' 명확하게, 그러나 진실되게 이야기하는 것이 최선이라고 생각한다. 대화를 한다는 것은 정답을 전제하고 하는 것은 아니다. 대화를 그르치게 되는 대부분의 경우는 무심코 내가 무엇인가를 좀 더 잘 알고 있다는 태도를 내비쳤을 때였다. 잘 듣는 것, 상대방이 하고자 하는 말을 귀 기울여 잘 듣는 것만으로도 문제 해결의 실마리를 찾게 되는 경우가 많고 오히려 신뢰의 끈을 튼튼히 할 수도 있다고 생각한다.

공과 사를 구분하는 것이 쉽지는 않지만, 경계에 대한 사람들의 감각이 모두 달라 늘 조심해야 하는 것도 사실이지만, 그럼에도 따뜻하고 정성을 기울인 대접은 사람과 사람 사이의 관계를 탄탄히 하는 힘이 있다. 천천히 커피를 내리거나 차를 우리다 보면 그 시간이 주는 여유와 따듯함으로 대화의 실마리를 쉽게 찾을 수 있다. 자신이 잘할 수 있는 것으로 정성이 담긴 '대접'을 할 수 있으면 좋겠다.

스승의 날, 모든 교직원에게 각각의 이름으로 삼행시를 지어 선물하셨다는 교장이 있었다. 어떤 사람의 이름을 보며 그 사람과 관련된 무엇인가가 떠올라 시를 쓸 수 있다는 것, 그것은 관계의 끈이 이어져 있을 때 가능하다. 관계의 끈이 튼튼하면 어려운 상황이 닥쳤을 때

도움을 청하기도 쉽다. 학교 안에 도움을 요청할 수 있는, 단지 나의 힘듦을 들어 줄 수 있는 동료가 있다는 것만으로도 교사들에게 든든하고, 안전하다는 느낌을 갖게 해 준다. 나의 힘듦이 '부끄러움'이 아니라 '연대'로 작동할 수 있도록 해 주는 것은 일상에서의 인간적 관계에서 비롯된다. 가능한 한 그 끈들을 촘촘히 엮어 내는 것, 내가 공동체와 공동체 구성원들과 서로 연결되어 있다는 느낌을 받을 수 있도록 하는 것. 그것은 학교가 교사에게 단지 일하는 만큼 월급을 받는 직장이거나 효율적으로 성과를 내야 하는 조직이 아니라, 더불어 살아가고 가치를 공유하는 공동체가 될 수 있는 든든한 토대가 아닐까 생각해 본다.

가볍고 유쾌한 만남으로 시작하기

교사들이 즐겁게 만나 함께 무엇인가를 만들어 가는 것은 그것이 무엇이든 공동체의 힘이 된다. 교사들은 자발적 모임을 즐거워한다. 교사들이 즐거워하는 일을 교장은 최대한 지원해야 한다. 2022년 여름 방학 전에 젊은 교사 몇 분이 교직원 탁구 대회를 해 보고 싶은데 간식비와 상품비가 없다고 하셨다. '무조건 하셔라, 예산은 마련해 보자'라고 하고 교장실 업무추진비에서 그날 간식비를 준비하고, 직책급 업무추진비에서 뒤풀이 비용과 '회식비'라는 상품을 준비했다. 제주도 교장 연수 중이라 함께할 수는 없었으나, 행정실 분들까지 모두 참여해 즐거운 시간을 보냈다고 전해 들었다. 2학기가 되어서도 오래오래 그날의 일을 화제로 서로 즐겁게 이야기 나누는 것을 보았다.

2021년 교장 발령 후 교사들의 탁구 모임과 태권도 모임을 함께
했다. 지속적으로 참여하지는 못했지만 최대한 시간을 내려 애를
썼다. 2023년 전입해 온 체육 교사가 배구팀을 만들어 배구 대회에
출전해 보고 싶다고 하셨을 때도 가능한 범위에서 지원해 드리고 신
나게 응원도 했다. 무엇이든 즐겁게 만나 함께하는 경험은 학교공동
체의 든든한 바탕이 된다. 업무, 연구, 놀이의 선을 경직되게 긋는 것
은 불필요하다. 즐거움과 유쾌함이 학교에 넘치도록 하면, 그렇게 만
들어진 에너지는 교육활동의 풍부함으로 드러난다.

능동적 문제 해결을 위한 TF팀과 교원학습공동체

학교의 필요에 따라 그때그때 꾸려지는 각종 TF팀은 혁신학교의
역동성을 잘 드러내 준다. 2021년 9월 발령 이후 공간TF(2021), 교육
활동TF(2022)에 함께 참여했다. 2023년 1학기 평가 워크숍에서는 '고
교학점제 준비를 위한 업무재조정TF' 구성이 제안되었다. 공간TF 활
동의 성과로 도서관 확장 리모델링과 수업나눔카페 등을 비롯하여
공간 혁신이 많이 이루어졌고, 교육활동TF 논의 결과 1학기 동아리
중심, 2학기 진로탐구두레의 창체 교육과정 재구조화가 이루어질 수
있었다. 교육활동 평가를 통해 문제를 발견하고, 이를 해결하기 위한
TF를 조직하여 심도 있는 논의를 통해 개선안을 도출하고, 이것을 전
체 워크숍을 통해 제안, 논의하고 결정하는 과정은 성과와는 별도로
그 자체로 매우 중요하다.

TF팀은 꾸려지면 6~8회 정도의 회의를 하게 된다. 업무 관련자, 부

서별 적정 인원, 관심 있는 교사들 등 구성원을 다양하게 하는 것이 필요하다. 또한 TF팀 참가자들만의 회의가 아니라, 참여하지 못한 다른 교직원 전체와 잘 공유하는 것이 매우 중요하다. 학교에서 논의되고 이루어지는 일들이 원활하게 모든 구성원에게 전달되는 것, 의사결정의 성과뿐만 아니라 그 과정이 투명하게 보이도록 노력하는 것이 중요하다. 교장이 TF팀 회의를 지원하고 결과를 수용하는 소극적 참여 방식도 있을 수 있겠으나, 회의에 참석하는 것을 그 어떤 일보다 우선순위에 두며 구성원으로서 1/n의 발언권도 갖는 적극적 참여 방식이 더 바람직하다고 생각한다.

교원학습공동체에 함께하는 것은 서로의 생각을 나누고 학교를 중심으로 생각을 모아 가는 매우 중요한 경험이다. 교사들과 함께하는 독서 모임을 교장 발령 이후 계속해 오고 있다. 책을 함께 읽고 이야기를 나누는 과정에서 아이들 이야기, 수업 이야기, 학교 이야기도 하게 된다. 서로에 대한 이해의 폭이 깊어질 뿐만 아니라 함께 무엇인가를 도모할 수도 있다. 2022학년도에 함께 했던 '미래교육 교원학습공동체'는 그 취지나 내용이 매우 좋았음에도 구성원들의 바쁜 일정으로 지속성을 갖지 못했던 아쉬움이 있다. 올해는 '타로로 생활교육하기 교원학습공동체'를 함께 하고 있다. 강사를 모시고 실습도 하고 단체 신청으로 원격 연수를 함께 듣기도 했다.

교장의 수업 참관

교장이 되고 나서 가장 접근하기 힘든 것이 수업이다. 수업 중에는 가능한 한 교실 근처를 지나가는 일은 삼간다. 어쩔 수 없이 지나가게 되더라도 교실 안으로는 눈길을 안 주려 한다. 제일 중요한 일인데 제일 멀리 있다. 그래서 주간을 정해 특정 반의 모든 교과 수업을 공개하고 함께 수업을 참관하여 학생들을 관찰하고 그 결과를 함께 나누는 '관찰 수업'에는 최대한 빠지지 않고 모두 참여하려 노력했다. 수업 현장에서 교사들에게 도움이 되거나 지원할 수 있는 방안을 살펴볼 수 있다는 현실적인 이유도 있었으나, 관찰 수업이 모두가 참여해야 하는 학교의 중요한 교육활동이라는 메시지를 아주 명확히 하고 독려하고 싶었던 마음도 사실 있었다.

그런데 평가회에서 교장은 관찰 수업에 들어오지 않았으면 좋겠다는 의견이 있었다. 마음이 많이 복잡했다. 수업을 공개하거나 수업을 참관하는 일이 매우 중요하다고 생각해 왔고 교사로서 그렇게 실천하려고 노력해 왔다. 그렇지만 교장이 되고 나니 그 마음이 다르게 읽히는 것 같다. 수업은 하지 않고, 따라서 수업 공개도 하지 않으면서 수업에 들어와 평가만 하는 사람으로 받아들여졌기 때문일 것이다. 수업에 대한 평가가 아니라 학생들의 배움에 대한 관찰에 방점을 두자고 하였으나 교사들은 여전히 부담스러웠던 거다. 수업을 공개하는 것이 얼마나 부담스러운 일인지, 수업의 한 장면만 보는 것이 얼마나 무의미한 일이 될 수 있는지, 교사로서의 경험을 통해 잘 알고 수업 참관에 임했다고 생각했으나 다르게 받아들여질 수 있구나 다시 생각해 보는 계기, 그리고 좀 더 조심스럽고 세심하게 어떻게 접근해야 하나 고민해 보는 계기가 되었다.

함께 조금 더 해 볼까

학교에 다른 교사, 다른 부서의 일은 서로 들여다보거나 관여하지 않으려는 분위기가 있었다. 흔히 말하는 업무 칸막이가 좀 높은 것 같다는 생각을 2021년 교장 발령 초반에 했었다. 일이 너무 많고 힘들어서 그런가, 다른 사람에게 흠 잡히지 않게 내 일을 잘 해내야 한다는 완벽주의 때문일까 고민이 많이 되었다.

그런데 교사들 간의 이런저런 만남이 영향을 끼쳤을까? 2024년 들어 조금씩 경계를 허물고 일들을 확장해 보려는 움직임이 보인다. '조금 더 해 볼까', '해 볼 수 있을 것 같은데' 하는 분위기가 감지된다. 저경력 교사들도 조금은 편하게 이런저런 시도를 해 보려고 마음을 내는 것 같다. 2023년 1학기 교육활동 자율 주간 일정을 계획할 때 교사들의 교육활동 아이디어와 수업 신청이 넘쳐나서 어떻게 수업 시간표를 짜야 할지 걱정이라는 교무부장의 기쁨 반, 걱정 반 말씀을 들으며 이 에너지가 어떻게 계속 뻗어 나갈지에 대해 즐겁게 상상했었다. 실행해 보고 또 부족한 부분이 보이면 채워 나가야겠지만, 해보겠다는 의지가 학교에 넘쳐나는 것은 반갑고 행복한 일이다.

함께 고민하고 함께 결정하는 학교 민주주의

공동체 내 개인과 개인의 관계의 끈이 단단하다 하더라도, 즐겁게 만나 의미 있는 교육활동을 도모한다 하더라도 공동체 의사 결정의 민주성이 공적으로 확보되지 않는다면 공동체의 내부 결속력은 유지되기가 힘들다. 민주적 의사 결정을 위한 학교 시스템이 실질적으로 내용 면에서 최대한 잘 운영되도록 하는 것, 그래서 학교가 공동체로서 건강하게 작동할 수 있도록 하는 것, 이것은 학교장의 가장 중요한 업무 중 하나일 것이다.

교장을 포함한 모든 학교 구성원은 서로를 존중한다. '존중'은 높이어 귀하게 여긴다라는 의미이다. 각각의 권리와 전문성을 존중하여 각자가 자신의 역할을 다할 수 있도록 한다는 의미이다. 각각의 역할과 권한을 존중한다는 것은 교육공동체 구성원으로서 의사 결정 과정에 참여할 권리를 보장한다는 의미이기도 할 것이다. 의사 결정 과정이 투명하게 공개되어야 하며 구성원 모두가 의사 결정 과정에 관심을 갖고 기꺼이 의견을 제시할 마음이 생길 수 있도록 노력해야 한다는 의미이기도 하다.

각 회의 단위의 결정을 최대한 존중하되 교장도 구성원의 한 사람으로서 자기의 의견을 분명히 하는 것이 필요하다. 교장이 의견을 분명히 냈는데 그 의견이 회의에서 부결되면 분명 마음이 좋지는 않다. 그렇지만 고마운 일이기도 하다. 그런 과정을 통해 구성원들은 누구나 의견을 낼 수 있고 그 의견은 논의를 통해 받아들여질 수도, 그렇지 않을 수도 있다는 것을 분명히 경험할 수 있기 때문이다. 의사 결정의 과정이 투명하게 공개되고 무엇이든 구성원들의 토의와 합의에 의해 이루어진다는 확신을 가지는 것은 그 무엇보다 공동체를 단단히 하는 강력한 힘이 될 수 있다.

인사자문위원회, 교육과정위원회

업무 분장, 부장 인선, 유임 및 초빙 등을 논의하는 인사자문위원회(인자위)는 학교 조직의 기본 틀을 만든다는 점과 모든 교사가 직접적으로 그 영향을 받는다는 점에서 그리고 교사들의 투표로 각 그룹(연령별, 혹은 교과별)의 위원이 결정되는 대표성 있는 조직이라는 점에서 학교 운영에 중요한 역할을 담당하고 있다. 교장 부임 후 첫 인사자문위원회가 열렸을 때 잠깐 인사를 하러 들어가서, 법적으로 인사'자문'위원회라 하더라도 우리 학교는 '인사위원회'라 생각하고 일해 주십사 부탁드렸다. 인사자문위원회의 결정을 대부분 수용했으나, 이견이 있을 경우 드물게 '재심의'를 요구한 적도 있긴 하다. 부장 인선은 교사들의 추천과 본인의 희망서를 받아 인자위에서 결정한다. 학교마다 추천 방식이 다를 수 있겠으나 내가 근무했던 학교는 대개 각각의 부장에 적합한 사람을 1~2인 추천하는 방식이었다. 중복되는 경우 자체 기준에 따라 정리하고 본인의 희망과 추천이 다를 경우 당사자를 만나 의견을 조율하는 시간을 갖는다. 업무 분장 역시 인자위에서 규정과 교사의 희망서에 근거해서 작업한다.

부임 후 인선을 두 차례 했는데 다행히 큰 무리 없이 진행되었다. 교사들의 추천, 희망과 인자위의 논의와 조정을 통해 인사가 이루어진다는 것에 대한 믿음이 있는 것이 중요하다. 또한 가장 잘할 수 있는, 능력이 있는 사람이 그 일을 맡는다는 생각보다는 힘들어도 상황에 따라 서로 돌아가면서 역할을 맡는다는 '업무 순환'이 자리 잡는 것이 매우 중요하다. 그런 의미에서 매년 인사자문위원회 규정을 함께 살펴보고 학교 상황에 맞는지 검토하며 개정해 가는 과정이 중요하다고 여겨진다.

부장 인선의 어려움을 호소하는 교장들이 많다. 학교마다 2학기 말이 되면 부장 인선에 진통을 겪고, 그러다 보니 인자위 내에서도 '인사는 교장의 일이다. 그것을 왜 우리가 해야 하는가?' 같은 의견이 나온다고 한다. 인자위의 부담이 점점 커지고 있는 것은 사실이나, 해야 할 일을 함께 책임지고 나눠 하는 것과 교장이 부탁하는 것 중 어느 쪽이 좀 더 바람직한 공동체의 모습일까? 부장들이 좀 더 쉽게 즐겁게 일할 수 있도록 지원하고, 함께 지혜를 모아 가는 것은 교장이 해야 하는 중요한 일이다. 업무가 과도하게 몰리지 않게 업무의 어려움을 미리 파악하고 조정할 수 있어야 한다. 교장은 규정 점검, 예산, 행정실과의 업무 협력 등 도움을 줄 수 있는 부분이 있고 든든한 지원자가 되어 줄 수 있다. 그 어려움과 힘듦을 알아주는 것도 큰 힘이 될 수 있다.

교육활동의 큰 틀을 짜는 '교육과정위원회' 역시 매우 중요하다. 수업 시수나 교사 TO 등도 연결되어 있어 교사들에게 예민한 부분이기도 하다. 교육과정위원회는 함께 참여해서 논의하고 함께 결정함을 기본으로 한다. 교육과정과 관련해서 주장해야 할 부분은 끝까지 하지만, 위원회의 결정을 따른다. 아쉬운 부분도 있지만 결과적으로 모든 회의의 결정을 존중하고 따르는 것이 학교 민주주의를 지키는 길이라 생각한다. 아집을 버리기가 쉽지는 않다. 교장도 원하는 것이 있으며, 그것을 관철하고 싶기도 하고 그래야 하는 이유도 있다. 여러 사람의 이야기를 듣게 되고 많은 입장들을 고려해야 하니 어쩌면 더 많이 보고 더 넓게 보게 되기도 한다. 그럼에도 불구하고 함께 결정한 것은 그대로 따르는 것이 중요하다. 정말로 너무 중요한 것이면 재심을 요구할 수도 있다. 설득할 수도 있다. 그래도 함께 결정한 것은 그대로 이루어지는 민주주의의 경험은 학생들에게도, 교사들에게도 중요하다.

부장회의와 교직원회의, 워크숍

다모임이 활성화되어 있는 초등학교와는 달리 중등, 특히 고등학교에서는 토론이 있는 교직원회의를 위한 충분한 시간을 확보하기가 쉽지 않다. 매주 있는 부장회의는 그래서 더욱 중요하다. 부장회의에서는 각 부서별로 진행되는 교육활동을 서로 공유하며 중요한 내용들을 함께 결정한다. 부장회의의 판단을 넘어서서 좀 더 논의가 필요한 사안들은 월 1회 정도 잡혀 있는 전체교직원회의 안건으로 넘긴다. 부장회의와 교직원회의의 유기적 구조를 잘 만들어 내기 위해서는 실질적으로 부서별 회의가 잘 이루어지고 의견 수렴이 잘되어야 한다. 특히 부장회의의 결과가 바로 부서별로 공유되는 구조가 중요하다. 학교 일에 관심과 열의가 있는 부장들만의 회의가 아니라 각 부서의 의견을 대표해서 만나는 '대표회의'의 성격이 강화되어야 한다고 본다. 다른 혁신학교들에서 학교마다 규정을 만들고 전체교직원회의를 활성화시키기 위해 노력하고 다양한 성과를 내고 있는 것으로 알고 있다. 우리 학교는 아직 교직원회의 규정을 만들지 못했다. 중요한 과제이다.

교직원회의 시간을 충분히 확보하기 어려운 고등학교의 경우, 특히 1, 2학기 평가 워크숍과 신학기 준비 워크숍이 교사들의 의견을 모아 교육활동을 결정하는 중요한 자리이다. 교장, 교감도 다른 교사들과 똑같이 모둠 구성원으로 처음부터 끝까지 함께 참석한다. 학기 중보다는 상대적으로 여유가 있는 시기이고 한 해의 방향을 결정하는 중요한 시간이기도 해서, 신학기 준비 워크숍의 경우에는 요청이 있을 경우 짧은 특강을 담당하기도 한다. '혁신학교의 이해' 등의 주제로 학교의 역사, 전통, 경험을 전달하는 연수를 진행하기도 했다. 2023년 2월 워크숍 주제는 "우리들의 삼각산고"였다. "이 학교는 ~"이 아니라 "우리 학교는 ~"이 되는 것은 어떤 순간일까? 자유롭게 목소리를 낼 수 있고 내 목소리가 공동체에서 받아들여지고 그것이 결과로 드러날 때, 내 의견이 관철되지는 않더라도 기꺼이 들어 주는 누군가가 있고 그것에 대한 대답, 반향이 있을 때, 일의 결정 과정에 대한 정보가 주어지고 내가 그 과정에 충분히 참여하고 있다고 느낄 때 공동체에 주체로 기꺼이 참여할 수 있을 것이다.

교장의 가장 중요한 업무

나는 존중받고 있다. 내 의견이 받아들여진다. 나는 스스로 결정하고 책임진다. 우리는 함께 합리적인 결정을 한다. 내가 실수하더라도 비난받지 않는다. 나는 안전하다. 나는 도움을 청할 수 있다. 내 옆에는 나를 지지하는 동료가 있다. 나는 공동체의 지원을 받고 있다. 나는 다른 사람을 도울 마음이 있다. 협력하면 더 잘할 수 있다. 서로 협력해서 더 잘하고 싶다. 어떤 일이든 함께 바꾸어 나갈 수 있다. 언제든 새로운 일을 시작할 수 있다. 내가 하는 일은 의미 있는 일이다. 즐겁다.

　단단하게 엮여 있는 관계의 끈을 바탕으로, 즐겁게 만나 함께하며, 민주적 의사 결정에 기꺼운 마음으로 참여하는, 이런 따듯한 공동체를 만드는 것. 그것이 교장이 해야 할 가장 중요한 일이자 업무일 것이다.

환대의 마음으로
학생을 만나다

이상대(2016~2020 서울 삼정중 교장)

교장이 되고 보니 생각보다 몸과 마음이 바쁘다. 회의도 잦고, 처리해야 할 공문도 많다. 회의도 그렇지만, 결재라는 것이 클릭만 하면 되는 것이 아니라 학교 일정이나 교수 환경, 예산의 적정성을 입체적으로 판단하는 과정이기도 해서 결코 간단치 않다. 시설을 살피고 보수하고 관리하는 일에 들여야 하는 시간도 만만치 않고(특히 시설 관리나 예산 부문은 사안 하나에도 많은 공부가 필요했다) 학교 대표자로 행사 출장이나 연수도 잦다. 그러나 아무리 바빠도 학생들을 만나는 일과는 우선해서 챙긴다. 하루에 두세 차례는 학생들의 일상을 만나겠다! 이는 교장이 되면서 스스로에게 한 다짐이기도 했고, 공모 교장 부임 시 공약이기도 했다. 왜 학생을 만나야 하는가. 흔히 '교육은 학생을 고유 인격체로 존중하는 것에서부터 시작한다'라고 말하지만, 직접 만나지 않고서는 그저 듣기 좋은 수사修辭일 뿐이다. 만나야 알게 되고, 알아야 인격과 마주 서게 된다. 인격과 마주 서는 일, 그것이야말로 학교의 기본이요, 민주주의의 근본이라고 믿는다. 경쟁이 일상이 된 세상에서 근본은 얼마나 쉽게 무너지는가.

일상 속에서 학생을 만나다

기본적으로 하루에 두 차례는 학생을 만난다. 교문 맞이는 지킴이 선생님과, 급식 지도는 교감 선생님과 전담한다. 점심시간에 급식실 입구에서 맛있게 먹으라며 일일이 손 소독제를 뿌려 주다 보면 식구 같은 살가운 느낌이 먼저 와닿는다. 가끔 중앙 현관 앞에서 하교하는 학생들을 배웅할 때도 있다. 집에 갈 때는 누구나 다 환해져서 인사도 씩씩하고, 그들의 웃음소리로 오히려 내 마음이 유쾌하게 충전되는 때가 많다. 한 달에 2번은 달력에 표시해 놓고, 교문에서부터 현관, 교실, 화장실, 도서실, 특별실, 학생회의실 등 학생들의 동선을 부챗살처럼 따라가며 학교를 돌아본다.

이런 일과를 두고 누군가 그랬다. "아침엔 바쁘신데 교문 맞이는 담당 부서에 맡기시죠?" 담당 부서란 학생생활부를 일컫는 말일 텐데 그것만큼은 손을 저었다. 그들의 수업 준비 시간도 보장해야 하지만 무엇보다 담당 부서가 전반에 나서면 '단속'의 시선이 앞설 수밖에 없다. 단속을 내세우는 순간, 교문은 검색 통로가 된다. 20년 넘게 교사로서 출근길에 맞닥뜨리는 단속형 교문 지도는 늘 불편했다. 복장을 살펴 벌점을 주는 것은 다반사고, 지각생을 단속한다며 등교 시간이 지나면 곧바로 교문을 닫아거는 학교도 있었다. 이런다고 학생들의 자발심이 자극될까? 작은 것을 얻겠다고 큰 것을 놓치는 우를 범하는 것은 아닌가? '학교의 질서가 무너지면 생활지도가 힘들어지고 결국 학생들의 안전 관리에도 지장을 초래하게 된다'*는 논리는 관리의 시선일 뿐이다. 무엇을 위한 질서란 말인가. '인권은 교문 앞에서 멈춰 선다'라는 말이 늘 뼈아팠다. 학생들은 제각각 다른 상황에 놓여 있다. 학교에 오는 것조차 버거운 처지의 학생도 부지기수다. 학교라면 이들을 조건 없이 손 벌려 환대해야 하지 않을까. 가르침은 그 이후의 문제일 것이다. 삶을 다루는 학교는 기본적으로 다정하고 따뜻해야 한다.

물론 마음을 열고 맞이한다 해도, 눈에 걸리는 상황이 없는 것은 아니다. 늘 컵밥 같은 것을 먹으며 등교하는 학생도 있고, 사시사철 슬리퍼 하나로 일관하는(심지어 운동장에서 공을 찰 때도) 학생도 눈에 띈다. 단골 지각생도 많다. 이런 학생들은 따로 교장실로 정중하게 초대해서, 음료를 나누며 까닭을 묻고 사연을 듣는다. '귀차니즘'을 내세워 급우들을 불편하게 하는 태도는 단호하게 선을 긋기도 하지만, 단골 지각생의 사연을 듣고 나면 '그래도 학생이니 내일부터는 일찍 오'라며 잘라 말하기 어려울 때가 많다. 그래서 이렇게 묻는다. "교장 샘이 뭘 도와줄까?"

돌봄 지원 체계에도 구체적으로 참여해야

삼정중학교는 전교생이 370명 남짓 되는 작은 학교다. 이렇게 하루

---

* 교육행정연수원(2015), 〈신규학교장을 위한 학교 경영 매뉴얼〉.

에 두세 차례 학생들을 만나다 보면 자연스럽게 전교생의 이름을 알게 되고(교장실에 전교생 사진 명렬을 붙여 놓았다), 학기가 끝날 무렵엔 개개인의 특징이나 습관, 친구 관계 등도 얼추 파악된다. 이름만 안다고 아는 것이겠는가. 친분이 쌓이면, 늘 쾌활하던 학생이 며칠째 말없이 모자를 눌러쓰고 교문을 통과하고 있다든가, 식탁을 같이 쓰던 사이였는데 그중 1명이 자리를 옮겨서 밥을 먹고 있다든가, 사나흘 내리 급식실에 나타나지 않는 학생이 있다든가 하는 변화의 징후가 쉽게 눈에 들어온다.

교장이 파악한 정보는 어떻게 활용하는가. (다급한 경우엔 직접 챙기기도 하지만) 되도록 직접 개입하기보다 적정한 경로를 찾는다. 고맙게도 삼정중은 교육 복지 통합 지원 시스템으로서 '안테나모임'이 있다. 사서, 영양 교사, 보건 교사, 상담 교사, 진로 상담부장 등 말하자면 수업 교실 외곽에 포진한 교사들로 구성된 모임이다. 이들이 모이면 학생들의 교실 밖 동선이나 변화가 망라된다. 도서실은 따돌림을 당하거나 친구가 없어 떠도는 친구들이 스며드는 곳이기도 하며, 보건실엔 신체 허약자나 특이 체질, 공부 회피 학생들의 이야기가 모인다. 영양 교사는 음식 체질이나 식사 습관, 친구 관계 등을 꿰뚫고 있다. 이들이 격주(월 2회)로 사례 모임을 열어 학생별 사례에 맞춰 상담을 주선하거나 체험활동, 학부모 상담 등의 대처 방안을 논의한다. 교장도 안테나모임의 일원으로 참석하여 머리를 맞대고 위기 학생 지원책을 모색한다. 학교 내 대안교실이 탄력을 받을 수 있던 것도, 기초학력 향상 지원에 집중할 수 있었던 것도 안테나모임의 사례 연구가 있어서 가능했다(2019년부터 교원학습공동체로 전환하여 운영하고 있다). 이 학습공동체는 소속 교사들의 복지 역량을 키운다는 점에서 교사 성장 시스템의 한 축을 담당하고 있기도 하다.

매슬로의 욕구 5단계* 중 교장실은 어느 단계에서 어떻게 기여해야 하는가를 고민하게 된 것도 이 공동체 덕분이다. 1, 2단계가 충족되지 않아서(예컨대 부모 싸움 때문에 집을 나와 친구 집을 전전하거나, 무리에서 떨궈져 교실을 기피하는) 학교를 떠돌아다니는 학생들은 사실 수업이 문제가 아니다. 그런 학생 중 교과 교사들에게 허락받은 일부가 수시로 교장실을 오간다(상담실의 과부하를 덜어 주는 효과도 있다). 타로 상담을 하러 오는 친구들까지 겹친 날은 무슨 맛집처럼 대기 번호표를 발부할 때도 있다. 시간을 쪼개 각각의 불안한 삶을 들어 주는 일이 쉽지 않지만, 교장으로서 '사람의 존엄'을 학습하는 수업료로 여긴다.

민주와 자치, 끊임없는 사유와 성찰이 필요하다

학생회 임원과는 정기적(학기별 2회)으로 만난다. 학생 자치야말로 민주시민교육의 구체적인 실천장이라는 점에서 중요하다. 삼정중은 전통적으로 학생회가 튼튼한 곳이다. 전교생의 1/3이 학생회 각 부서에 소속되어 다양한 자체 활동을 펼치고, 그 성과에 대한 자긍심도 높다. 2011년 혁신학교 도입 이후 각고의 공을 들인 덕분이다. 부

---

* 임상심리학자 에이브러험 매슬로는 자신의 임상 경험을 바탕으로 인간의 내부에 잠재하고 있는 욕구는 가장 기본적인 생리적 욕구에서부터 최고 차원인 자기실현의 욕구까지 5단계(생리 욕구-안전 욕구-애정과 소속 욕구-존중 욕구-자아실현 욕구)의 계층을 이루고 있으며, 하위 욕구가 충족되어야 그 다음 단계를 욕망하게 된다고 주장했다.

임하여 살펴본즉, 12월에 차기년도 학생회 임원진을 구성하여 2월부터 신입생 맞이, 3월 부서원 확정(면접 선발), 부서별 사업 계획 확정으로 이어지는 수순도 안정돼 있고, 3월 신입생 환영회를 시작으로 4월 학년별 구기 대회를 거쳐 (그 사이사이 부서별 일상 활동을 전개한다*) 10월 학교 축제로 절정을 이루는 과정도 민주시민교육의 한 축으로 탄탄했다. 작은 학교임에도 코로나19 이전까지는 거의 3000만 원 가까운 예산을 썼다. 부서별 토론이나 활동 준비로 밤늦게까지 회의실에 불이 켜진 날이 많다. 사정이 이런즉 수시로 그들의 활동을 격려(작은 행사라도 중간 연습 과정을 꼭 들여다본다. 때론 간식도 넣어 준다)하는 것이 교장의 주된 일과가 된다. 2018년부터는 학생회의 공식성과 효능감을 한 뼘 더 키우자는 방편으로 방학식, 개학식 때 의례적인 학교장 인사를 빼고 학생회 활동 보고나 인사로 대신했다.

그렇다면 학생 자치 전반이 울창한가. 그 점에서는 흔쾌하게 대답하기 어렵다. 삼정중 학생 자치는 학생회 중심으로 운영되면서 상대적으로 대의 체계가 취약하다. 시간이 지나면서 그 점이 자꾸 마음에 걸렸다. 학생회 활동이 왕성한 탓에 학급회의가 비중 있게 다뤄지지 않는 것이다(그래서 건의나 개선 요구가 개별적으로 접수되곤 했다). 자치나 민주가 참여나 대의 체계를 기반으로 하지 않으면 자칫 나머지

---

* 신문부에서는 연 4회 신문을 발행하고, 뉴스부에서는 학교 행사를 촬영·편집하여 주기적으로 방영한다. 자치부는 자체적으로 식당 급식 질서 도우미 등의 활동을 펼치고, 환경부는 잔반 제로 운동, 화단 녹색 커튼 가꾸기 등의 사업을 일상적으로 실천한다. 인권부는 4.3항쟁, 4.16 추모 행사, 애플데이 등의 계기성 행사를 주관하고, 행사부는 구기 대회 등의 체육 행사를 기획하고 실행한다.

학생들은 대상화된다. 프로그램 중심은 일견 화려해 보이나 '그들만의 리그'로 흐르기 쉬워, 그럴수록 일상을 끌어안는 민주는 점점 멀어진다. 그래서 이런 지적이 늘 뜨끔했다.

> 흔히 학교를 공동체라고 한다. 수사적 표현일 뿐이다. 다른 학교와 야구 경기를 할 때와 수능 시험일에 벌이는 응원 퍼포먼스에서만 공동체성을 느끼는 학교를 공동체라고 할 수 있을까? 학교가 공동체가 되려면 삶이 공유되어야 한다. 학교가 사활을 건 전장이 되면서, 학교에서는 놀이, 일이 사라졌다. 그나마 '수업'을 함께한다고는 하지만 그것도 사실은 고독한 개인 작업일 뿐이다.
>
> 삶이 만들어 내는 문제가 있는 곳에서 민주주의가 시작된다. 사실상 삶이 고사된 학교는 민주주의의 불모지일 수밖에 없다. 이런 현실을 외면하고 학교와 민주주의를 논하는 사람들을 경계해야 한다. 그들이 베푸는 자치 제도는 자칫 함정이 될 수도 있으니.*

임기 후반부인 2019년부터 몇몇 교사들과 이런 문제의식을 공유하고 극복 방안을 모색했으나 쉽지 않았다. 학교 자치, 학급 자치는 개개인의 삶을 중심에 세운다는 점에서 전 교사가 합심해야 하는 과제이다. 그러나 당장은 학생회 활동이 왕성하니 상대적으로 관심이 떨어졌다. 대부분 이렇게 반응했다. 이 정도만 해도 대단한 것 아냐? 게다가 의무적으로 이수해야 할 창체 교육이 워낙 많아서 학급회의 시간조차 확보하기 어려웠다.

---

* 박복선(2018), 〈학교와 민주주의?〉, 《가장 민주적인, 가장 교육적인》, 교육공동체 벗, 19쪽.

설령 그럴지라도 '선택과 집중'이라는 교육과정상의 재량권을 발휘할 수 있었으나 덜컥 코로나19가 닥쳤다. 코로나19 대응에 골몰하는 사이 학급을 기반으로 하는 학생 자치의 그림은 우선순위에서 훌쩍 멀어졌다. 솔직히 고백하자면 학교장의 학생 자치에 대한 의지가 그만큼 성글었다는 방증일 터이다. 그 점은 두고두고 부끄럽고 아쉽다. 학교에서 일상적 민주를 구현하는 것은 참으로 지난한 길임이 틀림없다. (물음표만 찍어 놓고 임기를 마쳤는데 다행히 문제의식의 끈을 놓지 않은 담당 부장 교사가 학급 자치를 위한 퍼실리테이션 교육을 도입하는 등 일련의 노력을 기울이고 있다는 후문이다. 감사한 일이다. 역시 학교의 내실을 좌우하는 것은 중간 리더의 역량이다. 교장의 시선은 여기를 주목해야 한다. 교육 개혁 실천가로 이름 높은 마이클 풀란도 거듭 강조하지 않는가. 다양한 유형의 중간 리더를 키우라!*)

어떤 것에서든 학생들의 참여 권한을 존중해야

교장이 되어 가장 빈번하게 맞닥뜨리는 것은 각종 시설 개선 사업이다. 전기나 수도, 소방 시설 등의 공사야 시설 전문가의 영역이지만, 학생 활동과 관련된 시설 사업만큼은 어떤 방식이든 당사자들의 시선을 반영하려 애쓴다. 자칫 시설 따로, 학생들 따로 놀게 되기 때문이다.

교장으로 부임해서 시행한 가장 큰 공사는 도서실 리모델링과 복

---

* 마이클 풀란, 서동연·정효준 옮김(2017), 《학교를 개선하는 교장》, 살림터.

도 재구성 사업이었다(다목적 강당 신축 사업이 규모는 가장 컸으나 이는 교육청 주도 사업으로 학생들이 영향력을 행사하기 어려웠다). 복도 재구성 사업은 애당초 교육청 꿈담 사업으로 채택된 학년 교무실 공간 개선 사업이었는데, 마침 교무실에 잇닿은 ㄱ 자형 복도가 크고 넓어서 한 묶음으로 공사로 추진하기로 했다. 학년 교무실 리모델링은 공간혁신 교사TF가 맡고, 복도 재구성은 학생회를 의견 수렴 창구로 삼았다. 서너 차례 모임을 해 보니 복도를 바라보는 학생들의 시선은 확실하게 달랐다. 복도를 교사들은 안전의 개념으로 바라보고 학생들은 교류의 공간으로 바라봤다. 방학 중 공사를 거쳐 학년 교무실은 소회의실을 겸비한 연구/학습 공간으로, 복도는 삼삼오오 모여 대화를 나눌 수 있는 시설물이 갖춰진 만남의 공간으로 정비되었다. 교무실 개선 예산으로 복도 재구성까지 감당한 탓에 완성도는 기대에 미치지 못했으나, 그래도 학생들은 자신들의 의견이 반영되었다는 점에 흥미를 보였다.

강당을 도서실로 바꾸는 도서실 재개축 사업은 덩치가 커서 유치 준비부터 설계, 착공까지 상당 기간이 소요되었다. 한 교사가 이 기간을 활용하여 1학년 주제 선택 수업으로 '내가 만드는 도서실' 수업을 제안했다. 오케이! 복도 재구성 사업의 미비점에서 교훈을 얻은 바, 흔쾌히 박수를 쳤다. 곧 학교 도서실 설계 경험이 풍부한 건축사가 강사로 섭외되고, 학생들은 머리를 맞대고 한 학기 동안 각자가 꿈꾸는 도서실을 자유롭게 상상하고 모형으로 구현했다. 그렇게 집적된 학생들의 의견은 실제 설계에 상당 부분 반영되어, 커다란 통창으로 인근 공원의 풍경을 도서실로 끌어들이면서도 소규모 활동 공간도 최대한 보장하는 매력적인 공간으로 태어났다. 만족도 별 5개! 결과물도 결과물이지만, 만들어 가는 과정의 협력과 참여가 더 고무적으로 다가왔다. 어쨌든 이런 참여를 '빽' 삼아, '학생들이 원한다. 설계 보강을 해 달라', '예산을 더 달라' 수시로 공문을 보내고, 전화하고, '떼를 썼던' 탓에 교육청엔 미운털이 박혔지만 그래도 좋았다. 부임 때부터 상상하고 꿈꿨던 '학교 안 기적의 놀이터'를 실제로 구현하지 못한 것은 아쉽다. 우선순위에서 학생들의 '잘 놀 권리'는 언제나 뒤로 밀린다. 우리 의식 수준이 여전히 학교를 수업하는 공간으로만 인식하기 때문일 터이다.

교육과정 안팎에서 학생들을 만난다는 것

최근 교장이 직접 교육과정 안팎에 참여하는 사례가 늘고 있다. 정규 교육과정의 동아리를 맡아 학교 뜰을 가꾸는 교장도 있고, 자율 동아리를 만들어 마을 탐사를 주도하는 교장도 있다. 한 초등학교 교장은 연간 계획을 세워 그림책 읽어 주기, 환경, 진로 등 학년 수준에 맞는 주제를 정해서 모든 학급에서 1회 이상 교실 수업을 한다. 그간의 관례에 비춰 주목할 만한 변화다. 물론, '교장이라면 직접 대면하기보다 좋은 교육을 위한 시스템 같은 큰 틀에 주력해야 하지 않겠는가' 같은 반론을 제기할 수도 있겠다. 당연히 그러하다. 그러나 할 수 있다면, 1할의 힘이라도 비축하여 직접 참여하는 것도 의미 있다고 생각한다. 오랫동안 학교장 리더십을 연구한 로빈슨 같은 이는 교장의 교수 리더십이야말로 "교사들의 전문가 학습 활동을 독려하는 것뿐만 아니라 함께 그 활동에 직접 참여하는 것"이라고 강조한다.* 교장의 참여는 유의미한 동료성을 구축할 수 있고, 때에 따라서는 교사들에게 새로운 상상력을 촉발할 수도 있다. 하다못해 학생들과 직접 마주하면서 교실 감각을 회복하는 것만으로도 의미가 있지 않겠는가.

나는 주로 독서나 글쓰기를 통해서 학생을 만난다. 국어 교사이기도 했고, 학생들과 10년 이상 시 감상 프로그램을 운영했기에 가장 친숙한 활동이다. 삼정중은 일상적인 독서 문화가 매우 활발한 학교이다. 정규 교육과정에 독서 시간이 배치되어 전교생이 일주일에 1번은 책을 읽는다. 자율독서동아리도 부흥하여 40여 개 팀에 150여 명이 소속되어 주 1회 독서 모임을 갖는다. 전교생 3명에 1명꼴로 독서동아리에 참여하는 것이다. 사서와 담당 교사 손이 모자라 요일별로 교사들이 자원하여 돕는데, 나는 그중 수요일 점심시간을 담당한다. 이날은 일찌감치 점심을 마치고, 삼삼오오 둘러앉은 독서동아리들을 챙기고, 때로 같이 합류하여 토론을 돕는다. 번창한 학생회만큼이나 독서동아리의 부흥도 반갑고 대견하다. 학교라면 기본적으로 인문의 기풍을 지니고 있어야 하지 않을까.

일주일에 1번은 희망 독서동아리를 초대하여 교장실에서 시 읽기 모임을 갖는다. 특별 간식을 제공한다고 소문이 나 제법 인기가 있다. 학생들이 들고 오는 시들이 뜻밖에 다양하다.

놀라운 점은 열다섯 살짜리 학생도 시에 감응한다는 것이다. 친구들과 갈등을 겪던 때 이상국 시인의 〈국수가 먹고 싶다〉를 읽었는데, "세상은 큰 잔칫집 같아도 어느 곳에선가 늘 울고 싶은 사람들이 있

---

* [마이클 풀란(2017), 앞의 책, 171쪽]에서 재인용.

어"라는 구절이 그렇게 와닿더라는 것이다. 어른들과 무엇이 다른가. 이렇게 시를 읽고 감상을 쓰면서 거듭 확인하게 되는 것은 학생들이 그저 가르칠 대상이기 이전에 '같은 사람'이라는 동질감의 온도이다. 누구나 비슷한 질량의 선의를 품고 있는 것이다. 그런 마음과 교감하고 나면 화장을 왜 하느냐, 왜 교복 규정을 안 지키느냐 이런 잔소리가 참 무색해진다. 불안하기로 따지면 어른들보다 아이들 편이 훨씬 심각하다. 시를 읽으면서, 때론 타로 상담을 하면서(10년 차 나름 타로 고수다) 학생들을 만나 보면 그들의 불안감과 잘해 보고 싶은 선의가 동전의 양면이라는 사실을 깨닫게 된다. 그걸 헤아려 학생들의 자리를 세워 주는 것은 어른의 몫일 터이다. 경청과 연민이 없는 정의는 폭력이라지 않는가.

1922년 방정환, 정운철 등이 중심이 된 천도교소년회가 창립 1주년을 맞아 종로, 광화문 등에 뿌렸다는 선전물에 이런 글귀가 있다.

1. 어린 사람을 빈말로 속이지 말아주십시오.
2. 어린 사람을 늘 가까이하시고 자주 이야기해 주십시오.
3. 어린 사람에게 경어를 쓰시되 늘 부드럽게 해 주십시오.
4. 어린 사람에게 수면과 운동을 충분히 하게 하여 주십시오.*

무려 100년 전 호소인데, 살펴보면 오히려 지금 더 간절한 문제 아닌가. 문물과 경제는 나아졌는지 모르나 경쟁과 효율성 논리에 밀려 삶과 인격을 품는 기본은 더 납작해졌다. 속도에 치여 학교조차도 숙

---

* "'짝짜꿍' 동요로 우는 어른 달래 주는 '어린이날'", 〈한겨레〉, 2022년 5월 6일.

고의 여유와 성찰, 기다림을 잃어 가고 있다. 이럴수록 속도와 싸우며, 시절이 어찌되었든 전방위적으로 '사람'을 존중하는 교육의 기본을 사수하는 것이 교장의 마음이어야 하지 않을까.

'좋은 세계'를 꿈꾸며
학생들과 함께한 4년

이시우(2020~2023 서울 효문고 교장)

마지막 훈화

2024학년도 2월 초, 학생들이 등교하는 마지막 날, 아침 등교 맞이를 마치고 교장실에서 조용히 앉아 있었다. 혼자 이것저것 정리하고 있을 때, 10시쯤 노크 소리와 함께 학생회 회장, 부회장이 들어오더니, 3층 광장에서 학생회 행사가 있으니 참석해 달라는 요청을 했다. 이상한 느낌이 들어 머뭇거리다가 교장실 문을 열었다. 많은 학생이 양쪽에 서서 박수를 치며 나를 기다리고 있었다. 어색한 표정을 지으며 학생들 사이를 지나 3층 광장으로 이동했다. 광장 중앙에 '교장 선생님, 항상 감사했습니다'라고 적힌 플래카드와 케이크가 놓여 있고, 그 주변에 150여 명의 학생들이 모여 있었다. 케이크를 자르고, 학생들이 쓴 롤링 페이퍼와 꽃다발을 받고, 어색하고 불편한 모습(나중에 선생님이 찍어 준 영상을 돌려 봤다. 학생들 사이에서 쑥스러워하는 내 모습을 발견한다. '그래도 4년을 무사히 보냈구나!' 하는 안도의 눈빛이 보였다) 으로 서 있는데, 학생회장이 나에게 효문에서의 마지막 훈화를 요청 했다.

"정말 감사합니다. 그런데 눈물은 안 나오네.(웃음) 너무 고맙습니다.
정말 고맙네. 그 말 이외에는 할 말이 없네. 솔직히!

수업 시간, 학생들 앞에서 했던 이야기 중에 '늑대 이야기'가 있었어요. 지금 생각이 나네요. 늑대 중 한 명의 리더가 있었어요. 한겨울 자기 무리, 자기 친구들이 배고플 때, 리더 혼자 사냥하러 떠납니다. 며칠을 돌아다녔지만, 사냥에 실패해요. 그래서 돌아오죠. 돌아온 이 늑대는 자기 무리, 친구들의 배고파함에 안타까워 웁니다. 우~.(하울링)

그러면 거기 있던 무리도 같이 따라 울어요. 왜 따라 우냐면 '수고했다고, 나를 위해서 고생했다'고.

지금 여러분이 이렇게 나를 위해 울어 주어서 정말 감사합니다.

다만 지난 4년간 여러분이 울 때 내가 같이 울어 주었는지 기억이 나지 않네요.

그런데 오늘은 여러분이 나를 위해 같이 울어 줘서 매우 고맙습니다."

이제 4년간의 교장 역할을 마치고 교사로 돌아간다. 학생들이 함께 울어 줬던 그 상황은 나에게 '좋은 세계'로 남아 있을 것이다. 앞으로 남은 기간 교사로서의 역할에 큰 힘이 되어 줄 것이다. 아이들의 아픔과 어려움을 외면하고 싶을 때, 다시 나를 바라보게 하는 나침반이 되어 줄 것이다.

현재는 은평구에 있는 신도고등학교에 근무하고 있다. 1학년 1반 담임을 맡았고, 1학년과 2학년에게 과학 과목을 가르치고 있다. 오랜만에 담임을 하고 교과 수업을 하니, 공모 교장 이전에 교사로 느꼈던 다양한 어려움이 다시 다가오고 있다. 특히 학생들의 이야기를 경청하고 힘든 상황을 공감하는 데 매우 어색하고 낯설어하고 있다. 4년의 공백도 있었지만, 교장으로 학생을 만나는 것과 담임으로, 때로는 수업하는 교사로 학생을 만나는 것에 커다란 차이를 느끼고 있다.

역할 차이

교장과 학생의 거리는 교사와 학생의 거리보다 매우 멀다. 만나는 빈도, 대화 내용의 깊이, 학생에 대한 정보, 서로에 대한 이해, 이 모든 면에서 교장과 학생은 평면적인 관계를 맺는다. 반면 교사는 학생의 행동을 그 결과만 놓고 판단하지 않고 입체적으로 바라보게 된다. 학생의 가족, 친구, 태도, 적성, 지성, 인성 등 함께 지내는 동안 쌓여 가는 정보가 학생에 대한 배경지식이 되고, 같은 행동이어도 학생에 따라 다양하게 바라볼 수 있게 해 주기 때문이다. 그래서 교사는 1년 내내 힘이 든다.

'2월에 실시한 인적성 검사', '가정 환경이 포함된 자기소개서', '3월 학력 평가', '학생들과의 1:1 상담', '학부모총회', '중간고사 성적', '학교 행사를 준비하면서 학생들이 보인 다양한 행동들' 등 담임은 여러 장면에서 학생들을 관찰하고 기억하여 입체적으로 평가하게 된다. 그리고 학생들 사이에서 다양한 사건이 발생할 때 교사가 개입하면서 학생에 대한 평가는 더욱 확고해지고 교사 내면에 자리 잡게 된다. 더불어 이러한 평가는 입시 교육, 학교생활기록부 작성 등 진학과 관련되면서, 더 공부 잘하는 학생, 더 열심히 하는 학생, 더 친절한 학생, 더 예쁜 언어를 사용하는 학생, 더 진로 탐색을 잘하는 학생 등 '더 나은 학생'을 찾는 비교 기준이 된다. 학생이 하나의 존재가 아닌 비교의 대상이 되는 것이다. 이처럼 비교의 기준이 하나둘씩 생기면, 교사는 학생과의 관계에 더 많은 에너지를 쓰게 되며, 고민은 깊어진다.

교장과 학생의 관계에 대한 글을 쓰면서 교사의 어려움을 먼저 거론한 이유는, 학생 입장에서 보면 교장은 스쳐 지나가는 많은 구성원 중 하나일 뿐이기 때문이다. 아침에 인사하고, 쉬는 시간이나 점심시간에 옆에서 지켜보며, 학교 행사가 있을 때 사진을 찍고, 가끔 누구나 아는 건전한 내용으로 훈화하는 나이 많은 어른이다. 사안이 있는 경우 학생에 대한 정보를 듣게 되지만, 상황에 대한 객관적인 내용이 전부인 경우가 많다. 교장은 교사를 통해, 교사의 교육활동을 통해 학생들과 만나게 된다.

교장의 역할에 대한 책을 쓰는 모임에서, 처음에는 '교사와 교장과의 관계'에 대해 써 달라는 요청을 받았다. 첫 문장을 어떻게 시작할지 고민하다가 교사들과의 첫 만남에서 했던 말이 생각났다. '무감어수 감어인無鑑於水 鑑於人, 자신을 물에 비춰 보지 말고 사람에게 비춰 봐라!' 지금 다시 곰곰이 생각해 보면 교사들에게 공모 교장을 평가하는 기준을 제시한 것이다. 어쩌면 교사를 나의 잣대로 비춰 보겠다는 선언으로 들렸을 수 있을 것 같다. 그래서 그런지 4년 동안 교사들을 대하는 것이 매우 조심스러웠고, 나름대로 열심히 경청하고, 교사의 교육적 욕구를 해결하려고 노력했다. 하지만 교장은 교사를 평가하고 판단하여 자리와 예산을 배정하는 존재이며, 교사에게는 그런 역할이 크게 다가간다. 따라서 학교공동체의 일원으로 허물없이 교사에게 다가가려는 모습은 때로는 위선으로 비친다. 그래서 탈권위를 통해 학교를 교사공동체 중심으로 이끌어 가고 있는 공모 교장들도 고민이 많다. 반면에 학생과 교장의 관계에서는 한 발 멀리 떨어져서 학생을 바라볼 수 있다. 비교와 평가 없이 학생에게 다가갈 수 있다.

지난 4년간 학생과의 관계에서 나의 역할을 평가해 보면, 3개의 특징이 있는 것 같다. 첫째는 교사의 교육활동을 돕는 보조자로 충실히 행동하려고 했다. 교사가 교육활동을 진행할 때 교사의 교육적 의견을 항상 존중했으며, 모든 활동에 함께 하려고 노력했다. 둘째는 효문고등학교 생활에서 학생 모두가 함께 기억할 수 있는 상징을 만들고 싶었다. 예를 들면 효문고 학생들은 졸업 후에도 학교 교훈을 기억하고 있을 것이다. 셋째는 학생의 학교생활이 '좋은 세계'가 되기를 희망했으며, 그런 장場이 만들어지도록 지지하고, 학생들에게 예의를 갖추려고 노력했다.

보조자

혁신학교에서는 다양한 학생 참여형 교육활동을 기획하고 실시한다. 혁신학교 교장으로서 나는 가능하면 모든 학교 교육활동에 함께하려 했다. 특히 '2015 개정 교육과정'이 도입되고, 고교 학점제가 확대되면서 교사의 교육과정 재구성과 평가가 점점 권한이 아닌 업무로 되어 가는 상황이다. 교과 선택의 확대로 교과 시간이 점점 나눠지면서 동교과 교사들 간의 협의 시간이 줄어들었다. 새로 준비해야 할 수업이 많아지면서, 교육과정을 재구성하고 학생 중심의 평가 체계를 만드는 것이 교사의 헌신 없이는 점차 어려워지고 있다.

이때 실시한 학교 자율형 교육과정(16+1)은 교사들의 협의를 촉진하고 학생 참여형 행사가 활성화되는 계기가 되었다. 융합적이면서 생태 지향적인 특성을 갖는 자율 교육과정은, 진로·체험활동과 결합하면서 교사의 자율성을 높이고 협업을 통해 새롭고 창의적인 교육활동을 설계하게 만들었다. 더불어 학생들의 다양한 장점을 발현시키고 적성을 발견하게 하는 기회를 제공했다. 효문고에서도 다양하고 융합적인 학생 참여형 교과 활동이 설계되었다. 이때 교장으로서 가능하면 모든 행사에 참여하면서 학생들과 함께하고 사진 자료를 남기려고 했다. 그리고 연말에는 이런 자료를 모아 행사별로 정리하고 학교 공유 드라이브를 통해 교사들에게 공유했다. 때로는 교사들 중에서 행사 사진 자료가 필요할 경우 나에게 요청하곤 했다. 이처럼 나는 학교 행사 사진사였다. 효문고의 역사를 기록으로 남기는 사람이었다.

2020학년도부터 2022학년도까지 코로나19로 인해 수학여행을 가지 못했다. 그래서 2022년 교사협의회를 통해 2023학년도에는 수학여행을 1, 2학년이 함께 제주도로 가기로 했다. 코로나19로 인해 수학여행을 가지 못한 2학년에 대한 배려였다. 3년간 가지 못했던 수학여행을 준비하는 것은 실무자인 교사에게 무척 힘든 일이었다. 자료도 부족했고 도움받을 선배 교사도 적었다. 이때 나는 수학여행 자료를 찾아 주고, 교육 계획서의 기본 계획 수립도 함께 하고, 답사도 같이 가며 함께했다. 수학여행 도중 아픈 학생이 있으면 함께 병원에 가는 것은 내 몫이었다. 담당 교사의 어려움을 알기에 보조 역할자로 충실히 하려고 노력했다. 사진을 찍어 학부모님에게 공유하는 것도 나의 역할이었다.

교육활동이나 수학여행이나 직접적으로 학생들과 관계를 맺고 활동을 진행하는 것은 교사의 일이다. 따라서 행사 과정에서 많은 어려움을 직면하는 것도 교사이다. 교장인 나의 역할은 교사가 학생들과의 관계에 충실하고 교육적 욕구를 달성할 수 있도록 돕는 것이라 생각한다. 단순히 사진을 찍고 아픈 아이와 병원에 가는 일이지만, 교육활동 영역에서 교사가 역할에 충실할 수 있도록 힘든 일을 하나씩 줄여 주는 것이 교장의 기본적인 역할이라고 본다.

상징

아침 등교 시간에 항상 학생들에게 인사하며 하는 말이 있다. "좋은 하루."

"효문고에서 웃음 지으셨던 추억들을 오래오래 기억으로 남겨 주세요. '좋은 하루'라는 말이, 아침에 등교하며 웃음 지을 수 있게 만들어 주었습니다. 항상 감사드리고 건강하시고 행복하세요."(3학년 롤링 페이퍼 중)

"아침마다 해 주셨던 '좋은 하루'는 성인이 되어서도 생각날 것 같습니다. 어쩌면 굉장히 길고 힘든 고등학교 생활 중 2년 동안 항상 아침마다 힘 주셔서 감사합니다! 저희 학교에서의 시간이 쌤께도 행복하셨길 바라고 앞으로도 쭉 행복하시길 바랍니다."(2학년 롤링 페이퍼 중)

"선생님께서 매일 아침마다 인사를 해 주셔서 하루를 기분 좋게 시작할 수 있었어요. 효문고를 떠나셔도 교장쌤께서 항상 행복하고 즐겁게 지내셨으면 좋겠어요! 지금까지 감사했고, 앞으로도 행복하세요~ 좋은 하루~~"(1학년 롤링 페이퍼 중)

효문제, 졸업식, 체육대회 등 학교 행사가 있을 때, 학생들은 나에게 '좋은 하루'라는 멘트를 요청한다. 혁신학교 교장들이 모여 교장의 역할에 대해 토론회를 진행한 적이 있다. 이때 혁신학교 교장에 대한 학생, 교사의 인식을 조사했는데, 효문고 학생들은 "교장 하면 생각나는 것이 무엇인가?" 하는 질문에 "좋은 하루"라고 대답한 학생이 다수였다. 사람이 기억을 할 때 상황에 대한 좋은 감정이 있으면 그 기억이 '좋은 추억emotional memory'으로 남는다고 한다. 매일 나와 학생들의 시작은 '좋은 하루'였다.

효문고의 교훈은 '우리가 선택하는 우리가 원하는 삶'이다. 효문고도 3개의 단어로 조합된 일반적인 교훈이었는데, 2019학년도에 교사, 학생들의 숙의 과정을 거쳐 지금의 교훈이 만들어졌다고 한다. 내가 공모 교장으로 부임하기 바로 직전에 만들어진 것이다. 처음 교훈을 봤을 때 너무 마음에 다가왔다. 특별한 의미가 없을 수 있는 교훈을 진지하게 바라보고, 문제를 제기하고, 의미를 불어넣는 과정에서 교사들과 학생들이 느낀 뿌듯함이 내게로 전이된 것 같았다. 그래서 교장으로 학생들 앞에서 말할 기회가 있을 때마다 항상 효문고 교훈으로 끝을 맺었다.

"여러분에게 효문은 역사가 되었네요. 자~ 마지막으로 교훈을 다 같이 큰 소리로 외쳐 볼까요? '우리가 선택하는 우리가 원하는 삶!' 어쩌면 이 교훈은 지금부터 여러분에게 필요한 나침반이 될 것입니다." (2022년 졸업식 축사 중)

"좋은 하루", "우리가 선택하는 우리가 원하는 삶"이라는 표현은 의도하지는 않았지만, 교장인 내가 학생들에게 부담 없이 다가가게 했다. 학교의 모든 행사에 참여하며 학생들을 관찰하고, 이것저것 잔소리를 해도 학생들은 친근하게 받아들였다. 어쩌면 입시 현실에서 살아가고 있는 고등학생에게 작은 소동과 재미가 되었을 것이다.

'좋은 세계'

'좋은 세계quality world'라는 인간 내면세계에 대한 심리학 용어가 있다. 사람은 자신이 원하는 삶, 함께하고 싶은 사람, 갖고 싶은 물건, 가고 싶은 장소, 가치 있다고 여기는 신념 등에 대한 이미지를 갖는다고 한다. 예를 들어, 어떤 학생의 좋은 세계 안에 학교, 교사, 수업 내용 등이 들어 있다면 성공적인 정체감을 형성하는 데 도움이 되지만, 좋은 세계 안에 약물, 갱 집단 등의 사진첩이 들어 있다면 학교생활에서 성공하기 어려울 것이다. 이처럼 기본 욕구를 충족해 주는 구체적인 대상 혹은 방법은 바람wants이 되어 좋은 세계라고 불리는 심리적 영역 안에 사진첩으로 간직되어 있다고 한다.

효문고 4년을 돌아보면 어려움과 당혹감으로 힘들었던 기억들도 있지만, 웃음을 주고 자부심을 갖게 하는 기억들도 많다. 2023학년도 수학여행에서 1, 2학년이 모여 함께 장기 자랑을 했다. 모든 반에서 팀을 만들어 참가했는데, 정말 열심히 춤을 추며 노래했고, 모두가 열렬히 환호했다. 함께 간 학생부장님의 '마치 작은 학교 축제 같았어요'라는 말에 공감할 수밖에 없었다. 아이들에게는 함께 만들고 이루었다는 욕구가 충족된 '좋은 세계'였다.

2023학년도 여름 방학 때 교사 9명과 도움반 학생 9명이 1박 2일로 강화도 체험활동을 갔다. 학생 1명과 교사 1명이 멘토-멘티가 되어 갯벌 체험, 식문화 체험을 하는 통합 교육활동으로, 도움반 학생들에게 친구와 여행하는 기회를 제공하기 위해 특수 선생님이 기획한 것이었다. 학생 구성을 보면 1명은 여학생이고 8명이 남학생이었으며, 그중에 휠체어를 타는 학생이 1명 있었다. 교사는 8명이 여교사이고 1명은 남자인 나였다. 여행 중 힘들었던 것은 휠체어를 타는 친구가 화장실에 갈 때였다. 남자인 내가 따라갔는데, 방법을 잘 몰라 서로가 고생했었다. 하여튼 8명의 남학생과 함께 자는 것도, 휠체어를 끌어 보는 것도, 비 맞으며 갯벌을 걸은 것도 처음이었다. 학생들에게도 처음인 경험이 많았을 것이다. 학교에 돌아와 피드백을 나누는 과정에서 표현을 잘하지 못했지만, 학생들 눈에는 평온함이 보였다. 그 1박 2일은 아이들에게 그리고 나에게 좋은 세계였다.

"한 번뿐인 고등학교 생활을 선생님 덕에 좋은 기억으로 남길 수 있었던 것 같습니다. 지금보다 더 나은 사람이 되고 싶다는 마음의 원동력이 되어 주셔서 감사합니다."(2024년 2월 1일 졸업생 편지 일부)

교장으로 지내면서 학생 개개인과 대화를 나누고 그 내용에 공감하기에는 어려움이 있다. 학교 행사에 참여해 이것저것 물어보고, 아침에 인사를 나누고, 점심시간에 '맛있게 먹어요!' 하고 말하는 것 등이 학생에게 다가갈 수 있는 기회의 전부이다. 특별한 행사가 있을 때 단상에서 이것저것 이야기하지만, 학생들 귀에는 다가가지 않는다. 그렇기에 교훈을 함께 외치자는 제안이 아이들에게는 흥미로웠는지 모르겠다. 2023년에 정보 수업 강사를 한동안 뽑지 못해서 수업 결손을 방지하고자 엑셀 강의를 두 달 정도 했지만, 서로의 서사를 나누는 대화는 없었다. 이런 와중에 몇 명의 학생들과는 우연한 일이 계기가 되어 서로의 이야기를 나눈 적이 있다. 진로 이야기로 시작되는 경우가 대부분이었지만, 학생들의 요청이 있으면 최선을 다해 문제를 함께 해결하려고 노력했다. 졸업식 날 한 학생이 나에게 준 편지는 먼 훗날 나에게도, 그 학생에게도 효문이 좋은 세계로 기억되는 매개체가 될 것이다.

역할

학교공동체 구성원들 사이에 일어나는 현상을 하나로만 해석할 수는 없다. 교육은, 일부만 보고 전체를 해석할 수 없는 다양한 관계에서 사건이 일어나는 장이기 때문이다. 교장은 한 사람 한 사람에게 다가가기 어렵지만, 학생이 성장할 수 있고, 함께하는 공동체를 체험할 수 있는 장을 만드는 사람이라고 생각한다.

좋은 세계는 교사가 만들어 간다. 교사들의 협의가 만들어 간다. 교사, 학생, 학교교육공동체의 역동적 활동이 만들어 간다. 교육은 하나의 장場이다. 내가 경청하지 않을 때, 다른 사람에게도 경청을 요구할 수 없고, 내가 다른 사람을 타자로 만들 때, 다른 사람도 나를 타자로 만들 수 있다. 좋은 세계를 만드는 것은 교사에게 다양한 교육적 시도를 할 수 있는 장이 만들어졌을 때 가능하다. 학교가 교사, 학생이 성장하는 공간, 장이 되려면, 서로 신뢰할 수 있는 문화가 만들어져야 한다. 이때 교장의 태도와 가치가 중요하다. 교사의 창의적 교육활동을 지지하며, 청소 노동자나 조리 종사원의 기여에 감사하며, 학생들의 의견을 존중하는 교장이 있을 때 학교는 좋은 세계로 다가온다. 특히 학생들의 다양한 건의와 의견이 들어왔을 때에는 정중하고 공식적인 답변이 필요하다. 이럴 때 학교는 학생들에게 다시 가고 싶은, 기억하고 싶은 곳으로 남을 것이다. 이런 장을 만들어 가는 교사를 응원하고 함께하는 것이 교장의 역할이다.

공모 교장은 힘이 든다. 권위를 내려놓고 학교공동체의 일원이 되려고 노력해야 한다. 4년간 다른 공모 교장들을 관찰해 보니 두 가지의 방법으로 접근하고 있었다. 첫째는 능력이다. 교육을 이해하는 철학적 힘을 갖고 있으며, 학교의 사안을 정확히 이해하고 해결책을 제시할 수 있는 능력. 이런 교장은 학교공동체의 일원이 되기 쉽다. 많은 구성원이 교장 선생님과 협의를 통해 교육활동을 계획하고 실행할 수 있기 때문이다. 둘째는 참여다. 아침에 인사부터 시작해서 방과 후 활동까지 참여하며, 학생과 교사의 활동을 응원하고 지지한다.

대부분의 공모 교장은 두 가지 능력을 모두 갖고 있지만, 나는 주로 교육활동에 참여하면서 교사의 일손이 되려고 노력했다. 2023학년도 학교 축제 때, "교사 댄스팀에 교장이 참여하면 재미있을 겁니다", "너무 잘하려고 하지 말아요! 엉성해야 아이들이 즐거워합니다"라는 말에 한 달 동안 20여 명의 선생님들과 열심히 연습했고, 축제 때 아이들에게 웃음을 줬다. 이처럼 함께 즐기는 장이 만들어질 때 열심히 참여하는 모습을 보여 주는 것도 교장의 역할이다. 현재 근무하고 있는 학교의 교장 선생님도 공모 교장으로 아이들과 함께하려고 노력한다. 체육대회 때 1학년 축구팀의 일원으로 2학년과의 대항전에 참여하였다. 축구공을 잡을 때 아이들은 환호한다.

물론 항상 물음이 남는다. 지난 4년간 내가 교장으로 있었을 때, 구성원들에게 효문고는 성장의 장이 되었으며, '좋은 세계'였을까? 4년간 학생들은 학교에 오는 것이 즐거웠을까? '우리가 선택하는 우리가 원하는 삶'을 꿈꾸는 기회를 제공했을까?

마치며

교장으로 발령을 받은 2020년에 시작된 코로나19 팬데믹은 학교 교육활동 전체에 많은 영향을 주었다. 입학식도 없이 한 해를 시작하고, 졸업식도 없이 끝을 맺었다. 특히 원격 수업으로 인해 교사와 학생들의 관계를 형성하게 해 주는 구체적인 경험을 공유하기 어려운 시기였으며, 기존과는 다른 관점이 요구되었다.

교장 4년 동안 아이들 앞에서 이야기하면서 울컥했던 적이 한 번 있다. 바로 교장 첫해 1학년으로 입학한 학생들의 졸업식에서였다. 그들은 코로나19 팬데믹 시기에 고등학교 3년의 시간을 보냈다. 기존에 있었던 다양한 교육활동이 코로나19로 인해 진행되지 못했다. 수학여행도, 문학 기행도, 동아리 활동도 하지 못했다. 졸업식 때 학생들 앞에 서니 미안한 마음에 감정을 추스르기 어려웠다.

'너희들에게 과연 고등학교 생활이 무엇이었을까? 과연 고등학교 3년의 시간 동안 무엇을 했고 무엇을 기억할까?'

"커뮤니티 속에서 인식하기", "커뮤니티 속에서 가르치기", "커뮤니티 속에서 배우기".

《가르칠 수 있는 용기》(파커 J. 파머, 이종인·이은정 옮김(2000), 한문화)에 나오는 장의 제목 중 일부이다. 교사는 학생들과 함께 커뮤니티(장)를 만들어 간다. 교장은 교사들이 만들어 가는 커뮤니티를 지지하고 지원하는 조력자이다. 함께하는 커뮤니티가 만들어졌을 때, 교장과 교사는 함께 성장한다. 그 속에서 학생은 '좋은 하루'를 보내고 '우리가 선택하는 우리가 원하는 삶'을 가꾸어 가게 된다.

교장 임기가 끝나고 다시 교사가 되어 교장을 만나니 역시 어렵다. 지위가 다르고 역할이 다르기 때문일 것이다. 다만 학교가 학생들에게 성장의 장이 되도록 함께 만들어 가는 데 함께하는 존재라는 점은 다르지 않다.

학생을 둘러싼 관계를 맺고 푸는
전지적 참견자로서의 교장

박지희(2019~2022 서울도봉초 교장)

교장과 학생들의 관계를 이야기하자니 여러 장면이 머릿속에 떠오른다. 교문에서 학생들과 다정하게 인사 나누고 친근하게 지내는 모습, 또 인자한 할머니나 할아버지처럼 교실에서 혼난 아이들을 다독이며 산책하고 따뜻한 차를 주며 진정시켜 돌려보내는 모습 등 모두가 아름다운 장면이지만, 내 역할로 다가왔을 때는 그 역할에 좀 더 의미가 더해졌으면 했다.

한참 옛날, 담임을 맡던 때의 이야기다. 6학년 학생들이 하교 후 뭔가 교실에 놓고 갔는지 실내화도 신지 않고 맨발로 교실에 왔다가 살금살금 나갔다. 이유를 물으니까 복도를 청소하시는 분이 복도를 다 닦아 놨으니 발자국을 내지 말라고 했다는 것이다. 그래서 실내화를 신지 않고 그분의 눈에 띄지 않게 살금살금 복도를 지나온 것이다. 어지간히 더러운 신발로 막 밟고 다녔나 보다 했더니 하소연이 길어졌다. 그분이 너무 무섭고 실내화를 신고 지나가도 왜 왔다 갔다 하냐고 한다고 했다. 그래서 복도를 지날 때면 누군가 망을 보고 그분이 계시면 숨어 있다가 지나온다고 했다. 어른들은 모르는 학생들만의 애로사항이었다.

학교가 교육적이려면 학생을 둘러싼 공간부터, 교육과정, 학생들과 관계한 모든 어른들이 교육적이도록 살펴야 한다. 이런 학교 시스템, 교육과정, 그리고 도와줄 어른들이, 마음이나 몸이 아픈 학생들, 교육과정을 무난하게 수행하지 못하는 학생들과 어떻게 관계 맺게 할 것인가를 살피는 것이 교장이 아이들과 맺어 가는 관계의 시작이라고 본다.

아프고 힘든 학생을 지원할 관계는 무엇일까

4학년 봄이는 오늘도 복도에서 아이처럼 떼를 쓰듯 울음을 터뜨린다. 협력 교사, 교장, 수업이 없는 업무팀 교사까지 봄이의 큰 울음 소리에 달려 나온다. 봄이는 거의 모든 시간에 협력 교사의 도움을 받는다. 학습이든 친구들과의 관계에서든 수가 틀리거나 힘들면 소리를 지르거나 발을 구르고 못 본 척하면 물건을 던지기도 하며 학교 밖으로 뛰쳐나간다. 그런 봄이는 일주일에 6시간 정도 대안교실에 간다. 대안교실에서는 봄이가 좋아하는 종이접기나 만들기, 연극 수업 등 흥분을 가라앉힐 만한 수업을 한다. 일반 수업은 거의 절반도 참여하지 못하는 형편이라 봄이가 일주일 동안 하는 수업이 채 10차시도 되지 않는다.

이런 봄이 같은 학생들이 점점 많아지고 있다. 봄이처럼 교실에서 이런저런 이유로 분리되어 나온 학생들이 다시 교실로 들어가 다른 학생들과 정상적인 관계를 맺고 교육과정에 참여해야 하는데, 한 번 분리되기 시작하면 다시 교실로 돌아갈 수 없는 학생들이 대부분이다.

봄이처럼 아픈 학생들은 늘고 있는데 근본적으로 이런 학생들을 보조하고 상담하고 가정과 연계해서 가족 간의 관계도 살피며 또 관계를 세울 그런 시스템이 없다. 담임 교사 혼자서 학생을 돌보다 힘들면 전문성도 없는 협력 교사가 붙잡고 있거나, 취미 위주 수업을 하는 대안교실이나 교무실 또는 교장실에서 잠시 머물다가 교실로 돌아가고 또다시 나오길 반복하고 있다. 어쩌면 가장 전문가가 필요한 곳에 가장 비전문가들이 결합해서는 애는 쓰는데 발전이 없는 시간을 보내고 있다.

교장으로 부임하던 첫해 3월 교장실과 연결된 교무실에서 '꼬끼오' 하는 닭 울음소리가 들렸다. 수업 방해가 너무 심하거나 다른 학생들을 다치게 할 가능성이 있는 학생이 있는 반에서 누른 비상벨 소리였다. 잠시 후 3학년 여름이가 교장실로 왔다. 이런저런 이야기를 나누며 교장실에서 안정을 취하게 하니 수업을 하겠다고 해서 올려 보냈다.

여름이는 그 뒤로도 자주 교장실로 내려왔다. 담임 교사의 요청으로 내가 교실로 올라가서 그 아이 옆에 앉아서 수업을 보조하기도 했다. 또 담임 교사의 동의를 받아 상담 교사와 지역사회교육전문가가 학급에 들어가 아이를 관찰했다. 가정과의 면담도 진행되었다. 부모에게 담임뿐만 아니라 교장, 지역사회교육전문가, 상담 교사까지 문제점을 이야기했으나 집에서는 그렇지 않다는 말만 돌아왔다.

그러다가 그 학급에서 온작품 읽어 주기 수업을 시작했다. 글밥이 많지 않은 동화책인데도 여름이는 전혀 수업에 몰입하지 못했다. 그럭저럭 수업에 참여하나 싶었는데, 마지막으로 간단한 글을 쓰는데 여름이가 폭발하고 말았다. "읽는 것은 참았는데 나한테 왜 글자를 쓰게 하냐. 난 하기 싫은 거 안 한다"라며 책상을 뒤엎고 공책을 연필로 북북 찢었다. 교장실에 내려올 때마다 이야기를 들어 주고 같이 산책하고 그랬는데, 그런 식으로는 문제가 해결되지 않는다는 것을 알았다.

여름이에게는 조금 더 전문적인 접근이 필요하다고 판단해서 작업치료 전문 기관(시소감각통합상담연구소)에 도움을 요청했다. 작업치료 전문가들이 3차에 걸쳐 반 아이들의 관계와 여름이를 관찰했다. 전문 기관과 여름이 부모와의 면담도 이루어졌다. 전문가적인 시선으로 관찰하고 담임 교사, 학교장과 수시로 의논을 하면서 가정과 담임 교사에게 여름이를 대하는 방식 등 구체적인 컨설팅을 해 줬다. 또 방과 후와 방학에는 여름이와 특별히 사이가 안 좋은 아이들과 집단 놀이 기회도 만들어 놀게 하고 집단 상담도 했다.

이후 여름이는 교실 밖으로 분리되는 횟수가 줄어들었다. 여름이가 안정되니 학급이 안정되었다. 여름이는 다음 해부터는 거의 교장실에 내려오지 않았다. 그리고 3년 후 누구보다 의젓한 아이로 졸업했다. 담임이 혼자 책임지게 하거나 온갖 사람들이 임시방편으로 아이를 달래는 방식으로는 이런 변화는 어려웠을 것이다. 그래서 학교에는 여러 영역의 전문가가 있어야 한다. 담임 교사나 학교 인력으로만 변화를 기대하기가 어려운 학생들은 학교와 동떨어진 일반 병원에서 검진·치료만 받게 할 것이 아니다. 학교 안에서의 행동이나 관계 등을 살피고 교사나 가정에 전문적인 조언을 해 줄 전문가들이 필요하다. 이런 전문가들이 학교에 상시 배치되면 좋겠지만 그렇지 않다면 사안이 발생했을 경우 결합해서 학생에 대한 종합적 진단을 해 볼 필요가 있다.

그와 함께 일상적으로는 학교에 있는 다양한 사람들을 잘 조직해서 학생의 문제를 담임과 함께 의논하고 문제를 풀어 가는 시스템이 필요하다. 그래서 '문제 행동'이 있을 때 상담위원회가 되었든 생활위원회가 되었든 그 학생과 눈 맞추고 관찰했던 어른들이 담임 교사와 함께 모여서 논의하고 해결 방향을 찾는 방식이어야 한다.

학생들과 교육과정의 관계는 적절한가

3학년 수업을 들어갔을 때다. 글밥이 길지 않은 단편 3편이 들어 있는 동화를 들고 갔다. 그중 1편을 읽어 주고 낭독 공연을 해 보자며, 모든 학생에게 읽을 분량을 정해 주고 나눠 읽기를 시작했다. 그런데 도무지 진도가 나가지 않았다. 쉬운 입말로 된 동화인데도 떠듬떠듬 읽는 학생들이 3, 4명이나 되었다. 같은 학년 다른 반도 마찬가지였다.

3학년이 되어서도 유창한 읽기가 안 되면 국어뿐만 아니라 다른 교과 수업도 사실 정상적으로 수행하기 어렵다. 이런 학생들의 문제를 교육과정의 문제로 보고 교사들과 머리를 맞대고 학교교육의 중점 방향과 해결해야 할 중점 과제를 설정했다. 또 학년별 문해력 성취 수준을 정하고 모든 학급과 학년에서 문해력 강화를 교육과정의 핵심 과제로 세우는 등 맞춤형 교육과정을 만들어 갔다. 또한 학교 중점 과제인 기초학력을 위한 초기 문해력을 위해 1, 2학년의 특별 교육과정으로 가정에서 날마다 읽어 주기를 학교 사업으로 펼쳤다. 학교에서 중심 과제에 대한 교사들의 합의를 만들고 공동 실천을 해 나가면서 학생들의 문해력 수준이 올라가고 학습 분위기가 달라졌다.

교육과정은 배워야 할 것, 배우고 싶은 것, 가르치고 싶은 것들을 중심으로 씨실, 날실로 촘촘하게 짜여야 한다. 배워야 할 것만 생경하게 드러나서 학생들이 배울 수 있는 방식인지에 대한 검토 없이 우격다짐으로 하진 않는지, 배우고 싶은 것을 체험하는 데서 끝내는 방식은 아닌지 충분히 검토해서 학교에 맞는 맞춤형 교육과정을 만드는 것이 학생들과 교육과정의 관계를 살피는 것이다. 교장은 학교 또는 학급 교육과정이 학생의 성장에 어떻게 이바지하는지 계속 살피며, 맞춤형 교육과정을 만들 때 전체를 보는 중요한 역할이다.

또한 교육과정을 수행하는 실제 학생들의 모습을 파악하기 위해서는 한 학기에 1, 2번이라도 직접 수업을 하거나 참관이라도 하는 것이 좋다. 수업을 직접 하거나 참관하면 학생들의 교육과정 수행력을 실질적으로 파악할 수 있다. 수업 참관이나 수업협의회에 교장이나 교감이 자리를 피해 주는 것이 미덕인 시대도 있었다. 그러나 수업 속 학생들을 중심에 두고 각자가 다른 관점에서 본 수업과 학생들에 대해 이야기할 수 있어야 학생들에게 맞는 교육과정이 만들어진다.

교사의 교육력을 키워야 학생들과의 관계도 건강해진다

10월 초쯤에 한 담임 교사가 '○○이 교장실로 보냅니다. 따끔하게 혼내 주세요' 하고 메시지를 보냈다. 담임 교사도 교장에게 정말로 학생을 혼내라는 이야기는 아니었을 것이다. 학생에게 교실을 떠나 학교의 제일 큰 어른한테 가는 벌을 주는 의미이다.

학생들이나 학부모와 교사 간의 갈등에 교장이 개입해 달라는 요청을 받을 때가 있다. 이때 개입은 교사의 교육력을 키우는 방식이어야 하고, 또 교장 등 어떤 개인에 의한 것이 아닌 시스템으로 접근해야 한다. 가벼운 사안이야 담임 교사와 메시지를 주고받고 서로 협력해서 학생에게 성찰의 기회를 줄 수도 있지만, 지속적이고 심각한 문제는 시스템으로 접근해 가는 것이 좋다.

심한 공격성을 보인 연두는 담임 교사의 지도만으로는 해결이 불가능했다. 자주 교장실로 내려오고 상담실도 들락거렸지만 개선되지 않았다. 생활위원회를 열어 연두를 어떻게 지도해 나갈지 협의했다. 생활위원회 이름으로 부모 면담 요청을 하고 부모가 참여한 가운데 회의가 진행되었다. 회의에서 담임이 바라본 소견과 담임의 제안을 먼저 듣고 담임의 제안을 뒷받침하기 위한 학교 방침을 이야기하자, 부모는 담임이 중심이 된 생활위원회 결정에 따라 주었다. 학교 시스템을 통해 해결하긴 하지만 담임의 지도력을 끝까지 살려 주기 위함이었다. 연두는 정식으로 병원을 방문해서 진단도 받고 치료도 받으면서 학급에서나 교과 시간에 지켜야 할 행동 약속을 정했다. 약속 불이행이 5번 정도 되면 수업을 중지하겠다는 서약서도 받았다.

그 이후로 연두는 교실 기물을 부수고 친구들에게 욕과 주먹질을 하고 교사에게도 욕을 해서 결국 수업 중지를 받게 되었다. 연두는 그 기간 동안 등교를 교장실로 했다. 철저하게 학급과 분리시키면서 학급과 담임 교사와 친구들의 소중함을 느끼게 했다. 다시 교실로 등교할 때는 담임의 허락이 있어야만 가능하다는 것도 미리 알고 있어서, 교실로 돌아가고 싶은 연두는 일주일을 눈물을 참으면서 버텨 냈다. 그렇게 겨우 다시 교실로 간 연두는 행동약속장에 불이행 표시가 되는 것을 아주 조심스러워하면서 자신의 행동을 통제해 나갔다.

예전에 초임 교사 시절 우리 반 말썽꾸러기를 옆 반의 40대 남자 선생님이 엄청 크게 혼내 준 적이 있다. 그 학생이 야단맞는데 괜히 나도 혼나는 기분이 들었고, 내 앞에서는 날뛰던 학생이 금세 수그러지자 나는 스스로 교사로서 무능하다는 느낌이 들었다. 옆 반 교사는 나를 도와주려고 한 것이지만 나의 교육력이나 그 학생과의 관계는 나아지지 않았던 것이다.

교장이 교사들의 도움을 요청받아 개입할 때는 그 방식이 교사의 지도성을 강화하는 방향이어야 교사와 학생의 관계가 단단해진다. 교장이 나서서 대신 문제를 해결하기도 어렵지만, 그렇게만 하면 교사의 지도력은 약화될 위험이 있다. 그래서 긴급 분리 요청이 있을 경우에는 긴급 분리를 하더라도, 학생의 문제를 해결하는 과정에서는 교사와 머리를 맞대고 의논해서 공동 대응하는 것이 좋다. 가령 교사가 벌을 주느라 교장실에 보냈는데 교장실에서는 사탕을 준다든지 한없이 다정하게만 대하는 것은 학생을 위해서도 바람직하지 않다.

며칠 전 어느 교감 선생님이 하소연하는 이야기를 들었다. 담임 교사로부터 학생 분리 요청이 있어서 학생을 데리고 나와 교무실에서 이야기도 나누고 산책도 하다가 조금 진정되어 잘하겠다는 약속을 받고 교실로 올려 보냈는데, 그 학생은 교실에 가자마자 다시 문제 행동을 했고, 담임 교사들과의 간담회 자리에서 분리된 학생에게 학교가 무슨 조치를 했냐는 원망 섞인 이야기를 듣고 너무 속상했다는 것이다.

학생에 대한 사전 정보가 충분치 않으면 교장이나 교감이 학생과 어떻게 만나야 하는지, 교사를 어떻게 지원해야 교사의 교육력이 강화되고 단단해지는지 모른다. 일상적으로 서로 소통하고 배우는 시스템을 만들어 교사들이 서로를 돌보고 배우는 관계가 가능해졌을 때, 학생들과의 관계도 단단하게 만들어 갈 수 있다.

가정에서의 관계가 안정되어야

교장들은 교문 맞이를 많이 한다. 보통은 학교 앞 교통 상황이 안 좋아서 확인하거나 학생들과 인사를 나눌 겸 한다. 교문 맞이를 하는 목적이나 이유는 저마다 다르겠지만, 나는 학생들의 일상적 모습을 관찰하고 학생들을 데려오거나 데려가는 보호자들과의 대면 기회를 만들고자 하는 이유도 있었다. 비상벨이 있는 학급의 봄이나 여름이가 아침 등교하는 표정이나 상태를 보고 담임 교사와 정보를 나누기도 하고, 저학년 부모들이 교문에서 헤어지는 모습을 보면서 보호자와 학생의 관계를 짐작하기도 한다. 또 보호자들과 대면 기회를 넓혀 필요할 때 말 걸기가 쉽게 하려고 했다.

가을이는 1학년 때 학교폭력으로 전학을 온 학생이다. 코로나19가 한창일 때 저학년은 등교일이 꽤 많았는데 등교할 때마다 가을이는 교문에서 자기 교실로 들어가는 데 30~40분씩 걸렸다. 그렇게 겨우 들어갔나 싶으면 수업하자마자 난동을 부려 교장실로 내려오거나 답 답하다고 운동장을 배회하기 일쑤였다. 하루는 교문에서 들어가라, 못 들어간다 하며 씨름하는 가을이의 아빠를 붙잡고 이야기 좀 할 수 있냐고 물었다. 평소에 충분한 안면이 있었던 탓인지 흔쾌히 그러 겠다고 하셨다. 가을이 가족과 만나기 전 학교에서는 생활위원회를 열어 담임 교사를 중심으로 지역사회교육전문가, 상담 교사가 모여 가을이와 관련된 사전 조사와 회의를 거쳤다.

면담은 원활하게 이루어져 병원에서 종합 검사도 받아 약물 치료 도 같이 하기로 했다. 담임 교사는 가정과 매일 소통하면서 학급과 가정에서의 가을이의 행동 변화를 점검했다. 물론 쉽게 나아지지는 않았지만 절망스럽다는 생각은 들지 않았다. 담임 교사도 혼자서 그 학생을 돌보는 게 아니라 학교 시스템이 함께 보조를 맞추고 있다는 생각에 훨씬 안정감을 갖고 지도해 나갔다.

예전에 비해 학생들의 현실과 학생들이 갖는 문제는 점차 복잡해 지고 보호자들의 양육과 가정교육 및 보호자와 학생 사이의 관계도 많이 변했다. 학생들의 건강한 성장은 가정의 협력 없이 불가능하다. 가정의 역할과 기능을 건강하게 할 수 있는 방안을 마련해야 한다. 그 래서 우리 학교에서 시작했던 것이 가정에서 책 읽어 주기 프로젝트 였다.

1, 2학년을 대상으로 학교에서 마련한 그림책을 각 가정으로 보내 보호자가 책을 읽어 주게 했다. 일주일 동안 반복해서 읽어 주고 학교 로 책을 가져오면, 또 일주일 동안 반복해서 책을 읽어 주는 프로젝트 였다. 15주 정도를 하게 되면 나름대로 루틴이 생겨 문해력에도 변화

가 오고 책에 대한 마음도 달라지고 읽어 주는 어른과 듣는 아이들 사이의 정서 변화가 있다고 한다.

겨울이는 두 살 터울의 형과 이삿짐센터 일을 하시는 아빠, 엄마랑 사는 학생이었다. 엄마, 아빠가 번갈아 가며 아침에 겨울이를 학교에 데려다주었다. 부모님과의 사이는 건강해 보였다. 그런데 겨울이는 자기 이름도 제대로 못 쓰고 아주 쉬운 글자도 읽을 수 없었다. 겨울이의 형은 3학년인데 내가 수업할 때 보니 읽기가 능숙하지 않아 학습을 제대로 따라가지 못했다. 15주 읽어 주기 프로젝트를 시작할 때 겨울이의 부모는 난감해했고 프로젝트를 신청하지 않았다. 꼭 이 프로젝트가 필요한 학생이어서 겨울이 가정은 꼭 참여시키고 싶었다.

교문에서 자주 마주치던 겨울이 엄마를 겨우 설득해서 참여하게 되었다. 그런데 7~8주 지났을 때쯤 교문에서 만난 겨울이 엄마는 나에게 감사 인사를 했다. 아이도 아이지만, 그림책을 읽으면서 울컥할 정도로 좋은 책이 많아서 자기가 그림책에 빠졌다고 이야기하면서, 아빠랑 나누어서 당번을 정해 읽어 주고 있다고 했다. 또 바쁜 아빠가 아이를 위해 책 읽어 주는 시간을 지켜 집에 들어오는 것 자체가 가족 모두에게 감동이라고 말했다. 겨울이네는 어느 가정보다 열정적으로 참여했다. 덕분에 15주가 지난 뒤, 전엔 자신의 이름도 서툴게 쓰던 겨울이는 "학교가 좋아요"처럼 어려운 문장도 썼다.

하루 10분이라도 매일 하는 것은 쉽지 않다. 아이들도 처음에는 10분 정도 책 이야기를 듣는 것을 힘들어했다고 한다. 그런데 15주 정도 지나니 학생들의 문해력은 물론이고 책 읽어 주는 어른과의 관계가 좋아졌다고 했다. 특히 프로젝트 평가에서 아빠들은 다들 비슷한 이야기를 했다. 아이와 대화를 나누고 싶어도 어떻게 대화를 시작해야 할지 몰랐는데, 하루에 10분 정도 아이만을 위해 시간을 내고 책 이야기를 하다 보니 대화가 자연스러워지고 아빠를 바라보는 아이들의 눈빛이 달라졌다고 했다. 가장 멋진 일은 아이와 자신이 나누는 이야기의 수준이 달라진 것이라고 했다. 엄마들은 그림책을 읽어 주다가 자기 내면도 치유가 되었다고 평가했다. 그리고 학교가 좋은 책을 골라 주는 걸 보면서 학교에 대한 신뢰가 더 생겼다고 했다. 가정과의 1차적 관계가 안정된 아이들은 학습 의욕도 갖고 자신만만하게 새로운 배움의 세계로 나아간다.

단지 문해력만 향상된 것은 아니다. 오로지 한 아이만을 위해 누군가 시간을 내고 한 아이만을 위해 속도를 맞추고 한 아이만을 바라보며 책을 읽어 주면서, 아이와 부모는 아주 단단한 유대의 끈이 생겼음을 느꼈다고 했다. 그렇다. 아이들을 키우는 데는 아이를 돌보는 사회 시스템도 필요하지만, 때로는 오직 한 아이와 눈 맞추는 부모의 10분이 더 절실했는지도 모른다. 이렇게 가정과 단단한 끈을 가진 아이는 자유로움과 안정감을 느끼며 배움의 항해를 할 수 있다.

학교에는 학생들을 위한 다양한 사람들이 있으나 각자 애쓸 뿐이다. 그런 각자의 애씀을 서로 공유하고 소통하게 하고 협력하게 하는 시스템을 만드는 전지적 참견자가 되는 것이, 교장으로서 학생들과 맺는 관계이지 않을까 생각한다.

학부모, 교육의
실질적 주체로 세우기

홍제남(2019~2022 서울 오류중 교장)

학부모가 교육의 주체인 이유

교육의 3주체는 학생, 학부모, 교사라고 한다. 학생과 교사는 직접적인 교육활동으로 만나는 관계라 쉽게 교육의 주체라는 점에 동의가 된다. 그러나 교육에서 학부모가 한 주체라는 점, 그리고 실제 학교교육에서 학부모가 주체로서 어떤 역할을 해야 하는지에 대해서는 여러 의견들이 있는 듯하다. 학부모는 학생의 보호자라는 정체성을 가진 존재적 측면에서 필연적으로 교육의 주체일 수밖에 없고 나아가 올바른 교육의 한 주체가 되어야 한다. 아이들의 교육이 학교라는 제한된 공간에서만 이루어지지 않기 때문이다.

페스탈로치는 '가정은 최상의 학교'라고 하였다. 루소는 그의 저서 《에밀》에서 교육의 3요소로 자연, 사물, 사람을 들고 있다. 타고난 천성인 자연, 아이를 둘러싸고 있는 사회적·물리적 환경인 사물, 아이들이 접하는 주변 사람과의 관계에서 여러 교육이 자연스럽게 이루어지고 있다고 보았다. 아이들은 세상의 모든 것에서 배우고 있으며, 특히 가장 밀접한 관계인 부모는 아이의 교육에서 가장 중요한 사람이기도 하다. 이렇게 아이에게 가장 중요한 존재이며 많은 권한과 영향력을 행사하고 있는 학부모가 교육의 주체로 바로 서지 못한다면 아이의 성장을 지원하는 제대로 된 교육을 실현하기는 매우 어려울 수밖에 없다. 학부모도 스스로 자신이 교육의 주체임을 깨달을 필요가 있으며 교육의 전문가이자 실행자인 학교와 교원들은 학부모가 교육의 주체로 의미 있게 자리매김할 수 있도록 적극 지원해야 한다.

교사와 학부모의 교육적 견해차

교육에 대한 시각 차이 및 학부모회 활동에 대한 교사-학부모 간의 의견 차이로 학부모와 교원들 간에 갈등이 생기기도 한다. 간혹 관리자가 학교 교육활동에 대해 교사들과 이견이 있는 경우, 자신의 생각을 관철시키기 위해 학부모회의 협조를 구해 교사들을 압박하는 수단으로 삼기도 한다. 그 결과 교직원-학부모 간의 신뢰가 심각하게 훼손되고 큰 갈등 상황이 발생하기도 하므로 전혀 좋은 방식이 아니다.

학교장은 교육의 주요한 두 주체인 학부모-교사 간의 갈등을 해결하며 신뢰 관계를 회복시키고, 더 나아가 교육의 협력자로서 학교교육의 발전을 위해 함께 노력할 수 있도록 리더십을 발휘해야 한다. 이때 학교장과 구성원들이 갈등을 사회생활의 자연스러운 과정으로 바라보는지, 피해야 할 안 좋은 일로 바라보는지에 따라 결과는 매우 달라진다. 갈등을 생각이 다른 사람들이 함께 살아가는 사회생활에서 언제든 발생할 수 있는 자연스러운 과정으로 받아들일 필요가 있다. 오히려 생각의 차이, 곧 다름은 거기에 어떻게 대응하는지에 따라 집단 지성을 발휘하는 토대가 된다.

그러므로 먼저 학부모들과 교사들이 교육 방향 및 교육활동의 방안에 대해 의견이 다를 수 있다는 점을 인정해야 한다. 또한 그 누구보다 아이들이 잘 성장하고 행복한 삶을 살기를 바라는 사람은 학부모라는 점을 잘 인식해야 한다. 특히 학교 운영의 총괄자이자 리더인 학교장의 시각은 전체 교직원에게 큰 영향을 미친다. 교장은 학부모가 교육의 협력자라는 사실을 염두에 두고 신뢰를 바탕으로 객관적 시선을 잘 유지할 수 있도록 성찰해야 한다. 이를 바탕으로 학부모(회)가 학교 교육활동에 발전적으로 참여하는 협력자가 될 수 있도록 지원하고 촉진하는 책임을 수행해야 한다.

학교 운영 과정에서 학교와 학부모의 갈등은 종종 발생한다. 갈등의 골이 깊어지면 학교 운영의 어려움이 더 커지는 것은 물론이고 부정적 에너지 소모 또한 매우 크다. 갈등 해결과 교육활동에 참여하는 학부모회 운영의 구체적 사례를 통해서 학부모와 함께 가는 길을 찾으며 고민한 내용과 이때 견지한 원칙을 소개하고자 한다.

사례 1 : 학부모회와 소통 방법 개선, 자율적 운영 구조 만들기

2019년 3월부터 오류중학교 교장으로 근무를 시작하였다. 오류중은 이전에도 교사로 근무했던 곳이고 이후 연구 과정에서 계속 인연을 맺어 와서 학교 운영 상황은 낯설지 않았다. 다만 업무 인수인계 차 2월에 학교에 들렀을 때부터 예전과 다르게 학부모-교사 간의 갈등이 심상치 않다고 느껴졌다. 새로 부임한 교장에 대한 인사차 방문한 신구 학부모회 모두 2018학년도까지 학부모회 주관 사업으로 진행하던 학생 봉사 활동 프로그램인 '산사모(산을 사랑하는 사람들의 모임)'를 교사들이 일방적으로 없애기로 한 것에 불만을 표시하며 되돌려 달라고 강력하게 요청하였다. 오류중의 학부모회와 교직원 간의 갈등 분위기는 교장으로 부임하기 전에도 전해 듣기는 했었다. 교사들은 학부모(회)에 대해, 학부모는 교사에 대해 상호 불신하며 불만이 매우 큰 상태였다. 교직원들은 이런 분위기의 원인으로 관리자가 자신의 요구를 관철하기 위해 학부모회를 압박 수단으로 이용한 것이 크다고 판단하고 있었다. 새로 부임한 교장이 해결해야 할 매우 크고 어려운 과제였다.

2019년 3월 중순경, 학부모회에서 담당 교사에게 학부모회 관련 특정 활동을 방송으로 홍보해 달라는 연락이 왔다. 담당 교사는 학부모회가 마치 일방적으로 지시하는 것처럼 느껴진다며 매우 불쾌하게 받아들였다. 학부모회가 부탁한 방송을 실행하긴 했지만 이런 상황을 더 이상 방치하면 안 되겠다고 판단하고, 이후로 학년 부서와 관련된 구체적 업무 외에는 학교-학부모회의 소통 통로를 교장으로 통일하는 게 좋겠다고 먼저 제안하여 교사들의 동의를 얻었다. 그간 학부모회 업무 담당 교사는 대부분의 일을 학교장에게 의견을 묻고 이를 다시 학부모회에 전달하는 식으로 처리해 왔다. 교사들의 역할이 교육청-학교·교장-학부모회 간의 연락책인 실정이라 개선이 필요한 부분이었다. 나는 이전에도 기회가 있을 때마다 교육청-학부모회 간의 소통은 직접 연락할 것을 교육청에 제안했다. 학교에서부터 이런 문제를 개선할 필요가 있다고 생각했다.

원칙적으로 학부모회는 자치 기구로서 자율적이고 주도적인 운영이 가능해야 한다. 그 취지에 맞게 자치적으로 운영될 수 있는 구체적인 방안을 만들 필요가 있었다. 그리고 교사들과 학부모들은 협조하여 학생들의 교육과 성장을 지원하는 협력자가 되어야 한다. 그러나 현실은 담당 교사가 학부모회 운영에 따르는 여러 행정 처리와 기안 업무를 맡고 있는 실정이었다. 이를 개선하기 위해 학부모회와 관련된 각종 문서는 학부모회가 직접 작성하도록 하였다. 교육청으로부터 학부모회 관련으로 오는 공문은 교원이 아닌 행정 인력이 바로 처리하도록 하였다. 회신이 필요한 경우는 학부모회가 내용을 바로 담당 행정사에게 문자나 이메일 등으로 전달하고 행정사가 공문을 기안·처리하도록 하였다.

구체적인 처리 과정을 요약하면, '학부모회 공문 접수 → 홈페이지 탑재 → 학부모에게 문자 알림 → 필요 시 행정사가 내용 접수 및 기안 → 관리자 결재'의 과정을 거치도록 재구조화하였다. 이 모든 과정은 원칙적으로 담당 행정 인력이 학부모회와 직접 소통하여 일을 처리하도록 하였다. 학부모회가 예산을 사용하는 경우에도 마찬가지로 담당 교사가 아닌 에듀파인을 담당하고 있는 행정사에게 학부모회가 바로 기안을 요청하고 관리자가 결재 과정에서 검토 및 승인하도록 하였다.

사례 2 : 학부모회 업무 방법 개선, '산사모'의 자율 운영 구축

학부모회는 그간 학부모회 사업으로 해 왔던 '산사모' 봉사 활동을 2019년에도 계속하고 싶다고 강하게 여러 차례 요청해 왔다. 그러나 교사들은 2018학년도 교육활동을 평가하면서 이 사업을 2019년 업무에서 이미 없앤 상태였다. 그 이유는 학생과 교사 입장에서 보면 봉사 활동은 다른 곳에서도 충분히 가능함에 비해, 학부모 사업인 산사모 활동이 의미가 있긴 하나 이를 지원하기 위한 교사들의 업무 부담이 너무 크다고 판단했기 때문이다. 매번 '가정통신문 작성과 배부, 학생 명단 취합과 희망자 명단 전달, 주말 당일 학생 지도 동행, 참여 학생 봉사 활동 결과 취합 및 기록 입력' 등의 업무를 담당 교사가 맡고 있었다. 특히 봉사 활동 기록 입력이 가장 힘든 부분이었는데, 실제로 참여한 학생 명단을 학부모회에서 받아 교사들이 나이스에 입력하는 방식이었다. 학생들은 대부분의 봉사 활동을 1365 자원봉사 홈페이지에서 직접 신청하고 참여하는데, 교사들에게는 이와 관련된 별도의 행정 업무가 없는 상태였다. 그런데 학부모회 주관 봉사 활동은 신청 및 확인서를 종이로 받아 다시 입력하였는데, 제대로 수합이 잘 안 되거나 잘못되는 등 여러 변수가 생겨 번거롭고 힘든 일이 종종 발생했다.

업무 처리 과정의 이런 어려움을 잘 모르는 학부모회는 주말에 아이들과 학부모들이 참여하는 봉사 활동의 의미가 큰데도 교사들이 귀찮아서 없애 버렸다고 생각하였고, 매우 서운하게 생각하며 다시 할 수 있도록 해 달라는 요청을 정식으로 제기한 것이다. 1년간의 활동을 평가하여 산사모를 없애는 과정에서 학교가 학부모회와 진솔하게 적극적으로 소통하지 않은 것은 아쉬움이 큰 대목이다. 아마 당시 교사-학부모회 간의 불신을 잘 보여 주는 모습이라 여겨진다.

그러나 학부모회에는 교사들이 전년도 평가를 통해 없애기로 결정하여 업무 분장을 마치고 이미 신학년 업무가 시작된 시점에서, 새로 부임한 교장이 산사모를 다시 만들 수는 없다고 답변하였다. 이에 학부모회는 학교와 교장에 대하여 많이 서운하다고 표현하였다. 당시 학부모회장과 통화하는 과정에서 나눴던 대화 내용 중 일부이다.

> **학부모회장** "교장 선생님은 학부모들보다 교사들 편인 것 같습니다. 너무 서운합니다."
> **교장** "저는 교사 편도 학부모 편도 아닙니다. 그냥 아이들 편일 뿐입니다. 아이들에게 좋은 교육을 만들고 싶은 마음은 학부모님이나 교사 모두 같다고 생각합니다. 저희 모두 같이 학생들을 위한 좋은 교육을 만들어 갔으면 합니다. 저도 최선을 다해 노력하겠습니다."

이런 우여곡절을 겪는 과정에서 학부모에게 교사들이 이런 결정을 한 배경과 상황을 설명하면서, 좋은 교육을 만들기 위한 마음은 학부모와 교사 모두 같으니 함께 노력하자고 부탁하였다. 이때 학교장이 유의할 점은 교사와 학부모 사이에서 상대방을 비난하거나 비판하는 모습을 보여서는 안 된다는 점이다. 서로 실수는 인정하고 사과할 필요는 있지만 이것이 불신의 토대가 되지 않도록 진정성 있게 다가가야 한다. 여러 차례 마음을 터놓고 허심탄회하게 소통하는 과정을 거치며 점차 학부모들과 신뢰를 회복할 토대를 만들어 갈 수 있었다. 이렇게 학부모와 진정성을 가지고 소통하는 한편, 학부모회가 그간 자부심을 가지고 운영해 왔던 산사모 봉사 활동의 취지를 살리면서 의미 있고 효율적으로 운영할 수 있는 방안을 모색하였다. 문제 해결 과정을 순차적으로 정리하여 간략히 제시하면 다음과 같다.

- **봉사 활동을 담당했던 부서와 진솔한 대화를 통해 관련 업무의 어려움 파악**
  - 활동 안내 및 참여 학생 수합 및 학부모회 전달
  - 봉사 활동 당일의 학생 지도에 대한 부담감
  - 봉사 활동 확인서 수합 및 기록 입력의 어려움

  종합 : 교사들이 학부모회 활동의 실무를 대행하는 과정에서 학부모회와의 소통 및 행정 처리에 어려움이 있음. 이 과정에서 교사들은 학부모회 일을 대행해 주는 심부름꾼 같다고 느끼고 있었고, 학생 봉사 활동은 이 방법이 아니라도 쉽게 할 수 있는 상황에서 굳이 이런 학부모회 봉사 활동이 필요한지 부담감과 회의감을 가짐.

- **문제 해결 방안 모색**

  개선 방향의 원칙은, 학부모회가 자치 기구의 성격에 맞게 학부모회 활동을 자율적이고 주도적으로 활동할 수 있도록 관련 업무 구조를 개선하고 지원함. 산사모 봉사 활동을 학부모회가 자치적으로 운영할 수 있도록 개선하여 학부모회 주도로 되살려 새롭게 진행함.
  - 학생 모집 가정통신문 발송 : 학부모회에서 직접 가정통신문 작성(학교는 이전 가정통신문을 사전에 공유해 줌) → 행정실무사에게 메일로 보냄 → 행정실무사 기안 → 교감, 교장 결재(결재 과정에서 필요한 부분은 소통하며 수정)
  - 희망 학생 명단 수합 : 가정통신문에 학부모회(담당자)의 연락처를 안내하여 학생들이 직접 그 번호로 신청 문자 전송(학년-반-번호, 이름,

전화번호)

- 봉사 활동 확인서 및 기록 : 희망 학생이 미리 봉사 활동 1365 온라인 시스템에서 봉사 활동을 신청하면 활동 기록도 자동 입력되어 교사들은 나중에 생활기록부 반영 버튼만 누름. 확인 결과 산사모도 이미 1365에 등록되어 있었으나 활용하지 못해서 어려움이 발생한 것임. 이후 1365를 활용하여 학생들이 사전에 직접 산사모 봉사 활동을 신청하도록 가정통신문에 안내함. 이로써 봉사 활동 확인서 및 기록의 문제는 말끔히 해결됨.
- 당일 학생 지도 : 가정통신문에 모이는 장소, 시간을 안내 → 시행 전 학부모회에서 신청자에게 직접 확인 문자 발송 → 학부모회 주관으로 당일 봉사 활동 진행

  종합 : 산사모 봉사 활동을 다시 시작하였으나 관련된 교사 업무는 모두 없어짐. 신청자 저조 등으로 학부모회에서 독려 협조를 요청하는 경우 담임 교사가 협력함. 학부모회는 활동 결과를 학교에 활동 사진 등으로 공유해 줌. 학부모회가 산사모 활동을 자율적이고 주도적으로 진행하며 학부모회 구성원의 효능감도 높아짐.

이 외에도 학부모회 관련 모든 업무를 최대한 효율화할 수 있도록 노력하였다. 예를 들어 학부모가 학교의 각종 위원회에 필수적으로 참여해야 하는 경우가 많다. 각 부서에서 참여를 관리하는 수고로움과 이때마다 매번 조직해야 하는 학부모회의 번거로움을 덜기 위해 학교가 해당 위원회 목록을 정리하여 학부모회에 보내면, 학부모회가 일괄적으로 각 위원회에 참여하는 학부모회 및 학교운영위원회 명단을 구성하도록 하였다. 학부모회 업무는 교장이 총괄하고 교감

과 행정사가 실무를 지원하도록 하였다. 교원들은 필요할 때는 연락을 하되, 학부모회 심부름꾼 같은 역할에서 벗어나도록 하였다. 이러한 일련의 업무 조정과 학부모회 관련 문화를 재구조화하는 과정을 거쳐 학부모회가 학교와 교사들에게 의존하지 않고 자율적으로 학부모회 사업을 할 수 있도록 하였다.

사례 3 : 함께 가는 교육 혁신의 길, 학부모 대상 교육과정 설명회

오류중은 2023년 현재 서울형 혁신학교 운영 13년 차로, 교육 혁신을 위한 노력을 끊임없이 실천해 오고 있다. 중점 과제 중 수업에 관련해서는 교육과정 운영 혁신-수업 혁신-과정 중심 평가 혁신을 위해 노력하고 있다. 서울 미래학교 운영으로 프로젝트 수업을 더 많이 실시하는 상황에서 수시 평가 및 수행 과정 평가가 중요해져, 2020년부터 중간 평가는 모든 교과가 100% 과정 중심 평가로만 실시하고 있다. 기말 평가 또한 지필 평가는 3~5개 과목 정도만 실시하고 나머지 모든 교과는 100% 과정 중심 평가를 실시한다. 그러나 일부 학부모들은 아직 대부분의 학교에서 중간, 기말고사를 지필 평가로 치르는데 우리 학교만 중간고사를 보지 않으면 학생들이 공부를 하지 않아서 학력이 저하되는 것은 아닌지 불안해하였다. 이런 학부모들의 요구 사항은 교사에게도 영향을 주고, 결국 교육 혁신의 방향이 흔들릴 수도 있는 상황이었다.

이에 대응할 수 있는 방안은 두 가지이다. 학부모들의 요구를 받아들여 다시 지필 평가로 중간고사를 실시하든지, 아니면 학부모와 공감대를 형성하여 교육 혁신을 지속적으로 추진할 것인지이다. 전교직원회의에서 교육의 전문가는 교사라는 점, 교육 혁신과 미래교육의 관점에서 학생들이 주도하는 프로젝트 수업과 학습 과정에 대한 피드백이 중요한 과정 중심 평가가 이루어져야 한다는 관점을 다시 명확히 재정립하였다. 더불어 학부모의 공감과 이해 없이는 지속적인 교육 혁신 추진 또한 어려우므로, 학부모들에게 학교가 지향하는 교육 방향과 학교에서 실제로 이루어지는 교과 수업에 대한 교육과정 설명회가 필요하다고 제안하였다.

학부모의 참여가 용이하도록 저녁 7시에 진행한 행사 결과는 매우 성공적이었다. 1부에서 먼저 교장이 미래교육의 방향에 대한 전체적인 설명회를 진행하고, 2부에서는 학년별로 모여 각 교과별로 수업 목표, 수업 방법, 평가 방법 등을 요약하여 소개하였다. 행사 후 실시한 만족도 조사에서 학부모들은 수업과 평가 방법은 물론 수업 목표에 대해서도 높은 관심을 보였다. 이후 중간고사를 보지 않는 것에 대한 학부모들의 불안감은 거의 사라졌을뿐더러, 오히려 학교의 교육활동에 대한 자부심을 표현하였다. 이것은 학부모와 학교가 교육활동에 대한 생각은 다를 수 있다는 점, 그리고 학교 측에서 교육의 전문가로서의 확신을 가지고 진정성 있게 학부모에게 설명하고 설득하며 같이 갈 필요가 있다는 것을 보여 주는 일례이다.

사례 4 : 지역사회의 공동체인 학부모회, 다친 학생 등하교 지원

'한 아이를 기르기 위해서는 온 마을이 필요하다'라고 한다. 학교의 학생들과 학부모들은 같은 지역사회 생활공동체의 구성원이다. 지금처럼 여러 이유로 가족 돌봄이 어려운 가정이 많은 상황에서 지역사회의 돌봄 기능은 더욱더 중요하다. 학교는 이런 기능이 작동할 수 있도록 잘 살피고 조직할 필요가 있다.

2019년 8월 하순경, 평소처럼 등교 맞이를 하던 어느 날 아침, 2학년 남학생이 양쪽에 목발을 짚고 절뚝거리며 무거운 가방을 메고 땀을 뻘뻘 흘리며 힘겹게 등교했다. 사정을 알아보니 지난 주말 젖은 지하철 계단에서 미끄러져 다쳤는데, 홀로 아이 둘을 키우시는 어머니는 차도 없고 생계 때문에 일찍 출근을 해야 하는 탓에 혼자 올 수밖에 없는 형편이었다. 택시를 불러도 걸어서 10분 정도의 거리라 택시가 오지 않아서, 어쩔 수 없이 1시간 가까이 절뚝거리며 힘들게 등교하게 된 것이다. 주변 친구에게 가방이라도 들어 주며 도와주게 하려 했으나 내성적인 성격 탓인지 괜찮다며 혼자 절뚝거리며 며칠을 계속 힘들게 등교했다.

매우 안타까운 상황이라 어떻게 등교를 도울 수 있을까 생각하다가, 학교 가까이 살고 계신 학부모들이 아침 출근길에 다친 아이를 교문에 내려 주고 가면 어떨까 하는 단순한 생각이 들었다. 학부모회장과 의견을 나눴는데 결과는 나의 단순한 생각과 달리 너무나 놀라웠다. 학부모회에서 등하교를 시켜 줄 스케줄을 촘촘히 짜서 9월 중순부터 10월 말까지 맡아 주었다. 더구나 함께 등하교를 하는 과정에서 아이와 학부모들 사이에 이런저런 따뜻한 대화가 오가면서 학생의 표정이 점점 더 밝아지고 성격도 적극적으로 변해 갔다. 이런 과정을 지켜보는 학부모들 또한 매우 기뻐하며 뿌듯해하셨다. 학부모들은 다친 학생의 등하교 지원에 그치지 않고 미끄러진 계단의 지하철역은 물론 동사무소 복지팀에도 연락하여 학생의 병원비 및 복지와 관련하여 지역사회에서 지원 가능한 것을 성심껏 알아봐 주었다. 이 학생에게는 단순히 등하교를 편하게 할 수 있는 차원을 넘어 어른들에 대한 신뢰를 높이고 사회의 따뜻함을 느낄 수 있는 좋은 기회가 되었을 것이다. 이런 경험은 이 학생이 앞으로 사회생활 속에서 만나는 어려움을 극복하는 데 큰 힘이 될 것이다.

이 이야기를 알게 된 성공회대 김찬호 교수는 언론 기고문에서 이 사례를 지역사회 어른과의 '비스듬한 관계'라는 개념으로 소개하였다. 그 일부이다.

집과 학교에서의 수직적 관계는 간섭과 통제로 흐르기 쉽고, 또래들 사이의 수평적 관계는 비교와 경쟁이 일어나기 일쑤다. 비스듬한 관계는 그러한 긴장을 흡수하는 완충 지대가 될 수 있다. 아이들이 부모나 교사 이외의 연장자들과 다양하게 접속할 수 있다면 삶이 풍요로워질 수 있다. 인생 선배를 통해 새로운 가치관이나 라이프스타일을 접하면서 역할 모델의 폭을 넓힐 수 있고, 자신의 숨은 미덕을 발견하면서 자존감을 회복할 수 있다.

서울 구로구의 오류중학교에서 있었던 일이다. 어느 학생이 다리를 다쳐 목발을 짚고 등교하게 되면서 지각하는 날이 많았다. 홀어머니는 생계에 쫓겨 아이와 동행할 수 없었다. 교장과 학부모회는 출근길에 그 아이를 태워다 줄 학부모들을 찾아서 등·하교 도움 스케줄을 짰다. 덕분에 그 아이는 매일 이웃의 부모들과 함께 이동할 수 있게 되었다. 그런데 아이의 성격이 바뀌기 시작했다. 원래 무척 소심하고 기가 죽어 있는 편이었는데, 얼마 지나지 않아 표정이 밝아졌고 낯선 어른에게 스스럼없이 말도 걸었다. 도우미로 참여한 부모들은 그런 변화에 뿌듯함과 감동을 느꼈다고 한다.*

사례 5 : 교육활동 보호와 학부모 민원 적극 대응

2023년 여름, 서이초 사건을 계기로 그간 학교에서 심각하게 일어나고 있던 문제가 수면 위로 적나라하게 드러났다. 정도의 차이는 있겠지만 학부모들의 민원으로 인한 어려움은 대부분의 학교들과 교원들이 겪고 있는 문제로, 학교가 어떻게 신속하고 합리적으로 대응하는가에 따라 결과는 매우 다르게 나타난다. 학부모의 민원과 관련하여 학교장의 역할을 중심으로 오류중에서 대응했던 몇 가지 사례를 소개하면서, 교장의 선제적이고 적극적인 개입의 결과를 구체적으로 제시한다.

2019년 3월 퇴근 무렵에 있었던 일이다. 교장으로 일을 시작한 지 한 달도 안 지난 시점이었다. 초등학교 때부터 서로 학교폭력 문제로 관련되었던 1학년 학생 2명 중 한 학생의 부모가 1학년부 교무실로 갑자기 찾아와서 신규 교사인 담임 교사에게 크게 화를 내며 막무가내로 항의하고 있다는 보고를 받았다. 즉시 1학년부 교무실로 교감과 함께 올라가서 '최고 책임자인 교장인 나와 이야기를 하자'고 설득하여 교장실로 함께 내려왔다. 덩치가 큰 아버지는 팔과 목의 문신이 그대로 드러나 보였는데 교장실에 와서도 의자를 뒤로 젖히고 앉은 채

---

* 김찬호, "비스듬한 관계", 〈경향신문〉, 2022년 11월 3일.

로 예의를 갖춘 모습이 아니었다. 따뜻한 차를 대접하며 이야기를 들어 주면서 마음이 진정될 수 있도록 기다려 주었다. 학생 어머니도 아버지를 진정시키려 같이 노력하였다. 퇴근 시간을 훌쩍 넘기며 대화하고 잘 마무리하고 헤어졌다. 이후 학생 어머니는 학부모회 활동을 열심히 하며 학교 활동에도 적극적으로 참여하였다. 사건 이후 담임교사는 너무 떨리고 무서웠는데 교장, 교감 선생님이 신속하게 적극적으로 대응해 주셔서 정말 감사했다는 마음을 표현하였다.

두 번째 사례로 2019년 9월경 있었던 일이다. 1학년 때부터 문제행동이 심각했던 3학년 학생과 부모의 민원 제기에 대한 대응이다. 이 학생은 3학년이 되어서도 계속 수업 미참여 및 수업 방해, 계속되는 비행 행동, 교사에 대한 반항 행동 등으로 생활교육위원회 개최, 학부모 면담 등의 선행 조치가 있었다. 이런 과정에서 1학기 말에 교장-학부모 간 면담을 통해 이후 다시 한번 수업 방해 등의 행동이 있을 경우엔 교사의 수업권과 다른 학생들의 학습권을 보호하는 차원에서 교실에서 즉시 퇴실 조치한 후 별도 공간에서 지도할 수밖에 없다는 것을 이미 통보했었다. 그러던 중 9월경 수업 시간에 교사에 대한 반항 행동 및 수업 방해가 발생했다. 보고를 받은 후 사전에 통보한 바대로 즉시 퇴실 조치를 명하고 교감 옆 자리에서 책을 읽으며 반성하도록 하였다.

문제는 이런 조치를 부모에게 즉시 문자 알림 서비스로 알렸으나 학부모가 방과 후에야 뒤늦게 인지하게 된 것이었다. 학부모는 일방적인 학습권 침해라며 변호사를 대동하고 항의하러 오겠다고 통보해 왔다. 이 연락을 받은 후 교장인 나는 학부모와 직접 통화를 하여 면담 날짜를 잡으면서 변호사 선임은 부모님의 자유이지만 일단 대화를 나눠 본 후 다시 결정하도록 제안했다. 면담 시간은 학부모의 퇴근 시간에 맞춰 잡았고 교장, 교감, 생활지원부장, 담임 교사, 상담 교사가 같이 면담에 참여했다. 면담 초반에는 학부모가 매우 격분하며 항의하였다. 면담 과정에서 학부모에게 퇴실 조치 상황이 본의 아니게 제대로 전달되지 못한 것에 대해서는 깍듯하게 실수를 인정하고 교장이 학교의 총괄자로서 정중하게 사과하였다. 그리고 학교생활과 가정에서 학생의 생활에 대해 서로 구체적인 상황을 공유하는 시간을 가졌다. 담임 교사는 학교를 그만두고 싶을 정도로 너무나 힘들다고 어려움을 호소하며 눈물을 흘렸다. 면담 후반부로 가면서 담임 교사와 어머님 모두 서로의 어려움을 공감하며 눈물을 흘렸고 서로 격려하면서 앞으로도 함께 아이의 성장을 위해 노력하자고 이야기하며 마무리되었다.

세 번째는 초등학교 때부터 '악성 민원 학부모'로 유명했던 학부모에 대한 학교장과 학교의 대응 사례이다. 2021학년도 신입생 배정을 앞두고 인근 초등학교에서 오류중으로 배정될 것으로 예상되는 한 학생에 대하여 학부모들이 걱정의 말을 전했다. 초등학교 때부터 학생의 행동 장애에서 비롯되는 학교폭력을 비롯하여 수많은 민원으로 유명했던 학부모 이야기였다. 초등학교 때 학교폭력 상황에서 말리던 담임 교사의 팔이 부러지고 결국 그 교사는 명예퇴직을 선택하기에 이르렀다고 했다. 같은 반이었던 학생들과 학부모들은 잦은 학교폭력 제기와 여러 민원 등으로 너무나 힘들고 괴로운 시간을 보냈다고 하소연했다.

입학 전에 이 사실을 미리 알게 된 후 바로 부장회의, 전교직원회의를 열어 상황을 공유하고 대응 방안을 논의했다. 이후 이 학생이 배정된 학급의 담임 교사의 고충은 말로 표현하기 힘들 정도였다. 어머니는 학교에서 일상적으로 일어나는 여러 상황들에 대해 아이의 말만으로 또는 자의적 추정으로 학교에 계속적으로 문제를 제기하였다. 담임 교사, 상담 교사, 생활교육 담당 교사 등은 수시로 걸려 오는 어머니의 너무나 긴 통화와 잦은 항의성 학교 방문에 시달렸다. 이런 상황에 대해 적극적 대응 방안을 마련하고 일관되게 실행하였다. 그 과정을 간략하게 정리하여 소개한다.

- 교장-학부모 간 면담 : 주 항의자인 어머니와 면담 진행. 두 차례 면담 결과 상식적인 대화가 가능하지 않다고 판단하고 대응 방안 논의.
- 전 교직원 대책 회의 : 교문 통제 필요. 교문에서 확인 후 사전에 면담 약속이 있는 경우만 통과. 면담 및 통화 시간은 30분을 넘기지 말 것. 방과 후에는 전화를 받지 않는 것을 원칙으로 함. 교내 면담 시에는 집무실이 아닌 학교 내 별도 공간에서 면담하며 30분이 지나면 끝내고 나오기 등 구체적 방안을 공유함.
- 관리자의 적극 개입 : 2022년 1학기 해당 학생과 학부모는 같은 반 친구와 대화 내용 중에 '마음의 상처를 입었다'라는 이유로 학교폭력 심의를 요청하여 진행함. → 교육청 학교폭력 심의 결과 무혐의 처분. → 학부모의 심의 회의록 공개 요청. → 담임 교사, 상담 교사, 생활교육 지도 교사 등을 상대로 자녀에 대한 학교생활 소견서를 지속적으로 요구(나중에 인지한 바, 회의록 내용 중 특정 위원의 일부 발언을 문제 삼아 소송을 준비하며 자료로 제출하고자 한 의도였음). → 사용 용도를 밝히지 않으면 써 줄 수 없다는 일관되고 통일된 입장 표명 지시. → 그럼에도 교사들에게 계속 요청하는 상황에서 교장이 학부모와 직접 면담함. → 교장의 지시 사항이므로 이후 교사들에게 요구해도 소용이 없으므로 요구

하지 말 것을 통보. → 이후 교사들에게 같은 요구를 못 하였음.

제시한 사례 이외에도 교사들의 요청이 있거나 개입할 필요가 있다고 판단되는 경우 초기부터 적극 개입하여 대응하였다. 학부모의 민원 문제는 학교장이 초기부터 신속하게 적극 개입할 필요가 있다. 이유는 첫째, 문제가 더 악화되기 전에 빠르고 효율적으로 해결할 가능성이 높다. 둘째, 학부모의 민원 대상이 교사 개인이 아닌 학교로 전환되어 교사들이 교육활동에 더 집중할 수 있는 여건이 조성된다. 셋째, 신속한 문제 해결을 통해 교사-학생-학부모 간의 감정 소모와 상처 입는 정도를 크게 줄일 수 있다. 넷째, 교사들이 교장에 대한 신뢰가 높아져 평소에도 교육활동을 안심하고 소신껏 펼칠 수 있다. 다섯째, 학부모들 또한 기관장인 교장과의 적극적인 문제 해결 과정을 통해 자존감을 회복하는 동시에 교장과 학교에 대한 신뢰가 높아진다.

서이초 사건을 계기로 밝혀진 심각한 교권 침해나 교사들이 힘든 상황에 처한 사례들의 경우 대개 학교장이 적극 대처하지 않은 것으로 나타났다. 학교장은 학교의 대표이자 총괄자이다. 주어진 권위와 책임감으로 교사의 교육권을 보호하고 학생-교사-학부모가 서로 잘 공존하는 교육공동체를 만들어야 할 책임이 있다.

학부모를 교육의 동반자로

학부모는 교육의 동반자가 되어야 한다. 그 이유는 첫째, 아이들의 성장에 가정의 역할은 그 무엇보다 중요하기 때문이다. 아이들이 어떤 마음과 자세로 학교에 오는지, 그리고 학교라는 공동체 생활에서 같이 지내는 반의 구성원, 학교의 구성원에 대하여 어떻게 행동하는지에 1차적으로 가장 큰 영향을 미치는 것은 가정교육이다.

둘째, 학교 교육활동은 보호자의 동의와 지지 없이는 발전하기 힘들기 때문이다. 교육 관련자들은 교육의 전문가로서 끊임없는 교육 혁신을 통해 교육 발전을 이끌 책임이 있다. 그러나 학부모는 교육 혁신의 방향과는 다른 요구를 할 수 있다. 학부모의 동의를 얻지 못한다면 교육 개혁은 어려운 상황에 놓이게 된다.

셋째, 학부모는 학교에 다니는 학생들과 같이 살고 있는 지역사회 구성원이기 때문이다. 지금과 같은 다양한 형태의 가정 여건에서 지역사회공동체의 역할은 매우 중요하다. 아이들이 지역사회의 여러 어른들과 '비스듬한 관계'를 형성하며 생활할 때 아이들은 더 잘 성장할 수 있다.

학부모와 학생들은 존재적으로 분리할 수 없는 관계이고 아이들의 삶에 가장 많은 영향을 미치는 존재가 학부모라는 점에서 학부모는 명확한 교육의 한 주체이자 교육의 동반자로 자리매김되어야 한다. 학교장은 학부모회가 학교 교육활동을 보조하려 동원하는 대상이 아니라 교육의 한 주체이자 자치 조직이라는 관점을 가져야 한다. 교장은 학부모회가 교육의 한 주체로 자치적 운영이 가능하도록 독립적인 학부모회 공간 마련, 예산 사용, 자율적 운영 시스템 구축을 위해 리더십을 발휘해야 한다.

학교와 학부모,
진정한 교육의 동반자가 되다

위유정(2019~2022 서울강명초 교장)

2000년대 들어 학교운영위원회의 40~50%를 학부모 위원으로 하며 학부모가 학교 교육활동 심의에 참여할 수 있게 하는 제도가 시행되었다. 이후 학부모회 운영에 관한 조례도 시행됨으로써, 공식적으로 학부모회가 학교 자치의 중요한 영역으로 역할을 하게 되었다.

우리는 교육의 3주체는 '교사-학생-학부모'라고 쉽게 말한다. 그러나 실제 학교 현장에서 학부모가 교육의 주체로 살아가고 있는지는 여전히 의문이다. 오랫동안 학부모가 교육에 참여하는 것에 대해 '내 아이만을 위한 치맛바람'이라는 부정적인 시각이 컸다. 또는 학부모는 학교가 주관하는 활동에 도움을 주는 정도의 협조자나 봉사자로만 존재해 온 것이 현실이었다.

한편 요즘 학교에서 학부모는 민원 유발자로서 교사에게 부담을 주거나 자주 만나고 싶지 않은, 피할 수 있다면 피하고 싶은 존재이기도 하다. 학교와 학부모가 진정한 교육의 동반자가 되기 위해 학교는 무엇을 준비하고 교장은 어떤 역할이 필요한지 성찰이 필요한 지점이다.

먼저 학부모를 학교교육의 철학과 비전을 공유하는 교육의 동반자로 인식하는 마음이 우선되어야 할 것이다. 공식적인 절차와 과정, 구성을 갖추고 나아가 소통의 장까지 시스템으로 구현하여 운영한다면 충분히 가능할 것이다. 학교장은 학부모를 대표하는 기구로서 학부모회를 존중하고 정기적인 회의 체계를 구축한다. 이러한 소통을 통하여 학교교육의 철학과 비전을 공유하고, 학부모의 교육활동 참여 기회를 확대할 수 있다. 그러면 학부모는 교육활동에 대한 궁금증을 해소할 수 있음은 물론, 문제가 발생할 시 학부모회와 학교장의 적극적인 조기 개입으로 해결이 수월해질 수 있다.

새로운 학부모회의 모습

우리 학교 업무 분장표에는 학교장의 업무에 '학부모 대민 업무'가 명시되어 있다. 일반적으로 학교장이 각종 학부모단체의 대표를 만나거나 학부모 민원 등 사안이 발생하였을 때 관계 있는 학부모를 만나 일시적으로 면담하는 일 등을 통칭한다. 우리 학교는 여기서 더 나아가 정기적으로 학부모회의 구성원들과 협의회를 실시함으로써 학부모회가 학교 교육활동의 동반자 역할을 하게 하고 있다. 학교장은 학부모회와의 회의를 학부모회장과 함께 주관하고, 교육지원부장이 행정 실무를 협조, 지원한다.

우리 학교의 학부모회*는 학교 교육과정을 바탕으로 구성부터 운영까지 학부모가 주체가 되어 운영하고 있다. 학년 초에 학부모총회를 개최하는 것부터 연간 사업 계획을 수립하고 학부모 대상 연수를 실시하는 등 모두 자체적으로 운영한다. 학부모회의 대의 체계는 대의원회, 분과, 동아리 운영으로 구성되며, 이를 통해 학교 교육활동에 실질적으로 의견을 반영하고 있다. 학교와 학부모회는 학생들에게 더 유익한 활동들을 제안하고 서로 협력적 관계를 지향하고 있다.

연수 분과에서는 학부모의 의견을 반영하여 학부모회 주관으로 연수를 기획하고 운영한다. 학교에서는 기획한 연수 주제에 적절한 강사를 섭외하는 과정에 도움을 주거나 운영에 필요한 행정적 지원을 한다. 도서 분과에서는 연 1회 '책잔치'를 주관하여 운영하고 있다. 축제처럼 운영이 돼 매해 가을 학기가 되면 학생들이 가장 손꼽아 기다리는 활동이다. 10여 개의 활동 중에서도 특히 학부모들이 전 학년 신청 학급으로 찾아가는 '책 읽어 주기' 프로그램은 인기가 매우 많다. 연대 분과에서는 학생들이 교내에서 잃어버린 물건을 제때 찾아가지 못해 쌓여 있을 때, 주기적으로 학교에 와서 사진을 찍고 학부모방에 등록해 준다. 저학년 학생들은 자신의 옷도 잘 찾지 못하거나 교사도 학생들의 물건을 잘 알지 못하는 경우가 많다. 자녀의 물건을 학부모가 직접 확인하고 찾아갈 수 있도록 도움을 주고 있다.

학교에서는 학부모 교육과 학습을 위한 동아리 활동 지원을 확대하고 있는데, 학부모 동아리 활동 또한 학부모의 배움과 성장을 학생들과 함께 나누고 있다. 음악 동아리인 '라온'에서는 어린이날과 스승

＊ 우리 학교는 다양한 형태의 가정에서 자라는 학생들이 많다. 2022학년도부터는 '학부모'라는 협소한 용어에서 '학생보호자'라는 확장된 용어로 변경하여 쓰고 있으며, 학부모회가 공식 명칭이지만 '학생보호자회'로 칭하며 운영하고 있다. 독자의 이해를 돕기 위해 글에서는 공식 기구 명칭인 '학부모회'를 사용했다.

의 날, 졸업식 등 의미 있는 날마다 음악회를 준비하여 등굣길과 행사장의 행복한 분위기를 만들어 가는 데 중요한 역할을 하고 있다. 생태 동아리의 경우 연 1회 학생들과 함께하는 활동을 하고 있다. 계획이 수립되면 포스터로 전교 학생들에게 홍보하고 참여 학생을 모집하여 생태 실천 운동을 한다. 학부모회의 분과와 동아리 활동이 학부모의 활동에서 학교 교육활동으로, 학부모의 성장에서 학교와 학생의 성장으로 확장되고 있다.

2022년에는 어린이날 100주년 기념 행사로 '학생 보호자와 함께하는 놀이 한마당'을 운영하였다. 기획과 운영 등 전반에 걸쳐 학부모회와 학교가 함께 협의하고 시행하였다. 코로나19로 인해 친교와 활동성이 약화된 학생들의 참여를 이끌어 내고, 큰 보람과 즐거움을 학생-학부모-학교가 함께 나눌 수 있었다.

격주로 진행하는 임원회의와 계절학기별로 연 4회 운영하는 전체 대의원회의 등 회의 체계 또한 정기적, 주체적으로 운영된다. 홍보 분과에서는 활동 내용들을 엮어 연 2회 '학부모회보'를 발행하여 전체 학부모와 공유하고 있다. 이런 모든 활동들이 잘 운영될 수 있도록 학교에서는 충분한 행정적·재정적 지원을 한다.

그동안 대부분의 학교들은 학부모회 운영을 교무부장의 업무로 한정하고 학교의 필요에 의해 일회성 봉사자로 동원하는 것이 일반적이었다. 학부모회 활동이 학교 행사에 대한 단순한 협조나 친목 모임에 그치지 않기 위해서는 무엇보다 학교장의 인식 변화가 중요하다. 학교장은 학부모회 운영의 주체성과 학부모회의 전체 학부모 대의 기구로서의 위상을 인정하고 존중해야 한다. 우리 학교 학부모회가 자발적으로 학교 교육활동의 동반자로서 역할을 실천하게 된 데는 학교장의 이러한 인식의 전환이 작용했다고 생각한다. 학교장은 학교를 대표하는 직위에 있는 자로서 학부모회 운영도 자신의 업무로 인식해야 한다. 정기적인 회의를 통해 학부모회 운영을 위한 행정적·재정적 지원 업무를 정확하게 파악하고 소통한다. 그렇게 학부모의 교육활동 참여 기회를 확대하면 학교와 학생, 학부모가 함께 성장할 수 있는 동력이 된다.

학부모가 불편해진 학교

학부모회와의 협조 체제가 항상 긍정적으로 작용하지만은 않았다. 학교 교육과정 중 학부모회 운영 방향에 명시되어 있는 '학급 학부모회, 학년 간담회 등을 통해 학교와 학부모의 원활하고 적극적인 소통을 한다'라는 조항에 대한 오해와 부작용 때문이었다. 때로는 담임 교사와 일대일로 해결할 수 있는 사적인 내용 등을 학급 간담회에서 공식적으로 의논하면서 문제가 예기치 않게 민원으로 악화된 적도 있었다. 학년 간담회를 통하여 교사의 교직관을 검증하려는 부적절한 질문을 하면서 교사들이 학부모회에 부정적인 시각을 갖게 된 적도 있다.

우리 학교는 학년 초에 학년 단위, 업무 단위별로 학교장과의 간담회 시간을 갖는다. 이때 학부모 간담회를 폐지하거나 변화시킬 것을 요구하는 교사들의 의견이 많았다. 학년 간담회에서 제기된 학부모들의 부적절한 질문이 교사들에게 불쾌감을 주거나 학부모 대하기가 불편해졌다는 것이다. 교육활동 운영에 별 도움이 되지 못하고 오히려 위축되기도 했다고 하였다.

이러한 문제점을 해결하기 위해 1학기에는 일단 간담회를 유보하는 쪽으로 가닥을 잡았다. 기존의 학년별 학부모 간담회가 교사들에게 많은 부담을 주고 부정적인 분위기를 조성하여 교사-학부모 간의 신뢰 증진에 도움이 되지 못하였다고 판단하였다. 이러한 학교 상황에 대해 학부모회에 설명하니, 학부모회 또한 비슷한 고민을 하고 있었다는 이야기를 들려주었다. 간담회를 통한 소통에 대해 새로운 방법과 방향을 모색하기로 서로 협의하였다.

학부모 간담회를 하지 않을 수는 없다. 특히 학교와 학부모의 공동체성을 강조하는 혁신학교에서 학교가 학부모 만나기를 두려워할 필요는 없다고 생각한다. 그동안 학교 차원의 학부모 간담회는 실시하지 않은 채 학년 단위의 학부모 간담회만 실시해 온 점도 개선이 필요해 보였다.

학교와 학부모, 건전한 동반자로 거듭나다

간담회의 형태를 어떻게 할지 숙고하던 차에 다른 초등학교에서 주제를 중심으로 한 협의회 형태의 간담회를 했는데 교사와 학부모 모두 반응이 좋았다는 이야기를 들었다. 교육활동의 긍정적 변화에 대한 기대는 물론 서로 간 직접적 소통에 대해 특히 만족도가 높았다고 하였다. 어느 중학교에서는 학부모 간담회를 정례화하였더니 학부모와의 소통이 원활해져 학교 운영에 도움을 받을 수 있었다고 했다. 이에 여러 혁신학교에서 운영 중인 학부모 간담회 사례들을 모아 봤다.

기획회의(부장회의)에 학부모 간담회를 주제 중심으로 접근하여 보자는 '새로운 학부모 간담회 모색을 위한 학교장 제안서'를 제출하여 논의를 시작하였다. 이후 학부모회, 교사회와 협의를 통하여 교사와 학부모가 서로 같은 주제에 대해 이야기를 나누는 것부터 시작하기로 했다. 단, 반드시 학교교육의 발전을 도모하는 데 목적을 두고 운영하기로 하였다. '내 아이'만을 위한 사적인 문제 해결의 시간이 아닌, '우리 아이'들을 위한 교육활동에 대해 간담회를 하는 것이다.

이렇게 하니 우선 학년별 간담회에서 문제로 지적되었던 개별 교사의 부담을 줄일 수 있었다. 학년-학급을 분리하지 않고 '학교의 울타리 안에서 모두가 함께'라는 생각으로 학교교육에 접근할 수 있다는 것 또한 장점이었다. 학교 차원의 간담회는 하지 않은 채 학년 단위로 간담회의 운영에 대한 책임을 지던 문제점도 개선할 수 있었다.

먼저 교사와 학부모에게 간담회에서 나누고 싶은 주제를 사전에 제안하도록 했다. 교장, 학부모회 담당 부장, 학부모회 임원단과 간담회 실시를 위한 사전 협의를 진행하였다. 특별한 사례를 말하거나 개인적인 민원을 해결하는 자리가 아님에 유의하고, 학교 발전과 원활한 교육과정 운영에 도움을 주는 간담회가 되어야 한다는 데 방점을 찍었다. 주제는 사전에 두세 가지로 조율하기로 했다.

학부모 간담회는 우리 학교의 계절학기 운영에 맞추어 3월, 6월, 9월, 12월 연 4회로 정례화하기로 했다. 3월과 12월은 학부모 임원단과 교장, 교감, 수석 교사, 교육지원부장, 교육과정부장이 참석하여 시작과 마무리를 함께하는 데 의미를 둔다. 학부모회 사업 점검과 평가, 학교 현황 설명, 학교 시설 견학, 학교 급식 체험 등으로 운영한다.

6월과 9월은 참가 범위를 확대하여 학년 대표 간사를 비롯하여 희망하는 학부모, 학년부장, 업무팀 부장과 희망 교사 모두가 참여하는 열린 형식으로 주제 중심 간담회(학부모 대화마당)를 운영하기로 하였다. 물론 협의가 필요한 현안이 있을 시에는 학부모회 임원과의 간담회를 현행대로 교장실에서 수시 진행하기로 하였다.

2학기에 계획대로 2회의 학부모 간담회를 하였다. 가을 학기 학부모 대화마당 시간에는 학부모회 제안 안건인 '학생 생활교육'과 학교 제안 안건인 '학교 개방' 두 가지 주제로 간담회를 진행하였다. 이 외에도 학년부장들이 학년 교육과정 진행 상황에 대해 자세한 설명을 곁들여 안내해 주었다. 기타 질의 사항 시간에는 학부모들의 다소 사소한 질문에도 궁금증이 다 해소될 때까지 자세히 설명해 드렸다. 학교와 학부모가 토론을 통하여 문제점을 공유하고 해결책을 찾아 소통한 결과를 학교 교육활동에 반영하였기에 의미 있는 자리가 되었다.

12월에는 그해의 학부모회 활동을 마무리하는 점검과 평가회를 하였다. 사전에 대의원회에서 나온 건의 사항과 질문을 중심으로 의견서를 제출하였고 답변은 최대한 상세하게 해 주었다. 이렇듯 다양한 소통 경로로 학교 교육활동에 대해 충분히 안내하여 궁금증이 해소되니 간담회에 대한 학부모들의 만족도가 높아졌다. 학교와 학부모회가 정기적인 회의로 소통하고 문제 해결에도 도움이 되니 효능감이 상승하여 학부모회도 더욱 활성화되었다.

2학기 간담회에서는 또한 달라진 학교 시설에 대해 그 과정을 자세히 안내해 드리고, 큰돈은 아니지만 학교 예산을 활용하여 학교 급식으로 점심을 대접했다. 어느 날 학교에 가 보니 갑자기 뭔가 달라져 있는 것을 느끼는 것이 아니라, 학교 시설의 변화 필요성과 과정을 서로 논의함으로써 학교 공간에 대한 이해도를 높이고 교육공동체성 향상에도 도움이 되었다. 학교 급식 또한 급식소위원회 활동을 하지 않으면 대부분의 학부모는 급식 안내문 정도만 제공받고 있다. 학부모회 임원들에게 급식을 제공함으로써 비록 한 끼이지만 실제 학생들이 어떤 환경에서 어떤 음식을 어떻게 먹고 있는지 체험할 수 있어 매우 만족스럽다는 의견을 받았다. 학교장이 학부모와 직접적인 소통 기회를 정기적으로 마련하여 실천함으로써 사소한 민원들은 미리 해결할 수 있다는 긍정적인 효과까지 얻을 수 있었다.

학부모는 학교공동체의 소중한 구성원으로서 매우 중요하다. 교육 철학을 공유하고 협의체로서 함께 협력해야 한다. 형식과 방법을 모색하고 함께 협의 과정을 거쳐 시행한 학부모 간담회에 대해 학부모들은 긍정적인 반응이다. 12월에 발행한 '학부모회보'의 1면 전체를 "초등학교의 간담회 이 자리에 오기까지"라는 제목의 기사로 채운 걸로 보아 학부모들은 언제나 학교와의 소통에 목말라하고 있다는 것을 느꼈다. 학교장은 학부모와의 소통을 중요한 업무로 생각하고 원활한 학교 운영을 위하여 다양한 방법과 형식을 탐색하고 실천할 필요가 있다.

대화와 소통의 교육 동반자

코로나19 팬데믹 당시 우리 사회는 직접 만나는 일이 제한된 비대면 사회가 되었다. 2020년 대면 회의가 허용되지 않던 시기에는 온라인으로 간담회를 실시하였다. 그 외에는 연 4회 정기적으로 학부모 간담회를 대면으로 실시하였다. 학부모회장의 말씀에 의하면 인근 학교에서는 형식적이나마 가지던 간담회조차 코로나19 팬데믹 이후 실시하지 않는 것이 보편적인 상황이 되었다고 한다. 그러면서 학교에서 먼저 대면으로 간담회를 실시하자고 해 주셔서 감사하다는 인사말을 하셨다. 우리 학교는 정기적인 간담회를 통한 학부모와의 소통이 학교 운영에 얼마나 큰 도움을 주고 있는지 경험을 통하여 이미 알고 있었기에 가능했던 일이다.

9월 확대 간담회(학부모 대화마당), 교육지원팀의 업무 계획은 물론 학년부장을 중심으로 2학기에 집중하고자 하는 학년 교육과정을 안내하는 시간에 학부모들의 관심도가 매우 높았다. 1학기에 학년 단위로 학년 교육과정 설명회를 하고 있지만, 아무래도 2학기 내용은 조금 성기게 안내하기도 하고 기억이 나지 않을 수도 있기에 9월 학부모 간담회 시간에 더 세세한 안내를 하고 있다. 특히 미리 제출하고 협의한 안건에 대한 발제와 토론 시간에는 교사와 학부모 모두 학생들을 위하는 한마음 한뜻으로 진지한 대화가 오간다.

이번 간담회의 주제는 '학생 성교육'과 '생태전환교육'이었다. 학부모회에서 제안한 안건인 학생 성교육에 대해서 방대한 발제를 해 주었고, 성교육 담당 교사들이 학교에서 운영되고 있는 성교육 현황에 대해 자세히 안내했다. 올해 전 학년에서 운영하면서도 특정 학년에서 더 깊이 있게 운영 중인 생태전환교육 활동에 대해서는 학부모들도 관심이 많았다. 질의응답을 통해 교사와 학부모의 공통된 고민을 알아가기도 하고, 서로 정보를 주고받기도 하면서 교육공동체로서의 책임과 의무를 공유할 수 있었다.

간담회를 마치면서 소감 나눔 시간에 학년 대표 간사가 의미 있는 학년 교육과정 운영과 교사에 대한 고마움을 표현했다. 학무모회장은 학교에서 먼저 간담회 추진을 적극적으로 챙기고 최대한 대면으로 운영해 준 점, 열심히 준비해 준 점에 한 번 더 감사의 마음을 전했다. 학생들의 학교생활과 교육활동에 대해 충분히 이해하고 선생님들과 공유할 수 있어 감사하다고 한다. 학부모 간담회를 책임지고 운영하는 학교장으로서도 뭉클함을 느낀다. 이처럼 학부모 간담회는 교육적 공감대를 형성하여 서로 힘을 주고받는 소통의 장인 동시에, 학교와 학부모는 교육적 동반자라는 인식을 공유할 수 있다.

우리 학교는 코로나19 팬데믹 상황에서도 등교를 최대로 확대하고 학급 단위 체험학습을 진행하는 등 교육과정을 비교적 정상적으로 운영할 수 있었다. 지금까지 다양한 경로로 노력한 학부모와의 소통이 학부모들에게는 학교에 대한 신뢰를 쌓는 과정으로 작용했다고 생각한다. 학부모의 교육활동 참여 기회를 확대하고 학교 교육활동을 학부모와 공유하는 소통 과정을 체계적으로 운영하기 위해 학교장이 앞장서야 한다.

학부모와의 소통에 앞장서는 학교장

학교장은 다양한 경로로 학부모에게 학교 교육활동에 대해 안내하여 학교와 학부모의 교육공동체성을 강화해야 한다. 우리 학교는 3월에 학년 단위로 학년 교육과정 설명회를 운영하고 있다. 물론 학부모 입장에서는 아이들에게 직접적인 영향을 주는 학년 교육과정이 궁금하고 중요하다. 그러나 학년 교육과정은 학교 교육과정 수립 후 이를 기반으로 운영하는 것이다. 그럼에도 학부모는 학교 교육과정에 대해서는 자세한 설명을 들을 기회가 없었다. 학교교육의 큰 틀인 철학과 비전을 공유할 기회가 없었던 것이다. 우리 학교는 연 4회 교사의 교육과정 평가회와 2회의 학부모 평가 설문을 실시하여 다음 해 교육과정 수립에 반영하고 있다. 이를 바탕으로 해마다 새 학년을 준비하며 전체 교사회에서 이틀에 걸친 대토론회를 통해 새 학년도 학교 교육 비전을 수립한다. 나는 이렇듯 힘든 과정을 거쳐 수립한 교육 비전을 학부모와 공유하지 않았던 것에 문제를 제기했다.

학교장의 제안이 받아들여져 학년 교육과정 설명회 앞부분에 학교 교육 비전 안내를 추가하기로 하였다. 학교장이 직접 당해 학년도의 우리 학교 교육 비전과 수립 과정을 설명하고 질의응답 시간을 운영하여 이해도를 높였다. 다음 해부터는 교장과 교감이 3개 학년씩 나누어 설명했는데, 학부모들은 학교 교육과정 이해에 많은 도움이 되었고 학교 관리자가 직접 설명해 주는 방식이 좋았다고 하였다.

학교장은 '우리 아이'를 위한 학부모 활동을 지켜만 보기보다는 활동에 적극 참여하여 학부모와 정서적으로도 소통하는 것이 좋다. 우리 학교 학부모회 연수 분과에서는 연 4회 정도의 학부모 연수를 운영하고 있다. 연수 기획과 운영을 학부모회가 주체적으로 주관하고 있지만 학교에서 이루어지는 연수의 경우 나도 최대한 참여하고 있다. 연수 현장을 직접 보고 느끼면서 학교장이 해야 할 역할은 무엇인지 파악할 수 있다. 뿐만 아니라 요즘 학부모들의 자녀 교육에 대한 고민과 어려움, 바람은 무엇인지 이해하는 데도 많은 도움이 되었다. 학부모 연수에 적극적으로 참여하면 학부모들과 자연스럽게 소통할 수 있는 소중한 기회도 만들 수 있다.

학부모와의 소통은 학급의 민원을 해결하는 데도 큰 힘이 된다. 초등학교 1학년 학부모는 '내 아이'의 모든 것이 궁금하고 알고 싶지만 아이와의 대화에 한계가 있어 궁금증을 다 해소하지 못해 답답할 때가 있다. 학교 차원의 신입생 학부모 연수는 학교장이 직접 기획하고 운영하는 시간도 포함하고 있다. 학교의 교육철학부터 학교 교육과정 운영의 비전과 방향, 학생들에 대한 이해 등으로 구성하여 학교장이 직접 설명한다. 학교장이 교장실에만 앉아 있거나 학부모와 동떨어진 사람이 아니라 학교 교육을 책임지고 있는 사람이라는 인식을 줄 수 있다. 학부모 곁에, 학생 곁에, 교사 곁에 학교장이 함께하고 있다는 인식은 매우 중요하다고 생각한다.

학부모회는 학교와는 별도로 신입생 학부모 연수를 운영하고 있다. 선배 학부모 입장에서 바라본 아이의 학교생활 도와주기부터 바람직한 학부모의 역할 등을 세세하게 안내하는 시간으로 구성한다. 이때 오가는 질의응답을 보면 교사의 입장에서는 미처 생각해 보지 못한 섬세한 부분들까지도 서로 공유하는 것을 볼 수 있는데 이것이 우리 학교 학부모회의 순기능 중에 하나다.

학년 학부모회 및 학부모 대의원회 또한 정기적인 운영을 통하여 소소한 민원성 궁금증은 학부모회 자체적인 소통 경로로 해결하는 자정 기능을 발휘해 주기도 한다. 소통 과정에서 다소 어렵다고 느끼는 사안은 물론 학부모회를 통해 학교 관리자에게 문제를 제기한다.

특정 학급의 중요한 문제인 경우 관리자가 학급 학부모회를 개최한다. 참석한 분들과 문제 상황을 공유하고 난상 토론을 실시한다. 이때 학부모들 스스로 바람직한 해결 방안을 모색하는 모습도 볼 수 있다. 비교적 초기에 학교장이 학급의 문제 해결에 직접 개입한 것이 도움이 되지 않았을까 생각되었다. 학교장이 학부모회와 거리를 좁히고 자주 소통할수록 민원 해결 과정도 도움을 받을 수 있다고 생각한다.

학교장에게는 자신의 역할에 대해 적극적으로 판단하고 실천할 실행 의지가 필요하다. 교무부장이 추진하고 준비해 놓은 곳, 이미 마련된 행사장에서 앞머리 인사말만 하는 모습에서 변화해야 한다. 학교와 학부모가 진정한 교육의 동반자가 되기 위해서는 교육활동을 공유하는 교육공동체로서 학생을 중심으로 함께 성장한다는 인식이 중요하다. 학부모회가 조례와 공문에만 존재하는 것이 아니라 학교 현장에서 일종의 대의 체계로 자리매김하면 교육활동 운영을 위한 협력적 동반자가 된다. 대화와 소통, 열린 마음으로 학부모를 먼저 맞이하여 긍정적 동반자 관계를 유지하는 것이다. 학부모회 운영과 학부모 대민 업무를 직접적인 학교장의 업무로 인식하고 실천해야 한다. 그러면 교사들은 교육과정 운영과 생활교육에 더 집중할 수 있을 것이다.

학교와 학부모가 관계를 맺을 때 학교장이 가장 앞에서 솔선수범하여 학부모의 교육활동 참여 기회를 확대할 수 있도록 리더십을 발휘하는 것이 중요하다. 학교장은 다양한 경로로 학부모와 소통하여 교육의 주체로서 학부모와 학교의 관계를 정립하고 지원하는 역할에 책임을 다해야 한다.

조직 체계

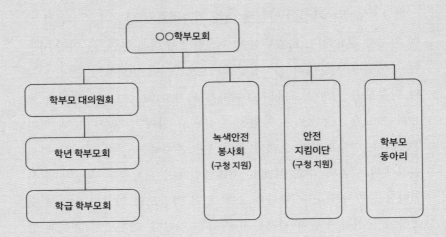

조직 및 역할

구분	인원	선출 방법	역할
회장	1	학부모총회에서 선출	• 학부모회 총괄 (대외 홍보, 총회 소집 등)
부회장	1	〃	• 학부모회의 진행
감사	1	〃	• 학부모회 운영 지원 및 회계·운영 감사
총무	1	〃	• 학부모회 회의록 작성 및 홈페이지 게시 • 학부모회 예산 집행
학년 간사	1	• 학급 대의원 중에서 선출	• 학년 대의원회의 운영 • 학년 담임 교사와의 간담회 주관
분과장	분과별 1명	• 분과별로 선출	• 분과 사업 계획 수립 및 운영
학급 대의원	학급당 1~2명 희망에 따라	• 담임과의 대화를 통해 선출	• 학급 학부모 모임 운영

회의 체계(단위별로 정기적 운영, 학부모회 주체적인 운영)

구분	시기	장소	참석 대상	협의 내용
학부모총회	3월 ( )일 (개학 후 한 달 이내)	시청각실 e알리미	전체 학부모	학부모회 임원 선출, 분과 구성, 학부모회 운영 계획 수립
임원회의	1, 3주 화요일 10:00	학부모방	회장, 부회장, 총무, 감사, 학년 간사, 동아리 대표자(3주)	학부모회 운영 점검, 학년별, 분과별 현황 보고, 제안 및 건의 사항 협의, 사안 발생 시 논의
학년 대의원회의	필요에 따라	학부모방	학년 간사, 학급 대의원	임원회의 협의 내용 보고, 학년별, 사안 논의
전체 대의원회의	계절학기별 1회	시청각실	전체 대의원	학부모회 운영 중간 보고 및 협의
학급 모임	필요에 따라	학부모방, 교실	학급 대의원 (담임 교사)	학부모회 사업 및 교육활동 지원 협의
학부모회장단 간담회	4월, 12월 (봄, 겨울)	교장실	학부모 회장단, 교장, 교감, 수석 교육지원부장	학교 운영 전반에 대한 설명, 질의, 학부모 건의 사항
학부모 대화마당	6월, 9월 (여름, 가을)	회의실	학부모 대의원, 희망 학부모, 업무부장, 학년부장	학교 교육과정과 아이 성장에 관한 궁금함을 학부모와 교사들이 만나서 대화
분과회의	〃	학부모방	분과별 회원	분과별 할 일 점검 및 진행

분과별 운영내용

분과명	할 일
도서 분과	'책 잔치' 행사 주관, 학생들의 독서 활동을 돕는 사업 기획 및 진행
홍보 분과	학부모 소식지 연 4회 발간, 홈페이지 관리, 행사 홍보
연수 분과	학부모 연수 기획 및 진행, 학부모 워크숍 기획 및 진행
연대 분과	다양한 봉사 활동, 김장 나눔, 아나바다 나눔, 벼룩시장

학부모 동아리

동아리명	활동 내용
○○ 징검다리	학생 보호자의 재능 나눔을 기반으로 서로 배우기(PPT 만들기, SNS 소통법 등)
心心풀이 (비폭력 대화)	'공감과 이해로 평화로운 삶'을 위한 비폭력 대화를 배우고 연습하는 모임
생태	학부모와 아이들이 함께 생태 감수성을 키울 수 있는 활동을 하는 모임
아버지 모임	아이들과 함께하는 여행, 산행, 스포츠 활동
문화살롱	책 읽기와 영화 감상, 미술관 투어 등 엄마들의 문화 생활을 도모하는 모임
나눔 봉사	학교와 지역사회에서 할 수 있는 나눔과 봉사 활동 운영 및 참여
라온	음악(악기)을 연주하며 감성을 키우고 학생들과 나누는 기회를 갖기도 함
Math Board	가정에서 자녀 교육에 적용할 수 있는 수학 학습용 보드게임 활용법을 익힘

교육활동 보호와 보호자 소통,
둘 다 이루기 위한 노력

전인숙(2022~2024 현재 서울율현초 교장)

민원 대응 시스템* 구축의 필요성

2023년 일어난 서이초 교사의 죽음은 한 개인의 일이 아니다. 같은 시기 우리 학교에서도 교사-학생 간 신뢰와 존중이 깨지고 학급 붕괴의 조짐이 보이는 사건이 일어났다. 다중 지원 체제로 담임과 학급을 지원하려고 애썼지만 안타깝게도 담임 교사가 잠시 교단을 떠났다. 이런 일은 정도의 차이는 있지만 요즘 학교에서 흔히 나타난다. 이것은 경쟁 위주의 능력주의와 입시, 학벌주의, 학교폭력 사안 처리의 법화,

---

* 우리 학교에서는 '민원 대응 시스템'이라는 용어가 보호자를 민원인으로 규정하고 교사와 보호자 간 소통과 협력적 관계 형성에 방해가 될 수 있으며 보호자의 오해를 불러올 수 있다는 점에서, 교사들의 의견을 모아 최종적으로 '학교-보호자 간 소통 체제'로 이름을 결정했다. 이 글에서는 모든 학교와 공문서에서 통상적으로 쓰이는 민원 대응 시스템이라는 용어로 쓴다.

보호자와 학생의 학교와 교사에 대한 신뢰 약화 등 그간 축적된 우리 사회와 교육의 병리가 드러난 것으로, 우리 사회 전체에 그 책임이 있다. 그리고 교육의 3주체인 교사·학생·보호자가 그 핵심에 있다.

코로나19 시기를 통과하며 학생 간 학습 격차와 고립감 심화, 관계 단절 등이 낳은 부작용과 문제를 극복하는 것이 학교마다 시급한 과제이다. 그 기저에는 '내 아이가 경쟁에서 밀리지 않을까?', '원하는 대학에 갈 수 있을까?' 등 보호자의 불안 심리가 깊게 작용하고 있다. 10여 년 전 서울형 혁신학교가 문을 열면서 '보호자 자치'를 운영 과제로 삼고 보호자의 배움과 성장, 공동체성 키우기를 위해 보호자 연수와 교육, 자치 동아리 활동, 학교교육에 대한 기여와 참여, 보호자회 활성화에 애써 왔다. 그런데 코로나19로 이런 실천들이 멈추면서 보호자들의 내 아이 중심주의와 불안은 그 어느 때보다 높아졌다.

상담가들은 학생의 행동 변화를 이끌려면 보호자 상담이 우선되어야 하며 이것이 학생 상담의 출발이라고들 한다. 이와 마찬가지로 보호자의 교육, 학교, 배움에 대한 인식과 철학은 학교가 학생을 교육하는 데 있어서 출발점이자 토대이다. 그것은 불평등과 양극화가 심화하는 이 시대에, 학교가 교과 지식을 넘어 정의나 인권을 더 가르치는 사회정의교육을 해야 한다는 점*에서 더더욱 그렇다. 보호자들이 '내 아이 중심주의'에 빠지는 것을 경계해야 사회정의교육이 아이의 삶으로 스며들기 때문이다.

코로나19 시기 교사들은 비대면 원격 수업을 진행하는 가운데 학생·보호자와 실시간으로 소통하기 위해 하이톡, 하이클래스, 티처콜,

---

* 성열관 외(2019), 《학교는 어떤 공동체인가?》, 살림터.

오픈 채팅방, 밴드, 카카오톡, 말톡 등 다양한 SNS를 이용했다. 그 이후 즉각적 소통이 자연스럽게 교사와 보호자 간의 소통 방식으로 자리 잡았다. 즉각적 소통은 편의성 측면에서 긍정적인 것으로 보인다. 그러나 이런 소통 방식은 아이가 교사와 직접 소통해야 할 것, 아이 스스로 해결해야 할 것, 가정에서 교육할 것, 교사의 교육권을 침해하는 것, 인권을 침해하는 것 등 경계 구분 없는 무수한 민원의 온상이 되었다. 게다가 보호자는 아이가 조금이라도 불편해하거나 불리한 상황이라고 판단되면 SNS를 통해 교사에게 질문하고 무리한 요구를 하곤 했다. 그러는 사이 보호자는 학교의 '민원인'이 되었다.

그렇다면 교사가 간과한 것은 없을까? 수업 상황을 사진이나 영상으로 담고 편집하여 보호자와의 소통 채널에 업로드하기, 매일 알림장 올리기 등에 시간을 할애하는 교사들이 늘었다. 그것이 시대가 요구하는 교사상인 것처럼. 보호자들은 이런 교사를 수요자 중심의 교육자, 좋은 담임으로 여기면서 그렇지 않은 교사와 비교하기에 이르렀다. 그러면서 학생이 배움의 주체가 되는 것이 아니라, 보호자가 학생을 대신해서 교사와 소통하고 학생의 갈등 해결자로 나서는 상황이 되었다. 그야말로 보호자가 학교를 다니는 것과 같은 모양새다. 교사들은 이런 보호자를 '문제 보호자'라고 성토하면서도 한편으로 교사들의 이런 소통 방식에 대해 문제를 제기하는 교사를 시대에 뒤떨어진 '꼰대 교사'로 여기는 경우도 적지 않았다. 물론 SNS를 통한 소통에는 순기능도 있지만, 교사들이 수업 연구와 나눔 그리고 성찰, 학생 관찰과 면담, 보호자 면담, 교사 간 연대와 협의 등을 교사 본연의 일로 인식하고 여기에 더 많은 시간과 의미를 부여하지 않고 간과한 것은 아닌지 돌아보아야 하지 않을까?

교사와 보호자가 학생의 성장과 발달을 지원하기 위해 일관된 철학과 방법으로 교육해야 학생이 혼란스럽지 않게 배우고 정체성을 형성한다. 그런데 현실은 그렇지 못한 경우가 많다. 교사와 보호자가 협력적으로 학생을 지원하는 동반자 관계를 구축해야 한다는 점에 동의하지만 우리에게는 그와 관련한 실천이 빈약하다. 보호자도 교사도 그런 관계 맺음의 경험이 적기 때문이다. 그런 학교(관리자)와 동료 교사를 만나기도 어렵다. 그런 점에서 우리 학교에서 교사와 보호자 간 소통 방식을 구축하기 위해 도전하고 실천한 사례가 각 학교의 생태에 맞는 소통 체제를 구축하는 데 디딤돌이 되었으면 한다.

학교의 생태 특성

학교의 생태 특성은 민원 대응 시스템 구축에서 중요하다. 학교마다 다른 방식과 내용으로 민원 대응 시스템을 구축할 필요가 있는 것은 학교마다 생태가 다르기 때문이다. 내가 교장으로 있는 서울율현초등학교의 생태 특성은 다음과 같다.

학교 특성
- 서울형 혁신학교 10년 차 운영 중
- 학생 890명, 교직원 100명, 병설 유치원 70명의 대규모 학교
- 공동 수업 연구와 공동 생활교육에 대한 교사들의 인식과 참여가 점점 높아지고 있음
- 코로나19 이후 교직원협의회 정례화 정착 : '9.4 공교육 멈춤의 날'을 계

기로 교사 간 연대 의식이 높아지고 공동체가 더 단단해짐

- 업무지원팀 체제(담임 교사는 수업과 생활교육에 전념)이나 그 역할과 위상 재정립 필요
- 2022년부터 다중지원팀(교장·감, 상담사, 담임 교사, 학년부장, 특수 교사, 지원팀)으로 학생 관찰 및 학생과 보호자를 면담하며 지원
- 교사들은 보호자들의 교육활동 참여가 활발해지는 것을 일면 경계함
- 신규 교사가 많고 교사 변동이 잦음 : 짧은 전보 주기, 휴직 등

보호자 특성

- 보호자의 학교와 아이에 대한 관심이 높고, 방과 후 교육에 약 700명 참여
- 코로나19로 단절된 보호자회 활동과 교육 참여, 보호자 연수 등에 집중하고 있으나 참여가 코로나19 이전보다 저조함
- 연 4회 보호자 간담회를 갖고 있으나 협력과 연대의 교육 관련 주제에 대한 협의보다는 진단 평가, AI 교육, 수행평가 등 주로 입시와 능력에 대한 관심이 높음
- 보호자에게 경쟁이 아닌 협력 교육, 학생의 주체성, 과정 중심 평가 등 혁신교육에 대한 이해와 철학 공유 필요

1차 TF 회의 : 교사 혼자 민원을 감당하지 않기 위해

TF는 학년별 교사 1인과 교장·감으로 구성하였다. '9.4 공교육 멈춤의 날'을 재량휴업일로 지정하자는 논의를 했으나 학교운영위원회에

서 보호자 위원들의 반대에 부딪혔다. 서이초 교사의 죽음을 교사 개인의 역량 문제 또는 심리적인 요인으로 보는 보호자들을 끝내 설득하지 못했다. 결과적으로는 학교운영위원회 심의에서 가결되어 재량휴업일로 지정하였다. 그런 분위기에서 1차 TF 회의를 가졌다.

1차 회의는 교감이 주관하였는데 회의 전 민원 대응 시스템 구축의 목적을 충분히 이야기하는 것에 집중하자고 교장과 사전에 협의하였다. 그런데 교사들은 회의 초반부터 구체적인 대응 방법을 중심으로 논의하고 몇몇은 학교 차원에서 대응책을 마련하고 결정해 주기를 요구하기도 했다. 회의를 통해 교사들이 홀로 감당한 민원이 적지않다는 점, 보호자와의 소통을 줄이는 것은 위험하다는 점을 공유했다. 그래서 2차 회의 전에 전체 교사 회의에서 교사들이 받은 민원(교권 침해 사례)을 꺼내 놓는 시간을 가지기로 했다.

1차 TF 회의 결과 내용

1. 하이클래스, 하이톡, 티처콜의 문자, 오픈 채팅방 등 개별 연락 수단을 학교 차원에서 전면 폐지

   가. 악성 민원 내용을 담임 교사에게 직접적으로, 수시로 보내는 수단이 됨

   나. 운영하지 않는 반에 대해 보호자가 운영을 요구하여 담임이 힘드니 학교 전체 차원에서 폐지

   다. 민원, 상담은 다른 방법으로 바꿔야 함

2. 학교 전화 안내 멘트 수정

3. 교실 직통 번호 통제

   가. 수업 중 수시로 전화가 옴

나. 직통 번호는 상담실, 꿈샘교실 등으로, 행정 업무로 필요한 경우 보호자 안내

4. 보호자 상담 주간 운영의 목적 명확하게 하기

  – 악성 민원을 상담 주간에 와서 말하는 것에 대한 문제

5. 민원에 대한 개념, 정의, 범위를 가정통신문에 안내 필요

  – '민원' 용어의 문제, 교사들이 받는 민원 파악

6. 학교 홈페이지 게시판을 최대한 활용

  가. 자주 하는 질문 모음(출결, 교외 체험학습, 하교 시간 등)

  나. 출결 게시판(지각, 결석 등을 보고하는 게시판)

    – 출결 증빙 자료 제출 기한, 양식 등 안내

  다. 궁금합니다(질문을 올리는 게시판, 비밀 글 선택 가능하도록)

    – 담당자가 수시 확인하여, 정보를 받아 답변 글 작성하기

  라. 민원 신청 게시판(소리함 활용)

  마. 상담 예약 게시판(비밀 글로)

7. 보호자에게 소통 방식 변경에 따른 적응 기간 필요함

소통을 막는 것이 목적이 아니라는 점을 사전에 학교 설명회, 간담회 등을 통해 이해시키기

* 다음 회의까지 의견 수렴하여 2차 회의 실시

개별 교사가 개설한 SNS를 학교 차원에서 전면 폐지하는 것에 대한 의견 수렴

자주 받는 질문 수합 : 교사가 수업 연구를 할 수 있도록 방과후학교 및 학사 일정 등 관련 답변은 홈페이지 게시 또는 교무실에서 업무지원팀이 응대

교권 침해 경험 나누기와 사례 파악

전체교사협의회에서 교사들이 보호자로부터 받은 민원은 무엇인지 확인하고, 그것이 교사의 자존감, 자부심, 교육력을 떨어뜨린 사례를 나누는 교사 마음 열기 시간을 가졌다. 이것은 보호자를 성토하는 자리가 아니라 담임으로서 혼자 감당해 온 것들을 동료에게 꺼내 놓음으로써 스스로와 서로를 위로하기 위한 것이다. 그리고 교사마다 다양한 대응 방식을 공유하며 보호자와 지속적으로 소통한 교사의 경험을 통해 자기를 성찰하는 시간이 되었다. '지금 생각해 보니 그 보호자 입장에서는 그럴 수 있을 것 같다'는 반응도 나왔다. 교사들이 부담 없이 자기 얘기를 할 수 있도록 '진진가' 놀이로 진행했다. 울고 웃으며 이야기를 나누었다.

마음 열기 시간입니다~ 선생님의 교직 생활에서 교권을 침해받은 적이 있나요? 저는 신규 때 보호자가 "아침 활동 시간에 한자를 해 주세요"라고 요청한 적이 있습니다. 그때는 몰랐지만, 지금 생각해 보니 심각한 교권 침해였습니다. 아래 세 가지는 제가 겪은 교권 침해 사례입니다. 그런데 (동료 교사가 겪은 일도 해당됨) 세 가지 내용 중 2개는 사실이고, 1개는 거짓(100% 창작)이랍니다. 무엇이 거짓일까요? 맞혀 보는 활동입니다.

1. 수업 시간에 학생이 "××"라고 욕하고 교실을 나감
2. 전학 간 학생의 보호자가 국민신문고에 허위 사실로 민원을 넣음
3. 학생 몇 명이 수업 시간에 수업을 의도적으로 방해함
   ("왜요?", "아, 재미없어!" 등)

그런 뒤 TF에서는 보호자의 교권 침해에 관해 다룬 언론 기사*를 함께 읽고 우리 학교 교사들의 교권 침해 사례를 모아 정리하였다. "급식 지도 시 학생에게 채소를 먹어 보도록 권유한 담임에게 학부모가 항의성 민원", "준비물을 챙기지 않은 아이를 호명한 담임에게 보호자가 '왜 아이 기를 죽이냐'며 항의함", "학생의 문제 행동을 말씀드리니 작년에는 그렇지 않았는데 '올해는 선생님이 우리 아이를 미워해서 그런 거'라며 담임을 탓함", "A 학생과 B 학생이 친하지 않으니 교실 자리를 멀리 떨어뜨려 달라는 요구를 함" 등 많은 사례들이 나왔다. 교무실로 자주 오는 민원, 방과후교실 관련 민원, 통합교육 관련 민원, 보건실 관련 민원 등 영역도 분류해 봤다.

우리가 이런 작업을 하는 것은 보호자에 대한 반감을 키우는 것을 경계하고, 보호자와 면담할 때 설명하고 설득하고 보호자와 공유할 정보를 교사가 알고 대응하기 위한 것이라는 점에 마음이 모아졌다. 학교 관리자가 보호자 면담을 해야 하는 상황과 담임 교사의 고충과 지원 내용 등을 파악하는 데도 도움이 되었다.

2차 TF 회의 : 교사·학생의 교육권 보호와 보호자 소통, 둘 다 챙기자!

2차 TF 회의는 교장이 이끌었다. 교장이 민원 대응의 중심 역할을 하겠다는 의지 표명은 교사들에게 '학교 구성원이 함께하는 것'이라

---

* "'나 정도면 괜찮은 학부모 아닌가?' 아닐지도 모릅니다", 〈오마이뉴스〉, 2023년 7월 30일.

는 공감대를 형성하는 데 중요하게 작용했다. 민원 대응 체제 구축의 목적은 ① 악성 민원으로부터 교사의 인권과 교육권 보호, ② 학교장의 책무성 강화 : 악성 민원 대응과 교사 보호 역할, ③ 수업 방해 방지 및 학생의 학습권 보호, ④ 보호자와 소통을 단절하는 것이 아니라 지속적으로 소통할 방법 마련 등으로 정리되었다.

민원 대응 체제의 방향은 ① 민원 창구 단일화, ② 교사가 업무 중(근무 내내) 교실로 오는 전화를 직접 맞닥뜨리지 않게 하기, ③ 학교장 중심의 민원 대응 체제(교장감, 행정실장, 생활부장(학교폭력 사안)), ④ 보호자와 소통 방법 모색 : 연 4회 보호자 간담회, 학교(학년) 설명회, 수업 공개, 상담, 학급별 소통망, 월 1회 소식지 등으로 정리하였다.

두 차례의 TF 회의는 학년별 협의를 바탕으로 하였다. 학년에 따라서는 TF가 학년 협의를 견인하기도 했다. 2023년까지는 담임 교사가 개별로 이용하는 SNS의 운영 여부를 담임이 결정하고 보호자와 소통하기로 결정했다.* 2024년부터는 교사 개별적으로 SNS를 개설하지 않고 학교 공식 소통망인 e알리미를 통해 소통하기로 했다. 배움의 주체는 보호자가 아니라 학생이라는 점을 중심에 두었다.

민원 대응 체제를 관리자와 부장이 기획하고 교사들에게 통보하는 방식이 아니라, 교사들의 의견을 수렴하고 전체 협의를 하고 다시 의견을 듣고 협의하는 과정을 갖는 것, 그 자체가 교사들에게는 보호자의 민원에 대한 감각과 대응력을 키우고 교사가 보호자와 소통하는 목적과 방식에 대해 고민하는 과정이 되었다. 어떤 교사는 학교에서

---

* 담임이 운영하는 SNS의 유지 및 폐지는 담임이 결정하기로 했다. 다만 수업 사진 등 과도한 정보 제공보다는 수업과 생활교육에 활용하는 데 집중한다. 학급에 따라 활용 목적이 다르고 순기능도 있음을 고려했다.

정해서 알려 달라고 하기도 했지만, 민주주의는 지난한 협의와 숙고의 과정이라는 것을 교사들이 경험하기를 바랐다. 그래야 주인의식도 생길 것이고 그것이 공동체성의 바탕이기 때문이다. 무엇보다 그렇게 할 때 실천과 참여로 이어진다.

민원 대응 체제 운영의 실제

2023년 11월부터 e알리미로 공식적인 학교-보호자 간 소통을 하고 있다.* 보호자는 교장과 담임, 두 차원으로 소통이 가능하다. 교장으로 민원 창구를 단일화하는 것보다 담임에게 문의할 것과 교장과 소통할 것을 분리하자는 교사들의 의견을 반영한 것이다. SNS 대신 서면으로 제출하게 하여 보호자도 교사도 숙고할 시간을 갖고 상대를 존중하는 언어를 사용하도록 권하였다. 이것은 교사도 보호자도 조금 불편한 방식이지만, 편의성을 좇는 대신 교사가 학생 교육에 집중하고, 학생과 교사가 직접 소통하는 기회를 늘리고 문제를 해결하는 가운데, 학생의 주체성을 키우고 보호자는 교사를 신뢰하고 학생을 기다려 주며 지원하는 역할을 하자는 구성원들의 약속이자 실천 의지다. 소통 방식에 대한 가정통신문 내용은 다음과 같다.

1) 교원과 보호자 간 소통은 e알리미, 가정통신문, 학급 알림장, 학급별

---

* 서울형 혁신학교 강명초에서 운영하고 있는 e알리미를 통한 소통 방식을 토대로 우리 학교에 맞게 수정 보완하였다.

소통망(담임 권한).

2) 학생 및 교육활동 관련 긴급한 소통은 교무실과 행정실로 연락.
(각 교실로 전화가 연결되지 않으며 학교와의 통화 내용은 모두 녹음됩니다.[*]

   학생의 학년, 반, 이름, 보호자명을 밝힌 후 문의해 주십시오.)

담당 부서	전화번호	담당 내용	통화 가능 시간
교무실	02-***-****	학생 및 교육활동 관련 (긴급 결석 의사 통보)	8:40~16:40 (점심시간 12:00~13:00)
행정실		시설 및 환경 관련, 민원 서류 발급 (생활기록부 및 재학증명서 등)	

3) 담임과의 소통 : e알리미를 통해 결석계와 체험학습 신청서/보고서 제출, 상담 및 민원 신청.

4) 결석계(조퇴, 지각, 결석)를 신청하면 담임 확인 후 보호자에게 알림이 전송됨.

5) 체험학습 신청서는 체험 시작일 1일 전, 오후 2시까지 제출, 담임 확인 및 승인함.

6) 상담 신청(면담, 제안, 질의 등)은 담임 접수 후 담임이 서면, 전화, 면담 등으로 답변. 사안에 따라 학교장 차원에서 답변 또는 면담이 이루어짐.

7) 긴급한 결석 통보 및 긴급한 담임과의 소통이 필요한 경우 교무실에서 접수 답변함.

8) 학교 관리자와의 소통 방법 : 〈e알리미-서울율현초등학교-소리함〉으

---

* 통화 시 안내 음성은 이렇다. "안녕하십니까, 서울 율현초등학교입니다. 교육활동과 교직원 보호를 위해 발신 번호가 표시되며 통화 내용이 녹음됩니다. 교실로 전화 연결이 되지 않으며 궁금한 점은 교무실로 문의해 주십시오."

로 제출 → 학교장 접수 후 답변. 필요 시 대면 면담.

2개월 남짓 적용 중인데, 교사들은 수업 활동 사진 찍기, 보호자 민원 응대 등에 시간을 할애하지 않고, 수업 중 울리는 전화로 수업을 방해받지 않으며, 서면으로 제출한 상담이나 문의에 대해 답변을 차근히 준비할 수 있어서 안전하다고 한다. 2024년에는 교사 개별 SNS를 열지 않고 학교에서 구축한 공식적인 소통 체제로 일원화하여 운영하고 있다.

교육활동 보호를 위한 학교공동체의 노력

민원 대응 체제 구축은 보호자의 학교 교육과정 운영에 대한 이해와 협력을 위한 공동체의 노력 중 일부일 뿐이다. 학교 전체 그리고 TF에서 우리는 보호자와 소통을 줄이는 방식이 아니라 더 안전하고 상호 존중하는 소통을 넓혀야 한다는 것을 확인했다.

그래서 보호자 상담과 공개 수업은 보호자가 아이의 학교생활을 이해하고 협력하게 하는 방법이므로, 형제가 있는 보호자의 의견을 반영하여 학년별로 다른 요일에 진행하는 방식으로 바꾸기로 했다. 공동생활교육*도 강화하기로 했다. SNS 대신 다른 소통 방식을 찾는

---

* 교사가 자기 학급에 국한하지 않고 학년 또는 학교 전체 단위로 '모든 아이에게 관심 갖기'를 하는 것이다. 교사가 먼저 인사하고 말을 걸고 눈 맞추고 문제 행동을 하는 학생은 지나치지 않고 누구든 교육하는 것이다. 학생 관찰도 학년 단위로 함께 하고 관리자의 지원이 필요할 시 교장과 교감, 상담사, 업무지원팀 교사, 동학년 교사 등이 학생의 수업과 행동을 관

과정에서 알림장을 초등학교에서 쓰는 목적과 필요성에 대해 나누었다. 아이가 수업에서 집중하며, 알림장을 쓰는 대신 기억하도록 반복 강조하여 외우는 것 역시 좋은 학습이라는 제안도 나왔다.

학생과 보호자의 자치 활성화를 위해 우선 학생들이 자기 생각과 의견을 갖고 제안하는 기회를 늘리는 방향에서 교장이 수업을 하기로 했고, 대의원제 운영도 고려하기로 했다. 보호자회 활동이 학생 교육과 연계되는 부분도 더 확대하려고 한다. 교사들이 TF를 통해 보호자와의 소통 방식의 얼개를 짜는 시기에 보호자 간담회를 가져 보호자의 요구를 들었고, 이를 민원 대응 체제를 구축하는 데 반영하였다.

학교 밖 관리자 학습공동체의 도움과 이웃 학교로의 확산

학교 밖에서는 혁신학교 내부형 공모 교장 중심으로 구성된 학습공동체에서 민원 대응 시스템 구축과 관리자 역할에 대해 정기적으로 협의하고 경험을 나누었다. 다들 민원 대응 체제 구축에서 교장이 중심 역할을 해야 한다는 점에 동의하고 그렇게 실천하고 있었다. 각 학교에서 교사와 학생을 지원하는 방식 공유, 보호자 면담에 있어서 교장이 적극적으로 나서고 있다는 점, 학교 교육과정 운영 전반을 교사들과 협의하고 실천하는 점 등을 알 수 있었다. 우리 학교가 민원

찰하고 보호자 면담을 함께 한다. 교사들의 공동생활교육 참여도와 성취감이 점점 높아지고 있으며, 이는 교사들의 연대를 강화하고 학교를 공동체로 만드는 기능도 한다. 교장의 등교 맞이도 이런 맥락에서 이루어진다.

대응 체제를 e알리미 방식으로 구축하는 데에는 이런 체제를 운영해 오고 있던 다른 혁신학교의 경험과 사례가 큰 도움이 되었다. 이 학습공동체에 참석하는 교장 중에는 학교에 심각한 민원 사안이 거의 없어 교사도 보호자도 별도의 소통 체제 마련의 필요성을 느끼지 못한다는 경우도 있었다.

지구별 교장협의회에서 각 학교 민원 대응 체제 구축 상황에 대해 넌지시 얘기를 꺼냈을 때, '교사들의 요구와 보호자의 요구가 상충한다', '교육청에서 지침을 줄 때까지 기다리겠다', '다른 학교 진행 상황을 보겠다' 등의 다소 소극적인 태도를 접했다. 우리 학교 사례를 이야기하며 교사협의회를 통해 소통 체제를 마련했는데 어렵더라도 관리자가 민원 대응의 중심 역할을 해야 한다는 점, 협의 과정에서 교사들도 보호자와 협력적 관계 구축의 중요성을 인식한다는 점, 시행착오가 있겠지만 시도해 보자는 등의 이야기를 했다. 그리고 우리 학교의 e알리미를 통한 소통 체제를 공유했다.

협의회 이후 한 이웃 학교에서 우리 학교 민원 대응 체제에 대해 구체적으로 알고 싶다며 학교 관리자가 방문하겠다고 연락해 왔다. 민원 대응 체제가 '진공의 방식'으로 이식되지 않기를 바라면서, 보호자와의 소통을 줄이는 방식으로 작용하지 않아야 한다는 점을 강조하려고 한다. 그리고 이것은 학교를 안전한 배움의 공동체로 만들어 가는 과정이자 구성원들의 민원에 대한 인식을 점검하고 성찰하는 작업이라는 점도 짚으려고 한다. 이를 통해 교사가 학생 교육이라는 본연의 역할에 전념하고 보호자는 진정한 협력자로 교사와 함께 학생 발달을 돕는 역할로 제자리를 찾을 수 있기를 기대해 본다.

어떤 그릇에도 담기는
물을 배우다*

유경수(2018~2022 서울 양서중 교장, 2023~2024 현재 서울 송정중 교장)

　　교장이 되기 전부터 가진 생각 중 하나는 학교 구성원 모두가 학교의 주인이 되어야 한다는 것이다. 학교교육의 3주체(교직원, 학생, 학부모)가 모두 주인의식을 가지고 참여하는 것이 민주적 학교 운영의 핵심이다. 민주적 학교 운영을 위해 학교장이 지녀야 할 첫 번째 태도는 모든 학교 구성원을 배려하고 존중하는 것이다. 인간의 존엄성 실현이 민주주의가 갖는 기본 이념이기도 하며 생활 속 민주주의에서도 실현되어야 하는 기본 정신이다. 인간의 존엄성이란 사람이라면 인간답게 살 수 있도록 모두 소중하고 존재 자체만으로 충분히 존중받아

---

* 상선약수上善若水. 최고의 선은 물과 같다는 뜻으로, 만물을 이롭게 하는 물의 성질을 최고의 이상적인 경지로 삼는 도가의 말이다.《도덕경道德經》제8장에 나온다. "최고의 선善은 물과 같다. 물은 만물을 이롭게 하는 데 뛰어나지만 다투지 않고, 모든 사람이 싫어하는 곳에 머문다. 그러므로 도에 가깝다." 노자는 물이 가진 일곱 가지의 덕목, 즉 '수유칠덕水有七德'을 겸손, 지혜, 포용력, 융통성, 인내, 용기, 대의라고 말했다.

야 한다는 것을 말한다. 학교 구성원 모두에게는 존엄한 존재로서 자신을 소중하게 생각하고 타인으로부터 존중받을 권리가 있다. 서로 존중하고 배려하는 학교를 만드는 것이 민주적인 학교에서 교장이 해야 하는 첫 번째 일이다. 특히 학교의 다양한 일꾼을 존중하고 배려하는 일, 그래서 주인의식을 갖고 학교교육을 위해 일하게 하는 일은 학교장의 중요한 역할이다.

학교에는 다양한 일꾼들이 있다. 교원(교장, 교감, 정교사, 기간제 교사, 시간 강사, 방과후 교사, 스포츠클럽 강사, 협력 교사, 동아리 지도 강사 등), 직원(행정실 직원, 공무직원-행정실무사, 교무행정지원사, 과학실무사, 사서, 영양사, 조리사, 상담사, 학교사회복지사, 특수교육실무사, 학교회계직원 등), 봉사직(학교지킴이, 당직기사 등) 등 다양하다.

학교장은 행정직원 및 공무직원의 교육활동 지원 업무 전문성을 존중하고 학교 의사 결정 과정에서 직원들의 의견을 모으면서 직원 간 업무 부담의 형평성이 유지되도록 하기 위해, 그들의 그릇에 담길 수 있는 물이 되어야 한다. 어떠한 그릇에도 담길 수 있는 융통성을 발휘하는 리더십이 필요하다. 물의 선함을 행하는 리더십이 필요하다. 다양한 역할과 입장을 공감하고 존중하며 그들과 소통할 수 있는 기회와 태도를 지녀야 함을 알고 실천해야 한다. 학교에서 일하는 일꾼은 모두 학생을 위한 교사(선생님)임을 인식하고 행동하게 하는 문화를 만드는 것이 과거와는 다른 교장의 역할이라 생각한다.

학교실무사의 업무 전문성을 돋우다

학교에 근무하는 공무직원은 교과목 수만큼이나 다양하다. 고용 시기와 방식도 다양해서 그들의 전문성의 정도를 파악하여 업무를 부여해야 할 것이다. 컴퓨터 활용 능력이 부족한 직원에게 나이스 업무를 맡기면 어려워하는 이치와 같다. 동등하게 권리를 인정해 주고 일할 수 있는 환경을 만들어 주어야 하지만, 업무 분장에서는 직원의 차이에 따른 역할 부여가 필요할 것이다.

공모 교장으로 부임하고 나서 첫 번째로 마주친 일이 학교회계직원 (학교실무사)의 처우 개선 문제였다. 공무직원의 호봉 승급 문제와 성과급의 퇴직금 정산 문제 등이 섞여 있었다. 개인의 문제이기도 하면서 전체 학교회계직의 호봉 승급과 연계되어 교육공무직노조 위원장까지 학교장 면담을 요구하고 만남이 이루어졌던 일이다. 직원이 의원면직서를 제출한 상태여서 그분의 오랜 근무 경력과 전문성을 인정해 주면서 교육청의 회계 원칙까지 지키려 하니 학교 단위에서는 풀기 힘든 문제였다. 최대한 함께 돕고 문제를 해결하려 나서자 연대의 마음이 전해졌는지 학교장의 어려운 입장을 이해하고 마지막까지 학교와 학생들을 위해 일하셨으며 조촐한 퇴임식을 마련해 드릴 수 있었다. 이 과정에서 본인과 교직원에게 공무직도 교사와 같은 구성원이며 평등한 대우를 받아야 함을 알리니 많은 교직원이 연대하는 마음을 전하게 되었다. 특히 이 일을 계기로 학교 공무직원의 업무의 전문성을 강조하면서 학교 업무 정상화*가 한발 전진하게 되어, 학교 안

---

* 교사학습공동체를 통한 수업 혁신 등 여러 활동을 하며 교사들의 본연의 업무가 행정 업

에서 교사 본연의 업무인 수업과 학생 지도에 전념할 수 있는 여건을
빨리 만들어야 한다는 공감대가 확산되었다.

학교 공무직원의 업무 전문성을 돋우다 : 교무업무지원팀을 통해

중학교 교무실에서 근무하는 공무직원이 있다. 행정지원사, 교무실
무사, 과학실무사 세 분이다. 이들에게 학교에서의 역할을 어떻게 부
여하느냐에 따라 학교 교육 행정의 시스템이 달라진다. 지금까지는 그
들의 업무가 교무 업무나 과학실 업무를 보조하는 정도에 그치고 있
었다. 이들에게 업무 전문성을 부여하고 학교 행정 업무의 상당 부분
을 맡긴다면 학교 교육과 학교 행정의 분리 수행 정도까지는 아닐지
라도 학교 업무 정상화가 상당 부분 진전될 수 있다. 또한 세 공무직
원이 학교 행정 전문가로서 자리매김하고 전문성을 부여받을 수 있
을 것이라 생각한다.

학교 내 의견 조사, 의견 수렴, 토론을 통해 교사가 수업과 평가, 학
생 상담과 생활교육에 전념할 수 있어야 하며, 교사가 담당하던 학교
행정 업무를 재배치해야 한다는 공감대를 어느 정도 형성해 나갔다.
그래서 교감을 팀장으로 한 학교업무지원팀을 만들었다. 지원팀 회의
나 협의회에 학교장도 참여하고 업무 분담표에도 학교장에게 업무를
부여해 달라고 요구하였다. 그래서 업무지원팀은 학교장, 교감, 행정지

무가 아니라 교육 연구와 교육활동임을 알고 교육공무직원이 교무 행정 지원 업무를 담당하
게 하는 학교 단위의 혁신 활동을 말한다.

원사, 교무실무사, 과학실무사 다섯으로 구성되었다. 학교장에게 교육 계획서 편집 및 작성이라는 업무가 주어지기도 했다. 지원팀에 학교장과 교감이 함께한다 하니 학교 행정 전문가로서 역할이 부여되었다며 고무된 표정으로 학교 이야기를 하는 과학실무사가 인상 깊었다.

행정지원사는 에듀파인 관련 업무와 자료 집계 시스템 업무, 교무실무사는 나이스 관련 업무, 과학실무사는 과학실 업무와 정보, 방송 관련 업무 지원 등을 맡기니, 교사가 담당해야 할 행정 업무가 경감되었다. 이를 바탕으로 교사에게 수업 혁신과 평가 혁신을 좀 더 요구할 수 있는 시스템이 마련되었다.

학교시설주무관의 업무 전문성을 돋우다

학교 시설 관리는 학교장에게는 전문성이 가장 떨어지는 분야이다. 학교 시설 관리 책임이 학교장에게 부여되어야 맞는지 따져 볼 만큼 학교장이 전문성을 갖기 힘든 영역 중 하나이다. 따라서 학교 시설 관리는 담당자와 행정실장에게 많은 부분 의존하여 처리하면서, 경험을 통해 그 전문성을 배워 나가며 의사 결정을 할 수밖에 없다.

학교장은 학교 시설 관리에 있어 학생 안전과 생활 관련 시설 편의성에 우선순위를 두어야 한다. 그래서 학교 시설을 관리하는 담당 주무관(행정실장보다는 실제 시설을 관리하는 실무자)과의 협력적 관계가 더욱 필요하다. 교장 발령 후 처음 대규모 시설 보수 공사를 한 것이 석면이 함유된 천정 텍스를 제거하고 새로 설치하는 일이었다. 석면 제거 공사는 많은 관심과 우려 속에 진행되었다. 이 공사에서 시설주무관(학교회계 무기 계약 직원)의 역할을 발휘하는 환경이 되니 그의 전문성이 빛을 발하게 되었다.

석면 제거 공사에서 가장 중요한 것이 매뉴얼에 따라 제대로 이루어지고 있는지 모니터링하는 일이었다. 물론 학부모와 지역사회 구성원으로 이루어진 모니터링단이 있었지만 학교에서 매일 관찰하고 점검하는 것이 필요했다. 그래서 학교장과 담당 주무관이 최종 책임자임을 밝히고 책무성을 발휘하게 하니, 주무관은 어깨가 무겁다 말하면서도 그 소임을 다했다. 학교장과 모니터링단, 교육청 시설 담당관, 행정실장, 시설주무관, 공사 담당 책임관이 함께 소통할 수 있는 회의 구조를 만들고 온라인상에서도 만나기 위해 밴드를 만들었다. 밴드를 만들고 운영하는 책임자를 행정실장으로 임명하고 밴드의 내용을 채우는 실무 책임자로 시설주무관을 임명하니, 매일 공사 상황과 진척 과정을 밴드에 올리고 공유하고 소통하게 되었다.

이후 공사 평가회에서 실무 책임자인 시설주무관의 역할 수행으로 공사가 원활하게 마무리되었다는 평가를 받아 공로상을 신청하기도 하였다. 다음으로 진행된 에코스쿨사업(친환경 정원 만들기)에서도 시설주무관에게 같은 역할을 부여하니 공사 관계자들이 안전하게 학생을 위해서 일할 수 있도록 배려하고 소통하는 역할을 담당하게 되었다. 담당 실무 책임자인 교직원이 자신의 전문성을 발휘하며 일하게 나서는 환경 만들기에 학교장의 역할이 중요함을 안 사례이다.

상담사의 업무 전문성을 돋우다

학교에서도 점점 상담사의 역할이 커지고 있다. 그들의 업무 전문성을 돋우어 제대로 발휘될 수 있는 여건을 만들어 갈 필요가 많아지고 있다. 또한 담임 교사와 협력하여 학생 성장을 이끌어 낼 수 있는 학교 내 시스템이나 소통 구조가 더욱 필요한 때이다.

교장 부임 이후 학생 생활지도에서 학교폭력 예방보다는 학생 정서 함양에 역점을 두어야 하는 사례들이 많아졌다. 학교폭력은 현저히 줄어드는데, 무기력, 말 없음, 소극적 행동, 자해 등 정신적 건강과 상담 등에 집중해야 하는 사안이 늘었다. 이 일을 해결하기 위해 교장실에서 모임을 자주 가졌는데, 모임 주체들이 대부분 홀로 방을 지키는 교직원이어서 모임 이름이 독수공방獨修共防이다. 홀로 마음을 닦으면서 함께 학생 성장을 도모하자는 취지로, 혼자서 방을 쓰지만 학생들이 자주 찾아가는 곳을 지키는 교원과 공무직원들의 모임이다. 교장, 진로부장, 보건 교사, 영양 교사, 전문상담사, 사서, 사회복지사 등 7명이 모인 독수공방 모임은 월 1~2회 실시한다.

여기에서는 학생과 관계 맺기를 통해 알고 있는 학생 정보와 사례를 공유하여 학생 생활지도 방안 등을 찾아 담임 교사 등과 함께 실천한다. 때로는 담임 교사와 해당 학부모가 함께 참여하는 모임으로 확대하여 학생에 대한 돌봄 방안, 상담 방안, 외부 연계 치료 방안 등을 협의하여 실천한다. 또한 한 학생에 대해 돌봄과 상담이 필요한 경우 그 학생에 맞는 맞춤형 돌봄, 상담, 학습 지원이 무엇인지 찾아보기도 하였다. 교원학습공동체의 하나로 등록하여 이웃 학교의 사례 나눔을 위해 강사를 초청하여 강의를 듣고 학습도 병행하고 있다. 기초학력 부진 학생 지도를 위한 구체적 사례나 방안까지도 이곳에서 의논해야 한다고 생각한다.

초기 이 모임의 주요 내용을 채우고 전문적 역량을 발휘하며 역할을 수행한 것은 전문상담사(교육공무직)였다. 학교에서 돌봄과 상담 지원이 필요한 학생들을 각각 의논하고 역할을 나누다 보니 상담사의 역할이 많을 수밖에 없었다. 담임이 혼자서 감당하기 어려운 학생들이 상담실로 갔고, 상담실에서조차 다루기 어려운 학생들은 독수공방 모임에서 의논했다. 상담사의 버거운 짐을 모두 나서서 나누니, 상담사의 전문성이 상담사를 필요로 하는 학생들에게 집중되게 되었다. 역할 제고를 통한 전문성에 힘 실어 주기를 실천한 사례였다.

지역사회교육전문가의 업무 전문성을 돋우다

학교는 교육 복지 사업이 도입되면서 지역사회교육전문가(사회복지사)가 배치되는 교육 복지 거점 학교와 배치되지 않는 교육 복지 일반 학교로 나뉘는데, 지역사회교육전문가 역시 무기계약직으로 고용되는 교육공무직원이다. 지역사회교육전문가가 학교에서 업무 전문성을 발휘하는 정도에 따라서 학생 돌봄의 수준이 달라지기 때문에 그들의 전문성이 발휘되도록 근무 여건을 만드는 학교장의 역할이 중요하다.

매년 학기 초가 되면 담임과 지역사회교육전문가 등이 학생 가정을 방문하는 주간이 있다. 학생을 이해하기 위해 주거 지역과 사는 곳을 둘러보는 일이었다. 학교 돌봄이 특별히 요구되는 학생은 지역사회교육전문가가 방문을 하였는데, 부모를 만나서 상담이 필요한 경우나 복지사 홀로 방문하기 어려운 경우 함께 동행하였다. 부모와의 상담에서 선배 교사의 경험이 도움이 되는 경우도 많았다. 이에 힘을 얻은 복지사는 자신의 역할 수행에 적극성을 보였으며 담임과 함께 하는 사례 회의에도 함께 동행하여 학교장의 참여를 요청하기도 하였다. 또한 지역사회 기관을 방문할 때에도 동행을 하니 역할 수행에 자신감을 갖고 실천하기도 하였다.

앞에서 거론한 독수공방 모임에도 지역사회교육전문가가 참여하여 학생 돌봄에 대한 의견 개진, 사례 회의 등을 주도하게 하였다. 학생 돌봄의 영역은 교사 중심에서 지역사회교육전문가 중심으로 바꾸니, 그 전문성을 발휘할 기회가 많아졌고 그의 업무 만족도도 높아졌을 거라고 판단한다.

조리사와 조리종사원의 업무 전문성을 돋우다

학생의 학교 만족도를 판단하는 기준 중 하나가 학교 급식이라고 생각한다. 한 끼 밥을 먹기 위해 학교에 온다는 학생이 있을 정도이다. 영양 교사와 조리사의 전문적 역할 수행이 그만큼 중요하다. 이들은 학생의 올바른 식습관과 영양 유지에 상당한 역할을 부여받은 교직원이다.

그럼에도 학교 구조는 조리사나 조리종사원에게 교직원으로서 평등한 대우를 해 주기가 어렵다. 그들의 역할이 전문적임과 학생 교육에 상당한 의미가 있음을 알리고 받아들이게 하는 것 또한 학교장의 임무라 생각한다. 그래서 학생 식사를 준비하지 않는 날이나 방학 기간 중에 조리사들과 간담회를 갖고 그들의 요구나 제안을 받는다. 그리고 꼭 밥 한 끼 같이 하며 학교 급식의 중요성과 학생의 영양과 건강에 중요한 역할을 수행하는 수고를 칭찬하는 시간을 갖는다. 남이 해 주는 밥이 맛있음을 아는 조리사들이 고마움을 전한다. 교장 선생님과 고기를 같이 구워 먹는 것이 30년 만에 처음이라는 분도 있었다. 또한 학생들에게는 훈화 때 조리사들도 모두 학교 선생님과 같은 역할을 하시는 분들임을 전하기도 한다. 물론 조리사에게도 선생님과 같은 마음으로 학생 영양과 급식 지도에 나서 달라 부탁을 드린다. 작지만 의미 있는 배려와 존중이 학교 교직원 문화를 더 다정하게 만들었다고 생각한다.

교원과 공무직원이 함께 학생 성장을 의논하고 실천하다

학교 공무직원에게 교육적 역할을 부여하여 학교 교육에 교원과 함께 참여하고 학생의 성장과 교육을 의논하고 실천하게 함은 민주적 학교공동체를 만들기 위한 학교장의 중요한 역할이다. 교원과 공무직원이 함께 학생 교육을 의논하고 실천하는 학교를 만들어 가야 한다는 책무가 학교장에게 주어져 있다. 그러기 위해서 학교업무지원팀을 만들어 학교 행정 업무 분담을 통해 학교 교육 행정가로 공무직원을 자리매김하는 일, 독수공방팀을 통해 학생 돌봄과 생활교육에 공무직원을 교사와 동등하게 참여케 하는 일, 급식도 교육이니 학생 건강과 보건 안전을 위해 건강한 먹거리를 제공하는 일의 중요성을 인식하며 학생 성장을 위해 일하게 하는 일, 학생의 안전한 학교생활을 위해 위험한 곳과 불편한 곳의 개선을 위해 일해야 한다고 시설주무관에게 교육적 역할을 부여하는 일 등을 한다. 학생의 성장을 위해 교원과 공무직원이 함께 의논하고 실천할 방안을 찾는 회의나 모임을 가진다면, 공무직원에게 전문성을 발휘할 기회를 제공하는 효과까지 얻을 수 있을 것이라 본다.

보다 평등한 교직원 문화를 만드는 것도 학교장에게 주어진 역할이라 생각한다. 매년 학교 교직원의 들고 남이 있다. 그 자리에 모든 교직원이 함께한다. 교직원 정기 인사와 이동 시 송·환영회를 함께 나누는 자리를 만들어 평등한 학교 문화를 만들어 가야 한다. 학교장은 꽃다발을 준비하여 환영하고 환송한다. 학교와 학생을 위해 일한 수고에 대한 고마움을 각각에 맞게 준비하여 전한다. 학생들에게 소개할 때도 교사와 교직원들이 함께한다. 그분의 역할이 무엇인지 함께 소개하며 소중한 분으로 환영하고 환송한다. 작지만 정성 어린 배려가 더 다정한 학교 문화가 만들어지는 실마리가 되기도 한다.

| 4 |

대외 업무

마을과 만나는
학교, 학교장의 역할은

류현진(2019~2022 서울 숭곡중 교장)

    학교가 마을공동체의 일부임을 인식하고 마을 교육과정의 중요성이 커지면서, 전국 곳곳에서 혁신교육지구 사업을 실시하고 학교와 마을을 연결하는 작업이 활발하게 일어나고 있다. 서울시교육청도 그동안 학교-마을 교육공동체 구축, 학생들이 학교에서 배운 내용을 삶의 현장(마을)에서 익히고 실천하는 마을 결합형 교육과정 실현을 주요 과제로 제시해 왔다. 거기에 더해 2023학년부터는 '생태전환교육'에 중점을 둔 학교-지역사회 연계 교육과정*과 2022 개정 교육과정 반영을 위한 지요일** 운영을 강조하고 있기도 하다.

---

* 학교와 지역사회를 기반으로 하는 학습 생태계 안에서 학생의 주도적 배움을 실현하는 교육과정으로 지역 특성을 반영하여 운영하는 교육과정.(《2023 서울교육 주요 업무》, 35쪽)
** 2023 지요일(지역학습일). 학교와 마을이 함께하는 협력 교육활동 운영일이다. 지역 교육단체나 기관이 제안한 교육활동을 학교가 선택하고, 교사와 마을 강사가 함께 협력 수업을 추진하는 프로그램 운영일이다.(《2023 서울교육 주요 업무》, 35쪽)

지역 교육과정을 운영하려면 교사들이 마을과 만나야 한다. 마을을 알아야 한다. 따라서 마을과 학교를 잇는 것은 학교장의 주요한 역할이다. 조금만 눈을 돌려 보면 지역사회에는 학교와 함께 활동을 하고 싶어 하는 활동가들과 단체와 기관이 많이 있음을 알 수 있다. 학생을 위한 프로그램도 정말 다양하고 풍성하다. 문제는 연결이다. 아무리 열정 있는 마을 활동가들과 좋은 프로그램이 있더라도 연결하지 않으면 의미가 없다. 학교와 마을, 점과 점을 연결하여 선을 만드는 일, 즉 네트워킹이 교장 대외 업무의 중요한 축이 되어야 하는 이유이다.

마을과의 첫 만남 그리고 환대

숭곡중학교가 있는 지역은 2017년부터 3년째 서울형 혁신교육지구를 운영하고 있었다. 2019년 3월 부임하자마자 동네에 있는 종합사회복지관의 복지사 한 분이 연락을 해 오셨다. 그동안 혁신교육지구를 통해 만났던 동네 활동가분들과 식사 자리를 갖자는 것이었다. 혁신교육지구는 자치구 단위로 운영하는데, 동네 단위 모임이 필요하다는 말을 듣고 간 그 자리에는 그분 외에도 복지관장, 대안학교 교장, 동장, 작은도서관장, 청소년 놀이터 운영자 등 여러 분들이 나와 계셨다. 한 달에 1번 '청소년을 생각하는 어른들의 모임(일명 청어회)'을 갖기로 이야기가 모아졌다. 모두들 교장이 마을 모임에 참석하는 것이 아주 보기 힘든 일이라며 환영해 주었고 그 모임을 통해 바로 학교운영위원회 지역 위원 두 분을 섭외할 수 있었다.

이후 모임을 이어 가면서 그분들을 통해 학생들이 동네에서 어떻게 생활하며 어떤 자원이 있는지 구체적으로 알 수 있었다. 지역 단체 행사에 학교 시설이 필요하면 수업에 지장이 없는 한 최대한 대여해 드렸다. 구청 지원으로 만든 청소년 '놀이터'(방과 후에 동네 청소년들이 자유롭게 모이는 공간)에서 한 달에 1번 동네 어른 1명을 초대해 라면을 먹으며 대화하는 '라면데이'라는 이벤트가 있었는데, 거기에 초대받아 같이 저녁을 먹으며 즐거운 시간도 가졌다. 그리고 학교 축제 담당 교사에게 축제에 마을이 참여할 수 있는 기회를 드리면 좋겠다고 제안해서 마을 동아리 분들이 멋진 난타 공연을 해 주셨고, 놀이 관련 부스도 운영해 주셔서 풍성한 축제를 만들 수 있었다. 그때 오셨던 분들이 이렇게 학교에 들어와서 축제에 참여해 보기는 처음이라며 좋아하셨는데, 이 모든 일들은 3월 모임에 참여한 데서 비롯한 것이었다.

사실 내가 청어회 모임에 초대받은 것은 2011년부터 5년 동안 숭곡중에서 근무한 경험이 있었기에 가능했다. 당시 혁신연구부장으로서 마을 활동을 하시는 분들과 맺은 인연으로 교장이 되자마자 오랫동안 터를 닦아 온 마을의 핵심 활동가들과 네트워크를 구성할 수 있었다. 마을과 학교의 지속가능한 협력을 위해서는 희망하는 교사가 마을에 터를 잡고 그 학교에 오래 근무할 수 있도록 인사 제도를 개선하는 것이 필요한 이유이다.

팬데믹을 뚫고 학생들과 마을로

2020년 초, 코로나19 팬데믹으로 온 세상이 멈춰 버렸다. 학교도 멈추었다가 4월에 원격 개학을 하고 5월이 되어서야 겨우 한 학년씩 학교에 등교해서 수업을 할 수 있었다. 그해 학사 일정은 코로나19 상황으로 몇 번씩 바뀌었고 당장 내일 어떻게 될지 모르는 날들을 보냈다. 당연히 마을 활동도 모두 멈출 수밖에 없었다. 서울형 혁신교육지구도 여러 가지 활동을 계획했었지만 학교도 못 나오는 학생들과 마을이 만날 기회를 찾기는 쉽지 않았다. 그래도 이렇게 있을 수는 없으니 소규모 단위 활동이라도 시도해 보자는 제안이 있었고 7월이 되어서야 구청 교육지원과에서 공문을 보냈다. '동교동락洞校同樂' 사업을 진행하려고 하니 계획서를 제출해 달라는 내용이었다.

마을과 학교가 만나는 동교동락은 청소년이 지역 구성원으로 자리 잡을 수 있도록 동 단위로 추진단(학생, 학부모, 교원, 마을 활동가, 공무원 거버넌스)을 구성하여 마을 활동을 할 수 있게 예산을 지원(최대 1000만 원)하는 사업이다. 아이들 소리가 사라진 학교의 교장실에 우두커니 앉아 있는 날이 많았던 터라, 뭐라도 해야 할 것 같아 가뭄에 단비를 만난 듯 일단 계획서를 써 보았다. 여러 유형 중 코로나19 상황에서 실내가 아닌 실외 활동으로 진행할 수 있는 마을 탐방형이 좋을 것 같았다. 다행히 학부모 중에 혁신교육지구 활동을 오래 해 오신 분이 동교동락 추진단에 계셔서 그분의 도움으로 월곡1동 주민센터에서 회의를 시작했다. 동장, 민원행정팀장, 동교동락 사업 담당 주무관, 학교장, 학부모회장, 동 추진단 관계자가 모인 그날이 학교와 마을이 공식적으로 처음 만난 날이 되었다. '아이를 키우려면 온 마을이 필요하다', '마을교육공동체를 만들어야 한다', '거버넌스가 중요하다'라는 말은 많이 들었지만, 교장으로서 직접 현장에서 경험한 것은 이때가 처음이었다. '우리 아이들을 위해 동네 어른들이 모여 있구

나. 이렇게 처음부터 함께하는 거였구나. 학교와 마을이 만난다는 것이 이런 것이었구나.' 이날 이후로 월곡1동과 우리 학교의 인연은 3년 동안 계속 이어지며 진화하고 있다.

첫 준비 모임 후 바로 카드 뉴스 형식의 홍보물을 만들어 학생들에게 e알리미로 보냈다. 오래된 주택가와 좁은 골목길이 많은 동네에 학교가 있어 일명 '골목탐방반'으로 골목을 다니면서 동네를 알아보자는 내용이었다. 이미 학교 동아리는 조직이 끝난 후라 5명이라도 신청하면 좋겠다고 기다리고 있었는데 무려 16명이 참가하겠다고 신청서를 냈다.

"골목을 탐방해 내가 사는 동네에 대해 더 많은 것을 배우고 싶다."
"요즘처럼 코로나가 극성을 부리는 시대에, 잘 나가지도 못하고 있는데 이런 학습적이고 좋은 활동은 큰 도움도 되고 활동적인 걸 좋아하는 학생이라 지원을 하게 되었습니다!"
"친구들과 마을들을 돌아다니며 많은 얘기를 나누며 친해지는 것, 마을의 사람들과 다양한 말 나누기 해 보고 싶어요."

이런 학생들의 지원 동기에서 그동안의 답답했던 심정과 활동에 대한 간절함이 느껴졌다. 2학기 개학 후 첫 대면 모임을 통해 동아리 이름을 '길라잡이'로 정하고 모둠을 만들어 동네 탐방을 시작했다. 동에서 마을 강사로 4명의 통장님을 소개해 주신 덕분에, 학생들은 그분들을 따라 좁은 골목 구석구석을 걸으며 몰랐던 우리 마을의 이야기를 들을 수 있었다. 마을 주민분들과 인터뷰를 해 보고 싶다고 하니 마을 강사들이 반가워하며 오랫동안 동네에 살고 계시는 분들을 섭외해 주셨다. 40년 된 약국, 35년 된 반찬집, 60년 된 슈퍼마켓, 45년 된 카센터, 구의원, 삼양식품(우리 동네에 있는 유일한 대기업) 홍보실 등 많은 분들이 흔쾌히 참여해 주셨고 학생들을 칭찬해 주시기도 했다. 11월에는 코로나19를 뚫고 60명의 학생, 학부모, 교사가 마을 강사들과 함께 마을을 돌아 동네 뒷산에 오르는 공동체 걷기 행사를 진행했다. 학교 축제에는 그동안 찍은 사진을 소개하는 온라인 동네 사진전으로 참여했으며, 12월에 희망 학생들로 편집부를 구성해 활동 자료집을 발간하는 것으로 한 학기 활동을 마무리하였다. 그해 연말에 온라인으로 동교동락 사업에 참여한 학교 교사들이 결과 공유회를 했는데, 어려운 상황에서도 예전부터 활동해 오던 10개 학교가 그해에도 어떻게든 마을과 만나 왔다는 사실에 서로 놀랐고, 우리 학교의 사업 담당자가 교장이라는 것을 듣고 다른 학교 교사들이 깜짝 놀랐던 기억이 난다.

약 4개월의 짧은 기간이었지만 길라잡이 활동으로 학교장으로서 직접 방과 후 교육과정을 운영하면서 학생들과 함께할 수 있어서 행복했다. 전에 같은 학교에 5년 근무할 때보다 몇 달 만에 마을에 대해 알게 된 것이 더 많았다. 학생들은 등교 수업이 없는 날은 집에서 원격 수업을 끝낸 후 학교로 달려와서 활동할 정도로 열정적이었고, 내년에도 마을 동아리를 할 수 있게 해 달라고 부탁했다. 마을 강사님과 마을 주민분들은 학생들이 원하면 언제라도 돕겠다며 활동하는 내내 뿌듯해하셨고, 동 관계자들도 적극적으로 협조해 주었다. 가끔은 내가 교사로 근무할 땐 왜 이런 프로그램을 생각하지 못하고 사고의 폭이 학교 안에만 머물러 있었는지 후회가 되기도 했다. 그리고 최근 몇 년 동안 혁신교육지구, 거버넌스나 마을 결합 교육과정 등 학교를 둘러싼 교육 환경에 큰 변화가 있었음을 현장에서 체감했다. 마을은 그동안 학교와 함께할 준비를 많이 해 놓았는데 학교는 어떠한가? 교사들은 마을을 만나고 있는가? 학교가 마을을 만나야 하는 이유는 무엇이고 그때 교장의 역할은 무엇일까? 이런 질문에 답을 찾아야만 했다.

교원협의체 대표로 3년을 보내다

2020년 가을로 기억한다. 코로나19로 교원협의체*를 구성하지 못하다가 10월이 되어서야 교육지원청에서 공문이 와서 사례 발표와 활동 계획을 논의하니 관심 있는 사람은 참가해 달라고 했다. 아는 교사가 학교 사례를 발표한다고 해서 반가운 마음에 참가했는데, 끝날 즈음 담당 장학사가 대표를 뽑아야 한다고 했다. 15명쯤 참석한 모임에서 교장은 나 한 사람밖에 없었고 누군가가 기왕이면 교장 선생님이 하셨으면 좋겠다고 했다. 분위기상 거절할 수가 없어 "교원협의체 대표가 무엇을 하는 자리인지 정확히 모르겠지만 올해는 일단 내가 하고 내년에는 다른 분이 맡아 주었으면 좋겠다"며 수락했는데, 어쩌다 보니 2022년까지 3년을 내리 맡아 하게 되었다. 마침 그해 학교에서 동교동락 골목탐방반을 재미있게 하고 있을 때라 다른 학교는 어떻게 하고 있는지 알고 싶었고 혁신교육지구의 다른 담당자, 활동

---

* 우리 구 혁신교육지구는 각 사업을 집행하는 추진단과 주체별 협의체(교원, 학부모, 학생, 마을)가 있고, 구청, 교육지원청, 추진단장과 협의체 대표들이 참여하는 월 1회의 실무협의회에서 대부분의 중요한 사항들을 논의하고 있다.

가들과 만날 수 있으면 좋겠다는 생각도 했던 것 같다.

대표를 맡았으나 무엇을 해야 할지 알 수가 없어 전부터 지역에서 활동하고 계신 초·중·고 교사들에게 연락하여 도움을 청했다. 교사들과 담당 장학사가 모여 그동안 혁신교육지구 사업에서 보완해야 할 점과 내년에 하고 싶은 일, 그리고 왜 교사들이 참여하기 어려운 조건인지에 대해 솔직하게 이야기를 나누었다. 특히 우리 지역은 초임, 젊은 교사들이 많은데 공립의 경우엔 발령받아 왔다가 다른 지역으로 넘어가는 비율이 높아 마을 활동을 지속적으로 하기 어려운 조건인 점, 학교에서는 교육지원청을 통해 예산이 가는 경우 그것이 혁신교육지구 사업인 것을 모르는 경우가 많은 현실, 즉 혁신교육지구 활동에 대한 인식이 부족한 점에 대해 공감하고 그런 조건 속에서도 할 수 있는 일을 해 보자고 모임을 마무리하였다. 같이 이야기 나눌 수 있는 동료들이 있어서 마음이 든든해지는 시간이었다.

교원협의체 대표로 지낸 지난 2년은 말 그대로 배움의 시간이었다. 코로나19 때문에 원격으로 진행할 때도 있었지만 매달 하는 혁신교육지구 실무협의회 회의에 참석하는 것부터 쉽지 않았다. 시간을 내는 것도 그랬지만 혁신교육지구 사업이 무엇이고 운영 시스템이 어떤지 충분히 이해하지 못했기에 분위기를 파악하고 토의에 제대로 참여하기까지 상당한 시간이 필요했다. 교원협의체 대표이니 학교나 교원의 입장에서 발언하고, 아동·청소년의 행복한 삶을 위해 사업이 진행될 수 있도록 힘을 보태야 한다는 책임감은 있었으나 어떤 도움이 되었는지는 알 수 없다. 다만 혁신교육지구 사업에 관심을 갖고, 직접 참여하고, 학교에서도 마을과 함께하려고 노력하는 교장이 있어서 고맙다고 많은 분들이 응원하고 협조해 주셨다는 것은 확실하다.

2022년에는 담당 장학사와 협의하여 학년 초에 교원협의체와 연구 동아리를 구성하여 활동을 시작하였다. 교원협의체 사업으로 '혁신교육지구 사업의 이해와 교원의 역할'을 주제로 한 연수로 시작해서 50여 명이 참석한 '교원협의체 활성화를 위한 워크숍'을 진행하였다. 워크숍에 여러 학교의 교장, 교감이 참석하였는데 대화를 해 보니 마을 교육과정에 관심 있고 지원할 준비가 된 분들이 상당히 많았다. 그리고 우리 지역의 교사들이 마을과 함께 다양한 교육과정을 지속적으로 운영하고 있으며 활동을 통해서 학생들과 행복감을 느끼고 있다는 것을 확인할 수 있었다. 역시 선생님은 선생님이었다. 학교장이 학교에서 교사들과 만나 어려운 점, 필요한 것 그리고 무엇을 하고 싶은지 묻고 지원해야 하는 것처럼, 교원협의체 대표도 지역 학교의 교사들과 만나 학교와 교사, 학생들의 욕구를 정확하게 파악하여 직접적으로 혁신교육지구 사업에 반영하도록 노력해야 하는 자리라는 것을 깨닫게 되었다. 그리고 가장 중요한 것은 학교와 마을의 만남이고, 가장 필요한 것은 만남을 연결하는 사람이라는 것도 함께.

만남을 연결하는 사람

2020년에 시작한 방과 후 자율 동아리 '골목탐방반'은 2021~2022년에는 생태 환경 동아리 '파란나비'가 되어 훨훨 날았다. 말 그대로 마을을 훨훨 날아다녔다. 파란나비의 시작은 역시 연결이었다. 인근에 생태전환교육에 관심이 많고 마을에서 오래 활동을 해 온 한 초등 교사가 있었다. 그분이 동교동락 활동으로 버려지는 우유팩을 학생들과 모아 재활용 업체에 보내고 팩으로 만든 화장지로 교환해 주는 '팩모아 프로젝트'를 한다는 것을 알았고 우리 학교도 마을과 함께 팩 모으기를 해 보면 좋겠다는 생각이 들었다.

아이디어는 있었지만 시작은 막막했다. 골목 탐방을 할 때부터 마을 지원단으로 큰 도움을 주신 분(졸업생 학부모이자 전 학교운영위원장)께 연락을 드려 어떻게 할지 의논했다. 그분도 자원 재활용과 팩 모으기에 관심이 있었다며 종이팩을 많이 사용하는 동네 카페도 참여하면 좋겠다고 하시더니 얼마 후에 8곳의 카페를 직접 섭외해서 목록을 보내 주셨다. 이후 매번 동 주민센터 담당자와 연락하여 동 단위 거버넌스(추진단) 회의를 준비해 주었고 모든 활동의 준비-진행-평가 단계까지 항상 함께 진행했다. 거기에 더해 팩모아 프로젝트 선포식, 마을과 함께하는 줍깅, 모은 종이팩을 재활용 휴지로 돌려받아 연말에 주민센터에 기증하는 기증식 등 동과 하는 행사는 모두 보도자료를 작성해 주셔서 학교와 마을이 같이 하는 다양한 활동을 외부에 홍보할 수 있었다.

2022년에는 파란나비가 마을 카페 팩 수거를 넘어 지역 도서관에서 팩모아 행사를 하거나 마을 축제 환경 홍보 부스를 맡아 재활용 OX 퀴즈를 진행하면서 학생들이 마을에서 살아가는 자부심을 느꼈다. 가을에는 지역에서 환경 축제를 해 온 수녀님을 만나 학교 정원에서 '파란 지구 되돌리기 축제'를 기획하기도 했다. 한 학교, 한 교사가 시작한 팩모아 활동은 4개 학교, 4개 동으로 늘어났고 학생 대표 연합 모임을 했으며 구의회와 구청에 종이팩 재활용률을 높이라고 촉구하는 활동으로 이어졌다. 그 모든 활동은 곳곳에 마을 지원단 학부모들이 계셨기에 가능했다.

일반적으로 학부모는 자녀가 졸업을 하면 활동을 멈추는 경우가 많으나, 이분은 동네에 거주하며 혁신교육지구 추진단으로 계속 활동해 온 마을 활동가였다. 다행히 우리 구는 동마다 활동가들이 계셔서 학교에서 연락만 하면 달려와 주신다. 단 한 명과 연결되면 그다음엔 놀라운 연결의 힘을 경험할 수 있다. 4년의 임기를 마치고 떠나는 터라 3년을 함께했던 동아리가 없어지면 어쩌나 걱정했는데 1, 2학년 학생들이 계속하겠다는 의지를 표현했고, 결정적으로 옆에서 활동을 도와주었던 한 교사가 동아리를 맡아 보겠다고 하셔서 얼마나 다행이었는지 모른다. 역시 연결의 힘!

맺으며

그럼에도 몇 가지 아쉬움은 남는다. 모든 교장들이 직접 나서서 마을 활동을 하는 것이 현실적으로 쉽지는 않을 것이다. 교사들이 자발적으로 관심을 갖고 마을과 만나 교육과정을 운영하고, 교장은 지역 네트워크를 통해 적극적으로 지원하는 것이 가장 이상적인 모습이겠으나 마을과 함께 교육활동을 펼치는 교사들은 여전히 한정되어 있다. 2022 개정 교육과정과 교육청의 정책 방향이 지역 연계 교육과정 운영을 강조하는 것임에도 학교를 넘어선 교육과정을 구현하기에는 학교 안에서 겪는 교사들의 어려움이 크다.

한편 학교 밖 활동가들, 단체나 기관들은 아직 학교의 벽이 높다고 인식하고 있다. 서로 만나는 시간이나 기회 자체가 적으니 신뢰하는 관계를 맺기가 쉽지 않았던 것이 사실이다. 그럼에도 일단 한번 마을과 연결되고 마을을 알게 된 후에는 자발적으로 꾸준히 마을 연계 교육과정을 운영하는 교사들을 어렵지 않게 만날 수 있었다.

그렇기에 학교장의 역할이 더욱 중요하다. 바로 학생들이 살고 있고 앞으로도 살아갈 마을과 학교를 잇는 것이다. 학교의 담장을 낮추고 마을을 학교로, 학교를 마을로 흐르게 하고 지역의 교육 자원을 연결하는 것은 교장이기에 할 수 있고 해내야 하는 일이다. 교장이 먼저 학교 주변을 둘러보고, 마을의 모임이나 행사에 초대받았을 때는 꼭 참석해 보기를 추천한다. 마을 교육과정을 운영하거나 마을과 함께 해 보고 싶은 것이 있다면 교육지원청 협력복지과나 구청 교육지원과, 주민센터, 지역 도서관으로 문의해 보면 좋을 것 같다. 마을 활동 경험이 있는 활동가나 교사를 소개받아 학교 교사와 연결한다면 그분들을 통해 학교는 마을로 나갈 기회를 갖게 될 것이다. 더 많은 교장들이 마을과 함께하는 즐거움을 알고, 그런 교장을 통해 더 많은 교사와 학생들이 마을에서 풍성하게 배우고 나눌 수 있으면 좋겠다.

다음 쪽의 내용은 2018년 말 교장 공모 때 제출한 학교 경영 계획서 중 지역사회 연계 활동 부분을 발췌한 것이다. 임기가 끝나 갈 때 다시 읽어 보니 코로나19 상황이라 쉽지는 않았지만 꽤 많은 일들을 해 왔음을 알 수 있었다. 학생들과 무엇이라도 해 보고 싶은 마음에 마을의 문을 두드렸고, 마을은 그런 교장을 환대해 주었다. 지난 4년 동안 학생-학부모-교사-마을이 함께 성장하며 마을교육공동체를 만들어 가는 현장의 한가운데 있었다. 교사와 마을, 학교와 마을, 지역의 교사와 교사가 만날 수 있도록 연결하는 교장으로 보낸 지난 3년, 그 행복했던 경험을 더 많은 교장들도 해 보기를 기대한다.

1. '마을이 학교다'

- 학교를 벗어나 학생들이 살고 있는 마을로 교육의 공간을 확장
- 학생의 '앎'과 '삶'이 유기적으로 결합할 수 있는 교육과정 운영
- 학년 초 교육과정협의회를 실시하여 주제 통합 수업, 융합 수업을 통해 학생들이 마을을 제대로 알고, 마을을 살기 좋은 곳으로 만들 수 있는 활동을 준비
- 배움이 있는 마을 결합형 체험활동, 봉사 활동 운영
- 지역사회의 자연, 문화, 역사의 공간을 배움의 공간으로 최대한 활용
- 마을이 학교의 교육 공간이 될 수 있도록 성북구 지역사회 단체, 유관 기관과 협력
- 성북 혁신교육지구 사업에 적극적으로 참여

2. '마을의 학교다'

- 학교가 마을 교육 문화 활동의 중심이 될 수 있도록 지원
- 축제, 발표회, 공연, 특강 등 학교 행사에 마을이 참가할 수 있는 방법 모색
- 특히 학교 축제는 마을의 축제가 될 수 있도록 기획 단계에서 마을의 참여 보장
- '마을 알기' 교육과정을 운영하여 학부모와 마을 주민들이 특별 강사로 수업에 참여하는 기회 마련
- 지역사회 단체나 유관 기관과 협력하여 다양한 교육 프로그램 운영
- 학교 교육활동에 지장이 없는 범위에서 지역 주민 대상 학교 시설 개방 검토
- 돌봄이 필요한 학생들을 지원하기 위한 마을 연계 통합 지원 시스템 마련

마을 안의
학교와 교사

임수경(2020~2023 서울유현초 교장)

교사일 때는 학생들과 마을에 대해 공부하고, 마을 이곳저곳을 다니며 생태 공부도 역사 공부도 하면서 학생들이 마을을 느끼게 하려고 노력하였다. 그때는 마을과 만나는 회의에 참석하면, 학교에 있는 사람이라는 이유만으로 얼마나 환영을 받았는지 모른다. 그만큼 마을에서 교사를 만나 함께 대화를 나눈다는 것이 드문 일이었던 때였다.

서울형 혁신교육지구 사업이 시작되면서 나는 더 바쁜 교사가 되었다. 마을교육공동체를 비전으로 마을교육 활동가들도 만나고, 동료 교사들을 참여시키기 위해 애를 썼다(하지만 교사가 학교 밖으로 나와 마을 사람을 만나기에는 시간을 내기도 어렵고 일이 더해지는 것이라 쉽지 않았다). 결국에는 서울 교육 특별 연구년 교사를 신청하여 학교 밖으로 나와, 교사 네트워크를 만들고, 마을 활동가와의 만남을 추진하였다.

그런데 내가 교사로서 했던 일을 교장으로서 하니 일의 부담은 적으면서 오전, 오후 자유롭게 지역을 만나러 갈 수가 있었다. 학교가 마을공동체 속에 함께하면, 학교 교육과정 운영을 넘어, 마을과 함께 학생을 돌보게 되고, 학생의 온전한 성장이 이루어지게 될 것이다. 이런 신념으로 교장으로서 마을과 연계하는 일을 중요하게 여기고, 마을과 함께하기 위해 노력하였다.

마을과의 만남

처음 혁신교육지구 사업이 시작되었을 때, '마을이 무엇인가? 어디까지가 마을인가?' 하는 질문이 꼭 등장하곤 했다. 갑자기 학교 벽을 뛰어넘어 마을을 만나라는 것은 마치 실체가 없는 것을 찾아 내라는 것같이 느껴지기도 했다.

그때에는 마을은 지도 위의 위치로서의 개념이라기보다는, 마을교육공동체를 이루려고 하는 사람들이 연결되면 그곳이 바로 마을이라고 정리했었던 것 같다. 성미산마을공동체 탐방을 간 적이 있는데 거점 공간들이 띄엄띄엄 있었다. 바로 옆에 있는 이웃은 모르는 사이지만, 조금 떨어져 있더라도 거점 공간들에 모여 함께 자녀를 돌보고, 연극도 하고, 공동 부엌에서 같이 식사를 하는 사람들이 이웃이었다. 이 모습이 마을공동체였다. 이 공동체 안에서 학생들은 경쟁하는 관계가 아니라, 따뜻한 돌봄의 관계를 맺고 사람답게 성장해 가고 있었다.

그런데 내가 있는 학교는 마을공동체 안에 있지 않았다. 학교는 마을에서 보았을 때 폐쇄적이고 고립되어 있는 존재였다. 학교는 학생이 규칙을 지키지 않으면 징계를 내리고, 학교 밖으로 내보냈다. 학생은 다른 학교에 가고, 다시 징계를 받아서, 결국 학교 밖 청소년이 된다. 당시 이런 학교의 모습에 대해 언론 기사가 나온 것을 보았다. 큰 이슈가 되었는지는 모르겠지만, 내가 속해 있던 모임에서는 이 문제에 대해 이야기 나누고 학교는 어떤 곳인가 생각해 보기도 하였다. 그때 내가 만났던 마을 활동가는 학교 밖 청소년의 모임 공간인 '작공'이라는 도서관을 만들었는데, 학교와 연계가 필요하다는 이야기를 참 많이 했다.

학교는 마을 안에 있고, 학생은 마을에도 살고 학교도 다니고 있는데, 학교와 마을은 서로 연결되어 있지 않다. 학생이 배우는 공부는 미래를 위한 것이라는 이유로 지금 살아가고 있는 학생의 삶을 배제하고 있었다. 학교만 학생을 키우는 것이 아니었다. 마을도 학생을 돌보고 있었다. 이제는 학교와 마을이 함께 학생을 돌봐야 학생이 행복하게 성장할 수 있다는 생각이 들었다. 학생들이 마을 어른들과 관계를 맺고 살아가는 마을은 학생의 안전망이 될 수 있다. 마을교육공동체, 학교와 마을의 연계, 혁신교육지구라는 말이 나와 연결이 되었다.

그 후 마을 사람들을 만나러 다니게 되었고 구청에서 펼치는 사업들을 열심히 찾아 학교와 연결하였다. 그때 많이 사용했던 말이 '네트워크'였고, 그 중요성을 실감했다. 그렇게 나는 학교와 마을의 만남을 경험했다. 교사로서 변화의 시기였다.

마을을 찾아가는 일부터

그래서 교장이 되어 서울 강북구 수유1동에 있는 유현초에 부임했을 때 가장 난감했던 것이 네트워크에 내가 들어 있지 않다는 것이었다. 직장이 강북구일 뿐, 그곳은 내가 살던 곳이 아니었기 때문이었다. 낯선 곳에서 제일 먼저 만난 분들은 학부모들이었다. 공모 교장을 지원하면서 작성하는 운영 계획 양식에 '지역과의 연계'가 있었다. 그 내용에 학부모회를 넣은 계획서를 보고 '학부모가 지역인가? 학부모는 구성원인데?' 하는 물음을 가진 적이 있다. 그런데 유현초에서 이는 자연스러운 일이었다. 수유도시재생지원센터(센터)*에 가 보니 유현초 학교운영위원회 위원이 도시 재생 주민 협의체 대표로 도시 재생 활성화 사업을 설명해 주셨다. 센터에서 일하는 또 한 분은 반갑게 다가와 졸업생 학부모라고 인사하셨다. 2021년 학부모회장은 주민자치회 교육 분과 위원이었다. 학부모들은 도시 재생 활성화 사업으로 마을 공간에서 학생 프로그램도 운영했다. 이런 학부모들의 활동 덕분에, 학부모를 만난 것이 곧 마을을 만난 셈이 되었다.

---

* 수유1동은 서울시 도시 재생 희망지 사업을 거쳐 2017년 도시 재생 활성화 지역에 선정되었고, 수유도시재생지원센터가 생겼다. 2022년에 사업이 마감되었지만, 주민들은 마을관리협동조합을 만들어 마을의 공간과 사업을 스스로 운영하고 있다. 유현초 학부모들은 사업 시작 때부터 참여해 활동의 중심이 되었다. 나는 학부모들이 마을에서 해 온 일들과 거점 공간 조성에 관한 이야기를 들을 때마다 감동받았다. 학부모들은 '혁신학교인 유현초에서 배운 것이 많다, 유현초는 특별하다'라고 말한다. 나는 학부모회 활동이 마을로 이어진 것과 학부모들의 성장을 보며 혁신학교의 성과가 느껴져 뿌듯했다.(〈[서울특별시 도시재생지원센터] 내일을 잇는 수유1동 마을관리 사회적협동조합 이야기〉, 유튜브 채널 도시재생TV 참고)

이어서 혁신교육지구 교원 분과에 참가를 신청했다. 강북구 혁신교육지구 사업을 파악하는 것뿐만 아니라 마을 활동가와 다른 학교 교사들을 만나기 위해서였다. 그동안은 교육과정부장 교사가 교원 분과에 참여했는데, 맡고 있는 업무가 과중해서 교원 분과 참여가 어려워 보였다. 신청은 교장, 교사 모두 하고 실제 회의 참석은 교장이 하기로 했다. 이후 회의는 줌으로 하기도 하고 직접 만나서 하기도 했는데 자주 모이지는 못했다. 이 교원 분과 모임은 미래교육지구*로 바뀐 후에 그 역할이 더 중요해졌다. 민관학 거버넌스의 의미가 퇴색되었기 때문이다. 학교는 마을과 연계하고 있는데, 공식적으로는 '마을'이라는 이름을 지우고, 회의 단위에 마을 활동가는 없었다. 교육청 장학사와 교사, 구청만 참여하였다. 민관학 거버넌스와 관련된 예산은 전액 삭감되었다고 들었다. '혁신교육지구는 거버넌스다'라고 할 정도로 관계(네트워크), 소통, 연결을 중요시하였는데, 이 예산을 삭감한 것이다. 그래도 마을은 학생들을 만나러 학교로 오기도 하고, 마을에서 직접 학생들을 만나기도 하며 고유의 활동들을 해 나가고 있다.

또 '교육생각'이라는 시민단체에도 회원으로 참여하였다. 이 모임에서 혁신교육지구 사업에 참여하는 마을 활동가들을 만날 수 있었다. 회원들이 학교에서, 마을에서 활동한 것들을 공유하고, 강북구의 마을교육과 학교교육을 생각하고 문제의식을 나누는 자리였다. 마을의 고민들을 직접 들을 수 있었고, 마을 자원을 공유하기도 하였다.

교장이 직접 마을을 찾아가면 마을에서는 학교가 마을 안에 있다는 것을 몸으로 느끼게 되는 것 같다. 마을 행사에 참여하면 유현초

---

* 2023년부터 혁신교육지구에서 '미래교육지구'라는 용어로 바뀌었다.

교장이라고 꼭 소개해 주시고, 유현초는 마을과 가까운 특별한 학교로 생각해 주신다. 자랑스러움과 고마움으로.

학교와 마을의 연결은 마을 탐방 교사 연수부터

서울형 혁신교육지구 사업 초기 때 많이 나왔던 화두 중 하나가 교사가 마을 안에 살지 않는다는 것이었다. 마을을 모르는 교사가 마을과 연계한 교육과정을 운영할 수는 없다. 마을과 학교의 연계는 마을에 대해 교사들이 아는 것이 먼저라는 생각에 마을 탐방 연수를 매년 실시하였다.

교장이 된 첫해는 코로나19 팬데믹이 시작된 해였다. 그해는 유현초에 새로 부임한 교사들과 직접 마을을 돌며 수유도시재생지원센터, 함수방(함께사는수유일동주민사랑방), 수유일공원, 두루두루배움터, 작은 도서관을 탐방하였다. 수유일공원은 유현초 학생들이 모이고 노는 공원이다. '일기장에서 봤던 공원이 바로 여기구나!' 하는 교사의 목소리가 나오는 곳이다. 함수방은 마을에서 학생들에게 프로그램을 운영하는 곳이다. 부엌도 있고 마을의 수다방 같은 곳이다. 수유도시재생지원센터에서는 수유1동의 상황을 파악할 수 있다. 이렇게 탐방을 통해 교사들이 학생들이 이용하는 공간도 보고, 그 속에서 학생들의 삶도 엿볼 수 있게 된다.

마을 결합 중점 학교*(2022~2023년)가 되었을 때는 마을 탐방 연

---

* 2022년 혁신교육지구 사업 중 마을 연계 교육과정을 운영할 학교로 마을 결합 중점 학교

수 기회를 3~5회로 하고 다양한 체험 연수로 기획하였다. 마을배움터 체험이었는데 강북도시텃밭에서 염색 체험도 해 보고 공방에 가서 가죽 지갑을 만들거나 제빵, 도예, 목공 체험을 해 보기도 했다. 2023년에는 한 학기에 1번은 동학년 단위로 마을 탐방을 하는 것으로 계획하고, 협의회비를 지원하였다. 이렇게 교사들이 마을을 가깝고 친근한 존재로 느끼고, 마을 자원도 알 수 있도록 매년 다양하게 마을 탐방 연수를 추진했다. 임기 마지막 해에는 버스를 빌려 강북구 마을 자료집에 있는 코스를 탐방하는 계획을 세우기도 했다.

마을 탐방 연수는 교사만이 아니라 교직원도 참여할 수 있게 했고 예산도 세워 놓았다. 비록 한 번의 연수이지만 교직원들도 마을을 알게 되는 기회가 되었다. 교육활동을 지원하는 교직원들이 행정 업무를 하면서 자신이 처리한 일이 어떤 교육활동으로 이어지는지 알게 되고, 보람도 느끼길 바라 본다.

혁신교육지구 사업에서도 교사 연수의 중요성을 알기에 학교에서 필수적으로 운영하도록 하고, 예산을 지원하였다. 교사가 마을에 살고 있으면 가장 좋겠지만, 이렇게라도 마을 탐방 연수를 하면 교사들이 마을의 여러 자원을 만나게 되고, 학생들이 사는 공간을 느껴 볼 수 있다. 마을 사람을 직접 만나는 기회도 된다. 마을과의 관계가 시작되는 첫걸음인 셈이다.

를 지정하고, 예산을 2000만 원 지원하였다. 2023년에는 지역 연계 교육과정 운영교로 사업 명칭이 바뀌었고, 예산은 1500만 원이었다. 이 글에서는 마을 결합 중점 학교로 용어를 통일한다.

마을 안에 사는 교사

강북구 4.19학생혁명기념탑 근처에 유현초 교사 몇 명이 살고 있었다. 같은 지역이다 보니 자연스럽게 같은 학교에 근무하기도 했고, 자녀를 같은 학원에 보내기도 하고, 여러 정보들을 공유하며 지냈다. 이들 중 몇 명은 다른 학교로 전근을 갔지만, 혁신교육지구에서 교사 학습공동체를 통해 만남을 이어 가기도 하였다. 3학년 마을 탐방 자료를 만들기도 했던 교사들이라 학년 교육과정을 마을 곳곳과 연계하여 운영하고 있었다.

코로나19 팬데믹 시기에도 3학년은 마을배움터에서 체험학습을 운영하였다. 4학년은 마을에 있는 사회적 협동조합에서 일하는 분을 모시고 사회적 경제 활동과 연계하여 공부했다. 이 협동조합은 농민을 도우려는 목적으로 낙과를 즙으로 만들어 판매하는 곳이었다. 학년 교육과정 운영비로 사과즙을 사서 학생들과 함께 먹으며 공부를 하니 학생들에겐 일석이조였다. 5, 6학년은 역사와 연계하여 4.19기념탑과 근대사 박물관을 탐방하기도 했고, 등산부 동아리 학생들은 북한산 둘레길을 매주 걷기도 하였다.

교사들이 마을 안에 살고 있으면 마을 교육과정을 운영할 때 수업과 마을 자원의 연계가 자연스럽게 이루어진다. 교사의 생활권과 학생의 생활권이 같기에 교사의 경험이 수업에 반영되기도 하고, 교사가 하고 싶은 수업을 마을에서 찾을 수도 있다. 또한, 그 지역의 특성을 파악하였기에 학생과 가정의 생활에 대한 이해도 깊어진다. 코로나19 시기 유현초는 가정에 컴퓨터가 없는 학생들에게 태블릿이나 크롬북을 대여해 주었다. 교사들이 학생들의 상황을 고려하여 결정한 일이었다.

나는 마을 안에 살고 있고, 마을과 연계하여 교육활동을 하는 교사들이 전근 가지 않고, 우리 학교에 남아 있기를 늘 희망했다. 그래서 초빙으로 남기기도 했고, 다른 학교에서 교사를 초빙해 오기도 했다. 남기고 싶어도 교원 정원 문제로 초빙을 할 수 없을 때도 있었다. 교육청에서 정책을 성공적으로 추진하고자 한다면 인사 제도를 개선해야 한다. 일은 사람이 한다. 마을과 협력할 줄 아는 교사가 장기간 근무해야, 마을 결합 교육과정과 마을교육공동체 구축이 가능하고, 마을과의 연계가 지속될 것이다.

마을 결합 중점 학교 운영

마을 교육과정을 학교 교육과정으로 탄탄하게 만들어 가기 위해서는 단순한 마을과의 연계가 아니라 학년 교육과정이 만들어져야 한다. 유현초는 마을과 연계한 교육활동을 펼쳐 왔으니 교육과정 만들기에 좀 더 힘써야 할 때였다. 그래서 혁신교육지구 사업 중 마을 결합 중점 학교를 신청하였다.

마을 결합 중점 학교에서 가장 중요하게 생각한 것은 거버넌스였다. 마을교육협력위원회라는 이름으로 마을배움터 대표, 수유1동 주민자치회 교육 분과, 마을관리협동조합(수유도시재생지원센터), 청소년 공간 '모락' 운영위원장, 강북기후행동 대표, 인수동 주민자치회 회장, 학부모회 회장, 유현초 마을생태공동체 부장, 교장, 교감이 참여하는 회의 단위를 구성하였다.

2023년 4월 회의에서는 마을 결합 중점 학교의 취지를 설명하고, 학교에서 세운 계획을 공유하고, 의견을 나누었다. 특별히, 이날은 유현초의 개축 공사로 인해 지역에 불편함이 생길 수 있으니, 지역 주민께 공사에 대해 설명하는 자리를 갖자는 제안이 나왔다. 그 뒤 발 빠르게 위원들이 연락을 해 주어서 통장 회의와 주민자치회 회의에 참석하여 유현초 공사 소식을 알리고 협조를 구할 수 있었다. 이 외에도 방과후학교와 학교 돌봄을 운영할 공간이 부족할 경우 마을에서 공간을 대여하는 등 협력을 해 주기로 했다. 마을배움터에서는 마을 지도 그리기 교육을 소개하였고, 학부모회에서는 작가와의 만남을 지역 주민에게도 홍보하고 싶다는 의견을 냈으며, 학생 동아리 지도 교사를 마을에서 하자는 제안도 나왔다. 이렇게 위원회는 학교에서 지역에 연결을 요청하는 자리이기도 했고, 한발 나아가 학교 교육에 지역 주민의 의견이 반영되는 통로가 되기도 하였다.

유현초 마을 결합 중점 학교 운영의 특징은 마을코디네이터(마을코디)를 두었다는 것이다. 마침 학부모회장이 자녀가 졸업하면서 퇴임하고 마을코디를 맡았는데, 교사들의 만족도가 높았다. 2023년 유현초는 마을 교육과정 주제를 '생태'로 정하고 외부 강사와 연계하기로 하였다. 텃밭과 생태교육을 교사들이 직접 하면 좋겠지만, 교과 수업을 준비하기에도 벅찬 교사들에게 처음부터 텃밭교육을, 또 생태교육을 하자고 하기에는 시간이 필요했다. 외부 강사 수업을 통해 교사도 배울 수 있는 기회를 가질 필요가 있었다. 2월에 학년별로 교육과정을 살펴보고 학년에 맞는 텃밭과 생태교육 활동을 정하였다. 담당 부장과 마을코디는 학년과 소통하면서, 한편으로는 학년 위계성을 고려해 학교 생태교육과정을 만들었다. 마을코디는 학년의 요구에 맞게 강사를 섭외하고 일정을 짰다. 또한 강사 계약과 강사료 품의, 수업 재료 준비와 그에 따른 행정 처리를 했다. 활동 내용에 따라 수업 시간에 들어가 보조 강사를 해 주기도 하였다. 거의 교육지원팀의 부장 역할을 한 거나 다름없었다.

그것뿐만이 아니다. 마을코디는 중점 학교 사업 예산을 한눈에 보기 쉽게 정리하고, 교사 연수, 교사협의회비 집행, 학부모회 '달빛독서'와 '달밤놀이터' 행사 지원, 지출 품의 등의 행정 처리를 했다. 3학년 학생들의 마을 공부를 위해 장소 연락, 프로그램 기획, 버스 임차 업무를 하고, 이 모든 것을 계획하였으니 체험학습 당일에는 총괄 역할을 하며 동행했다.

유현초는 마을 동아리가 매년 활동했는데, 풍물, 난타, 연극 등이 있었다. 그중 난타와 연극 동아리는 2023년에도 희망 학생들을 모아 운영하였다. 학교에 공간이 없어 마을 사랑방 '수다'를 빌려서 활동하였다. 이 역시 마을코디가 행정 업무, 학생 인솔까지 했다. 나중에는 마을코디의 다른 활동 시간과 겹쳐서 봉사자를 채용하여 인솔을 맡겼다. 하루는 마을코디가 낡은 게시판을 정성껏 청소하더니 예쁜 마을 게시판으로 만들어 놓았다. 여기에 강북기후행동 포스터를 매달 붙였는데, 일회용품 줄이기 등 그달 실천할 기후행동 내용이 있었다. 또, 청소년 공간 '모락'의 행사, 학생들이 참여하는 마을 동아리 공연 등도 안내하였다.

이처럼 마을코디의 활동이 어마어마했다. 마을코디가 퇴근을 못하고 늦게까지 일하는 경우가 많은데 고작 70만 원밖에 안 되는 봉사료만 드려서 너무나 감사하고 죄송했다. 이렇게 교사가 아니더라도 마을을 잘 아는 코디가 있으면 학교와 마을이 훨씬 의미 있게 연계

된다. 학교 안에 마을코디를 두는 것도 정책적으로 해 볼 만한 것이라는 생각이 든다.

학교 개방

유현초는 '그린스마트 미래학교'로 2023년도 7월부터 개축 공사를 시작하였다. 학교 운동장이 작아서 공사 기간 동안 인근 한신대학교 대학원 운동장 부지에서 교육활동을 하게 되었다. 이곳은 평소 지역 주민들, 특히 어르신들이 걷기도 하고 체력 단련 기구들을 이용하며 운동을 하던 곳이었다. 주민들의 공간이 사라지게 된 상황이라 죄송한 마음이 들었다. 다행히 지역 주민들의 이해와 구청, 교육청의 적극적인 대응으로 큰 탈 없이 지내고 있다. 학부모회에서는 '유현공동체를 위해 공간을 내주신 한신대학교와 마을 주민 여러분 감사합니다'라는 내용이 쓰인 현수막을 걸어 지역 주민들께 감사의 말을 전했다.

학생들이 하교한 후에 좁은 운동장이라도 개방하고 싶은 마음이었으나 걱정의 목소리도 많았고 곧 임기를 마치는 상황이라 운동장 개방까지는 추진을 못 했다.

그렇지만 한신대학원 운동장에서 매년 열리는 사랑의 바자회에는 운동장을 개방하기로 하였다. 화계사, 송암교회, 수유 천주교 성당이 함께하는 사랑의 바자회는 백혈병 등 난치병 어린이를 돕는 후원 행사이다. 지역에서 의미 있는 행사를 하는데 학교가 함께해야 한다고 생각했기에 꼭 개방하겠다고 마음먹었다. 마침 한신대학원에서도 학교 측에 요청을 한 상태였다. 다만, 행정실의 요구에 따라 먹거리 중

주류는 들이지 않는 것으로 했고, 화장실도 개방하지 않는 것으로 했다. 시골 학교에서 운동회를 했다면 막걸리도 등장할 텐데, 당연히 화장실도 이용했을 텐데……. 교실은 시건 장치가 다 되어 있고 복도에는 CCTV까지 있지만, 청소를 할 미화원들과 시설 기사들의 뒤처리를 생각하니 행정실의 의견도 일리가 있었다.

이렇게 학교 공간을 개방하는 일이 내 마음처럼 쉬운 일이 아니었다. 가끔 학교에 공간 대여를 요청하고 싶어 하는 지역 단체나 기관들이 있다. 공적으로 이용할 수 있는 큰 공간이 많지 않기 때문이다. 이를 영리성이 있느냐 없느냐, 종교 기관이냐 아니냐 등을 따져서 빌려주어야 하는지, 아니면 무조건 빌려주어야 하는지 등이 학교장의 관점이나 행정실장의 관점에 따라 달라지게 된다. 정답은 없는 것 같다. 공유와 연결의 관점이 좀 더 필요한 시대이면서도, 학교가 담을 더 높일 수밖에 없는 끔찍한 사건들도 왕왕 일어나고 있으니 말이다. 그래서, 서울시교육청에서는 공간을 개방하는 학교에 인센티브를 주고 있다. 효과가 있기를 바랄 뿐이다. 유현초가 앞으로 새로운 공간에서는 '그린스마트 미래학교'답게 지역과 공간을 공유하는 학교가 되길 바랄 뿐이다.

마치며

최근에 마을 관련 예산이 삭감되어서 마을 연계 교육을 할 수 없다는 말을 들었는데, 생각해 볼 지점이 있다. 수업이 삶과 연계가 되었을 때 그 수업은 학생들에게 의미 있는 배움이 된다. 교과서 활자로 배우는 공부가 아닌, 암기 위주의 공부가 아닌 살아 있는 공부가 되고 행복한 배움이 된다. 그래서 마을과의 연계가 정책 방향이었고 미래교육의 하나였다. 예산이 있으면 하고 없으면 못 하는 교육이 아닌 것이다.

마을 연계는 외부 강사 수업이 아니다. 예산이 없다면 학교 앞 산과 하천으로 학습의 공간을 확장하는 것부터 시작해 보자. 교사들이 언제라도 가볍게 밖으로 나갈 수 있도록 기안문을 요구하지 않고 복무 결재를 간소화하는 등 시스템을 만들어 주는 것부터 해 보는 것이다.

또, 마을에 대한 공부가 초등학교 3, 4학년 사회 교과에서만 배우는 것이라고 생각하지 않는다. 마을, 지역이라는 단원이 없어도 전 학년 교육과정에서 마을과 연계할 수 있다. 고등학교에서 문학 수업을 마을에 살았던 문학가의 삶과 작품을 통해 배울 수도 있고, 중학교에서 자유학기제나 진로 활동을 마을 자원과 연계하여 할 수도 있다. 서울의 경우, 대부분 구 단위로 진로직업센터나 청소년문화센터 등의 청소년 공간이 하나 이상은 있다. 이 공간과 교육과정을 연계할 수도 있다. 교장이 마을과 연계한 교육과정에 관심을 갖는다면 예산이 없어도 충분히 가능하다.

'학생의 학습'을 위해
정책과 교육을 조율하기

이준범(2019~2023 서울상천초 교장)

코로나19가 한창 기승일 때, 학교는 교육청의 방역 지침에 따라 대면 교육과 원격 교육 중에 무엇을 할지 결정해야 했다. 지침을 엄격히 지키라고 하면서 학교 자율로 결정하라는 문구는 책임 전가와 같은 의미로 보였다. 팬데믹이 길어지면서 점차 초기의 엄격성은 완화되고, 학교 자율 결정을 글자 그대로 해석하기 시작했다.

여전히 학교에는 지침을 포함한 수많은 공문이 쏟아진다. 2022년 3~4월 2개월 동안 공문을 확인해 보니 외부 공문 1,200건, 내부 생산 1,300건이나 되었다. 내부 생산은 대부분 회계 관련이었다. 교육청 등의 외부 공문은 코로나19 대응과 정책 안내가 많았다. 아마 11~12월에 확인했더라면 보고 공문이 많았을 것이다.

교육청의 지침은 허투루 만들어지지 않는다. 대부분 여러 부서의 확인은 물론 관련 TF나 자문위원들의 검토를 거친다. 내가 직접 참여한 TF도 많기 때문에 각고의 노력을 기울이고 있음을 알고 있다. 그러나 아무리 좋은 정책이나 지침도 학교로 오면 그저 성가신 업무의 하나로 전락할 수 있다. 그래서 교육청은 토론이 있는 교직원회의를 거쳐서 학교에 맞게 조정하여 수행하라고 한다. 그런데 말처럼 쉽지 않다. 해야 할 일이 너무 많기 때문이다. 나는 이런 조정 과정을 '조율한다'고 표현한다.

교육청의 교육 방향과 조율하며 학교 자율 운영 체제 실현하기

"혁신부장님, 2023학년도 서울시교육청 초등교육 계획이 나왔네요. 우리 학교 교육 계획서와 한번 비교해 보고, 2023학년도에 추가하거나 보완할 것을 체크합시다."
"네, 제가 먼저 살펴보고 어떤 것이 추가되었는지 알려 드릴게요. 교장 선생님이 비고란에 관련 번호를 확인해 주세요."

혁신부장이 며칠 동안 서울시교육청의 초등교육 계획을 살펴보고, 내년에는 디지털 교육 등 몇 가지 교육을 강화해야 할 필요가 있다고 한다. 교장은 교육청의 계획을 살펴보고 1영역부터 5영역까지 정책 일련 번호를 확인하면서 우리 학교의 교육 계획과 같거나 비슷한 곳의 비고란에 그 번호를 기입한다. 2022학년도와 같은 정책도 있고 재배치한 정책도 있다. 물론 빠진 정책도 있고 새로 생긴 정책도 있다. 교육청에서 뺀 정책이 있다면, 학교는 그와 관련한 교육 계획의 지속 여부를, 새로 생긴 정책이 있다면 본교 계획에 반영해야 할지를 검토한다. 일단 혁신부장, 교감, 교장이 함께 검토한 내용을 중심으로 논의 사항을 뽑아내고, 부장회의를 거쳐 신년도 교육과정 편성 회의에 주요 협의 사항으로 제출한다.

교육청의 교육 방향과 정책을 참고하여 학교 교육 계획을 세우되, 우리 학교의 내외부의 조건에 맞지 않는다면 수정하거나 과감하게 포기할 수 있어야 한다. 때로는 학교 구성원들이 우리 학교에 가장 적합하다고 발의하여 동의된 프로그램을 진행할 수도 있다. 이것이 학교 자율 운영 체제의 기본이다. 이미 교육청은 2017년 학교 자율 운영 체제 원년을 선포하면서 그렇게 할 수 있도록 문을 열어 두었다. 특히 혁신학교 등 자율 학교들은 교육과정 편성 권한의 폭이 더 크기 때문에 학교가 상상하고 합의한 것은 얼마든지 시행할 수 있다.

학교들은 교육과정의 자율 편성권이 증가함에 따라 학교에 따라서 주제 통합, 마을과 함께하는 교육, 온책 읽기 등 프로젝트 학습을 강화하고 있다. 이 또한 교육청의 교육 방향과 조율하면서 학교 조건과 상상력을 더 많이 포함한 것이다.

교육과정 운영에 대해서는 다른 글에서 서술하고 있으므로 간단하게 마을과 함께하는 교육(마을교육)을 사례로 들어 보겠다. 마을교육은 혁신교육지구(미래교육지구)의 대표적 사업이다. 대부분의 마을교육은 마을의 강사들이나 프로그램을 학교가 받아들여 진행한다. 그런데 이것이 진정한 마을교육일까? 마을교육을 하고자 하는 목적이 무엇일까? 한 아이를 온전히 키우기 위해서 마을이 필요하다고 하는데, 이 마을의 의미는 바로 아이들이 먹고 자라는 삶의 장소가 아닌가? 우리는 아이들의 삶을 이해하고 그것을 풍요롭게 하기 위해서 결국 마을로 직접 나가 교육할 수 있는 방안을 찾기로 했다. 요즈음 지방자치단체는 물론 마을 활동가들은 마을을 삶의 공간으로 만들기 위해 많이 애쓰고 있다. 공간 지도를 만들어 학교에 제공하면서 마을에서 교육활동(체험활동)을 해 달라고 요구하고 있기도 하다. 그렇지만 교사들이 직접 탐방하지 않으면 학교 교육과정과 연계하여 상상하기가 쉽지 않다. 우리 학교는 한 달에 1번 '마을 탐방의 날'을 진행하였다. 교사들이 가벼운 마음으로 마을을 탐방하며, 문화, 목공, 생태, 놀이 등을 체험하였다. 교사들은 자연스럽게 학년의 교육과정과 어떻게 연계할지 스케치하고, 학교로 돌아와서 교육과정을 다시 재구성하여 마을 프로젝트를 실행하였다.

학교장은 현존하는 내외부의 조건만 고려하는 것이 아니라 학생들에게 더 나은 교육활동을 제공할 수 있는 새로운 조건을 만드는 사람이다. 이렇게 조건을 만드는 것을 복잡 적응 시스템에서는 '작동하는 통제' 또는 '일정한 경계'라고 한다. 나는 '초기 조건을 활성화한다'고 표현한다. 어떠한 교육활동을 전개할 것인지 세부 활동까지 기획하기보다 교사들이 마을을 탐방하면서 자연스럽게 대화하는 가운데 교육 기획을 산출할 때 더 시너지 높은 교육활동을 진행할 수 있다. 실제로 많은 학년들이 마을로 나아가 체험활동을 전개하였고, 그 과정이 원활하게 진행될 수 있도록 교육지원팀 부장들이 체험 기관, 구청의 마을 체험 버스 등을 섭외하였다.

모든 조직은 그 자체가 하나의 시스템이며, 더 작은 하부 시스템을 포함하거나 상부 시스템에 포함되는 복잡계이다. 학교도 하부를 포함하고 상부에 포함된 중층 시스템nested system이다. 즉, 학교는 '학급-[학교]-마을과 교육지원청-시·도교육청-교육부'로 연결된 중층 시스템이다. 이런 중층 시스템은 명백히 수직적 관계로 존재하기도 하고 좀 더 원활한 피드백을 주고받는 민주적 관계를 지향하기도 한다.

과거의 학교가 교육청으로부터 전달받은 정책을 수행하는 말단 행정 기관의 역할을 더 많이 수행하였다면 지금은 학교 자율 운영 체제를 강조하면서 학교 스스로 상하부 구조의 역동성을 고려하여 독립적 기능을 수행하는 자율적 시스템으로 바뀌고 있다. 교과서조차 검인정 비율이 늘어나며 학교가 선택권을 갖는 등 학교의 내외부 조건을 반영한 맥락적 교육을 더 강조하고 있다. 교육청 또한 학교 자율 운영 체제의 토대를 만들기 위해 여러 목적 사업을 학교 자율 사업으로 통합 안내하며 학교가 선택하여 운영할 수 있도록 한다. 학교 스스로 목적의식을 갖는다면, 교육청의 방향과 조율하되, 학교 자율 운영의 기능이 더 확대될 것이다.

'학생의 학습'에 집중하는 학습공동체 지원하기

"이번 학년별 동료 수업 장학 때, 동학년 선생님이 수업 참관을 할 수 있도록 교장, 교감 선생님이 보결 수업을 들어가 주시겠어요?"*

교장은 학교 구성원 사이의 공유 프로세스를 통해 학교 변화를 위한 일관성을 만들어 나간다. 마이클 풀란과 조앤 퀸(2016)은 "일관성은 공통 의제를 다루는 조직 구성원들 사이에 의도적인 상호작용을

---

* 초등학교에서 공개 수업을 할 때, 고학년 담임 교사는 교과 교사가 들어오는 시간에 다른 학급 수업을 참관할 수 있지만, 저학년은 교과 수업 시간이 거의 없기 때문에 동학년 교사의 수업을 참관하기 위해서 부득이 시간 강사를 채용하거나 교장, 교감이 수업을 대신하기도 한다.

통해, 무엇이 효과가 있는지 확인하고 통합하며 시간이 지남에 따라 의미를 만들어 내는 것"이라고 하였다.* 공통 의제는 의미, 즉 목적의식을 갖는 것이다. 앞서 교육청의 방향과 정책을 학교의 교육 계획과 조율하는 것은 목적의식을 공유하는 과정일 수 있다.

학교의 가장 중요한 공통 의제는 아마도 '학생의 학습'일 것이다. 좀 더 풀어 말한다면 학생들이 지금은 물론 성인이 되었을 때, 행복한 삶(개인과 사회의 웰빙)을 영위할 수 있는 역량과 기회를 확대하기 위해 학습을 잘하도록 하는 것이다. 교장은 교사들과 함께 '학습'에 대한 정의를 지식 중심의 학업에서 사회정서, 건강 영역 등으로 확장하고, 확장된 학습을 적절하게 수행할 수 있도록 학교 전체의 일관성을 만들어 간다.**

교사들은 학생이 학습을 잘할 수 있도록 꾸준히 노력한다. 자신들의 교수-학습 방법을 향상시키는 것은 물론 시대 변화에 따른 교육철학 등을 연구하고 교수 내용에 반영한다. 시대의 변화에 따라 학생들이 변하고, 이는 교수-학습에도 중요한 영향을 미치므로 심리학, 뇌과학, 상담 등에 대해서도 집중 탐구한다. 이런 연구와 학습은 혼자서 하기 힘들기 때문에 점점 학습공동체의 중요성이 커진다. 교육청의 교원학습공동체(전문적학습공동체) 활성화 정책은 이런 교육적 당

---

* Fullan, M. & Quinn, J.(2016), 〈Coherence making〉, *School administrator*, June 2016, p. 30.

** 학문적 학습뿐만 아니라 사회정서학습도 중요하다. 마이클 풀란은 전체 시스템의 성공을 위한 올바른 동인으로 웰빙과 학습, 사회 지능, 형평성 투자, 시스템화 등을 제시했다. 여기서 사회 지능을 강화하기 위한 것이 사회정서학습이다(Fullan, M.(2021), *The right drivers for whole system success*, CES leading education series 01, February 2021. CSE는 오스트레일리아의 교육전략연구센터(Centre for Strategic Education)임).

위성과 필요성에 부응한다. 과거에는 교원 연수로 교육 변화를 꾀하였다면 이제는 연수보다 학습하는 조직인 학습공동체에서 함께 학습하고 실천하는 과정에서 체화하도록 한다.

학습의 의미를 사회정서적 학습까지 확장할 때, 교원학습공동체에서 함께 연구하고 실천하고 성찰하는 자체가 사회정서학습의 실행 모델이 될 수 있다. 교원학습공동체 활동은 사회정서역량인 자신들에 대한 이해와 관리, 타인에 대한 이해와 적절한 대인 관계 형성, 함께 책임지고 실행하기* 등을 모두 포괄한다. 때로는 교원학습공동체가 다른 교사의 어려움과 아픔을 들어 주고 공감하며 지지하는 정화위원회 서클로 작동하기도 한다. 함께 학습하고 지지하는 과정을 거치면서 교사들은 올바른 교육 방향에 집중하여 심층 학습의 묘미를 찾고, 협력적이고 민주적 문화를 조성하고, 책임성을 키워 나간다.**

학교장은 이러한 교원학습공동체가 교사의 수업은 물론 학생들의 학습 효용성을 높일 수 있는 중요한 기제라는 것을 파악하고 있을 것이다. 그렇다면 교원학습공동체가 그 역할을 다할 수 있도록 앞서 말한 것처럼 '일정한 경계'로 작동할 수 있도록 해 줘야 한다. 학교장은 교사들의 학습공동체를 적극 지원하고 끊임없이 그들의 목소리에 귀를 기울이고, 그들의 학습과 실행 결과를 학교의 구조 변화에 반영해야 한다. '교원학습공동체의 날'을 설정하여 학습할 수 있는 시간을 보장해야 한다. 만일 교원학습공동체에서 함께 학습한 것을 반영하여 수업하고 이를 공개하고자 하면, 교장은 다른 교사들이 참관할 수

---

* CASEL Collaborative for Academic, Social and Emotional Learning의 다섯 가지 사회정서학습 역량.
** Fullan, M. & Quinn, J.(2016), 앞의 글, p. 32.

있도록 방법을 모색해야 한다. 교장이나 교감이 대신 수업을 하거나 강사를 투입하는 것이 방법일 수 있다. 나도 저학년 교사가 수업 참관을 할 때 그 학급의 수업을 대신 한 적이 있다. 이때 교육적^{instructional} 리더십을 가져야 할 교장으로서 교사들의 수업을 참관하지 않는 것에 대해선 논란이 있을 수 있다. 다만 여기서 말하고자 하는 것은 교원학습공동체에서 함께 연구하고 실행할 때 교장이 어떻게 지원할지를 고민하였으면 하는 바람이라는 것을 이해하기 바란다.

학생 학습의 성과를 높이는 과정에서 취약점이 발생하면 이 취약점이 전체 학습력을 저하시킬 수 있으므로 취약점 보강에 힘쓴다. 우리 학교에서는 기초 학습을 튼튼히 하기 위해 3단계 전략을 활용하였다. 1단계는 교사들이 교실에서 전체 학생들의 개별적 특성을 확인하고 개별화 교육이나 협력 학습에 힘쓰도록 한다. 교실에서 어려움을 겪는 아이들을 위해 협력 강사를 투입한다. 2단계는 학습이 느린 학생을 위해 방과 후에 기초학력 강사를 투입하거나, 각각의 교실에서 별도의 보충 교육을 실시한다. 3단계는 상담 교사, 보건 교사, 특수 교사 등과 함께 다중지원팀을 가동하여 상담, 치료 지원 등 특별한 대책을 실시한다.* 이때 교육청이나 구청이 지원한 예산은 크게 도움이 되지만, 그래도 부족한 예산은 학교 예산을 더 투입한다.

교육청의 공통 의제 또한 '학생들의 학습력을 높이는 것'이겠지만

---

* 서울시교육청의 기초 학습 3단계는 교육청의 관점에서 더 넓은 의미로 쓰였지만, 여기서는 학교에서 시행하는 3단계를 의미한다. 참고로 캐나다 온타리오 "Education for All"에서는 학생 사이의 학습 격차를 줄이고 모든 학생의 학습 성과를 높이는 것을 목적으로 Differentiated Instruction, Tiered Approach, Class Profile & Student Profile을 제안하였고, 그중 Tiered Appoach로 3단계 접근법을 제시하였다.

학교보다 좀 더 복잡할 것이다. 교육청은 학교보다 시스템의 경계가
더 넓어서 학교 학생들은 물론 학교 밖 청소년의 학습과 생활까지 두
루 살펴야 하기 때문이다. 학교에서 '학생의 학습'은 중요한 공통 의제
이고 모든 학교의 학생 학습을 향상시키기 위해 일관성 있게 정책을
만들고 추진해야 할 책임은 교육청에 있다. 학교마다 조건이 달라 격
차가 발생하고 있다면, 교육청은 부족한 학교에 더 많이 지원을 해 주
고 모든 학교의 학생들이 학습에 집중할 수 있도록 해 줘야 한다. 여
기서 일관성은 결코 똑같이 행동하자는 것이 아니고 방향에 동의하
고 서로 다른 견해 차이를 조율하는 것이다. 번게이(2011)는 조직에서
나타나는 계획, 행동, 결과 사이의 세 가지 차이를 보여 주며 이는 지
식, 조율, 효과의 차이라고 한다.* 그렇다면 교육청이 학생 학습이라
는 공통 의제를 시행하는 데 있어 효과를 높이고자 한다면, 교육청의
계획을 더 잘 알 수 있도록 학교에 안내하고, 직접적으로 책임이 있
는 학교에서 학습 활동이 잘 수행될 수 있도록 조율해야 한다. 아울
러 결과를 모니터링하여 효과가 높은 사례를 공유하고, 올해의 정책
을 차년도 계획에 반영해야 한다. 이와 같은 계획, 실행, 결과의 피드
백 과정에서 지식과 정보를 나누고, 교육 방향과 현장 상황을 조율하
며 효과를 높이기 위해서 교육청과 학교는 끊임없이 소통해야 한다.

---

* Bungay, S.(2011), *The art of action*, Nicholas Brealey Publishing. 이 책의 저자는 군사
분야를 연구하면서 전투를 성공적으로 수행한 군대(의 지휘관)의 특징을 찾아내고, 이를 회
사를 비롯한 조직의 비효율성을 극복하기 위한 교훈으로 끌어들인다. 자본도 충분하고 인재
도 많은 조직이 효과성을 보이지 않은 까닭을 계획과 행동, 행동과 결과, 결과와 계획 사이에
눈에 보이지 않는 세 가지 차이가 있음을 안내한다.

교육청 TF에 참여하여 학교 상황을 반영하기

학교 자율 운영 체제가 강화되면서 교육청의 정책과 학교의 교육 (실행) 사이에서 일관성을 유지하기 위해서는 적절한 조율과 피드백 과정이 필요하다. 다만 조율과 피드백 과정이 덜 관료적이고 덜 수직적이길 기대한다. 과거 교육청은 예산을 포함한 정책을 안내하면서 계획서 제출, 장학, 결과 보고서 제출을 요구하였다. 혁신학교 정책 초기에 자율 학교로서 일부 공문에 응답하지 않아도 된다고 했지만, 이는 제대로 실행되지 못했다. 항상 모든 학교가 보고 대상이었기 때문에 제출하지 않은 학교는 독촉을 받기도 하였다. 다행히 교육청은 각종 TF를 운영하면서 교육의 방향을 조정하고, 행정 혁신을 꾀하고 있다. 다양한 이해 당사자를 포함하면서 TF 운영 자체가 순조롭지 않을 때도 있고 TF의 견해에 따른 교육 정책이 또 다른 모순을 불러오기도 한다. 민주적이고 수평적인 TF를 통해서 학교 상황을 반영하고 조금 더 목적에 부합한 활동으로 한걸음 나아갈 수 있다.

내가 교사로서 또는 교장으로서 참여한 TF 주제는 교육과정, 혁신학교 운영, 정책 정비, 학교 업무 정상화, 교원학습공동체 활성화 등 다양하다. 참여 목적은 학교교육의 정상화를 위한 중층적 시스템의 행위자이자, 조절자의 역할을 수행하기 위함이다.

학교의 외부 변인을 줄이는 정책정비TF

"○○대회를 아직도 진행하고 있네요. 온라인 플랫폼이 잘 되어 있는데,

대회가 꼭 필요하다면 직접 신청을 받아서 시행하면 어떨까요? 만일 학교에서 추진하고자 한다면 대회보다는 교육과정에 포함시켜 프로젝트로 진행하도록 안내하면 좋겠습니다."

"교육부 특교 사업이라 이번 사업에서 빼기는 곤란합니다."

"그럼, 교육감협의회 때 이 문제에 대해서 논의해 줄 수 있도록 부탁드립니다."

"지금도 저희 부서에 업무가 너무 많은데 타 부서와 통합한다면 감당하기 어려울 것 같습니다."

"통합해서 두 가지 다 하라는 것이 아니라 슬림하게 하자는 것이죠."

변화의 시기에는 교육부나 교육청은 시대에 걸맞은 정책을 수립하여 시행해야 한다. 사회적 사안이 일어날 때 교육으로 해결하길 바라는 각 부문의 요구를 수용할 수도 있다. 그런데 교육부나 교육청의 정책이나 사회적 요구가 학교에 들어오는 순간, 학교는 도저히 헤어날 수 없는 업무의 늪에 빠져들어 학교교육의 본질인 '학생의 학습'을 위한 활동을 축소할 수밖에 없는 기이한 현상을 자주 접한다.

교육청의 정책정비TF는 학교가 정책 사업의 늪에 빠지지 않도록 하는 주요한 역할을 한다. 이 TF에 참여하는 교장을 포함한 위원들은 학교 교직원의 의견을 수렴하여 불필요하거나 교육적 효과가 적은 사업을 과감하게 경감하도록 건의한다. 교육청은 정책 정비의 비율을 설정하고 일몰시키거나 비슷한 사업을 하나로 통합하기도 한다. 학교의 의견을 사전에 조사할 수 있고, 교장을 비롯한 TF 참가자들의 의견을 참고하여 정비를 한다. 교육청이 일정한 감축 비율을 설정하여 선제적으로 관련 부서 스스로 정책 정비 의견을 낼 수도 있다.

정책 정비의 사례를 들어 보자. 학교의 입장에서 보면 교육청 주관 행사나 대회에 부담이 많다. 안 하자니 교육청이나 보호자의 눈치가 보이고, 하자니 마땅한 선수가 보이질 않는다. 정책정비TF는 과거 어떤 이유에서 만들어졌든 관행으로만 남아 있고, 교육적 필요성이 적어졌거나 학교교육에 큰 도움이 되지 않는다면 과감하게 폐지하도록 의견을 낸다. 과학입국을 강조할 때 만들어졌던 과학 상자 대회, 모형 비행기 날리기 대회, 물 로켓 대회 등은 그 정신을 살리기를 희망하는 학교에서 과학 프로젝트로 시행하도록 안내한다. 만일 특정 기관에서 그러한 대회를 시행한다면, 교육청에서 공지 사항으로 안내해 주고, 참가를 원하는 학생이 직접 해당 기관에 신청하여 대회에 참여할 수 있게 한다.

수영 대회 또한 마찬가지이다. 아주 일부 학교 이외에는 수영 선수를 길러 낼 여력이 안 된다. 그럼에도 불구하고 외부 수영장에 다니는 학생들을 파악해서 그 수영장으로부터 성적을 파악해서 교육청 주관 수영 대회에 내보낸다는 것은 불필요한 일이다. 만일 교육청이 수영 대회를 실시하고자 한다면, 교육청 공지 사항으로 안내하고, 수영장 등에서 신청하여 대회를 치르면 된다. 물론 이런 대회는 관련 협회에서 직접 주관하여 시행하는 것이 더 바람직하다.

앞으로도 지속적인 정책 정비를 통해 교육과정 운영과 학생 학습에 도움이 되는지 여부를 판단하여 불필요한 정책을 줄이기를 기대한다.

학교의 내부 변인을 강화하는 교원학습공동체활성화TF

"선생님이 《학습하는 학교》에 대해서 먼저 공부하셨으니, 교원학습공동체를 해야 하는 근거를 써 줬으면 좋겠어요."

"교원학습공동체를 활성화할 수 있도록 직무 연수와 연결하는 것은 어떨까요?"

"교원학습공동체와 동호회의 차이는 무엇일까요? Q&A도 작성해 봅시다."

"그래픽으로 명확하게 표현하는 것도 좋을 듯합니다."

정책정비TF나 업무정상화TF가 교육활동을 보장하기 위한 외부 변인을 줄여 나가기 위한 노력이라면, 교원학습공동체활성화TF는 직접적으로 교육활동을 하는 교사들의 역량을 높이는 내부 변인의 강화에 집중한다. 물론 교원학습공동체 정책은 전문성을 가진 교사들의 자율적인 학습공동체를 지향한다. TF에서는 자율성을 해치지 않으면서도 많은 교사들이 참여할 수 있도록 지원하는 방법에 대하여 논의한다. 매년 활동 매뉴얼을 발간하여 이론적인 근거를 제공하기도 하고 직무 연수를 개설하여 목적성을 강화하도록 한다. 만일 학교에서 교원학습공동체를 직무 연수로 진행하고자 한다면 신청과 결과 처리가 담당 교사의 업무 증가로 연결되는 것을 최소화할 수 있는 방안을 마련한다.

교장은 학교에서 이러한 교원학습공동체가 활성화될 수 있도록 예산과 기회를 제공하는 등 적극적인 노력을 해야 한다. 교원학습공동체는 단순히 전문적 학습공동체에 머무르는 것이 아니라, 탐구공동체, 실천공동체, 민주적공동체를 지향하기 때문에 학교 문화를 긍정적으로 바꾸는 데 크게 기여한다. 이런 학습공동체에서 '학생과 교사의 학습'을 위해 학교의 구조 변경을 요구할 때, 교장은 적극적으로 검토해야 한다. 조직의 구조는 시스템 내의 구성원의 행태를 바꾸는 중요한 기능을 갖기 때문이다. 예컨대, 학교의 시간 구조를 변경할 수도 있고, 교실 배치를 달리할 수도 있다. 동아리 구성의 프로세스를 바꿀 수도 있다. 더 넓은 교육을 지향하는 교장은 학교의 성인이 모두 학습공동체에 참여하도록 열어 놓는다. 내가 근무하던 학교에서는 목공 동아리, 미래교육 학습공동체 등에 모든 교직원이 참여하도록 열어 놓았다. 여기에 참여한 교직원들은 함께 만들고 학습하면서, 우리 학교 아이들에 대한 이야기를 나눈다. 이러한 소통 자체가 학교의 협력적인 문화에 기여하며 학교 교육력을 향상시키는 데 도움이 된다.

교원학습공동체가 학교 본질인 '학생의 학습'을 향상시키는 데 크게 기여하고 있다고 판단한다면 교육청의 중요 정책으로 지속적으로 자리 잡을 수 있도록 피드백을 해 주어야 한다. TF에 참여할 수도 있고, 교장 자율 협의체를 통해서도 의견을 낼 수 있다.

변화와 학습의 동력으로 작동하는 중장기계획TF

교장은 교육청의 의사 결정에 직접적으로 참여하기는 힘들지만 TF에 참여하여 의견을 내거나 자문을 하며 하그리브스가 말한 (의사)결정적 자산*으로서의 역할을 수행한다. 내가 교육청의 중장기 계획

---

* [Zeichner, K.(2018), 〈교육개혁과 정책 입안에 있어 교사 주도성과 전문성의 중요성〉,

에 참여하여 현장 경험을 바탕으로 사회정서학습을 반영한 사례를 소개해 본다.

교육청이 혁신학교 정책과 혁신미래교육 등의 정책을 실행하는 것은 공교육의 질적 변화를 추구하여 더 수준 높은 교육을 하기 위해서이다. 또한 세상의 변화에 능동적으로 적응해 나갈 수 있는 역량을 기르기 위함이다. 'OECD 교육 2030 프로젝트'는 오늘날 학생들이 성인이 되었을 때 가져야 할 역량과 이를 위해 오늘날 교육 기관의 역할이 무엇인지 질문한다.

지금의 학생들이 성인이 될 시기인 2030년대에 자신의 세계를 형성하고 번영시키기 위해 어떤 지식과 기술, 가치와 태도를 갖게 할 것인가? 그리고 교육 기관들은 어떻게 이러한 지식과 기술, 가치와 태도를 효과적으로 발달시킬 것인가?*

교장으로서 나는 우리 학교에서 가르치는 아이들이 살아갈 미래를 조망하고, 어떤 내용을 어떻게 가르쳐야 할지 일상적으로 생각한다. 아이들이 살아가야 할 세상은 지금보다 더 변화가 빠르고, 불확실하며 복잡성이 커질 것이다. 지식과 기술의 발달이 교육을 능가하면서 기존의 기술과 지식을 열심히 가르치는 것만으로는 아이들이 마주할 세상을 준비시키기 어렵다. 그렇다고 어떠한 지식과 기술이 미래에

《2018 서울국제교육포럼 자료집》, 서울특별시교육청, 46쪽]에서 재인용. Hargreaves, A. & Fullan, M.(2012), *Professional capital : Transforming teaching in every school*, Teachers College Press.

* OECD(2018), 〈The Future of Education and Skills : Education 2030〉.

유용한지 가늠하기도 힘들다.

학습은 지식과 기술을 배워 자신의 것으로 만드는 과정이다. 그런데 기존의 지식과 기술을 배우는 순간 새로운 지식과 기술이 출현하여 기존의 지식과 기술의 효용성을 떨어뜨린다. 영국의 드라마 〈Humans〉에는 인공지능 로봇('기계'라고 칭함)이 주부의 일을 대신한다. 기계는 심지어 다정하기까지 하다. 가족들의 특성을 모두 파악하고 맞춤형으로 서비스를 제공하기 때문에 갈등할 일도 없다. 의대를 지망하고 있던 딸은 의사 되기를 포기한다. 이미 기계가 지배하는 세상에서 인간이 할 일은 점점 사라진다. 여기에 나온 인간들은 점차 자신과 가족의 소중함을 잃어 간다. 자신이 누구인지, 무엇을 해야 하는지 정체성의 혼란을 맞이한다.

우리 아이들이 살아가야 하는 세상에서 자신을 인식하고, 자신을 관리하는 것은 더욱더 중요해질 것이다. 타인들(미래 어느 시점엔 인간과 인간형 로봇)과 어떻게 연결할 것인지, 다시 말해 사회를 인식하고 적절한 관계를 맺어 가며 마침내 나와 타인이 함께 의사 결정을 하고 책임지고 일을 완수하는 능력이 지금보다 더 필요한 사회가 될 것이다. 사회정서역량을 기르는 사회정서학습의 중요성이 더욱 부상하고 있는 것이다. 유네스코 교육과 평화를 위한 간디연구소MGIEP는 학생들뿐만 아니라 학교의 성인들이 사회정서학습을 해야 한다고 밝히고 있다.* 학교장은 이러한 학습 풍토를 만들어야 할 책임이 있다. 우리 성인들은 오랫동안 학문 중심으로 학습한 관행 때문에 학교가 점점 힘들어진다는 역설을 받아들이기 쉽지 않을 것이다. 그렇지만 학

---

* MGIEP 웹페이지(mgiep.unesco.org/rethinking-learning).

교가 하나의 교육공동체로 나아가야 한다는 사실에는 동의하고 있지 않은가? 공동체란 참여하고 있는 사람들이 상호작용을 하는 공간이므로, 사회성과 공감 능력, 협력이 필요하다는 것은 자명하다.

사회정서학습의 중요성에 대해서 학습하고 실천 방안을 모색하고 있던 사람*으로서 나는 학교를 넘어 교육청이 사회정서학습을 함께 추진할 수 있도록 서울의 중장기 계획에 반영해 줄 것을 건의하였다. 때마침 유네스코의 '사회 계약으로서의 교육', 정서학습 등에 관심을 갖고 있던 교육청은 사회정서학습을 실행 과제로 설정하면서 학교가 사회정서학습에 관심을 갖도록 하였다. 사실 사회정서학습을 따로 가르쳐야 하는지는 고민거리다. 하나의 배경 철학으로서 사회정서학습을 반영한 학교도 많을 것이다. 다소 선언적이었던 사회정서역량을 기르기 위한 학습 방법이 개발되고 사례 또한 나오고 있으므로 명시적 교육과정으로 만들어지는 데 문제는 없다. 그래도 교육청이 사회정서학습을 안내했다고 해서 특정한 프로그램으로 갑자기 반영하는 것은 또 다른 저항을 불러올 수 있다. 학교의 조건을 참작하여 목적성을 갖되 조심스럽게 학교 문화에 담아야 하고 교사들이 먼저 학습하고 실천하면서 학교 교육 계획에 반영하면 좋겠다. 기존의 계획 중에서 통합할 수 있는 것을 찾아보고 사회정서학습의 우산 아래 묶어서 시행할 수도 있고 필요에 따라 별도 시간을 마련할 수도 있어야 한다.

---

* 내가 참여하고 있는 교원학습공동체에서는 복잡성의 시대에 꼭 필요한 역량 중 하나가 사회정서역량이라는 것을 확인하였다. 실제 학교와 교실에서 실천하고 있는 사회정서학습뿐만 아니라 국내외 연구 자료(사회정서학습 책자, UNESCO, 미국의 ASPEN 연구소, 영국의 EEF 등)를 보면 사회정서학습이 인지적 학습에 크게 기여하고 있음을 증거로 보여 준다.

교장 리더십 학습공동체 운영하기

이 글을 쓰고 있는 2023년 7월에서 9월은 교사들의 죽음에 대한 애도의 기간이었다. 교사를 보호하지 못하는 교장이라는 말이 돌기도 해서 참으로 죄송스러웠다. 나를 비롯한 다수의 교장들은 교사들처럼 추모 집회에 수많은 점의 하나로 참여하였다. 우리는 그동안 교장의 역할을 다하지 못한 것을 반성하고, 교육할 수 있는 학교를 위해 최선을 다하겠노라고 다짐하기도 하였다. 과연 교장의 리더십은 무엇인가? 학교에서 교사들은 교장에게 무엇을 바라는가?

학생들의 개성은 다양해지고, 보호자들의 요구는 점점 많아지고 있다. 한편에선 좀 더 엄격하고 규율적인 학교에서 교과서 중심의 공부를 열심히 할 수 있도록 엄숙한 교육 환경을 마련하라고 요구한다. 다른 한편에선 좀 더 아동 친화적인 학교에서 친구들과 어울리며 다양한 활동을 통해 아이들이 폭넓게 성장할 수 있는 기회를 마련해 달라고 한다. 또 다른 사람들은 공부하지 않아도 좋으니 잘 돌봐 주기만 해 달라고도 한다.

정부가 수요자 중심 교육을 표방했을 때, 보호자의 요구가 커질 것을 예상했어야 했다. 보호자가 다양한 방식으로 학교에 참여하고 학교 교육활동에 기여하는 것에는 박수를 보내야 하지만, 개개인의 요구 사항을 모두 들어줄 수 없으면 이는 갈등의 요인으로 작동한다. 교사들이 보호자와 학생 교육 또는 교육관으로 갈등을 빚을 때 교장의 리더십은 어떠해야 할까? 앞서 교장은 학교 조건을 충분히 살펴서 그 학교에 적합한 교육의 방향을 설정한다고 했다. 보호자의 요구도 학교 조건의 하나이다. 이를 충분히 참조해야 하지만, 최종적으로 교사들과 협의하고 동의되는 것에 한해서 교육 계획에 반영해야 한다. 교육의 최전선에서 실행하는 사람은 바로 교사이기 때문이다.

우리 사회는 많은 문제를 교육으로 해결하려고 한다. 그 모든 해결책을 마련하는 것이 교장의 의무는 아니라 하더라도 교장은 이 사회에서 학교교육의 현재와 미래를 위해 어떤 흐름을 만들어 가야 할지 분명한 교육철학을 갖고 있어야 한다. 그런데 시대의 복잡성이 교사들에게 협력적 학습공동체를 요구하는 것처럼 학교 운영의 난해함과 복잡성 증가는 교장학습공동체를 요구한다. 교장학습공동체에서 어떤 리더십으로 어떤 교육을 지향하고 현안을 어떻게 해결해야 할지 함께 학습하고 자신의 철학과 결부하여 논의의 장에 다시 풀어놓아야 한다.

발레리 하논과 안토니 맥케이는 21세기 교육 리더십의 5개 이정표를 제시하고 있다. ① 새로운 교육 이야기, ② (학습) 생태계, ③ 형평성, ④ 혁신, ⑤ 미래 리터러시의 이정표* 중 어떤 것 하나도 혼자서 해결하기 힘들다. 인류와 지구의 위기를 극복하기 위해 더 목적의식적으로 교육하기 위해서 지금까지와 다른 교육 이야기를 서술해야 한다. 기후 위기, 민주주의 쇠퇴, 분열, 기술의 발전을 성찰하고 교육의 틀을 더 넓게 하되 분명한 목적의식을 가져야 한다. 어느덧 환경의 문제는 우리 교육 일상으로 들어와 생태전환교육과 형평성을 강조한다. 유네스코**와 유엔***에서도 지속가능성과 민주주의, 형평성을 중요한 문제로 간주하고 우리 교육에서 비중 있게 다루도록 요구하고

---

* Hannon, V. & Mackay, A.(2021), *The future of educational leadership : Five signposts*, CSE leading education series 4.

있다. 기술과 지식의 변화가 가속화되면서, 학교의 교육 방법도 변화에 적응하기 위해 일상적으로 혁신해야 하고 미래 리터러시가 무엇인지 끊임없이 확인하고 때로는 교육청보다 먼저 교육에 반영할 수 있어야 한다.

사실 이러한 문제의식과 이정표는 교장들 모두가 갖고 있는 것으로 보인다. 2022년 서울시교육청이 실행한 '혁신교육 리더십 교원학습공동체'에는 무려 140여 팀이 등록하였다. 나 또한 '나와 환경의 접속, ○○ 교육 생태계'라는 이름으로 6명의 교장과 함께하였다. 환경 문제와 마을교육공동체를 다룬 책을 함께 구매하여 읽기도 하고, 만나는 학교 근처에서 생태전환교육에 적합한 장소를 탐방하기도 하였다. 비록 한 달에 1번이지만, 학교 현안만 챙기던 것에서 한발 더 나아가 새로운 교육 이야기를 만들며, 21세기의 학교가 변화에 어떻게 대응해야 할지 방향성을 탐색하였다. 교사 중심의 교원학습공동체에 비해 교장, 교감의 리더십 교원학습공동체의 출발은 늦었지만 이 사업은 꾸준히 지속되어야 한다. 미국의 교장 개발 표준에도 교장의 전문성을 개발하는 임용 전 준비 또는 현직 프로그램에 학습 커뮤니티를 반드시 포함하도록 하고 있다.****

이미 수년 전부터 자발적으로 학습공동체를 운영하거나 참여하는 교장, 교감들이 있다. 주제 중심으로 운영하기 때문에 교사, 교감, 교장

** UNESCO 및 유네스코한국위원회(2022), 〈함께 그려보는 우리의 미래 : 교육을 위한 새로운 사회계약〉, 국제미래교육위원회 보고서.
*** 유엔의 지속가능발전목표는 각국에서도 중요 의제로 다룬다.(한국 정부의 소개 페이지 ncsd.go.kr/background)
**** Wallace Foundation(2013), 〈The school principal as leader : Guiding schools to better teaching and learning〉, p. 14.

이 함께하며, 어떠한 층위도 없는 수평적 관계를 유지한다. 하그리브스와 셜리가 말한 평등하고 상호소통하는 '학교교육 제4의 길'의 전문학습공동체 모습이다.* 비록 교육청이 예산을 지원하면서 정책적으로 추진하는 교원학습공동체가 아직은 '제3의 길'의 전문학습공동체의 모습을 보일지라도 공동 학습의 필요성에 동의하는 교원들이 많아지면, 자발적인 학습공동체로 전환할 가능성이 커질 수 있다.

변화에 적극적으로 적응하고 피드백하는 교육청과 학교 만들기

교육청은 각종 TF에 교원을 비롯한 이해 당사자를 포함하여 정책에 대한 아이디어를 얻거나, 부서에서 세운 계획을 검토하면서 학교에 알맞은 정책을 추진하려고 노력하고 있다. 또는 원탁 회의나 세미나를 열어서 현장의 목소리를 청취하기도 한다. 교육청이 일으킨 나비의 날갯짓이 학교에는 태풍이 될 수 있고, 그 태풍이 다시 교육청을 혼돈에 빠트릴 수도 있다. TF 참여자들은 학교교육에 저해가 되는 요인은 제거하고, 도움이 되는 요인은 강화하는 방향으로 논의를 진행한다. 그러나 위원 몇 명의 판단이 반드시 옳다고 할 수 없기 때문에 교육청은 정책을 시행한 뒤 끊임없이 모니터링해야 한다. 정책을 만들 때처럼 시행 과정이나 결과에 대해서도 현장의 목소리를 들어야 한다. 올해의 좋은 정책도 다음 해에는 문제의 근원이 될 수 있다. 현

---

* 엔디 하그리브스·데니스 셜리, 이찬승 외 옮김(2015), 《학교교육 제4의 길》, 21세기교육연구소, 173쪽.

장의 목소리나 변화의 흐름을 놓치면 오히려 학교나 교육청에 부메랑이 되어 돌아온다.

아무리 좋은 정책이라 하더라도 교육청 각 부서에서 각각 시행하면 학교에는 거대한 부담이 된다는 것을 염두에 두고 시스템 전체를 생각하며 검토해야 한다. 'less is more'라는 말이 시사하는 것처럼 교육청을 비롯한 21세기의 교육 당국은 학교가 변화에 더 민첩하게 대응할 수 있도록 정책을 덜 생산해야 한다. 참고로 싱가포르는 학교교육의 비전을 'Teach Less, Learn More'에 두고, '사고하는 학교, 학습하는 국가'를 지향한다. 교육 당국은 학교가 더 생각하고, 학생이 더 학습할 수 있는 시간과 공간을 열어 줘야 한다.

덧붙임

서두에서 일관성을 이야기하면서 교육청의 방향과 학교 교육 계획을 조율하려는 노력을 말하였다. 일관성을 위한 조율은 맹목적 추종이 아니라 학교가 교육청의 방향성을 정확하게 파악하면서도 자신이 처한 조건과 상황에 맞게 교육할 수 있도록 자율적으로 조정하는 과정이다. 이른바 글로벌과 로컬의 조율로 이해하면 좋겠다. 교육청은 평균의 눈높이를 갖고 학교에 정책을 시행하지만, 학교는 내외부 조건에 따라 어떤 것은 수월하게 해낼 수 있고, 어떤 것은 하기 힘든 경우가 있다. 교육청은 그러한 차이를 과감하게 인정해 줘야 한다.

교원학습공동체는 자신들과 학교의 조건을 감안하며 교육력을 높이기 위해 학습하고 탐구하여 방안을 마련한다. 그러한 방안에 따라 학교의 구조에 변화를 줄 수 있다. 학교장은 교원학습공동체의 변화 요구를 적극 검토해 학교 구조 변화를 꾀하면서 그러한 내용을 다시 교육청으로 피드백해서 교육청의 정책 변화를 이끌어 내야 한다. 교육청은 교육부의 변화를, 교육부는 세계 교육 흐름의 변화를 이끄는 선순환의 과정을 가져야 한다.* 최근의 연구들을 보면 학교나 지역사회의 교육 사례를 다수 포함하고 있으며, 그러한 사례는 전형적이고 표준적인 모범 사례가 아니라 현장에 적합한 사례로 소개된다. 오늘날과 같은 변화와 복잡성 시대에는 전형적인 표준 모델이 존재할 수 없다. 다양한 사례를 소개받을 수 있지만 사례 역시 독자(교사, 학교 등)가 자신의 내외부 조건에 맞게 해석해서 적용하면 된다. 학교장을 비롯한 학교 구성원이 각각의 빛깔을 가진 고유한 교육을 하면서, 교육청의 방향과 외부의 사례를 반영하며 진화해 나간다. 교육청이 이미 학교 자율 운영 체제를 선언한 것처럼 저마다의 학교 교육을 적극 장려해야 한다. 거기에 잘함과 못함은 없다고 믿어야 한다. 또한 학교에 그런 메시지를 지속적으로 보내야 한다. 학생들이 주체적으로 학습하고 실험하며 자신들의 세상을 안심하고 형성하여 구축할 수 있는 터전, 그것이 학교이다. 교육청과 함께 이런 학교를 이끌고 조건을 만들어 가는 것이 교장이다.

---

* 'OECD 교육 2030 프로젝트'는 한국을 비롯한 OECD 가입 국가들과 소통하면서 함께 프로젝트의 내용을 생산하고, 각 국가와 지역의 실천 사례를 수집하고, 수정하여 해당 국가에 다시 제안하는 피드백 과정을 지속한다.

학교와 교육지원청,
어떻게 협력할까

최화섭(2018~2021 서울 국사봉중 교장)

학교에서 교육활동에 충실한 교사들에게는 교육청(교육지원청)이 크게 다가오지 않을 수 있다. 교육청과 실제 부대끼는 일이 많지 않기 때문일 것이다. 그러나 학교를 운영하는 교장, 교감, 행정실장 그리고 각 부장, 혹은 교육청(교육지원청)의 각종 활동에 참가하는 교원의 경우, 교육청(교육지원청)과의 긴밀한 관계 속에 교육활동이 진행되고 있다.

우리나라의 경우 학교와 교육청과의 관계가 오랜 시간 원만하지 않았다. 교육청의 행정 활동이 학교에 큰 영향을 미쳤기 때문이다. 당시 학교는 때론 말단 행정 기관으로 취급받기도 하였다. 이러한 관계에서 교육청과 교원들 사이에 긴장감이 조성되면서 불신이 쌓이기도 하였다. 다행히 1980년대 이후 사회 민주화의 흐름과 국민 투표로 선출된 진보 교육감이 등장하면서 교육청도 변화를 거듭했다. 지금은 예전보다 많이 민주적인 관계로 향하는 것 같다.

지역 교육청은 학교 지원을 위한 '교육지원청'으로 명칭을 변경하고 학교를 지원하기 위해 다각도로 노력해 왔다. 실제 학교와 교육지원청은 교육활동, 인사, 장학 등에서 마치 거미줄처럼 연결되어 상호 활동을 펼치고 있다. 학교를 성장, 발전시키기 위해 분투하는 교장의 경우, 교육지원청과의 협력 체계를 적극적으로 활용하여 학교 발전에 도움을 받을 수 있으리라 본다. 이러한 교장의 노력은 교육지원청의 발전에도 도움을 줄 것이다. 여기서 소개하는 교육지원청과의 활동은 나의 개인적인 경험이지만, 작은 활동이라도 함께 공유하다 보면 더 다양한 방식으로 교장의 활동을 펼칠 수 있지 않을까 한다.

교장 지구 모임

다음은 2018년 말에서 2019년까지 동작·관악 교장 지구 모임 사례로, 교장들이 스스로 지구 모임을 활성화시켜 간 경우다. 2024년, 지원청 내 교장 지구 모임을 보면 예전보다 교장들의 참여와 활동이 활발해지고 친근한 모임으로 변모해 나가는 것 같다.

내가 교장 지구 모임에 관심을 가졌던 이유는 교장의 역할이 학교 안에만 머물지 않고 외부에서의 역할도 함께 잘해야 한다는 생각 때문이었다. 또한 학교와 학교 간의 경험을 나누면 지금의 학교보다 더 발전할 수 있다는 생각이었다. 당시 근무한 중학교는 혁신학교였는데, 학교에서 창의적으로 하는 다양한 교육활동이 마치 섬처럼 학교 내에서만 이루어져 주변 학교와 교류가 되지 않았다. 서로의 교육활동을 교류해야 한다는 마음이 컸다.

새 학기가 시작되고 3월 말쯤, 교육청에서는 신학기 교장 연수를 진행하면서 각종 안내와 더불어 전체 학교를 지구별로 조직하여 알려 준다. 이렇게 관례적으로 만들어진 교장 지구 모임은 주관 학교를 중심으로 월 1회 점심 모임을 통해 학교 얘기를 나누고 헤어지는데, 형식적인 경우가 제법 있었다.

당시 동작·관악 중등 소속이었던 우리 지구는 8개교(공립 6개, 사립 2개)로 구성되었고 다른 지구와 별반 다르지 않게 점심시간쯤 학교 인근 식당에서 만나서 얘기를 나누었다. 주로 학교 현안이나 가벼운 얘기를 나누다 시간이 되면 헤어지는 식이었다. 그런데 우리 지구 교장들은 약간 다른 모습을 보여 주었다. 형식보다는 내실을 다지는 것을 중요시하고 겉으로 드러내는 것을 원치 않는 교장 선생님들이 많았고, 적극적인 리더형 교장 두 분과 어떤 일이라도 결정이 되면 성실히 따르는 다수의 교장으로 이루어져 있어 각종 논의와 활동이 활발하게 이루어질 수 있었다.

몇 번 모임을 하면서 '점심시간은 충분히 여유가 없다'는 이야기가 오가면서 2018년 후반부에는 교장 지구 모임 시간을 오후로 바꾸어 저녁을 먹으면서 여유 있게 이야기를 나누었다. 그러다가 겨울 방학 중에 두물머리에 가서 저녁 식사를 하고 강가에서 차를 한잔하면서 교장 지구 모임을 좀 더 의미 있게 만들자는 의견이 나왔다. 그러자 꼬리에 꼬리를 무는 대화를 통해 2019년도에는 이전보다는 조금 나은 형태의 교장 지구 모임을 만들어 나가게 되었다.

먼저 점심시간을 이용한 만남은 피하고 오후 시간에 만나서 함께 할 수 있는 것을 한 후, 저녁 식사를 하고 헤어지기로 하였다. 원활한 모임을 위해 교원학습공동체 신청을 하여 예산을 지원받아 활동하였다. 각자 잘할 수 있는 것이나 경험 사례를 이야기하다 보니 다양한 활동을 찾아내 할 수 있었다.

각자의 학교를 방문하여 교육활동 경험을 공유하고 질의응답 등을 통해 새로운 교육 경험을 나누기도 했다. 자신이 가진 경험을 이야기함으로써 그동안 조심스러웠던 각자의 교육활동을 드러낼 수 있었고 조금 더 나은 교육활동을 펼칠 수 있는 기회를 쌓기도 하였다. 함께 태안 해변길과 관악산 무장애 숲길, 북한산 둘레길을 걸었고, 문화 활동으로는 대학로 연극 관람, 서초구 예술의 전당 공연 관람, 강화도 작은 영화관 영화 관람을 하였다.

이 활동 속에서 지구 모임 교장들은 그동안의 형식적인 모임 틀을 깨고 구성원들의 경험에서 우러나오는 지혜를 모아 서로 하고픈 것을 하면서 교육활동에 대해 새로운 것을 알아 나갔고, 각자의 관심 분야를 정해 한 꼭지씩 맡아 주도적으로 진행하여 모임에 대한 자신감을 높였다. 무엇보다도 교장들은 학교 현장에서는 어쩔 수 없이 외로운 처지가 되는 느낌이 있는데, 고민을 나누는 과정에서 서로를 신뢰하고 믿음을 갖는 든든한 동료애를 쌓아 가게 되었다.

이 사례를 통해 교장 지구 모임을 활성화할 가능성이 충분히 있음을 알 수 있다. 실제로 내가 경험한 것 이상으로 교장 지구 모임 활동을 잘하는 경우도 많이 있을 것이다. 최근 교육지원청에서는 교장 회의 후 교장 지구 모임을 할 수 있도록 배려하는 등 모임을 지원하는 사례도 늘어나고 있다. 교장 지구 모임은 교장들 간의 생각을 나눌 수 있는 몇 안 되는 소중한 모임이다. 본인의 생각에 갇히지 않고 다른 교장들의 의견을 존중하며 생각을 모아 내고, 학교 교육활동의 궁극적 목표인 학생과 교사의 성장과 발전에 초점을 맞춘다면, 교장 지구 모임도 지속적으로 발전할 수 있으리라 본다.

교육지원청의 경우, 교장 지구 모임이 교장들의 의견과 학교 상황을 안정적으로 수렴할 수 있는 중요한 역할을 하고 있다. 앞으로도 교장 지구 모임에서 단위 학교를 넘어 학교와 학교 간 교육 경험이 공유되고, 교육지원청과 학교들이 서로 협력 관계를 돈독히 하면서 학교 교육이 조금씩 발전하기를 기대해 본다.

교장 주제 토론회

다음으로 2020년 10월에 있었던 동작·관악 교장 주제 토론회 사례이다. 교장들 스스로 교육 문제에 대해 의견 제시 및 대안 모색을 하는 능력을 보여 준 경험이다.

한때 교장은 권위의 상징처럼 비치면서 업무와 교육활동에서 한발 비켜 있는 경우가 있었다. 교장은 대개 누군가에 무언가를 시키는 존재였지 본인이 하는 경우가 흔치 않았다. 하지만 시대의 변화에 따른 사회와 교육의 민주적 흐름이 학교의 분위기를 바꾸어 놓았다. 교장이 학교 교육활동을 꾸미는 데 직접 참여하는 상황이 늘어나면서 교장의 전문적 역량이 분출되고 있다. 이러한 모습은 교장 주제 토론회에서도 잘 나타나고 있다.

주제 토론회가 이루어진 시기는 예상치 못한 코로나19 팬데믹이 전 사회를 덮쳐 두려움과 긴장으로 얼어붙은 때였다. 답답한 상황이 이어지는 중에 동작관악교육지원청에서는 10월 전체 교장 회의를 열어 코로나19 시기를 헤쳐 나갈 방안을 함께 찾는 토론 자리를 마련하였다.

코로나19 시기 학교가 가장 어려움을 겪는 주제로 방역 체계 구축, 원격 수업 방안, 생활지도 방안, 복무 방안 등의 네 가지를 설정했다. 지구별로 주제를 선택하여 2주간 지구 단위로 자체 현황을 파악하고 대안을 모색한 후에 다 같이 모여서 발표하고 토론을 하는 식이었다.

우리 지구에서는 간사 교장 선생님을 중심으로 각 학교 정보를 공유하고 의견을 나누면서 자료 뼈대를 갖추어 나갔다. 교장이 된 후 2년 반 동안 교육지원청에서 하는 교장 워크숍이나 교장 회의를 가 보면 교육지원청에서 알리고 싶은 내용을 전달하고 교장들은 듣는 경우가 많았다. 그런데 이번 교장 토론회는 교장들이 발표하는 형식이어서 학교 현장의 소리를 들으려는 새로운 시도로 보였다.

발표회 당일 2시간 가까이 각 지구별로 준비한 자료를 화면에 띄워놓고 간사들이 발표를 하고 참여한 교장들과 질의응답을 하였다. 코로나19 시기 학교의 어려움을 반영한 교장들의 발표 내용이 매우 알찼고, 날카로운 질문과 다양한 학교 경험이 나왔다. 토론회가 끝난 후 발표된 내용을 수정, 정리하여 교육지원청에 제출하며 이 사례가 다른 교육지원청들로 확산해 나가길 바란다는 의견을 전달하였다.

요즘 교장들은 많은 교육 경험과 학습 등을 통해 학교 방향과 학교 이해에 누구보다도 밝은 분들로 이제 그 능력을 발휘해야 한다. 이런 지구별 발표 토론회를 보면서 학교장의 교육 현장 경험이 매우 풍부하고 깊이 있음을 알 수 있었다. 학교 발전을 위해 교육청에서는 학교장의 의견을 정례적으로 듣고 반영할 필요가 있어 보인다.

학교와 교육지원청이 함께 만드는 혁신교육 한마당

다음은 2018년에 동작관악교육지원청과 국사봉중이 힘을 모아 혁신교육 한마당을 운영한 사례이다. 혁신교육 한마당을 새롭게 확장하여 준비하면서 학교와 교육지원청 간의 바람직한 역할과 모습을 보여준 경우이다.

초기의 혁신교육 한마당은 급별 혹은 지역별로 혁신학교 교육활동의 경험을 모아 같이 발표하고 공유하는 자리였다. 혁신학교 간 자율협의체를 하면서 가장 중요한 활동으로 혁신교육 한마당을 준비했던 것이다. 혁신교육 한마당을 통해 수업 나누기, 각종 행사 등 다채로운 활동을 볼 수 있어 혁신학교 발전에 도움이 많이 되었다.

혁신교육 한마당이 나름대로 의미가 있었지만 시간이 지나면서 다수 교사들의 발전을 위해 지역의 일반 학교도 참여하게 하여 교육 경험을 나눌 필요성이 있었다. 지역의 많은 학교들이 참가하는 혁신교육 한마당을 운영하려면 교육지원청의 지원이 무엇보다 필요하다. 학교 참여와 예산 지원 등 학교의 힘만으로 해결하기에는 버겁기 때문이다.

그런데 간혹 교육지원청에서 성과에 욕심을 부려 학교의 자율성을 넘어 강연과 운영 내용 등에 과도하게 간섭하여 준비하는 교사들과 마찰을 빚는 경우가 있었다. 다행히 동작관악교육지원청에서는 예산 및 각종 필요를 지원하고 준비 과정을 함께하면서 무리한 간섭을 하지 않고 적극적으로 도와주어 원활하게 혁신교육 한마당이 마련되었다.

혁신교육 한마당은 5월부터 11월까지 긴 준비 과정이 필요하였기에 교사들과 교육지원청 장학사들이 참여한 준비위원회가 만들어졌다. 무엇보다도 혁신교육 한마당의 행사 주체로 역량 있는 학교의 교원학습공동체(교학공) 대표 교사를 참여시키는 것이 중요했다. 당시 국사봉중 혁신부장님의 제안으로 교학공 대표들이 참여하여서 주제 분과와 교과별 분과가 자연스럽게 만들어지고 운영 주체가 확실해지고 풍성한 내용이 담기게 되었다. 교학공 대표들은 주제를 기획했을 뿐 아니라 발표할 교사들도 찾아내 혁신교육 한마당을 풍성하게 했으며, 교육지원청에서는 예산과 각 학교 공문 발송 및 각종 지원을 아낌없이 해 주었다.

2018년 혁신교육 한마당이 열린 날, 동작관악 지역의 여러 중등학교에서 수업을 당겨 마친 후 100명 이상의 많은 교사들이 참여하였다. 프로그램은 크게 두 축으로 나누어 앞으로의 교사들의 교육 지향점을 밝히고 그동안 해 온 교육활동 중 함께 나눌 만한 내용으로 구성하였다. 1부 강연(교육의 방향성)은 다 같이 모여서 들었고, 2부에서는 주제(생태, 생활지도 등) 및 교과 등 10여 개 분과로 나누어 참여 교사들이 희망에 따라 들을 수 있도록 행사를 진행하였다. 모든 행사를 마치고 식당에서 저녁 식사를 하고 행사가 마무리되었다.

혁신교육 한마당을 통해 지역의 많은 학교들이 함께 교육 성과를 공유하고 현장 교육에 대한 고민을 나누면서 조금씩 새로운 교육으로 나아갈 수 있었다.

교육지원청의 현장 지원 장학 변화

다음으로, 여러 학교의 요구에 근거하여 이루어지고 있는 동부교육지원청의 2024년 '학교로 찾아가는 맞춤형 통합 지원 장학' 사례이다. 교육지원청은 학교 경영 지원, 교사 지원, 학생 및 학부모 지원, 지역사회 협력 지원 등의 역할을 수행하고 있다. 이 모든 것을 학교 현장 중심으로 풀어 가는 가장 중요한 메커니즘이 바로 학교 지원 장학이라고 생각한다.

교육지원청의 대표적인 주요 활동이 학교 지원 장학이라는 것은 자명하다. 과거에는 지원 장학에 관련하여 그다지 유쾌하지 않은 에피소드들이 회자되곤 하였다. 이제는 이런 문화는 거의 사라졌지만, 교육지원청의 노력에도 불구하고 아직도 학교의 요구를 제대로 반영하기에는 한계가 있었다.

현재도 4~5개 학교를 동시에 맡고 있는 담임 장학사를 통한 지원 장학은 학교 시설 개선, 예산 확충, 생활지도, 학교 운영 일반 등의 몇 가지 안건을 중심으로 이루어진다. 또한 연 1~2회 학교 방문만으로는 학교의 자율 역량 강화에 크게 기여할 수 없다는 구조적인 문제가 있다. 동부교육지원청에서는 새로운 절차와 방식으로, 좀 더 학교 현실과 요구를 반영하여 맞춤형 장학을 하려고 하고 있다.

첫째로 학교 현안 문제와 교육활동 관련 지원 요청 사항을 사전에

2024 동부 지원 장학

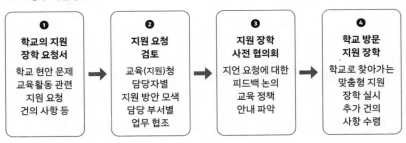

❶ 학교의 지원 장학 요청서	❷ 지원 요청 검토	❸ 지원 장학 사전 협의회	❹ 학교 방문 지원 장학
학교 현안 문제 교육활동 관련 지원 요청 건의 사항 등	교육(지원)청 담당자별 지원 방안 모색 담당 부서별 업무 협조	지언 요청에 대한 피드백 논의 교육 정책 안내 파악	학교로 찾아가는 맞춤형 지원 장학 실시 추가 건의 사항 수렴

확인하는 것이다. 예전의 경우, 학교 담임 장학사가 지원 장학을 나가 학교의 요구를 받아서, 이를 교육지원청에 가져와 각 과에서 답변을 받은 뒤, 이를 정리하여 학교에 보내는 방식을 취했다. 이러다 보니 지원 장학을 한 날로부터 많은 시간이 지난 후에야 결과를 보내, 장학의 효과가 약화되는 결과를 낳았다. 이를 개선하기 위해 사전에 수합한 학교 요청 사항을 분류 및 분석하여 교육지원청의 모든 과에서 해법과 피드백을 논의한 후, 방문 당일에 담임 장학사가 가능한 솔루션을 제공할 수 있도록 하였다. 현장 지원의 체감 만족도를 높이는 방향으로 전환한 것이다.

둘째로 교육지원청 내 현장장학지원팀을 학교에 보내는 것이다. 지원 장학의 내용을 보면 대개 시설 및 환경 개선 분야가 많다. 그래서 학교의 요구 사항에 대해 1명의 학교 담임 장학사가 나가는 수준을 넘어 현장장학지원팀이 나가서 원스톱으로 문제를 풀어 주는 방식을 취하고 있다.

셋째로 학교장을 비롯한 외부 전문가 지원까지 고려하고 있다. 사전에 수합한 학교의 요구 사항을 해결하기 위해 현장장학지원팀을 꾸려 대응하고 있지만, 해결하기 어려운 교육 과제도 있기 마련이다. 이런 경우 관내 교장단을 포함해 외부 전문 위원들의 도움을 받도록 하고 있다.

이런 새로운 현장 지원 장학의 변화는 기존의 지원 장학의 한계를 뛰어넘어 조금 더 확실하게 학교를 지원할 수 있어 학교 발전에 많은 도움이 되리라 본다. 또한 학교와 교육지원청 간의 현장 눈높이 장학으로 관계를 더욱 돈독히 할 것이다.

기타 : 교육지원청의 각종 '위원회'와 '자문 모임' 참여

교육지원청에선 업무에 도움을 받기 위해 교장들이 참여하는 위원회나 자문 기구를 두는 경우가 있다. 교육지원청에서 사전 안내가 되며, 교육지원청 교육지원국의 대략적인 예시를 보면 다음과 같이 참여할 수 있는 다양한 위원회와 자문 기구가 있음을 알 수 있다.

이들 기구는 나름 역할이 큰 경우도 있고 일회성인 경우도 있다. 참여 방식은 교육지원청에서 직접 꾸리는 경우가 많지만 자발적으로 참여하는 경우도 있다. 위원회와 자문 모임 등에 참여하면 학교와 교육지원청이 유기적으로 관련을 맺고 도움을 주고받을 수 있다.

여기까지 교육지원청(교육청)과 함께하는 교장 활동으로 내가 경험한 교장 지구 모임, 교장 주제 토론회, 혁신교육 한마당, 교육지원청의

교육지원국	위원회, 자문 기구(예시)
학교통합지원센터	• 학교폭력대책심의위원회 • 생활교육 현장지원단 • 교권보호위원회
교육협력복지과	• 교육 복지 협력 사업 선정위원회 • ○○구 미래교육지구 위원회 • 학생 맞춤 통합 지원 교원 지원단
초등교육지원과	• ○○ 온 초등교육 지원단 • 징계위원회 • 인사위원회 • 영재선정위원회 • 초등 간사 교장단
중등교육지원과	• ○○교육 추진단 • ○○영재교육원 선정 심사위원회 • 중등 간사 교장단 등

현장 지원 장학, 각종 위원회와 자문단 참여에 대해 간력히 언급해 보았다. 교장이 되고 나서 교육지원청(교육청)의 의미를 새삼 느끼게 되었다. 학생과 교사의 성장, 발전에 학교와 교육지원청(교육청)이 함께 협력할 때 더 넓고 깊이 교육활동을 펼칠 수 있음을 알게 되었고, 더 적극적으로 교육지원청(교육청)의 문을 두드릴 필요성을 느낀다.

김두림 2019~2022 서울노원초등학교 교장. 환경과생명을지키는전국교사모임 전 대표, 현 조직국장. 사람과 자연, 모두에게 정의로운 삶으로 다가가고자 애써 보는 중이다.

김지용 2019~2023 서울 수락중학교 교장. 현재 이우중·고등학교 교장. '스스로, 더불어, 한걸음씩'이 삶의 자세가 되도록 애쓴다.

류현진 2019~2022 서울 숭곡중학교 교장. 현재 서울 석관중학교 교사. 33년 동안 같은 지역의 교사로 살아왔고 여전히 학교에서 그리고 마을에서 아이들과의 행복한 만남을 꿈꾸고 있다.

문지연 2021~2024 현재 서울 삼각산고등학교 교장. 학교를 놀이터 삼아, 동료 교사를 친구 삼아 32년을 지냈다. 머뭇머뭇 그럼에도 한 걸음 한 걸음 내딛은 시간들을 새삼스레 되돌아보는 중이다.

박지희 2019~2022 서울도봉초등학교 교장. 교직 2년 차에 해직 교사가 되어 4년여를 보냈고, 20여 년의 담임 교사, 4년의 공모 교장을 거쳐, 다시 1학년 담임 교사로 돌아와 살고 있다.

위유정 2019~2022 서울강명초등학교 교장. 퇴임 후 노령의 '댕댕이'와 '냥이'를 돌보며 교육 혁신을 위한 개미 시민으로 살고 있다.

유경수 2018~2022 서울 양서중학교 교장. 2023~2024 현재 서울 송정중학교 교장. 사회 교사와 공모 교장을 넘나들며 학생들을 만나고 있다.

윤상혁 2023~2024 현재 서울 영림중학교 교장. 전 서울시교육청 교육혁신과, 정책안전기획관 장학사. 책을 읽고 글을 쓰면서 다정한 사람들과 연대하는 삶을 살고자 한다.

이상대 2016~2020 서울 삼정중학교 교장. 푸른들청소년도서관 운영위원장. 교육공동체벗 이사장을 역임했으며, 퇴임 이후 글을 쓰고 그림도 그리면서 짬짬이 사람을 만나는 시즌 2를 살고 있다.

이시우 2020~2023 서울 효문고등학교 교장. 현재 고등학교 1학년 과학 교사. 학생들과 평온한 학교생활을 꿈꾸는 담임 교사.

이준범 2019~2023 서울상천초등학교 교장. 복잡성교육학회 운영위원. 복잡성과 불확실성의 시대에 다양한 사람들과 만나 더 나은 교육과 학습의 길을 찾기 위해 대화하고 조율하며 실천과 성찰을 거듭한다.

이희숙 2018~2022 서울은빛초등학교 교장. (사)징검다리교육공동체 상임이사. 2011년에 혁신학교와 조우한 것을 시작으로 관련된 여러 활동을 해 왔으며, 지금은 서울혁신교육네트워크 대표를 맡아 많은 교사들과 함께 서울 혁신교육이 나아갈 방향을 고민하고 있다.

임수경 2020~2023 서울유현초등학교 교장. 현재 서울어울초등학교 교사. 배우는 것을 좋아하고, 다큐를 즐겨 보며 생태, 마을, 문화재 공부에 관심이 많다.

전인숙 2022~2024 현재 서울율현초등학교 교장. 예전 혁신학교에서 동료들과 함께 수업과 아이들 이야기에 푹 빠져 살았던 시간이 귀하고 행복했다. 그런 학교를 꿈꾸며 '어쩌다 교장'으로 일하고 있다.

최화섭 2018~2021 서울 국사봉중학교 교장. 서울시성동광진교육지원청과 서울시동부교육지원청에서 학교를 지원하기 위해 노력하고 있다. 양수리 자연의 품에서 행복한 인생을 꿈꾸고 있다.

홍제남 2019~2022 서울오류중학교 교장. 다같이배움연구소장. 서울시남부교육지원청 교육지원국장으로 명예퇴직 후, 행복한 교육의 길을 만들고자 노력 중이다.

교육공동체 벗

교육공동체 벗은 협동조합을 모델로 하는 작은 지식공동체입니다.
협동조합은 공통의 목적을 가진 사람들이 모여서 만든
권력과 자본으로부터 독립된 경제조직입니다.
교육공동체 벗의 모든 사업은 조합원들이 내는 출자금과 조합비로 운영됩니다.
수익을 목적으로 하지 않기에 이윤을 좇기보다
조합원들의 삶과 성장에 필요한 일들과
교육운동에 보탬이 될 수 있는 사업들을 먼저 생각합니다.
정론직필의 교육전문지, 시류에 휩쓸리지 않는 정직한 책들,
함께 배우고 나누며 성장하는 배움 공간 등
우리 교육 현실에 필요한 것들을 우리 힘으로 만들고 함께 나누고 있습니다.

조합원 참여 안내

출자금(1구좌 일반 : 2만 원, 터잡기 : 50만 원)을 낸 후 조합비(월 1만 5천 원 이상)를 약정해
주시면 됩니다. 조합원으로 참여하시면 교육공동체 벗에서 내는 격월간 교육전문지《오늘의 교
육》과 조합통신을 받아 보실 수 있습니다. 출자금은 종잣돈으로 가입할 때 한 번만 내시면 됩
니다. 조합을 탈퇴하거나 조합 해산 시 정관에 따라 반환합니다. 터잡기 조합원은 벗의 터전을
함께 다지는 데 의미와 보람을 두며 권리와 의무에서 일반 조합원과 차이는 없습니다. 아래 홈
페이지에서 조합 가입 신청을 하실 수 있습니다.

홈페이지 communebut.com
이메일 communebut@hanmail.net
전화 02-332-0712
팩스 0505-115-0712

교육공동체 벗을 만드는 사람들

※하파타순

후쿠시마 미노리, 황지영, 황정일, 황정원, 황이경, 황윤호성, 황영수, 황봉희, 황규선, 황고은, 홍지영, 홍정인, 홍승희, 홍순성, 홍석근, 홍성구, 홍서연, 현복실, 현미열, 허창수, 허윤영, 허성실, 허성균, 허보영, 허광영, 함점순, 함영기, 한학범, 한채민, 한진, 한지혜, 한은옥, 한송희, 한성찬, 한석주, 한민호, 한민혁, 한만중, 한낱, 한길수, 한경희, 하주현, 하정호, 하정필, 하인호, 하승우, 하승수, 하순배, 탁동철, 최희성, 최현숙, 최현미, 최한나, 최진규, 최주연, 최정윤, 최정아, 최은희, 최은정, 최은숙, 최은경, 최윤미, 최유리, 최원혜, 최우성, 최영식, 최연희, 최연정, 최승훈, 최승복, 최수옥, 최선자, 최선영, 최선경, 최봉선, 최보람, 최병우, 최미영, 최류미, 최대현, 최광용, 최경미, 최경련, 채효정, 채종민, 채민정, 차종숙, 차용훈, 진현, 진주형, 진용용, 진영준, 진냥, 지정순, 지수연, 주예진, 주순영, 조희정, 조현민, 조향미, 조해수, 조진희, 조지연, 조준혁, 조정희, 조윤성, 조원희, 조원배, 조용진, 조영현, 조영옥, 조영실, 조영선, 조여은, 조여경, 조성희, 조성실, 조성배, 조성대, 조석현, 조석영, 조남규, 조경애, 조경아, 조경삼, 조경미, 제남모, 정희영, 정홍용, 정현숙, 정혜레나, 정춘수, 정진영a, 정진영b, 정진규, 정주리, 정종헌, 정종민, 정재학, 정이든, 정은희, 정은주, 정은균, 정유진, 정유숙, 정유섭, 정원탁, 정원석, 정용주, 정예현, 정예슬, 정애순, 정소정, 정보라, 정민석, 정미숙a, 정미숙b, 정명옥, 정명영, 정득년, 정대수, 정남주, 정광호, 정광필, 정광일, 정관모, 정경원, 전혜원, 전지훈, 전정희, 전유미, 전세란, 전보애, 전민기, 전미영, 전명훈, 전난희, 장주연, 장인하, 장은정, 장윤영, 장원영, 장우재, 장시준, 장상욱, 장병훈, 장병학, 장병순, 장근영, 장군, 장경훈, 임혜정, 임향신, 임한철, 임하영, 임지영, 임중혁, 임종길, 임정은, 임전수, 임수진, 임성빈, 임선영, 임상진, 임동현, 임덕연, 임경환, 이희옥, 이희연, 이효진, 이호진, 이혜정, 이혜영, 이혜린, 이현, 이혁규, 이향숙, 이한진, 이하영, 이태경, 이치형, 이충근, 이진희, 이진혜, 이진주, 이진옥, 이지혜, 이지향, 이지영, 이지연, 이중석, 이주희, 이주영, 이종은, 이정희a, 이정희b, 이재익, 이재은, 이재영, 이재두, 이인사, 이은희a, 이은희b, 이은향, 이은진, 이은주, 이은영, 이은숙, 이은민, 이윤엽, 이윤승, 이윤선, 이윤미, 이윤경, 이유진a, 이유진b, 이슬녀, 이원님, 이용환, 이용석, 이용기, 이영화, 이영주, 이영아, 이연진, 이연주, 이연숙, 이연수, 이승헌, 이승태, 이승아, 이슬기, 이수현, 이수정a, 이수정b, 이수연, 이수미, 이성호, 이성재, 이성숙, 이성수, 이선표, 이선영a, 이선영b, 이선애a, 이선애b, 이선미, 이상훈, 이상화, 이상직, 이상원, 이상미, 이상대, 이병준, 이병곤, 이범희, 이범준, 이민아, 이민숙, 이미옥, 이미숙, 이미라, 이문명, 이명훈, 이명형, 이동철, 이동준, 이동범, 이다연, 이남숙, 이난영, 이나경, 이기자, 이기규, 이근철, 이근영, 이광연, 이계삼, 이경화, 이경은, 이경옥, 이경언, 이경림, 이건희, 이건진, 윤희연, 윤홍은, 윤지영, 윤종원, 윤영훈, 윤영백, 윤수진, 윤병일, 윤규식, 유효성, 유재을, 유영길, 유수연, 유병준, 위양자, 원지영, 원윤희, 원성제, 우창숙, 우지영, 우완, 우수경, 오중근, 오정오, 오재홍, 오은정, 오은경, 오윤진, 오수진, 오세라, 오세희, 오민식, 오명환, 오동석, 염정신, 여희영, 여태전, 엄창호, 엄재홍, 엄기호, 엄기욱, 양현애, 양해준, 양지선, 양은주, 양은숙, 양영희, 양애정, 양선아, 양서영, 양상진, 안효빈, 안찬원, 안지윤, 안준철, 안정선, 안옥수, 안영신, 안영빈, 안순억, 심은보, 심우향, 심승희, 심수환, 심동우, 심나은, 심경일, 신혜선, 신충일, 신창호, 신창복, 신중휘, 신중식, 신은정, 신유준, 신소희, 신성연, 신미정, 신미옥, 송영화, 송혜란, 송한별, 송인혜, 송용석, 송승호a, 송승호b, 송수연, 송명숙, 송경화, 손현아, 손진근, 손정란, 손은경, 손성연, 손민정, 손미숙, 소수영, 성현석, 성용해, 성열관, 성보란, 설은주, 설원민, 선미라, 석복자, 석미화, 석영순, 서지연, 서정오, 서인선, 서은지, 서예원, 서명숙, 서금숙, 서강선, 상형규, 변현숙, 변나은, 백현희, 백승범, 배희철, 배주영, 배정현, 배이상헌, 배영진, 배아영, 배성연, 배경내, 방두일, 방경내, 반영진, 박희진, 박희영, 박효정, 박효수, 박환조, 박혜숙, 박형진, 박현희, 박현숙, 박춘애, 박춘배, 박철호, 진희, 박진환, 박진수, 박진교, 박지희, 박지홍, 박지원, 박중구, 박정희, 박정미, 박재선, 박은아, 박은아, 박소경, 박순진, 박수희, 박수진, 박신자, 박수진, 박수경, 박소현, 박세일, 박성규, 박선영, 박복희, 박복선, 박미희, 박미옥, 박명진, 박명숙, 박동혁, 박도정, 박대성, 박노해, 박내현, 박나실, 박기용, 박고현준, 박경화, 박경이, 박건형, 박건진, 박건오, 민병성, 문호진, 문용석, 문영주, 문수현, 문수영, 문수경, 문명숙, 문경희, 모은정, 맹수용, 마승희, 류창모, 류정희, 류재향, 류우종, 류명숙, 류대현, 류경원, 도경철, 도방주, 데와 타카유키, 노란나, 노영현, 노경미, 남효숙, 남정민, 남유희, 남원호, 남예린, 남미자, 남궁역, 나여훈, 나규환, 김희옥, 김동규, 김훈태, 김효미, 김홍규, 김홍겸, 김혜진, 김혜영, 김혜림, 김현주a, 김현실, 김현택, 김현용, 김해경, 김필임, 김태호, 김태원, 김찬영, 김찬, 김진희, 김진주, 김진숙, 김진, 김지훈, 김지혜, 김지원, 김지은, 김지연a, 김지연b, 김지미, 김지광, 김중미, 김준연, 김주영, 김종현, 김종진, 김종원, 김종호, 김종성, 김종선, 김정삼, 김재황, 김재현, 김재민, 김임곤, 김인순, 김이은, 김은파, 김은아, 김은식, 김은숙, 김은수, 김윤주, 김윤자, 김윤우, 김원예, 김원석, 김우영, 김용휘, 김용훈, 김용만, 김요한, 김영진a, 김영진b, 김영미, 김영모, 김연정a, 김연정b, 김연일, 김연미, 김아현, 김순천, 김수현, 김수진a, 김수진b, 김수정, 김수연, 김수경, 김소희, 김세초, 김성탁, 김성숙, 김성봉, 김성보, 김선희, 김선철, 김선우, 김선미, 김선구, 김석규, 김서화, 김서영, 김상희, 김상정, 김봉석, 김보현, 김보경, 김병희, 김병훈, 김병기, 김범주, 김민희, 김민섭, 김민선, 김민곤, 김민결, 김미향, 김미진, 김미숙, 김미선, 김문옥, 김무영, 김묘선, 김명희, 김명섭, 김동현, 김동일, 김동원, 김도석, 김다희, 김다영, 김남철, 김나혜, 김기훈, 김기언, 김규태, 김규빛, 김광민, 김고종호, 김경의, 길지현, 기세라, 금현진, 금현실, 금명순, 금명순, 권혜영, 권혁기, 권자영, 권미지, 국찬석, 구자숙, 구원회, 구완회, 구수연, 구본희, 구미숙, 광홍, 곽혜영, 곽현주, 곽진경, 곽노원, 곽노근, 공영아, 고춘식, 고진선, 고은경, 고윤정, 고영주, 고영실, 고병헌, 고병연, 고민경, 고미아, 강화정, 강현주, 강현정, 강한아, 강태식, 강준희, 강인성, 강이진, 강은영, 강윤진, 강영일, 강영구, 강순원, 강수돌, 강성규, 강석도, 강서형, 강경모

※ 2024년 7월 30일 기준 745명